国家社科基金特别委托项目
西夏文献文物研究（批准号：11@ZH001）

"西夏文献文物研究丛书"编委会

主　编：史金波

副主编：杜建录（常务）　孙继民　李华瑞　沈卫荣

编　委：（按姓氏笔画排序）

史金波　刘庆柱　孙宏开　孙继民
杜建录　李华瑞　李进增　沈卫荣
俄　军　高国祥　塔　拉

中国社会科学院创新工程学术出版资助项目

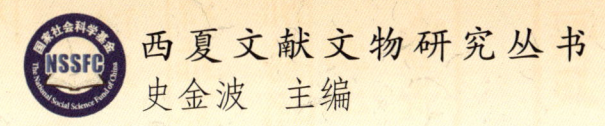

西夏文献文物研究丛书
史金波 主编

考古发现西夏汉文非佛教文献整理与研究

Organization and Studies of Chinese Language Secular Documents from Xixia Dynasty

孙继民　宋　坤
陈瑞青　杜立晖　等◎著

社会科学文献出版社
SOCIAL SCIENCES ACADEMIC PRESS (CHINA)

总　序

近些年来，西夏学发生了两项重大变化。

一是大量原始资料影印出版。20世纪90年代以来，在西夏学界的不懈努力下，我国相继出版了俄、中、英、法、日等国收藏的西夏文献。特别是《俄藏黑水城文献》刊布了20世纪初黑水城遗址出土的大量文献，其中包括涵盖8000多个编号、近20万面的西夏文文献，以及很多汉文及其他民族文字资料，实现了几代学人的梦想，使研究者能十分方便地获得过去难以见到的、内容极为丰富的西夏资料，大大改变了西夏资料匮乏的状况，使西夏研究充满了勃勃生机，为西夏学的发展开辟了广阔的前景。此外，宁夏、甘肃、内蒙古等西夏故地的考古工作者不断发现大量西夏文物、文献，使西夏研究资料更加丰富。近年西夏研究新资料的激增，引起学术界的重视。

二是西夏文文献解读进展很快。自上世纪70年代以来，经过国内外专家们的努力钻研，已经基本可以解读西夏文文献。不仅可以翻译有汉文文献参照的文献，也可以翻译没有汉文资料参照的、西夏人自己撰述的文献；不仅可以翻译清晰的西夏文楷书文献，也可以翻译很多难度更大的西夏文草书文献。翻译西夏文文献的专家，由过去国内外屈指可数的几位，现在已发展成一支包含老、中、青在内的数十人的专业队伍。国内外已有一些有识之士陆续投身到西夏研究行列。近几年中国西夏研究人才的快速成长，令学术界瞩目。

　　以上两点为当代的西夏研究增添了新的活力，带来了难得的发展机遇。西夏文献、文物研究蕴藏着巨大的学术潜力，是一片待开发的学术沃土，成为基础学科中一个醒目的新学术增长点。

　　基于上述认识，我于2011年初向中国社会科学院科研局和陈奎元院长呈交了"西夏文献文物研究"重大项目报告书，期望利用新资料，抓住新的机遇，营造西夏研究创新平台，推动西夏学稳健、快速发展，在西夏历史、社会、语言、宗教、文物等领域实现新的突破。这一报告得到奎元院长和院科研局的大力支持，奎元院长批示"这个项目应该上，还可以考虑进一步作大，作为国家项目申请立项"。后经院科研局上报国家社会科学基金办公室，被国家社会科学基金领导小组批准为国家社会科学基金特别委托项目，责任单位为中国社会科学院科研局，我忝为首席专家。

　　此项目作为我国西夏学重大创新工程，搭建起了西夏学科学研究、人才培养、学术交流、资料建设的大平台。

　　项目批准后，我们立即按照国家社科规划办"根据项目申请报告内容，认真组织项目实施，整合全国相关学术力量和资源集体攻关，确保取得高质量研究成果"的要求，以中国社会科学院西夏文化研究中心和宁夏大学西夏研究院为基础，联合国内其他相关部门专家实施项目各项内容。宁夏大学西夏学研究院院长、中国社会科学院西夏文化研究中心副主任杜建录为第二负责人。为提高学术水平，加强集体领导，成立了以资深学者为成员的专家委员会，制定了项目管理办法、项目学术要求、子课题中期检查和结题验收办法等制度，以"利用新资料，提出新问题，凝练新观点，获得新成果"为项目的灵魂，是子课题立项和结项的标准。

　　本项目子课题负责人都是西夏学专家，他们承担的研究任务大多数都有较好的资料积累和前期研究，立项后又集中精力认真钻研，注入新资料，开拓新思路，获得新见解，以提高创新水平，保障成果质量。

　　这套"西夏文献文物研究丛书"将发布本项目陆续完成的专著成果。

　　社会科学文献出版社社长谢寿光、人文分社社长宋月华了解了本项目进展情况后，慨然将本研究丛书纳入该社的出版计划，中国社会科学院创新成果出版计划给予出版经费支持，国家社科基金办公室批准使用新公布的国家社会科学基金徽标。这些将激励着我们做好每一项研究，努力将这套大型研究丛书打造成学术精品。

衷心希望通过国家社科基金特别委托项目的开展和研究丛书的出版，能够进一步推动西夏学研究，为方兴未艾的西夏学开创新局面贡献力量。

史金波

2012年8月11日

目 录

前 言 ·· 1

整 理 编

凡 例 ·· 3

《俄藏黑水城文献》所收西夏汉文佛经序跋 ················· 6

第1册 ·· 6

一 西夏天庆二年（1195）皇太后罗氏印施
　　《佛说转女身经》发愿文 ································· 6

二 西夏人庆三年（1146）御史台正直本等印施
　　《妙法莲华经》发愿文 ····································· 8

三 西夏天庆二年（1195）皇太后罗氏印施
　　《佛说转女身经》发愿文 ································· 10

四 西夏天庆二年（1195）皇太后罗氏印施
　　《佛说转女身经》发愿文 ································· 13

五 西夏乾祐二十年（1189）皇后罗氏印施
　　《金刚般若波罗蜜经》题记 ····························· 14

六 西夏乾祐二十年（1189）皇后罗氏印施
　　《金刚般若波罗蜜经》题记 ····························· 16

第 2 册 …………………………………………………………… 17

一　西夏皇建元年（1210）圣普化寺连批张盖、副使沙门
　　李智宝印施《佛说大乘圣无量寿决定光明王如来陀罗尼经
　　一卷》及《佛说般若波罗蜜多心经》发愿文 ………………… 17

二　西夏皇建元年（1210）圣普化寺连批张盖、副使沙门
　　李智宝印施《佛说大乘圣无量寿决定光明王如来陀罗尼经
　　一卷》及《佛说般若波罗蜜多心经》发愿文残片 …………… 19

三　西夏乾祐二十年（1189）皇后罗氏印施
　　《金刚般若波罗蜜经》题记 ………………………………… 21

四　西夏乾祐二十年（1189）皇后罗氏印施
　　《金刚般若波罗蜜经》题记 ………………………………… 22

五　西夏乾祐二十年（1189）皇后罗氏印施
　　《金刚般若波罗蜜经》题记 ………………………………… 23

六　西夏乾祐二十年（1189）仁宗印施
　　《观弥勒菩萨上生兜率天经》发愿文 ……………………… 24

七　西夏乾祐二十年（1189）仁宗印施
　　《观弥勒菩萨上生兜率天经》发愿文 ……………………… 27

八　西夏乾祐二十年（1189）皇后罗氏印施
　　《大方广佛华严经入不思议解脱境界普贤行愿品》题记 …… 29

九　西夏乾祐二十年（1189）皇后罗氏印施
　　《大方广佛华严经入不思议解脱境界普贤行愿品》题记 …… 30

十　西夏天庆十三年（1161）某印施《大方广佛华严经入
　　不思议解脱境界普贤行愿品》题记 ………………………… 32

十一　西夏乾祐二十年（1189）仁宗印施《观弥勒菩萨上
　　　生兜率天经》发愿文 ……………………………………… 33

十二　西夏大安十年（1084）大延寿寺沙门守琼印施《大方
　　　广佛花严经卷第四十》发愿文 …………………………… 35

十三　西夏天庆三年（1196）皇太后罗氏印施《大方广佛华
　　　严经入不思议解脱境界普贤行愿品》发愿文 …………… 36

十四　西夏天庆三年（1196）皇太后罗氏印施《大方广佛华
　　　严经入不思议解脱境界普贤行愿品》发愿文……………… 40

第 3 册

一　西夏刻本《高王观世音经》序言………………………………… 42
二　西夏刻本《高王观世音经》序言………………………………… 44
三　西夏某年呱呱等印施《佛说父母恩重经》发愿文……………… 45
四　西夏乾祐十五年（1184）仁宗印施《佛说圣大乘
　　三皈依经》发愿文………………………………………………… 47
五　西夏乾祐十五年（1184）仁宗印施《佛说圣大乘
　　三皈依经》发愿文………………………………………………… 50
六　西夏天盛十九年（1167）秦晋国王印施《金刚般
　　若波罗蜜经》发愿文……………………………………………… 52
七　西夏天盛十九年（1167）仁宗印施《佛说圣佛母般
　　若波罗蜜多心经》御制后序……………………………………… 55
八　西夏乾祐十五年（1184）尚座袁宗鉴等印施《佛说
　　金轮佛顶大威德炽盛光如来陀罗尼经》发愿文………………… 57
九　西夏天庆七年（1200）仇彦忠印施《圣六字增寿
　　大明陀罗尼经》题记……………………………………………… 59
十　西夏乾祐十六年（1185）比丘智通印施《六字大明
　　王功德略》题记…………………………………………………… 60
十一　西夏某年某人印施《佛说业报差别经》等题记残片………… 60
十二　西夏乾祐十五年（1184）仁宗印施《圣大乘胜意
　　　菩萨经》发愿文………………………………………………… 62
十三　西夏天庆三年（1196）皇太后罗氏印施《大方广佛
　　　华严经入不思议解脱境界普贤行愿品》发愿文……………… 64

第 4 册

一　西夏天赐礼盛国庆五年（1073）陆文政印施
　　《夹颂心经》发愿文………………………………………………… 65
二　西夏某年仁宗印施《圣观自在大悲心总持功能依
　　经录》等御制后序发愿文………………………………………… 67

三　西夏某年仁宗印施《圣观自在大悲心总持功依
　　　　经录》等御制后序发愿文 ··· 71
　　四　西夏刻本《高王观世音经》序言残片 ···························· 74
　　五　西夏天盛四年（1152）邠州开元寺僧刘德真印施
　　　　《注华严法界观门》序文残片 ·· 75
　　六　西夏天盛四年（1152）邠州开元寺僧刘德真印施
　　　　《注华严法界观门》发愿文 ·· 76
　　七　西夏刻本《弥勒上生经讲经文》印施题记 ···················· 78
　　八　西夏刻本《密咒圆因往生集录》印施题记 ···················· 79
　第 6 册 ·· 81
　　一　西夏皇建二年（1211）写本《亲集耳传观音供养赞叹》
　　　　集校题记 ··· 81

《俄藏敦煌文献》所收西夏汉文文献 ·· 83

　第 5 册 ·· 83
　　一　西夏写本《星占流年》残片 ·· 83
　第 17 册 ·· 85
　　一　西夏光定十二年（1222）李春狗、刘番家等扑买
　　　　王元受烧饼房契 ·· 85
　　二　西夏刻本《具注历》残片 ·· 87
　　三　西夏刻本《具注历》残片 ·· 88
　　四　西夏刻本《具注历》残片 ·· 89
　　五　西夏刻本《具注历》残片 ·· 90
　　六　西夏乾祐廿四年（1193）文书残片 ································ 91
　　七　西夏直多昌磨彩借钱契残片 ·· 92

《英藏黑水城文献》所收西夏汉文文献 ·· 95

　第 1 册 ·· 95
　　一　西夏刻本《具注历》残片 ·· 95
　　二　西夏刻本《具注历》残片 ·· 96

第 3 册 ·· 97
　　一　西夏天庆年间裴松寿处典糜麦契约残片·························· 97
　　二　西夏天庆十一年（1204）裴松寿处典糜麦契约残片·········· 98
　　三　西夏天庆年间裴松寿处典糜麦契约残片·························· 99
　　四　西夏天庆年间裴松寿处典糜麦契约残片························ 100

第 4 册 ·· 101
　　一　西夏马匹草料帐簿残片（一）······································ 101
　　二　西夏马匹草料帐簿残片（二）······································ 105
　　三　西夏南边榷场使申银牌安排官状为刘屎块等
　　　　博买货物扭算收税事··· 108
　　四　西夏南边榷场使申银牌安排官状为某
　　　　府住户博买货物扭算收税事·· 110

第 5 册 ·· 111
　　一　西夏天庆十三年（1206）裴松寿处典糜麦契约残片········ 111
　　二　西夏天庆十三年（1206）裴松寿典处典糜麦契约残片····· 113
　　三　西夏天庆十三年（1206）裴松寿处典糜麦契约残片········ 114
　　四　西夏天庆十三年（1206）裴松寿典典糜麦契约残片········ 116

《斯坦因第三次中亚考古所获汉文文献（非佛经部分）》
所收西夏汉文文献·· 118

第 1 册 ·· 118
　　一　西夏天庆十一年（1204）裴松寿处典糜麦契约残片········ 118
　　二　西夏天庆十一年（1204）裴松寿处典糜麦契约残片········ 122
　　三　西夏夏汉双文文书残片·· 127

第 2 册 ·· 129
　　一　西夏天赐礼盛国庆二年（1070）文书残片···················· 129
　　二　西夏乾祐年间文书残片·· 130

《中国藏西夏文献》所收西夏汉文文献……………………131

第 15 册 ……………………………………………………131

一　西夏写本佚名《诗集》残卷 ……………………………131

二　西夏乾祐十一年（1180）仁宗印施《佛说三十五
　　佛名经》发愿文 ………………………………………167

第 16 册 ……………………………………………………171

一　西夏嵬名法宝达地契残片 ………………………………171

二　西夏借米契约残片 ………………………………………173

三　西夏刻本《番汉合时掌中珠》残页 ……………………173

四　西夏布告残片 ……………………………………………174

五　西夏经略司文书残片 ……………………………………174

六　西夏李伴狗等欠钱文书残片 ……………………………175

七　西夏某司申文残片 ………………………………………175

八　西夏光定二年（1212）某司申西路乐府□勾管所文残片 ……177

九　西夏写本《人庆二年（1145）日历》残页 ……………178

十　西夏文书残片 ……………………………………………179

第 17 册 ……………………………………………………180

一　西夏文、汉文合璧写本《历书》残片 …………………180

第 18 册 ……………………………………………………180

一　西夏天祐民安五年（1094）凉州重修护国寺感通塔碑铭 ……180

二　金正隆四年（1159）吴旗金夏画界碑 …………………184

三　西夏乾祐七年（1176）黑水河建桥敕碑 ………………185

四　西夏 6 号陵东碑亭出土石雕人像碑座题刻 ……………187

五　甘肃永靖炳灵寺汉文题刻 ………………………………188

六　西夏陵戳印字砖 …………………………………………188

七　拜寺沟方塔戳印字砖 ……………………………………188

八　贺兰县宏佛塔戳印字砖 …………………………………189

九　灵武窑西夏瓷刻字棋子 …………………………………189

十	灵武窑西夏刻汉文瓷器残片	190
十一	灵武窑西夏印刻字瓷砚	190
十二	黑釉瓷瓶刻字	191
十三	敦煌莫高窟第61窟汉文题记	191
十四	敦煌莫高窟第61窟西夏天庆五年（1115）汉文题记	193
十五	敦煌莫高窟第78窟西夏乾祐三年（1172）汉文题记	194
十六	敦煌莫高窟第205窟西夏天庆九年（1202）汉文题记	194
十七	敦煌莫高窟第229窟西夏天庆四年（1114）汉文题记	195
十八	敦煌莫高窟第443窟西夏光定乙卯（1219）汉文题记	195
十九	安西榆林窟第16窟西夏天赐礼盛国庆五年（1074）汉文题记	195
二十	安西榆林窟第19窟西夏乾祐二十四年（1193）汉文题记	197
二十一	拜寺沟方塔塔心柱西夏大安二年（1076）墨书题记	198
二十二	西夏天庆五年（1115）故考任西经略司都案刘德仁木缘塔题记	200
二十三	西夏天庆年间任西路经略司兼安排官□两处都案刘仲达及妻木缘塔题记	201
二十四	西夏乾祐廿三年（1192）窦依凡买地冥契	202
二十五	灵武窑西夏瓷汉文墨书	204
二十六	贺兰县宏佛塔天宫藏西夏文、汉文残绢	205
二十七	贺兰县宏佛塔出土赵仲汉文发愿幡带	205
附 一	西夏天盛七年（1155）某参知政事碑	206
二	金正隆四年（1159）白草原金夏画界碑	208

《日本藏西夏文文献》所收西夏汉文文献 ······ 210

一	西夏夏汉合璧典谷契残片	210
二	西夏光定五年（1215）夏汉合璧典粮契残片	212
三	西夏光定年间夏汉合璧典粮契残片	213

四　西夏夏汉合璧典粮契残片 ·················· 214
　　五　西夏天庆年间夏汉合璧典粮契约残片 ············ 216
　　六　西夏夏汉合璧典粮契约残片 ················ 219
　　七　西夏典麦契约残片 ···················· 223
　　八　西夏夏汉合璧典谷契约残片 ················ 224
　　九　西夏文《阿毗达磨大毗婆沙论》施经题记 ·········· 226
　　十　西夏典粮契约残片 ···················· 226

《法藏敦煌西夏文文献》所收西夏汉文文献 ············· 229
　　一　西夏习抄《孟子·万章下》残片 ·············· 229
　　二　西夏刻本书籍残片 ···················· 230
　　三　西夏文书残片 ······················ 230
　　四　西夏文书残片 ······················ 231
　　五　西夏僧录管主八施大藏经题记 ··············· 232
　　六　西夏刻本书籍残片 ···················· 233
　　七　西夏文书残片 ······················ 233

疑似文书

《俄藏敦煌文献》 ························· 237
　第 13 册 ····························· 237
　　一　文书残片 ························· 237
　第 17 册 ····························· 238
　　一　户籍残片 ························· 238
　　二　支料文书残片 ······················ 238
　　三　《论周郑交质》文稿残片 ················· 239
　　四　文书残片 ························· 241
　　五　文书残片 ························· 241

六　斛斗文书残片 …………………………………………… 242
七　文书残片 ………………………………………………… 243
八　文书残片（一） ………………………………………… 243
九　文书残片（二） ………………………………………… 244
十　文书残片（三） ………………………………………… 244
十一　文书残片 ……………………………………………… 245
十二　文书残片 ……………………………………………… 245
十三　文书残片 ……………………………………………… 246
十四　文书残片 ……………………………………………… 246
十五　入白衣舍文书残片 …………………………………… 247
十六　紫绢等文书残片 ……………………………………… 248
十七　文书残片 ……………………………………………… 248
十八　麦料斛斗文书残片 …………………………………… 249
十九　霍守忠申状为打造镔铁刀事残片 …………………… 250
二十　将信使□孙义文书残片（一） ……………………… 250
二十一　将信使□孙义文书残片（二） …………………… 251
二十二　古医方残片 ………………………………………… 252
二十三　讹成奴等典物文书残片 …………………………… 253
二十四　面肉文书残片 ……………………………………… 254
二十五　文书残片 …………………………………………… 255
二十六　文书残片 …………………………………………… 255
二十七　习字残片 …………………………………………… 256
二十八　文书残片 …………………………………………… 257
二十九　习抄《千字文》等残片 …………………………… 258

《英藏黑水城文献》……………………………………… 260
第 1 册 …………………………………………………… 260
一　文书残片 ………………………………………………… 260

| 二　文书残片 …………………………………… 260
| 三　刻本音韵书残页 ……………………………… 261
  第 4 册 ……………………………………………………… 261
| 一　文书残片 ……………………………………… 261
| 二　杂物帐簿残片 ………………………………… 262
| 三　大麦文书残片 ………………………………… 263
| 四　兰州军司文书残片 …………………………… 263
| 五　刻本音韵书残页 ……………………………… 264
| 六　医人文书残片 ………………………………… 265
| 七　文书残片 ……………………………………… 265
| 八　骆驼草料文书残片 …………………………… 266
| 九　文书残片 ……………………………………… 267

《斯坦因第三次中亚考古所获汉文文献（非佛经部分）》 ……… 268

  第 1 册 ……………………………………………………… 268
| 一　契约残片 ……………………………………… 268
| 二　文书残片 ……………………………………… 269
| 三　刻本《孙真人千金方》残页 ………………… 270
| 四　习字残片 ……………………………………… 271
| 五　文书残片 ……………………………………… 272
| 六　文书残片 ……………………………………… 272
| 七　抄本残片 ……………………………………… 272
| 八　文书残片 ……………………………………… 273
| 九　文书残片 ……………………………………… 273
| 十　文书残片 ……………………………………… 274
| 十一　习写残片 …………………………………… 275
| 十二　刻本古籍残页 ……………………………… 276
| 十三　刻本音韵书残页 …………………………… 278

| 十四　占卜文书残片 | 278 |

第 2 册 …… 279
- 一　药方残片 …… 279
- 二　文书残片 …… 280
- 三　文书残片 …… 281
- 四　帐簿残片 …… 281
- 五　刻本残片 …… 282
- 六　传文残片 …… 282
- 七　文书残片 …… 283
- 八　文书残片 …… 284
- 九　书信残片 …… 284
- 十　文书残片 …… 285
- 十一　文书残片 …… 285
- 十二　小梁文书残片 …… 285
- 十三　文书残片 …… 286
- 十四　文书残片 …… 286
- 十五　墨印 …… 287
- 十六　文书残片 …… 287
- 十七　文书残片 …… 288
- 十八　大麦文书残片 …… 288
- 十九　刻本残片 …… 289
- 二十　诉状残片 …… 290
- 二十一　文书残片 …… 290
- 二十二　文书残片 …… 291
- 二十三　文书残片 …… 291
- 二十四　文书残片 …… 292
- 二十五　文书残片 …… 292
- 二十六　文书残片 …… 293

二十七	文书残片	293
二十八	契约残片	294
二十九	文书残片	294
三十	文书残片	295
三十一	文书残片	295
三十二	王柯文书残片	296
三十三	朱印残片	297
三十四	拜帖残片	297
三十五	文书残片	298
三十六	贡帖残片	298
三十七	文书残片	298
三十八	文书残片	299
三十九	习字残片	299
四十	残片一组	300
四十一	文书残片	302
四十二	文书残片	302
四十三	文书残片	303
四十四	文书残片	303
四十五	刻本古籍残页	304
四十六	斛斗文书残片	305
四十七	书信残片	306
四十八	刻本《星宿分野方神州兽附配玄义》残页	307
四十九	习字残片	312
五十	用料文书残片	312
五十一	文书残片	314
五十二	祭文残片	314
五十三	中药名残片	315
五十四	文书残片	316

五十五	曹司文书残片	316
五十六	旧衣衫等帐历残片	317
五十七	判官文书残片	319
五十八	文书残片	319
五十九	麦斛斗文书残片	320
六十	文书残片	320
六十一	刻本古籍残页	321
六十二	白文刻本《论语》残页	321
六十三	道书残片（一）	322
六十四	道书残片（二）	323
六十五	刻本古籍残页	324
六十六	刻本《历书》残页	325
六十七	道书残片	325
六十八	钱钞文书残片	326
六十九	文书残片（一）	326
七十	文书残片（二）	327
七十一	文书残片（三）	327
七十二	文书残片	328
七十三	书信残片	329
七十四	《笙歌行》残片	329
七十五	医书残片	330
七十六	写本《蒙求》残页	331

《斯坦因第三次中亚探险所获甘肃新疆出土汉文文书——未经马斯伯乐刊布的部分》 …… 333

| 一 | 文书残片 | 333 |
| 二 | 文书残片 | 333 |

《日本藏西夏文文献》 ··· 335
  一 刻本《太平惠民和剂局方》残片 ························· 335

研 究 编

《俄藏黑水城汉文非佛教文献整理与研究》所收
  西夏文献补释 ·· 339
黑水城文献与中国古代史研究 ·· 394
俄藏黑水城西夏汉文文献数量构成及经济类文献价值 ········· 401
南边榷场使文书所见西夏出口商品边检制度试探 ··············· 408
从黑水城文献看西夏榷场管理体制 ····································· 417
黑水城所出《西夏榷场使文书》所见川绢、
  河北绢问题补释 ·· 430
俄藏黑水城 TK205 号文书年代性质辨析
  ——西夏乾祐年间材植文书再研究之一 ················· 440
俄藏黑水城 TK27P 西夏文佛经背褙补字纸残片性质辨析
  ——西夏乾祐年间材植文书再研究之二 ················· 449
宁夏宏佛塔所出幡带汉文题记考释 ····································· 455
俄藏黑水城西夏光定十三年杀人状再探 ······························ 466
关于两件黑水城西夏汉文文书的初步研究 ··························· 475

附　　录

闽宁村西夏墓墓主蠡测 ·· 491
天祝县出土西夏文"首领印"质疑 ···································· 502

元代西夏遗民踪迹的新发现
　　——元《重修鹿泉神应庙碑》考释 …………………… 509
元代唐兀人李爱鲁墓志考释 …………………………………… 524
黑水城出土西夏文《仁王经》残片考释 ……………………… 534

后　记 …………………………………………………………… 541

前　言

西夏自 1038 年正式建国，至 1227 年亡于蒙古，其间共历 10 帝，先后与宋、辽、金鼎立达 190 年。其间各王朝之间的关系复杂而微妙，在这一时期的中国历史中，西夏有着举足轻重的地位。但因其地处西北一隅，加之始终被中原王朝视为"蕃臣"，所以其借助中原古籍保存下来的史料极不完整，且多为间接材料。而元代修史时，又仅修宋、辽、金三史，未修西夏专史，仅在《宋史》《辽史》《金史》中各列两卷《夏国传》、一卷《西夏外纪》和一卷《西夏传》作为对西夏历史的总结，致使有关西夏的传世汉文史料极度贫乏。与同时期的宋代浩如烟海的史料相比，西夏的传世史料少之又少，不啻九牛一毛。因此，考古发现的西夏文献价值之重要是不言而喻的。

一

一百多年以来，西夏文献不断出土，给西夏研究带来了重大转机。晚清以来有关西夏文献的发现和整理，特别是黑水城文献的发现，极大地改变了西夏文献奇缺的局面，西夏文献由资料奇缺一举而变为史料繁富。目前国内外先后出版的涉及考古发现西夏文献的书籍有《斯坦因在中亚细亚第三次探险所获中国古文书考释》①（其中所含黑水城文献）、《俄藏敦煌文献》②（其中混入的部分黑水城文献）、《斯坦因第三次中亚探险所获甘肃新疆出土汉文文书——未经马斯伯乐刊布的部分》③（其中所含黑水城文献）、《俄藏黑水城文献》④、《斯坦因第三次中亚考古所获汉文文献（非佛经部分）》⑤（其中所含黑水城文献）、《中国国家图书馆藏西夏文献》⑥、《英藏黑水城文献》⑦、《中国藏西夏文献》⑧、《日本藏西夏文文献》⑨及《法藏敦煌西夏文献》⑩等。这些西夏文献的考古发现及公布对西夏学的产生和发展具有决定性的意义。

但是，也应该看到，近代以来新发现的西夏文献虽然数量非常庞大，然而其中的文种结构、内容结构却严重失衡。在文种结构上，西夏文文献远远超过汉文文献，这以黑水城所发现的西夏文献最具代表性。众所周知，考古发现的西夏文献以黑水城所出文献数量最多、内容最丰富，因此，西夏文文献受到重视并成为黑水城文献研究的主要领域，以至有时将整个黑水城文献研究概称为"西夏学"。而《俄藏黑水城文献》，上海古籍出版社计划出版30册，但汉文部分只有6册，其余全部是西夏文和其他文种，西夏文和其他文种文献占全部文献的比例是80%。英藏黑水城文献当中，据谢玉杰《英藏黑水城文献·序言》称：虽然斯坦因在其考古报告中说只有"西夏文写本1100件，西夏文印本300件"，但"实际上现有英国国家图书馆西夏文献的编号4000号以上"。又据郭锋《斯坦因第三次中亚探险所获甘肃新疆出土汉文文书——未经马斯伯乐刊布的部分》前言介绍"本书黑城子文

---

① The Trustees of the British Museum, 1953。
② 上海古籍出版社, 1992～2001。
③ 甘肃人民出版社, 1993。
④ 上海古籍出版社, 1996～2012。
⑤ 上海辞书出版社, 2005。
⑥ 上海古籍出版社, 2005。
⑦ 上海古籍出版社, 2005、2010。
⑧ 甘肃人民出版社、敦煌文艺出版社, 2007。
⑨ 中华书局, 2011。
⑩ 上海古籍出版社, 2007。

书112件。黑城子文书已由马斯伯乐刊布者共134件。其余未刊布者,大多为小碎片,又以佛经居多,但尚有一部分社会文书、刻本残件,有一定的研究价值,这次调查时,共得112件。"① 但书中实际收录释读为108件,非112件。从马斯伯乐和郭锋所刊布的汉文文献看,多数为元代文书,少数为西夏文书,由此看来4000多号的英藏黑水城文献,西夏文文献至少应在3500号以上。在内容结构上,佛教内容的文献远远多于世俗文献。以黑水城文献的编号论,黑水城文献的全部编号是8090号,其中90%以上是西夏文,而据史金波先生统计,西夏文文献中约有1500件是社会文书,佛教内容无疑占绝对多数;西夏汉文文献中,俄藏黑水城西夏汉文文献总数323件中,佛教文献249件,世俗文献74件,佛教文献占全部西夏汉文文献的比例将近80%。从已出版的《英藏黑水城文献》来看,也是佛教内容占绝对多数。其他考古发现的西夏文献,其构成也与黑水城文献相同,也是以西夏文文献、佛教文献为主,汉文非佛教文献所占比例极小。例如据聂鸿音《西夏遗文录》② 及《中国藏西夏文献》统计,在总计20册的《中国藏西夏文献》中汉文非佛教文献仅有16件左右。而两册《日本藏西夏文文献》中汉文文献仅10余件残片,《法藏敦煌西夏文文献》中汉文文献仅7件。

这种西夏文献文种结构、内容结构的偏重失衡,对于西夏文语言文字的研究和西夏佛教的宗教学研究而言当然是得天独厚,天赐良机,但是对于多数领域的学科和多数学者而言无形中形成了诸多障碍,不能不说有诸多限制。例如西夏文文献,对于多数学者来说无疑存在利用和阅读的天然障碍,诚如李伟国先生所说:"黑水城文献以西夏文为主,尽管经过几代学者的努力,西夏文这种本已消亡的历史文字已经被基本解读,但毕竟能熟练掌握西夏文的学者至今为止还是不多。"③ 又如佛教文献,尽管对于气象万千的社会经济和历史文化也能部分地、侧面地、间接地反映一些,但毕竟无法满足

---

① 《斯坦因第三次中亚探险所获甘肃新疆出土汉文文书——未经马斯伯乐刊布的部分》,第24页。
② 《西夏学》第二辑,宁夏人民出版社,2007。
③ 李伟国:《俄藏黑水城文献·前言》,《俄藏黑水城文献》第1册,上海古籍出版社,1996,第9页。

基本的研究需要。所以说，黑水城文献的发现虽然改变了西夏文献奇缺的局面，但文种结构、内容结构的偏重失衡仍然是制约西夏文献满足西夏历史文化研究的瓶颈因素。

"物以稀为贵"，由于上述显而易见的原因，西夏汉文文献特别是其中的世俗文献，对于研究西夏历史文化和社会经济的作用和价值也就不言而喻了。史金波先生说过："黑水城出土的社会文书，无论是汉文，还是西夏文书，都具有重要学术价值。而汉文文书不需经过翻译便可使用，文字上少有障碍，因此学界使用面更宽，其价值的开发，效益的发挥有更广阔的空间。"① 因此任何一件西夏汉文文献，即使是残篇断简也都具有重要价值（当然，这并不否定其价值也有高下优劣之分），都可以在一定程度上弥补现存西夏汉文史料的不足。本书即主要以考古发现的西夏时期汉文非佛教文献为整理与研究对象。

二

在考古发现的西夏汉文世俗文献中，黑水城所出西夏汉文非佛教文献因其内容丰富、价值重大，因此格外受到专家们的重视，有些受到关注的文书甚至被有关专家反复研究。例如西夏《天庆年间裴松寿处典糜麦契》，前后有多位专家撰写专文，早在1980年陈国灿先生就发表了《西夏天庆间典当残契的复原》② 一文，将藏于英国、刊布于敦煌学资料中的黑水城所出西夏天庆年间典当残契进行了复原，并考证研究了西夏黑水城地区的典当情况。1985年陈炳应先生的《西夏文物研究》③ 一书又在陈国灿先生的基础上，再一次整理文书录文，并从民族问题、经济问题、契约格式和时间三个方面对这些文书进行了研究。2001年赵彦龙先生《西夏时期的契约档案》④ 一

---

① 史金波：《创建黑水城出土文献研究新的里程碑》，《河北学刊》2007年第4期。
② 《中国史研究》1980年第1期。
③ 宁夏人民出版社，1985。
④ 《西北民族研究》2001年第4期。

文也对这批文书进行了探讨。2008年陈静又发表了《黑水城所出〈天庆年间裴松寿处典麦契〉考释》①一文,对这批文书进行了补充研究。再如《西夏天盛十五年贷钱契》,史金波先生《西夏社会》②一书曾对这件文书进行过研究,杜建录先生《黑城出土的几件汉文西夏文书考释》③又对这件文书进行了研究,笔者也曾发表过《〈西夏天盛十五年(1163)王受贷钱契等〉考释》一文④。又如"南边榷场使"一组文书,2006年日本学者佐藤贵保首先发表研究专文《ロシア蔵カラホト出土西夏文〈大方広仏華厳経〉経帙文書の研究——西夏榷場使関連漢文文書群を中心に》⑤,对文书进行了校录,并对文书书式进行了还原。2009年杨富学、陈爱峰发表了《黑水城出土夏金榷场贸易文书研究》一文⑥,对文书性质、南边榷场位置、作为西夏价值尺度的绢与干姜、河西商户、夏金榷场贸易与物色等问题进行了探讨。同年,笔者所带研究生许会玲则专门以《黑水城所出17件西夏榷场文书考释》⑦为题撰写了硕士学位论文,将英藏黑水城中的两件榷场使文书与俄藏黑水城中的15件文书进行了综合研究。2010年,杜建录先生发表《黑城出土西夏榷场文书考释》⑧一文,对文书形成年代及所涉及地名、货物等问题进行了补充研究,后该文又收入史金波、杜建录《西夏社会文书研究》⑨一书。笔者对这批文书也较为关注,先后撰写了《西夏汉文"南边榷场使文书"再研究——以西夏榷场贸易制度为中心》⑩《西夏榷场使文书所见西夏尺度关系研究》⑪《南边榷场使文书所见西夏出口商品边检制度试探》⑫ 等

---

① 《文物春秋》2008年第6期。
② 上海人民出版社,2007。
③ 《中国史研究》2008年第4期。
④ 收于《宋史研究论丛》第九辑,河北大学出版社,2008。
⑤ 《東トルキスタン出土"胡語文書"の綜合調查》,2006。
⑥ 《中国史研究》2009年第2期。
⑦ 河北师范大学硕士学位论文,2009。
⑧ 《中国经济史研究》2010年第1期。
⑨ 上海古籍出版社,2010。
⑩ 《历史研究》2011年第4期。
⑪ 《西夏研究》2011年第2期。
⑫ 收于《薪火相传——史金波先生70寿辰西夏学国际学术研讨会论文集》,中国社会科学出版社,2012。

文对其进行了研究。还有西夏写本《杂字》，先后有史金波《西夏汉文本〈杂字〉初探》①、孙星群《西夏汉文本〈杂字〉"音乐部"之剖析》②、许文芳与韦宝畏《俄藏黑水城 2822 号文书〈杂集时要用字〉研究》③、马德《敦煌新本 ДХ02822〈杂集时要用字〉刍议》④、李应存《俄藏敦煌文献 ДХ2822"蒙学字书"中之医药知识》⑤、石小英《西夏平民服饰浅谈——以 X.02822〈杂集时要用字〉为中心》⑥、文志勇《从俄藏汉文〈杂字〉看西夏社会发展》⑦、濮仲远《ДХ02822 号文书再探》⑧、王使臻《俄藏文献 ДХ2822"字书"的来源及相关问题》⑨、崔红芬《汉文〈杂字〉所反映的西夏社会问题探析》⑩等专门研究论文出现。

此外，关于黑水城所出西夏时期汉文非佛教文献的研究论著还有连劭名《西夏汉文写本〈卜筮要诀〉研究》⑪，彭向前《西夏汉文写本〈卜筮要诀〉再探》⑫，余欣《俄藏黑水城方术文献研究——以 TK190〈推日吉凶法〉为中心》⑬、杜建录《西夏乾祐二年材料文书考释》⑭，张多勇、李并成、戴晓刚《西夏乾祐二年（1171）黑水城般驮、脚户运输文契——汉文文书与西夏交通运输》⑮，史金波《黑水城出土活字版汉文历书考》⑯《西夏的历法和历书》⑰，邓文宽《黑城出土〈宋嘉定四年辛未岁（1211）具注历日〉三断

---

① 《中国民族史研究》（二），中央民族学院出版社，1989。
② 《音乐研究》1991 年第 4 期。
③ 《社科纵横》2005 年第 6 期。
④ 《兰州学刊》2006 年第 1 期。
⑤ 《甘肃中医学院学报》2006 年第 4 期。
⑥ 《宁夏社会科学》2007 年第 5 期。
⑦ 《兰州学刊》2009 年第 1 期。
⑧ 《宁夏师范学院学报》（社会科学版）2010 年第 1 期。
⑨ 《西夏学》第五辑，上海古籍出版社，2010。
⑩ 《西夏学》第六辑，上海古籍出版社，2010。
⑪ 《宁夏社会科学》2007 年第 1 期。
⑫ 《宁夏社会科学》2010 年第 1 期。
⑬ 收于《黑水城人文与环境研究》，中国人民大学出版社，2007。
⑭ 《宁夏社会科学》2007 年第 2 期。
⑮ 《敦煌研究》2012 年第 2 期。
⑯ 《文物》2001 年第 10 期。
⑰ 《民族语文》2006 年第 4 期。

片考》①《黑城出土〈西夏皇建元年庚午岁（1210）具注历日〉残片考》②，彭向前《黑水城出土汉文写本〈六十四卦图歌〉初探》③，聂鸿音、孙伯君《黑水城出土音韵学文献研究》④，孙伯君《黑水城出土等韵抄本〈解释歌义〉研究》⑤，史金波《西夏时期的黑水城社会》⑥，杜建录《黑城出土的几件汉文西夏文书考释》⑦《英藏黑水城马匹草料文书考释》⑧，杜立晖《俄藏黑水城所出西夏光定十三年杀人状初探》⑨，孙继民《西夏汉文乾祐十四年安排官文书考释及意义》⑩，惠宏《俄藏黑水城汉文医药文献概要》⑪，张如青《俄藏黑水城中医药文献初探》⑫，马继兴《俄国现藏的中国出土古医药文献》⑬，赵彦龙《西夏契约成立的要素》⑭《西夏契约再研究》⑮，府宪展《敦煌文献辨疑录》⑯，金滢坤《〈俄藏敦煌文献〉中的黑城文书考证及相关问题的讨论》⑰，乜小红《俄藏敦煌契约文书研究》⑱，荣新江《〈俄藏敦煌文献〉中的黑水城文献》⑲ 等。

黑水城之外出土的西夏汉文非佛教文献数量较少，故而研究论著也相对较少，主要有宁夏文物考古研究所编《拜寺沟西夏方塔》⑳，聂鸿音《拜寺

---

① 收于《敦煌吐鲁番天文历法研究》，甘肃教育出版社，2002。
② 收于《敦煌天文历法考索》，上海古籍出版社，2010。
③ 《西夏研究》2010年第2期。
④ 文物出版社，2006。
⑤ 甘肃文化出版社，2004。
⑥ 收于《黑水城人文与环境研究》，中国人民大学出版社，2007。
⑦ 《中国史研究》2008年第4期。
⑧ 《宁夏社会科学》2009年第5期。
⑨ 收于《第三届西夏学国际学术研讨会论文集》，2009，银川。
⑩ 《江汉论坛》2010年第10期。
⑪ 《国医论坛》2005年第1期。
⑫ 《中华医史杂志》1999年第1期。
⑬ 《中华医史杂志》1999年第1期。
⑭ 《宁夏师范学院学报》（社会科学版）2007年第5期。
⑮ 《宁夏社会科学》2008年第5期。
⑯ 《敦煌研究》1996年第2期。
⑰ 《敦煌学》第24辑，2003。
⑱ 上海古籍出版社，2009。
⑲ 收于《黑水城人文与环境研究》，中国人民大学出版社，2007。
⑳ 文物出版社，2005。

沟方塔所出佚名诗集考》①，孙昌盛《方塔出土西夏汉文诗集研究三题》②，孙颖新《贺兰山拜寺沟方塔所出佚名诗集用韵考》③，周峰《试论金朝对西部边疆的经略——以西夏和西辽为中心》④，王尧《西夏黑水桥碑考补》⑤，〔日〕佐藤贵保、〔日〕赤木崇敏、〔日〕坂尻彰宏、吴正科《汉藏合璧西夏"黑水桥碑"再考》⑥，刘玉权《再论西夏据瓜沙的时间及其相关问题》⑦，宁笃学、钟长发《甘肃武威西郊林场西夏墓清理简报》⑧，陈炳应《甘肃武威西郊林场西夏墓题记、葬俗略说》⑨，于光建、徐玉萍《武威西夏墓出土冥契研究》⑩，孙继民《宁夏宏佛塔所出幡带汉文题记考释》⑪，陈国灿《乌海市所出西夏某参知政事碑考释》⑫等。

三

西夏汉文非佛教文献的价值是多方面的，大略而言可归纳为以下三个主要方面。

第一，对研究西夏经济制度、经济活动方式、经济生活内容等问题提供了新材料。在西夏汉文世俗文献中，经济类文献数量最多，价值尤其突出，对于研究西夏相关经济问题提供了一批新史料。据统计，俄藏黑水城西夏汉文文献总数323件中，佛教文献249件，世俗文献74件，世俗文献占全部西夏汉文文献的22.91%；在全部74件世俗文献中，经济类文献34件，政

---

① 《国家图书馆学刊》（西夏研究专号）2002年增刊。
② 《宁夏社会科学》2004年第4期。
③ 收于《西夏学》第七辑，上海古籍出版社，2011。
④ 《东北史地》2009年第4期。
⑤ 《中央民族学院学报》1978年第1期。
⑥ 《内陆言语の研究》2007年第22期。
⑦ 《敦煌研究》1993年第4期。
⑧ 《考古与文物》1980年第3期。
⑨ 《考古与文物》1980年第3期。
⑩ 《西夏研究》2010年第3期。
⑪ 《西夏研究》2010年第1期。
⑫ 《内蒙古大学学报》（人文社会科学版）1997年第4期。

务类、军事类等非经济类文献40件，经济类文献占全部西夏汉文文献的比例是10%强，占全部世俗文献比例是46%强。英藏黑水城文献当中，可以确定为西夏汉文非佛教文献的共计19件，其中经济类文献多达12件。这些文献为我们研究西夏经济相关问题提供了重要契机。例如其中的《天庆年间裴松寿处典糜麦契》《西夏天盛十五年贷钱契》等文书，反映了民间借贷的内容、方式、书式、种类、计息等内容，几种《账目》《油酒浆等账目》《杂物帐》《乾祐二年材植帐》《胶泥土帐》《裴没哩埋等物帐》等文书所体现的记账和记录方式，都是反映西夏时期官方和民间经济活动方式、经济生活内容的重要材料，非常珍贵。又如有关西夏"南边榷场使"的17件文书①就直接反映了西夏边境贸易、进出口贸易制度、榷场管理制度和文书制度等。除此之外，文书当中体现的以宋代川绢和金代河北绢两种实物货币同时并用而以川绢为主的双货币结算制度对于我们认识西夏的货币制度、结算方式以及西夏与金代、宋代的贸易关系、经济往来无疑具有十分重要的意义。尤其耐人寻味的是，西夏在自己的榷场交易中舍货币而不用，却采用南宋的川绢和金朝的河北绢，这无疑为我们研究三者之间复杂的经济贸易关系提出了新课题。

第二，为研究西夏政治、军事等领域诸问题提供了新材料。由于西夏正史的缺失，导致我们对于西夏政治、军事制度的许多细节问题无从了解。而考古发现的许多西夏汉文文献对于相关的政治、军事等内容虽然不能起到直接材料的作用，但旁证的意义未可小觑。例如俄藏黑水城文献中的《西夏天盛十五年贷钱契》中有"立文字人"某某于"齐赵国囗（王）处取到课钱壹"等内容，笔者曾对其中的"齐赵国囗（王）"发生兴趣，经过研究之后认为这里的"齐赵国囗（王）"与《俄藏黑水城文献》第3册所收TK124号《金刚般若波罗蜜经》末西夏天盛十九年施经发愿文尾题最后一句话"天盛十九年五月日太师、上公、总领军国重事、秦晋国王谨愿"中的"秦

---

① 《俄藏黑水城文献》中有13件直接属于"南边榷场使"文书，有两件与"南边榷场使"文书有关。另外，许会玲的硕士学位论文发现在《英藏黑水城文献》中有两个"南边榷场使"的残件。所以，与"南边榷场使"有关的文书共有17件。

晋国王"类似，都属于双国爵封的封号，并由此推测："在'多与宋同'的西夏官制结构中，也有一部分与宋不同的官制成分，这些与宋不同的官制成分就至少包括了封爵制度；西夏官制在主要摹仿宋制的同时也兼采部分辽、金特别是辽代制度。"又如，同为俄藏黑水城中的《光定十三年千户刘寨杀了人口状》，其中"千户"的出现对于我们研究西夏的军事制度有着重要意义。杜立晖经过研究指出"千户"本是女真"猛安谋克"制下的一种军职，而西夏与金朝曾长期共存，且两个王朝都是由少数民族建立的政权，在官制上又都曾仿效宋朝官制建立起自己的官制系统，同时西夏的军事制度中又存在如同金"猛安谋克"制中与"正军与阿里喜"相类的"正军与负赡"的设置，因此可以做一推测，在西夏的军事体系中亦可能存在如同金代的"猛安谋克"制的体制，而西夏的"千户"一职应当属于这一体系。在这里，《西夏天盛十五年贷钱契》中的"齐赵国囗（王）"及《光定十三年千户刘寨杀了人口状》中的"千户刘寨"等语虽然不能作为研究西夏爵封制度及军事体系的直接资料，但作为旁证却无可置疑。

第三，对研究西夏社会、文化等问题提供了新材料。以俄藏黑水城中的汉文《杂字》为例，其内容丰富，涉及面非常之广，是研究当时西夏社会生活的宝贵材料，多位学者用其对西夏社会生活各方面问题进行了深入探讨，取得了一系列重要的研究成果。例如崔红芬《汉文〈杂字〉所反映的西夏社会问题探析》①一文就对文书所反映的西夏流行色彩及佛教信仰、民族交往及商业活动、医药水平等问题做了探讨和论述。文志勇《从俄藏汉文〈杂字〉看西夏社会发展》②一文用其对西夏纺织业、牧业、水利业、酒业的发展水平进行了研究，从而使人们对西夏当时社会发展状况有了大致了解。石小英《西夏平民服饰浅谈——以 X.02822〈杂集时要用字〉为中心》③则通过对文书中《衣物部三》的分析，指出从西夏服饰我们可以看到党项民族从游牧到定居，从狩猎、采集到稳定地发展农业、手工业的历史演

---

① 《西夏学》第六辑，上海古籍出版社，2010。
② 《兰州学刊》2009 年第 1 期。
③ 《宁夏社会科学》2007 年第 5 期。

变。而西夏平民服饰的变化,体现了各民族融合及中原经济文化对西夏文化的巨大影响,这如实记载了西夏社会经济政治发展情况,体现了等级分明的西夏阶级社会中平民深受统治阶级的压榨和剥削,同时也反映了社会底层平民生活的朴素、清苦与平淡。孙星群《西夏汉文本〈杂字〉"音乐部"之剖析》① 一文则利用其中的《音乐部》,对西夏的礼乐情况进行了研究。这些研究涉及了西夏社会生活的方方面面,对于我们了解西夏时期平民生活状况有着举足轻重的意义。又如西夏汉文写本《卜筮要诀》《六十四卦图哥》《推日吉凶法》等占卜方术类文书的发现,则为我们研究中古时期易学与西夏地区民间通俗文化提供了珍贵的资料。

当然,以上有关中国藏黑水城汉文文献资料价值的阐述未免挂一漏万。但总体来看,西夏汉文非佛教文献非常珍贵,是西夏文献中比较便于解读和利用,且具有重要价值的史料。可以相信,随着西夏文献研究的深入,其价值必将被越来越多的学者所认识,得到学术界越来越多的关注和使用。

四

本书是 2011 年国家社会科学基金特别委托项目"西夏文献文物研究"的子课题之一,分为整理编和研究编两大部分。

整理编是对《俄藏黑水城文献》《俄藏敦煌文献》《英藏黑水城文献》《斯坦因第三次中亚考古所获汉文文献(非佛经部分)》《斯坦因第三次中亚探险所获甘肃新疆出土汉文文书——未经马斯伯乐刊布的部分》《中国藏西夏文献》《日本藏西夏文文献》《法藏敦煌西夏文文献》等书所收录考古发现西夏汉文非佛教文献进行的文书学整理,主要是释录和校勘文字,包括定名、题解、录文、标点、校记和参考文献等。其中有三点需要特别加以说明:一、《俄藏黑水城文献》中所含的西夏汉文非佛教文献在笔者《俄藏黑

---

① 《音乐研究》1991 年第 4 期。

水城汉文非佛教文献整理与研究》①一书中曾有收录，故此次不再重新收录，原书中释录有误之处，本书作《〈俄藏黑水城汉文非佛教文献整理与研究〉所收西夏文献补释》一文予以订正。二、本书"整理编"对于以上各书所收录的未判明年代之文献，根据目前学界已有研究成果及文献内容可判定为非西夏文献者，不予收录，其余则收录于疑似文书类，但定名中不标明年代。三、本书名为"考古发现西夏汉文非佛教文献整理与研究"，但鉴于某些佛经印施题记、发愿文及敦煌文献中的佛教题记当中也包含有大量的世俗生活信息，故而本书对于《俄藏黑水城文献》及《中国藏西夏文献》中的佛经印施题记、发愿文、洞窟题记等内容一并收入，特此说明。

本书在整理过程中借鉴敦煌吐鲁番文书整理规范，对文书进行了新的定名、题解、释录及校勘。各书中除《俄藏敦煌文献》第 17 册部分文书之外，原编者已对文书进行了定名，但是按照敦煌吐鲁番文书整理规范，文书定名应包括文书撰拟时代、文书撰拟主体、文书种类和事由等内容，而各书原编者的文书定名或只包括文书撰拟主体，或只反映文书事由，定名要素不全，内容稍嫌简略。另外，因原编者对文书的性质判断存在错误，故部分定名有误。因此本书借鉴敦煌吐鲁番文书的整理规范，吸收学术界已有研究成果，对所收录文书进行了重新定名。本书的题解主要包括三部分内容：一是各书当中介绍的文书编号、定名、尺寸、纸张材质、写刻形式、所收录书籍页码等，以尽量保存文献的原始信息；二是尽量吸收目前学术界已有研究成果，适当列出相关学者主要观点，并加上笔者的判断；三是列出参考文献，将笔者所知已有研究成果详细列出（以上三者，笔者判断和参考文献无则缺）。本书的释录则主要是依据各书所公布的文书图版，并参考学界已有录文，进行全文迻录和标点。对于与原书已有录文或学者已有研究成果所释录文字不同之处，则以脚注的形式在每页下方予以说明，即为校勘内容。有关整理的原则和要求，我们在整理编的"凡例"还要做进一步的交代。

研究编主要是汇集了课题组成员近年来研究西夏汉文非佛教文献的论

---

① 北京师范大学出版社，2012。

文，共计16篇。其中《闽宁村西夏墓墓主蠡测》《天祝县出土西夏文"首领印"质疑》《元代西夏遗民踪迹的新发现——元〈重修鹿泉神应庙碑〉考释》《元代唐兀人李爱鲁墓志考释》《黑水城出土西夏文〈仁王经〉残片考释》等文章研究对象虽非本书整理范畴之内，但因其也涉及西夏历史研究，故而将其收入附录当中。这些论文由于形成时间不同，有些行文用语并不一致，有些内容也不免重复，在收入本书的时候，我们除做了一些必要的内容增删修饰和文字统一处理之外，还尽量保持原文的面貌，以反映笔者对文书认识和研究的历程，这一点希望读者鉴谅。

目前，我国学术界的西夏文献研究已经进入一个比较成熟的时期，堪称继敦煌学之后又一最具国际性的人文学科。尤其是近20年来西夏文献的集中公布，中外学术界竞相以西夏文献作为研究对象，极大地推动了西夏史相关领域问题的深入研究。可以预期，对考古发现的西夏汉文非佛教文献进行系统的整理和研究，可以为学术界研究西夏历史文化提供翔实可靠的文献文本，有助于从广度上开拓出土文献研究的领域，从深度上推进西夏政治、经济、军事、社会和文化的认识，有利于推动整个西夏的历史研究和出土文献研究学术事业的发展。总之，考古发现西夏汉文文献的整理与研究具有广阔的学术前景，必将成为我国出土古文献研究和西夏史研究的一个重要领域。

整理编

凡　例

一、本编为《俄藏黑水城文献》《俄藏敦煌文献》《英藏黑水城文献》《斯坦因第三次中亚考古所获汉文文献（非佛经部分）》《斯坦因第三次中亚探险所获甘肃新疆出土汉文文书——未经马斯伯乐刊布的部分》《中国藏西夏文献》《日本藏西夏文文献》《法藏敦煌西夏文文献》等书所收录考古发现西夏汉文非佛教文献的整理部分。

二、《俄藏黑水城文献》一书中所含的西夏汉文非佛教文献在笔者《俄藏黑水城汉文非佛教文献整理与研究》一书中曾有收录，故此次不再重新收录，原书中释录有误之处，本书作《〈俄藏黑水城汉文非佛教文献整理与研究〉所收西夏文献补释》一文予以订正。

三、本书名为"考古发现西夏汉文非佛教文献整理与研究"，但鉴于某些佛经印施题记、发愿文及造像题记当中也包含大量的世俗生活信息，故而本书对于《俄藏黑水城文献》及《中国藏西夏文献》中的佛经印施题记、发愿文、洞窟题记等内容一并收入。

四、《中国藏西夏文献》第 18 册收录有闽宁村西夏墓出土汉文残碑，第 19 册收录有西夏陵第五号、第六号、第七号、第八号等陵出土汉文残碑，第 20 册收录有大量西夏汉文铜钱，因碑文过于残损，所存文字较少，另外考虑篇幅问题，本编未予收录。

五、以上各书所收录文献中，对于原书编者已判定或学界已有研究成果可判定为西夏时期汉文非佛教文献者，本书直接收录，并标明朝代；未判明年代之文献，根据目前学界已有研究成果及文献内容可判定为非西夏文献者，不予收录，其余则收录于疑似文书类，但定名中不标明朝代。例如《中国藏西夏文献》当中所收录国家图书馆藏灵武出土西夏文佛经护封当中之汉文文献，林世田先生主编《国家图书馆藏西夏文献中汉文文献释录》一书均判定为明代刊写，本编不予收录。

六、本编根据各书所刊图版所显示的文书格式录文。

七、同一件文书裂为数页或数段而无法判定前后顺序者，在同一标题下每页分标（一）（二）（三）等，这个标号一般只表明是同一文书的之一、之二、之三等，并不一定表明先后顺序。

八、每件文书整理的内容包括文书定名（参照文物出版社《吐鲁番出土文书》规则定名）、题解、录文标点、校记和参考文献等五项内容。每件文书，前三项内容必备，后二项内容无则缺。参考文献不单独列为一项，附于题解之末。

九、凡确知为同一件文书而散为两页以上者，除在题解中加以说明外，在每一页定名中也同时标明其位序。

十、释文以反映文书原始信息为首要原则，严格按照文书图版释录，并用阿拉伯数字标示行号。原件中有逆书者在校记中说明。

十一、释录的文字均以文书图版为据，适当吸收前人的研究成果。如已发表的释文有误，则径行改正，并酌情出校。

十二、原件残缺，依残缺位置用（前缺）、（中缺）、（后缺）表示。缺字用□表示，不能确知缺几个字的，上缺用＿＿＿表示，中缺用＿＿＿表示，下缺用＿＿＿表示，一般占三格，但有时为了保持原文格式，可适当延长，视具体情况而定。骑缝线用┄┄┄表示，骑缝背面有押署或印迹者，均在题解或校记中说明。

十三、缺字一般不补。原文残损，但据残笔画和上下文可推知为某字者，径补；无法推补者，从缺字例；字迹模糊无法辨识者，用□表示。

十四、原件中的俗体字、异体字，径直统一改为通行简体字。

十五、原件有倒字符号者径改；有废字符号者不录；有重叠符号者直接补足重叠文字；有涂改、修改符号者，只录修改后的文字；不能确定哪几个字是修改后应保留的两存之。有涂抹符号者，能确定确为作废者不录；不能确定已涂抹的文字则照录。原写于行外的补字，径行补入行内；不能确定补于何处者，仍照原样录于夹行中。以上情况，均酌情出校。

十六、本编题解当中，《俄藏黑水城文献》《中国藏西夏文献》《日本藏西夏文文献》三书所记文书尺寸单位均为厘米，《英藏黑水城文献》《法藏敦煌西夏文文献》两书所记文书尺寸单位为毫米。

《俄藏黑水城文献》所收西夏汉文佛经序跋

第 1 册

一　西夏天庆二年（1195）皇太后罗氏印施《佛说转女身经》发愿文

题解：

本件为俄藏编号 TK8 号《佛说转女身经》之《印施发愿文》，收于《俄藏黑水城文献》第 1 册第 198～224 页。第 6 册《附录·叙录》中指出 TK8 号《佛说转女身经》为西夏刻本，并列出文书诸要素为：经折装，白麻纸；共 62 折半，125 面；高 21.5，面宽 10；版框高 15.8，天头 3.4，地脚 2；每面 6 行，行 14 字；上下双边；宋体，墨色中匀；冠《佛说转女／身经变相》画 6 面，四周双边；第 1～2 面榜题分别为："教主释迦牟尼佛""天龙八部众""择梵诸天众""诸大声闻众""阿泥卢豆""诸大菩萨众""净日夫人""四部弟子众"，第 3～6 面榜题分别为："佛在耆阇崛山说经图""诸居士妇施佛璎珞／化成宝台佛会之处""诸居士妇转女／成男出家之处""诸居士求请出家处""菩萨在母胎／中向佛听法""无垢光女劝母发／心以宝盖奉母处""无垢光女／请问法要""阿泥卢豆／问佛之处""从母右肋／忽然化生""天帝施衣／不受之处""他方佛与无垢／光女衣服璎珞""东南方净住世/界无垢称王佛""得闻此经/信解欢喜""供养父母师长处""怀子在身生/者受大苦痛""女人为他所使捣/药舂米若熬若磨""厌离女身供养佛菩萨处";下接首题:"佛说转女身经一卷";另行小字:"宋罽宾三藏昙摩蜜多译";有尾题;后为《经音》,注一百十八个实音字;下为西夏皇太后罗氏天庆乙卯二年九月二十日(1195.10.24,桓宗在位)印施发愿文,存66行(前54行为修行法门,非发愿文,故不录),尾残。本号文献与TK12同名经行款、字体一致,唯经中段落尾花不同。印施发愿文亦可参看TK12之完整者(共80行),已裱。参见《孟黑录》146。

《俄藏黑水城文献》汉文文献共收录《佛说转女身经一卷》3件,分别为TK8、TK12、TK13。其中TK8、TK13印施发愿文均残缺,TK12印施发愿文完整。

参考文献:

宗舜:《〈俄藏黑水城文献〉(汉文部分)佛教题跋汇编》,《敦煌学研究》2007年第1期。

录文标点:

1. 恭闻竺乾大觉,特开甘露之玄门;沙
2. 界含灵,普获真常之宝藏。今斯　　○
3. 《转女身经》者,上乘秘典,了义真诠。谈
4. 无相无名之妙心,显非男非女之真
5. 性。大权应迹,右胁化生。摧天帝不受
6. 珠衣,挫声闻直谈妙理。慈亲献盖,报
7. 此世之洪恩;诸妇转形,酬多生之育
8. 德。闻经欢喜,定转女身;信乐受持,速
9. 登圣果。今　　皇太后罗氏,自惟生居
10. 末世,去圣时遥;宿植良因,幸逢真教。
11. 每思　　*　　*　　*
12. 仁宗之厚德,仰凭法力以荐资。遂于

(后缺)

二 西夏人庆三年（1146）御史台正直本等印施《妙法莲华经》发愿文

题解：

本件为俄藏编号 TK11 号《妙法莲华经卷第七》之《印施发愿文》，收于《俄藏黑水城文献》第 1 册第 257～270 页。第 6 册《附录·叙录》指出 TK11 号《妙法莲华经卷第七》为西夏刻本，并列出文书诸要素为：经折装，潢麻纸；共 37 折半，75 面；高 18.7，面宽 8.7；版框高 14.8，天头 1.5，地脚 1.5；每面 8 行，行 16 字；上下单边；宋体，墨色深匀；首冠佛说法图 2 面，高 15.4，宽 17.7；有首题与尾题；中有题：妙音菩萨品第二十四，观世音菩萨普门品第二十五，陀罗尼品第二十六，庄严王本事品第二十七，普贤菩萨劝发品第二十八；普门品第二十五题下钤朱文符号；尾题后有印施题记 14 行："粤以莲经者，入不思议之妙法也。故衣珠设譬，谓自/性之无知；火宅导迷，言宦心之罔觉。以慈悲喜舍之/旨，启开示悟入之门，难焚于烈艳之中，永转于法轮/之内。二十八品，皆觉皇宣演之书；七万余言，咸真圣/玄微之理。洞究而须推七喻，力穷而在毕三周。诵之，/则舌变红莲于亿年；供之，则𡒊放华光于满室。诚释/门之扃钥，真苦海之津梁。今有清信弟子雕字人王/善惠、王善圆、贺善海、郭狗埋等，同为法友，特露微诚。/以上殿宗室御史台正直本为结缘之首，命工镂板。/其日费饮食之类，皆宗室给之。雕印斯经一部，普施/一切同欲受持。以兹功德，伏愿皇基永固，同盘石/之安；〔帝寿无〕疆，逾后天之算。凡隶有生之庶类，普/□罔极之洪休。时大夏国人庆三年（1146，仁宗在位）岁次丙寅五月/□□□□白"；已裱。参见《孟黑录》67。

参考文献：

宗舜：《〈俄藏黑水城文献〉（汉文部分）佛教题跋汇编》，《敦煌学研究》2007 年第 1 期。

录文标点：

1. 粤以莲经者，入不思议之妙法也。故衣珠设譬，谓自

(图片引自《俄藏黑水城文献》第 1 册第 270 页)

2. 性之无知；火宅导迷，言宦心之罔觉。以慈悲喜舍之
3. 旨，启开示悟入之门。难焚于烈艳①之中，永转于法轮
4. 之内。二十八品，皆觉皇宣演之书；七万余言，咸真圣
5. 玄微之理。洞究而须推七喻，力穷而在毕三周。诵之，

---

① 据文意推断，"艳"字应为"焰"

6. 则舌变红莲于亿年；供之，则帙放华光于满室。诚释
7. 门之扃钥，真苦海之津梁。今有清信弟子雕字人王
8. 善惠、王善圆、贺善海、郭狗埋等，同为法友，特露微诚，
9. 以上殿宗室御史台正直本为结缘之首，命工镂板。
10. 其日费饮食之类，皆宗室给之。雕印斯经一部，普施
11. 一切，同欲受持。以兹功德，伏愿　皇基永固，同盘①石
12. 之安；帝寿无疆，逾后天之算。凡隶有生之庶类，普
13. □罔极之洪休。时大夏国人庆三年岁次丙寅五月
14. □□□白。

三　西夏天庆二年（1195）皇太后罗氏印施《佛说转女身经》发愿文

题解：

本件为俄藏编号TK12号《佛说转女身经》之《印施发愿文》，收于《俄藏黑水城文献》第1册第292页。第6册《附录·叙录》中指出TK12号《佛说转女身经》为西夏刻本；并列出文书诸要素为：经折装，未染麻纸；共70折半，140面；高21.5，面宽9.8；版框高15.7，天头3，地脚2.5；每面6行，行14字；上下双边；宋体，墨色深匀；首缺佛画与首题，残失经文16行；中又缺3纸，72行（皆可参阅TK8同名经相关段落）；尾题："佛说转女身经一卷"；后为《经音》，注一百十八个实音字；下为完整的80行印施发愿文（前54行为修行法门，非发愿文，故不录），前综述持经法力功德，自末16行云："今　皇太后罗氏，自惟生居/末世，去圣时遥，宿植良因，幸逢真教。/每思/仁宗之厚德，仰凭法力以荐资。遂于/二周之忌晨，命工镂板，印造斯典，番/汉共三万余卷，并彩绘功德三万余/帧。散施国内臣民，普令见闻蒙益，所/鸠胜善。伏愿/仁宗圣德皇帝，抛离浊境，安住净方，/早超十地之因，速满三身之果。仍愿/龙图永霸，等南山而崇高；帝业长/隆，齐北海

---

① 据文意推断，"盘"字应为"磐"。

而深广。皇女享千春之/福，宗亲延万业之祯。武职文臣，恒荣/显于禄位；黎民士庶，克保庆于休祥。/六趣四生，咸舍生死，法界含识，悉证菩提矣"；末题记 2 行："天庆乙卯二年九月二十日（1195.10.24，桓宗在位），/皇太后罗氏发愿谨施。"参见《孟黑录》144。

《俄藏黑水城文献》汉文文献共收录《佛说转女身经一卷》3 件，分别为 TK8、TK12、TK13。其中 TK8、TK13 印施发愿文均残缺，TK12 印施发愿文完整。

参考文献：

宗舜：《〈俄藏黑水城文献〉（汉文部分）佛教题跋汇编》，《敦煌学研究》2007 年第 1 期。

录文标点：

1. 恭闻竺乾大觉，特开甘露之玄门；沙
2. 界含灵，普获真常之宝藏。今斯
3. 《转女身经》者，上乘秘典，了义真诠。谈
4. 无相无名之妙心，显非男非女之真
5. 性。大权应迹，右胁化生。摧天帝不受

(图片引自《俄藏黑水城文献》第 1 册第 292 页)

6. 珠衣，挫声闻直谈妙理。慈亲献盖，报

7. 此世之洪恩；诸妇转形，酬多生之育

8. 德。闻经欢喜，定转女身；信乐受持，速

9. 登圣果。今　　皇太后罗氏，自惟生居

10. 末世，去圣时遥；宿植良因，幸逢真教。

11. 每思　　＊　　　　＊

12. 仁宗之厚德，仰凭法力以荐资。遂于

13. 二周之忌晨①，命工镂板，印造斯典。番

14. 汉共三万余卷，并彩绘功德三万余

15. 帧，散施国内臣民，普令见闻蒙益。所

16. 鸠胜善，伏愿　　＊　　……

---

① 据文意推断，"晨"字应为"辰"。

17. 仁宗圣德皇帝，抛离浊境，安住净方，
18. 早超十地之因，速满三身之果。仍愿
19. 龙图永霸，等南山而崇高；　　帝业长
20. 隆，齐北海而深广。　皇女享千春之
21. 福，宗亲延万叶之祯。武职文臣，恒荣
22. 显于禄位；黎民士庶，克保庆于休祥。
23. 六趣四生，咸舍生死；法界含识，悉证
24. 菩提矣。　　＊　　……
25. 　　　　天庆乙卯二年九月二十日
26. 　　　　皇太后罗氏发愿谨施。

四　西夏天庆二年（1195）皇太后罗氏印施《佛说转女身经》发愿文

题解：

本件为俄藏编号 TK13 号《佛说转女身经》之《印施发愿文》，收于《俄藏黑水城文献》第 1 册第 298 页。第 6 册《附录·叙录》中指出 TK13 号《佛说转女身经》为西夏刻本，并列出文书诸要素为：经折装，未染麻纸；共 14 折，28 面；高 21.5，面宽 9.8；版框高 15.7，天头 3.5，地脚 2.3；每面 6 行，行 14 字；上下双边；宋体，墨色深匀；各纸黏结处已脱落，故起首可见标志用纸序数之"转女身经十七"等字。参见《孟黑录》145。

《俄藏黑水城文献》汉文文献共收录《佛说转女身经一卷》3 件，分别为 TK8、TK12、TK13。其中 TK8、TK13 印施发愿文均残缺，TK12 印施发愿文完整。

参考文献：

宗舜：《〈俄藏黑水城文献〉（汉文部分）佛教题跋汇编》，《敦煌学研究》2007 年第 1 期。

录文标点：

1. 恭闻竺乾大觉，特开甘露之玄门；沙

2. 界含灵，普获真常之宝藏。今斯

3. 《转女身经》者，□□□□，了义真诠。谈

4. 无相无□□□□□□□□

5. 性。大权□□□□□□□

6. 珠衣，挫声闻□□□□□□□□□□

（后缺）

五 西夏乾祐二十年（1189）皇后罗氏印施《金刚般若波罗蜜经》题记

题解：

本件为俄藏编号 TK14 号《金刚般若波罗蜜经》之《印施题记》，收于《俄藏黑水城文献》第 1 册第 309 页。第 6 册《附录·叙录》中指出 TK14 号《金刚般若波罗蜜经》为西夏刻本，并列出文书诸要素为：经折装，甲种本，白楮纸；共 33 折，66 面；高 28.7，面宽 11；版框高 23，天头 2.8，地脚 1.8；每面 6 行，行 18 字；上下双边；写刻体，墨色深匀；冠佛说图 4 面，有榜题："四菩萨""八金刚""十大弟子""比丘众""须菩提""天人众""长者""舍卫国王""祁陀太子""善男子""善女人""婆罗门众"；后依次为《金刚经启请》《净口业真言》《安土地真言》《虚空藏菩萨普供养真言》《请八金刚》《请四菩萨》《云何梵》《发愿文》；下接经首题："金刚般若波罗蜜经"，另行小字："姚秦三藏法师鸠摩罗什译"；中有题：法会因由分第一，善现起请分第二，大乘正宗分第三，妙行无住分第四，如理实见分第五，正信稀有分第六，无得无说分第七，依法出生分第八，一相无相分第九，庄严净土分第十，无为福胜分第十一，尊重正教分第十二，如法受持分第十三，离相寂灭分第十四，持经功德分第十五，能净业障分第十六，究竟无我分第十七，一体同观分第十八，法界通化分第十九，离色离相分第二十，非说所说分第二十一，无法可得分第二十二，净心行善分第二十三，福智无比分第二十四，化无

所化分第二十五，法身非相分第二十六，无断无灭分第二十七，不受不贪分第二十八，威仪寂静分第二十九，一合理相分第三十，知见不生分第三十一，应化非真分第三十二；尾题同首题，下有楷体墨色长方印（3.4×2.2）："温家寺/道院记"，印文后半不清，可参阅TK17尾同印；末宋体印施题记2行："大夏乾祐二十年岁次巳（己）酉三月十五日（1189.4.2，仁宗在位）/正宫　皇后罗氏谨施"；经文每5面首行右侧上方刻小字"金三"至"金十三"，以计用纸序数；已裱。参见《大正藏》第8卷第748页下栏第12行~第752页下栏第3行；《金刚经启请》至《发愿文》参见《大正藏》第85卷第1页上栏《梁朝傅大士颂金刚经》；各分标题参见《大正藏》第85卷第1页中栏《金刚般若波罗蜜经》。参见《孟黑录》18。

在《俄藏黑水城文献》汉文文献当中西夏刻《金刚般若波罗蜜经》共有3种版本，其中甲种本6件：TK14、TK17、TK18、TK20、TK39、TK41；乙种本3件：TK16、（TK42、TK44、TK46、TK48、TK49、TK52、TK54、TK57）（TK42—TK57为一件）、TK45；未分版本的共16件：TK26、TK27、TK28、TK104、TK106、TK112、TK115、TK124、TK125、TK179、TK180、TK182、TK63B（残片）、TK64V（残片）、TK161V、TK296V（残片）。

在甲种本的6件经文中，TK14、TK18、TK39、TK41四件印施题记存，TK17、TK20印施题记已失。其中俄TK14有一墨印，印文为"温家寺道院记"，此墨印也见于俄TK17号《金刚般若波罗蜜经》。俄TK18号题记后多"李善进"3字，TK41在印施题记后有楷书五言偈语一首，下署"李善进"名，偈语出自《妙法莲华经方便品第二》。

参考文献：

宗舜：《〈俄藏黑水城文献〉（汉文部分）佛教题跋汇编》，《敦煌学研究》2007年第1期。

录文标点：

1. 大夏乾祐二十年岁次己酉三月十五日

2. 正宫　皇后罗氏谨施。

六 西夏乾祐二十年（1189）皇后罗氏印施《金刚般若波罗蜜经》题记

题解：

本件为俄藏编号 TK18 号《金刚般若波罗蜜经》之《印施题记》，收于《俄藏黑水城文献》第 1 册第 354 页。第 6 册《附录·叙录》中指出 TK18 号《金刚般若波罗蜜经》为西夏刻本，并列出文书诸要素为：经折装，甲种本，潢楮纸；共 16 折半，33 面；高 28.5，面宽 11；版框高 23.2，天头 4，地脚 1.5；每面 6 行，行 18 字；上下双边；写刻体，墨色深匀；冠佛画 6 面，前 2 面非原物，后 4 面与 TK14 佛画相同；以下《金刚经启请》等皆可参阅 TK14，但经文至"离相寂灭分第十四"即中断，并黏结乾祐二十年（1189，仁宗在位）罗皇后宋体印施题记；题记下有墨色白文印（2×1.5），印文不清；左边有行楷"李善进"名。参见《大正藏》第 85 卷第 1 页上栏倒 8 行至中栏第 9 行，第 8 卷第 748 页下栏第 16 行至第 750 页中栏第 10 行。参见《孟黑录》21。

在《俄藏黑水城文献》汉文文献当中西夏刻《金刚般若波罗蜜经》共有 3 种版本，其中甲种本 6 件：TK14、TK17、TK18、TK20、TK39、TK41；乙种本 3 件：TK16、（TK42、TK44、TK46、TK48、TK49、TK52、TK54、TK57）（TK42—TK57 为一件）、TK45；未分版本的共 16 件：TK26、TK27、TK28、TK104、TK106、TK112、TK115、TK124、TK125、TK179、TK180、TK182、TK63B（残片）、TK64V（残片）、TK161V、TK296V（残片）。

在甲种本的 6 件经文中，TK14、TK18、TK39、TK41 四件印施题记存，TK17、TK20 印施题记已失。其中俄 TK14 有一墨印，印文为"温家寺道院记"，此墨印也见于俄 TK17 号《金刚般若波罗蜜经》。俄 TK18 号题记后多"李善进"3 字，TK41 在印施题记后有楷书五言偈语一首，下署"李善进"名，偈语出自《妙法莲华经方便品第二》。

参考文献：

宗舜：《〈俄藏黑水城文献〉（汉文部分）佛教题跋汇编》，《敦煌学研究》2007 年第 1 期。

录文标点:

1. 大夏乾祐二十年岁次己酉三月十五日
2. 正宫　皇后罗氏谨施。　　　（印文）
3. 　　　　　　　　　　李善进

第 2 册

一　西夏皇建元年（1210）圣普化寺连批张盖、副使沙门李智宝印施《佛说大乘圣无量寿决定光明王如来陀罗尼经一卷》及《佛说般若波罗蜜多心经》发愿文

题解：

本件为TK21号《1. 佛说大乘圣无量寿决定光明王如来陀罗尼经一卷 2. 佛说般若波罗蜜多心经》之《印施发愿文》，收于《俄藏黑水城文献》第 2 册第 7 页。第 6 册《附录·叙录》中指出TK21号文书为西夏刻本，并列出文书诸要素为：经折装，偏蓝麻纸；共 19 折，38 面；高 12.5，面宽 6.3；版框高 8.7，天头 2.3，地脚 1.5；每面 6 行，行 13 字；上下双边；宋体，墨色深匀；1. 冠佛说法图 2 面，左右单边，上下双边。佛披衣端坐台上，左右阿难、迦叶及菩萨、天龙八部众，前跪弟子。接首题："佛说大乘圣无量寿决定光明王如来陀罗尼经一卷。"另起双行小字："西天中印度摩迦陀国那烂陀寺传教大师三藏/赐紫沙门　臣　法天奉　诏译。"经文自图版（14~8）第 13 行 "定光明王如来陀罗尼经若自书" 以下佚失一段（约 45 行），藏家径将 "不可度量知其数量若复有人为" 以下裱接。尾题："佛说大乘圣无量寿王经。"参见《大正藏》第 19 卷第 85 页上栏第 2 行至第 86 页上栏第 5 行，第 86 页中栏第 11 行至下栏第 11 行；2. 冠韦陀菩萨像 1 页。接首题："佛说般若波罗蜜多心经。"经文末有咒语、偈语。参见《大正藏》第 8 卷第 848 页下栏第 1~15 行；3. 功德山陀罗尼，并引《大集经》称赞诵此陀罗尼之妙用；4. 印施题记 14 行，以行书刊刻："盖闻无量寿王经者，诸佛秘印，海/藏真诠。闻名乃亦庆齐圆，诵持则/三涂弥灭。般若心经者，

神功叵测，/圣力难思。高谈无二之门，直显真空/之理。今微僧智宝，宿有良缘，幸逢/斯典。特升弘愿，工镂板。伏愿三/界九有，咸获衣中之宝；六趣四生，/速证常乐之果。普施传持，同沾此/善者矣。/时皇建元年十一月初五日（1210.11.22，襄宗在位），众/圣普化寺连批张盖，副使沙/门李智宝谨施，/西天智圆刁，/索智深书"；最末2行为小字；经文句末常刻梵文字样或尾花；已裱。沙门李智宝不废俗姓，为不多见者（另有TK72"京市周家□□□/僧雕字人王善慧"，TK242"邠州开元寺僧西安州归义刘德真"，A5"西天金刚大五明传上师李法海"）。参见《孟黑录》149。

《俄藏黑水城文献》汉文文献中共收有西夏刻《佛说大乘圣无量寿决定光明王如来陀罗尼经一卷》5件，分别是：TK21（1）、TK22、TK23、TK24、TK76，其中TK21（1）、TK22、TK23、TK24等4件为同一版本。《佛说般若波罗蜜多心经》5件，分别是：TK21（2）、TK25、TK128、TK144、TK189，其中TK21（2）与TK25为同一版本，且TK25印施题记虽不全，但可补同版TK21题记文字不清者。

参考文献：

宗舜：《〈俄藏黑水城文献〉（汉文部分）佛教题跋汇编》，《敦煌学研究》2007年第1期。

录文标点：

1. 盖闻《无量寿王经》者，诸佛秘印，海
2. 藏真诠。闻名乃六度齐圆，诵持则
3. 三涂殄①灭。　《般若心经》者，神功叵测，
4. 圣力难思。高谈无二之门，直显真空
5. 之理。今微僧智宝，宿有良缘，幸逢
6. 斯典，特升弘愿，　命工镂板。伏愿三
7. 界九有，咸获衣中之宝；六趣四生，
8. 速证常乐之果。普施传持，同沾此

---

① "殄"，《附录·附录》作"弥"，现据图版改。

(图片引自《俄藏黑水城文献》第 2 册第 7 页)

9. 善者矣。

10. 时皇建元年十一月初五日,众

11. 圣普化寺连批张盖,副使沙

12. 门李智宝谨施。

13.（藏文符号）西天智圆刁①,

14. 索智深书。

二　西夏皇建元年（1210）圣普化寺连批张盖、副使沙门李智宝印施《佛说大乘圣无量寿决定光明王如来陀罗尼经一卷》及《佛说般若波罗蜜多心经》发愿文残片

题解：

本件为俄藏编号 TK25 号《佛说般若波罗蜜多心经》之《印施发愿文》,收于《俄藏黑水城文献》第 2 册第 14 页。第 6 册《附录·叙录》中指出 TK25 号《佛说般若波罗蜜多心经》为西夏刻本,并列出文书诸要素

---

① 据文意推断,"刁"字应为"雕"。

为：经折装，未染麻纸；共 4 折半，9 面；高 12.5，面宽 6.2；版框高 8.5，天头 2.5，地脚 1.3；每面 6 行，行 13 字；上下双边；宋体，墨色中；首尾残缺；有功德山陀罗尼；题记虽不全，但可补同版 TK21 题记文字不清者。参见《大正藏》第 8 卷第 848 页下栏第 6～19 行。参见《孟黑录》149。

从本号文书题记来看，本号文书应与 TK21 号相同，《附录·叙录》中对本文书拟题有误，应拟题为《1. 佛说大乘圣无量寿决定光明王如来陀罗尼经一卷 2. 佛说般若波罗蜜多心经》。

《俄藏黑水城文献》汉文文献中共收有西夏刻《佛说般若波罗蜜多心经》5 件，分别是：TK21（2）、TK25、TK128、TK144、TK189，其中 TK21（2）与 TK25 为同一版本，且 TK25 印施题记虽不全，但可补同版 TK21 题记文字不清者。

参考文献：

宗舜：《〈俄藏黑水城文献〉（汉文部分）佛教题跋汇编》，《敦煌学研究》2007 年第 1 期。

录文标点：

1. 盖闻《无量寿王经》者，诸佛秘印，海
2. 藏真诠。闻名乃六度齐圆，诵持则
3. 三涂殄灭。　《般若心经》者，神功叵测，
4. 圣力难思。高谈无二之门，直显真空
5. 之理。今微僧智宝，宿有良缘，幸逢
6. 斯典，特升弘愿，　命工镂板。伏愿三
7. 界九有，咸获衣中之宝；六趣四生，
8. 速证常乐之果。普施传持，同沾此
9. 善者矣。
10. 时皇建元年十一月初五日，众
11. 圣普化寺连批张盖，副使沙
12. ▢▢▢▢▢▢▢▢▢▢▢▢▢

（后缺）

三　西夏乾祐二十年（1189）皇后罗氏印施《金刚般若波罗蜜经》题记

题解：

本件为俄藏编号 TK39 号《金刚般若波罗蜜经》之《印施题记》，收于《俄藏黑水城文献》第 2 册第 25 页。第 6 册《附录·叙录》中指出 TK39 号《金刚般若波罗蜜经》为西夏刻本，并列出文书诸要素为：经折装，甲种本；未染楮纸，纸面脏；共 4 折半，9 面；高 26.2，面宽 10.7；版框高 22.8，天头 3.2，地脚 0.8；每面 6 行，行 18 字；上下双边；写刻体，墨色有深浅；首缺；中有题：〔一合〕理相分第三十，知见不生分第三十一，应化非真分第三十二；尾题："金刚般若波罗蜜经"，下接写本《般若无尽藏真言》《补阙真言》，共 1 折，2 面；再接刻本宋体印施题记 2 行："大夏乾祐二十年岁次巳（己）酉三月十五日（1189.4.2，仁宗在位）/正宫　皇后罗氏谨施。"参见《大正藏》第 8 卷第 752 页中栏第 1 行—下栏第 3 行。背黏补西夏文佛经与汉文账目，账目中有"拾文""叁驴"等字。参见《孟黑录》49。

在《俄藏黑水城文献》汉文文献当中西夏刻《金刚般若波罗蜜经》共有 3 种版本，其中甲种本 6 件：TK14、TK17、TK18、TK20、TK39、TK41；乙种本 3 件：TK16、（TK42、TK44、TK46、TK48、TK49、TK52、TK54、TK57）（TK42~TK57 为一件）、TK45；未分版本的共 16 件：TK26、TK27、TK28、TK104、TK106、TK112、TK115、TK124、TK125、TK179、TK180、TK182、TK63B（残片）、TK64V（残片）、TK161V、TK296V（残片）。

参考文献：

宗舜：《〈俄藏黑水城文献〉（汉文部分）佛教题跋汇编》，《敦煌学研究》2007 年第 1 期。

录文标点：

1. 大夏乾祐二十年岁次己酉三月十五日

2. 正宫　皇后罗氏谨施。

四 西夏乾祐二十年（1189）皇后罗氏印施《金刚般若波罗蜜经》题记

题解：

本件为俄藏编号 TK41 号《金刚般若波罗蜜经》之《印施题记》，收于《俄藏黑水城文献》第 2 册第 27 页。第 6 册《附录·叙录》中指出 TK41 号《金刚般若波罗蜜经》为西夏刻本，并列出文书诸要素为：经折装，甲种本，未染楮纸；共 1 面。高 28.7，面宽 10.5；版框高 22.2，天头 3.7，地脚 2.8；上下双边，左单边；宋体，墨色偏淡；印施题记 2 行，参阅 TK14；后有楷书五言偈语："诸法从本来，常自寂灭相。/佛子行道已，来世得作佛"；下署"李善进"名。据苏州戒幢佛学研究所宗舜研究，偈语出自《妙法莲华经方便品第二》。参见《大正藏》第 9 卷第 8 页中栏倒 5 行～倒 4 行。参见《孟黑录》52。

《俄藏黑水城文献》汉文文献中共收有西夏刻《金刚般若波罗蜜经》共有 3 种版本，其中甲种本 6 件：TK14、TK17、TK18、TK20、TK39、TK41；乙种本 3 件：TK16、（TK42、TK44、TK46、TK48、TK49、TK52、TK54、TK57）（TK42—TK57 为一件）、TK45；未分版本的共 16 件：TK26、TK27、TK28、TK104、TK106、TK112、TK115、TK124、TK125、TK179、TK180、TK182、TK63B（残片）、TK64V（残片）、TK161V、TK296V（残片）。

参考文献：

1. 宗舜：《〈俄藏黑水城文献〉（汉文部分）佛教题跋汇编》，《敦煌学研究》2007 年第 1 期；

2. 宗舜：《〈俄藏黑水城文献〉之汉文佛教文献拟题考辨》，《敦煌研究》2001 年第 1 期。

录文标点：

1. 大夏乾祐二十年岁次己酉三月十五日

2. 正宫　皇后罗氏谨施。

五 西夏乾祐二十年（1189）皇后罗氏印施《金刚般若波罗蜜经》题记

题解：

本件为俄藏编号 TK42、TK44、TK46、TK48、TK49、TK52、TK54、TK57 号《金刚般若波罗蜜经》之《印施题记》，收于《俄藏黑水城文献》第 2 册第 36 页。第 6 册《附录·叙录》中指出 TK42、TK44、TK46、TK48、TK49、TK52、TK54、TK57 号《金刚般若波罗蜜经》为西夏刻本，并列出文书诸要素为：经折装，乙种本；以 TK54 为主，配以其他同一刻本的 7 个文献而成；未染麻纸；共 29 折半，59 面；高 28.8，面宽 10.7；版框高 23.2，天头 3.5，地脚 2；每面 6 行，行 18 字；上下双边；写刻体，墨色深；佛画与《金刚经启请》等缺；自《请八金刚》以下乃至经文、分题皆与 TK14（甲种本）相同，唯卷末 4 句五言偈语分行排列，与 TK14 偈语不分行接排版式不一；尾题后有宋体印施题记 2 行："大夏乾祐二十年岁次巳（己）西三月十五日（1189.4.2，仁宗在位）/正宫　皇后罗氏谨施。"乙种本 TK16 佚此题记。参见《大正藏》第 8 卷第 748 页下栏倒 12 行至第 752 页下栏第 3 行，第 85 卷第 1 页上栏。参见《孟黑录》27、25、29、36、31、40、43、50。

在《俄藏黑水城文献》汉文文献当中西夏刻《金刚般若波罗蜜经》共有 3 种版本，其中甲种本 6 件：TK14、TK17、TK18、TK20、TK39、TK41；乙种本 3 件：TK16、（TK42、TK44、TK46、TK48、TK49、TK52、TK54、TK57）（TK42—TK57 为一件）、TK45；未分版本的共 16 件：TK26、TK27、TK28、TK104、TK106、TK112、TK115、TK124、TK125、TK179、TK180、TK182、TK63B（残片）、TK64V（残片）、TK161V、TK296V（残片）。

参考文献：

宗舜：《〈俄藏黑水城文献〉（汉文部分）佛教题跋汇编》，《敦煌学研究》2007 年第 1 期。

录文标点：

1. 大夏乾祐二十年岁次己酉三月十五日
2. 正宫　皇后罗氏谨施。

六　西夏乾祐二十年（1189）仁宗印施《观弥勒菩萨上生兜率天经》发愿文

题解：

本件为俄藏编号 TK58 号《观弥勒菩萨上生兜率天经》之《施经发愿文》，收于《俄藏黑水城文献》第 2 册第 47~48 页。第 6 册《附录·叙录》中指出 TK58 号《观弥勒菩萨上生兜率天经》为西夏刻本，并列出文书诸要素为：经折装，甲种本；潢麻纸，硬；共 25 折，50 面；高 29.5，面宽 11.1；版框高 23.6，天头 4.2，地脚 2.2；每面 6 行，行 18 字；上下双边；写刻体，墨色深匀。冠佛画 8 面，四周双边，分三部分：（1）2 面，右侧榜题："释迦么你佛于给孤独园／内与弥勒菩萨授记处"，佛结跏趺坐中央莲台，肉髻螺发，无璎珞之具，偏袒右肩。二十五位菩萨簇拥周围，右下跪弟子波离发问；（2）5 面，中央榜题："牢度大神额宝珠／中化四十九重宫／殿供养弥勒之处"，左右两侧各有声闻众、八部众、比丘、菩萨群像，右侧下阶为东方持国天王、南方增长天王，左侧下阶为西方广目天王、北方多闻天王，右侧中部榜题："五百亿天子／奉施宝冠"，有五菩萨各奉宝冠像。左侧中部为花德大神、花音大神、喜乐大神、正音大神、宝幢大神像；（3）1 面，共 6 幅德行图：花香供养、深入正受、修诸功德、读诵经典、威仪不缺、扫塔涂地，佛画后接首题："观弥勒菩萨上生兜率天经"，下小字："宋居士沮渠京声　译。"经文每 5 面首行右侧上方刻"上一"至"上七"小字，以计用纸序数。有尾题，尾题后为慈氏真言、生内院真言，下接刻宋体弥勒尊佛心咒、弥勒尊佛名号、三皈依等。有完整的 26 行印施发愿文，前综述持经法力功德，自末 15 行云："感佛奥理，镂板斯／经。谨于乾祐巳（己）酉二十年九月十五日（1189.10.26，仁宗在位），恭请宗／律国师、净戒国师、大乘玄密国师、禅法师、僧众／等，就大度民寺，作求生兜率内宫弥勒广大法/会，烧结坛，作广大供养，奉广大施食。并念佛诵/咒，读西番番汉藏经及大乘经典，说法作大乘/忏悔，散施番汉《观弥勒菩萨上生兜率天经》一/十万卷，汉《金刚经》《普贤行愿经》《观音经》等各五万卷。暨饭僧，救生，济贫，设囚诸般法事，凡七昼/夜。所成功德，伏愿 一祖 四宗，证内宫之宝位；/崇考 皇妣，登兜率之莲台。历数无疆，宫闱/有庆，不谷享黄发之寿，四海视升平之年。福同/三轮之体空，理契一真而言绝。谨愿。/奉天显道耀武宣文神谋睿智制义去/邪惇睦懿恭 皇帝（仁宗） 谨施。"参见《大正藏》第 14 卷第 418 页中栏首行—第 420 页下栏末行。参见《孟黑录》134。

《俄藏黑水城文献》汉文文献中共收有《观弥勒菩萨上生兜率天经》6 件，共 4 种版本，一件残片，分别是：甲种本 TK58；乙种本 TK86、TK87；丙种本 TK60；丁种本 TK81 TK82 TK83（TK81 TK82 TK83 为一件文书）；残片 TK17P1。

参考文献：

宗舜：《〈俄藏黑水城文献〉（汉文部分）佛教题跋汇编》，《敦煌学研究》2007 年第 1 期。

录文标点：

1. 　　　　　　施经发愿文

2. 朕闻莲花秘藏，总万法以指迷；金口遗言，示三

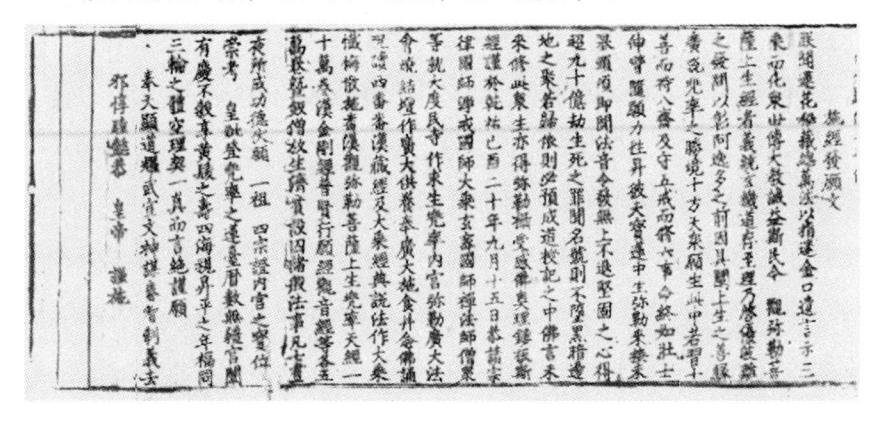

(图片引自《俄藏黑水城文献》第 2 册第 47~48 页)

3. 乘而化众。世传大教，诚益斯民。今　《观弥勒菩
4. 萨上生经》者，义统玄机，道存至理，乃启优波离
5. 之发问，以彰阿逸多之前因。具阐上生之善缘，
6. 广说兜率之胜境。十方天众，愿生此中。若习十
7. 善而持八斋，及守五戒而修六事，命终如壮士
8. 伸臂，随愿力往升彼夫①。宝莲中生，弥勒来接，未
9. 举头顷，即闻法音，令发无上不退坚固之心，得
10. 超九十亿劫生死之罪。闻名号则不堕黑暗边
11. 地之聚，若归依则必预成道授记之中。佛言："未
12. 来修此众生，亦得弥勒摄受。"感佛奥理，镂板斯
13. 经。谨于乾祐己酉二十年九月十五日，恭请宗
14. 律国师、净戒国师、大乘玄密国师、禅法师、僧众
15. 等，就大度民寺，作求生兜率内宫弥勒广大法
16. 会。烧结坛，作广大供养，奉广大施食，并念佛诵
17. 咒，读西番、番、汉藏经，及大乘经典。说法，作大乘
18. 忏悔，散施番、汉《观弥勒菩萨上生兜率天经》一
19. 十万卷，汉《金刚经》《普贤行愿经》《观音经》等各五
20. 万卷，暨饭僧、放②生、济贫、设③囚诸般法事，凡七昼
21. 夜。所成功德，伏愿：　一祖　四宗，证内宫之宝位；
22. 崇考　皇妣，登兜率之莲台。历数无疆，宫闱
23. 有庆。不谷享黄发之寿，四海视升平之年。福同
24. 三轮之体空，理契一真而言绝。谨愿。
25. 　奉天显道耀武宣文神谋睿智制义去
26. 　邪惇睦懿恭　皇帝　谨施。

---

① 据文意推断，"夫"字应为"天"。
② "放"，《附录·序录》作"救"，现据图版改。
③ 据文意推断，"设"字应为"赦"。

七　西夏乾祐二十年（1189）仁宗印施《观弥勒菩萨上生兜率天经》发愿文

题解：

本件为俄藏编号 TK60 号《观弥勒菩萨上生兜率天经》之《施经发愿文》，收于《俄藏黑水城文献》第 2 册第 54~55 页。第 6 册《附录·叙录》中指出 TK60 号《观弥勒菩萨上生兜率天经》为西夏刻本，并列出文书诸要素为：经折装，丙种本，白麻纸；共 20 折半，41 面；高 28，面宽 10.7；版框高 22.5，天头 3.5，地脚 1.5；每面 6 行，行 18 字；上下双边。写刻体，墨色稍浅；首题："观弥勒菩萨上生兜率天经"，下小字："宋居士沮渠京声译"；经文每 5 面第 2 行右侧上方刻"上生经"，下方刻"一"至"七"小字，以计用纸序数；有尾题，尾题后为慈氏真言、生内院真言，下接刻宋体弥勒尊佛心咒、弥勒尊佛名号、三皈依等；有 25 行印施发愿文（佚失文字参阅 TK58），字体与经文一致；卷中有残破处。参见第 14 卷第 418 页中栏首行—第 420 页下栏末行。参见《孟黑录》138。

《俄藏黑水城文献》汉文文献中共收有《观弥勒菩萨上生兜率天经》6 件，共 4 种版本，一件残片，分别是：甲种本 TK58；乙种本 TK86、TK87；丙种本 TK60；丁种本 TK81　TK82　TK83（TK81　TK82　TK83 为一件文书）；残片 TK17P1。本号文书"施经发愿文"残损，可以参考 TK58 号文书。

参考文献：

宗舜：《〈俄藏黑水城文献〉（汉文部分）佛教题跋汇编》，《敦煌学研究》2007 年第 1 期。

录文标点：

1. 　　　　　施经发愿文

2. 朕闻☐☐☐☐☐☐☐☐☐☐遗言，示三

3. 乘而☐☐☐☐☐☐☐☐观勒菩☐☐

4. 萨上生经》者，义统玄☐理，乃启优波离
5. 之发问，以彰阿逸多之前因。具阐上生之善缘，
6. 广说兜率之胜境。十方天众，愿生此中。若习十
7. 善而持八斋，及守五戒而修六事，命终如壮士
8. 伸臂，随愿力往升彼天。宝莲中生，弥勒来接，未
9. 举头顷，即闻法音，☐发无上不退坚固之心，得
10. 超九十亿劫生死之罪。闻名号则不堕黑暗边
11. 地之聚，若归依则必预成道授记之中。佛言："未
12. 来修此众生，亦得弥勒摄受。"感佛奥理，镂板斯
13. 经。谨于乾祐己酉二十年☐☐十五日，恭请宗
14. 律国☐☐☐☐☐☐☐☐☐法师、僧众
15. 等，就☐☐☐☐☐☐☐弥勒广大法
16. 会。烧结坛，作广大供养，奉广大施食，并念佛诵
17. 咒，读西番、番、汉藏经，及大乘经典。说法，作大乘
18. 忏悔，散施番、汉《观弥勒菩萨上生兜率天经》一
19. 十万卷，汉《金刚经》《普贤行愿经》《观音经》等各五
20. 万卷。暨饭僧、放生、济贫、设①囚②诸般法事，凡七昼
21. 夜。所成功德，伏愿：　一祖　四宗，证内宫之宝位；
22. 崇考　皇妣，登兜率之莲台。历数无疆，宫闱
23. 有庆。不谷享黄☐之寿，四海视升平之年。福同
24. 三轮之体空，☐☐一真☐☐☐☐☐愿。
25. ☐☐☐☐☐☐☐☐☐智制义去

（后缺）

---

① 据文意推断，"设"字应为"赦"。
② 此半行文字被裱压一半。

八　西夏乾祐二十年（1189）皇后罗氏印施《大方广佛华严经入不思议解脱境界普贤行愿品》题记

题解：

本件为俄藏编号 TK61 号《大方广佛华严经入不思议解脱境界普贤行愿品》之《印施题记》，收于《俄藏黑水城文献》第 2 册第 65 页。第 6 册《附录·叙录》中指出 TK61 号《大方广佛华严经入不思议解脱境界普贤行愿品》为西夏刻本，并列出文书诸要素为：经折装，乙种本，未染楮纸；共 33 折半，67 面；高 28，面宽 11；版框高 23.4，天头 2.7，地脚 1.7；每面 6 行，行 18 字；上下双边；写刻体，墨色中匀；冠华严三圣佛画 3 面（不含右误黏《金刚经》佛画 1 面），中为毗卢遮那佛，左右分别为文殊菩萨与普贤菩萨，皆结跏趺坐于台上，中央台前各跪一菩萨与比丘，左右有菩萨众生、天龙八部像，并有狮子、大象，上方云端有人像，或跪或坐，皆做听法状；佛画后接首题："大方广佛华严经"，下小字："罽宾国三藏般若奉　诏译"，另行大字品题："入不思议解脱境界普贤行愿品"；尾题："大方广佛华严经卷终"，另行小字："太原崇福寺沙门澄观校勘详定译"，下接《华严感通灵应传记》，共 5 面；正文下有小字双行注释；末有宋体印施题记 2 行："大夏乾祐二十年岁次巳（己）酉三月十五日（1189.4.2，仁宗在位）/正宫　皇后罗氏谨施。"题记款刻与 TK14《金刚经》（甲种本）、TK42《金刚经》（乙种本）相同；经文每 5 面首行右侧上方另刻小字"行一"至"行十三"，以计用纸序数。参见《大正藏》第 10 卷第 844 页中栏第 14 行至第 848 页中栏第 23 行。

第 6 册《附录·叙录》另指出 TK61、TK64、TK65、TK161 为《华严经普贤行愿品》的四种刻本，行款大体相似，但个别字刻法不同。如"我深智才普能入"的"能"字，"利乐一切众生界"的"界"字，"才观奥旨"的"旨"字。

又，《华严感通灵应传记》最后句"红莲生于舌表"旁双行小字排式，TK61 与 TK64 完全不同（TK65、TK161 佚本面），亦为版本之别的明证。参见《孟黑录》110。

文献序号	版心高(cm)	版本	异刻字	参见图版序数与行数
TK61	23.4	乙种本	能	(21~16)第5行
			界(同TK64)	(21~17)末行
			亩(同TK161)	(21~20)第14行
TK64	23.3	丙种本	能	(20~15)第11行
			界(同TK61)	(20~17)第9行
			言(同TK65)	(20~19)第13行
TK65	23.2	甲种本	能	(20~15)第9行
			界(同TK161)	(20~17)第9行
			言(同TK64)	(20~19)末行
TK161	23.4	丁种本	能	(18~13)倒7行
			界(同TK65)	(18~15)第14行
			亩(同TK61)	(18~18)第5行

《俄藏黑水城文献》汉文文献当中共收有西夏刻《大方广佛华严经入不思议解脱境界普贤行愿品》16件，其中甲种本2件：TK65、TK98（甲1种本，不同于TK65的另一类甲种本）；乙种本3件：TK61、TK99（乙1种本，不同于TK61的另一类乙种本）、TK100（乙1种本）；丙种本3件：TK64、TK71、TK146（丙1种本，不同于TK71的另一类丙种本）；丁种本1件：TK161；戊种本1件：TK69；未分版本的6件：TK63A、TK72、TK73、TK147、TK258、ИНВ. No. 951A。

参考文献：

宗舜：《〈俄藏黑水城文献〉（汉文部分）佛教题跋汇编》，《敦煌学研究》2007年第1期。

录文标点：

1. 大夏乾祐二十年岁次己酉三月十五日
2. 正宫　皇后罗氏谨施。

九　西夏乾祐二十年（1189）皇后罗氏印施《大方广佛华严经入不思议解脱境界普贤行愿品》题记

题解：

本件为俄藏编号TK69号《大方广佛华严经入不思议解脱境界普贤行

愿品》之《印施题记》，收于《俄藏黑水城文献》第 2 册第 90 页。第 6 册《附录·叙录》中指出 TK69 号《大方广佛华严经入不思议解脱境界普贤行愿品》为西夏刻本，并列出文书诸要素为：经折装，戊种本，潢麻纸；共 9 折，18 面；高 29.2，面宽 11；版框高 22.2，天头 4，地脚 3.2；每面 6 行，行 18 字；上下双边；写刻体，墨色深匀；首尾缺，已裂为 7 段，有佚文；《华严感通灵应传记》存最末面，版式与 TK61 相同，与 TK64、TK71V 不同；后为宋体印施题记 2 行："大夏乾祐二十年岁次巳（己）酉三月十五日（1189.4.2，仁宗在位）/正宫 皇后罗氏谨施"；经文每 5 面第 2 行右侧上方另刻小字"行愿经"，下刻四、七、十、十一、十三，以计用纸序数；与 TK61（乙种本）、TK64（丙种本）、TK65（甲种本）、TK161（丁种本）刻"行一"等完全不同。参见《大正藏》第 10 卷第 845 页中栏第 2～14 行，第 845 页中栏倒 9 行至下栏第 11 行，第 846 页下栏第 7 行～倒 10 行，第 847 页中栏倒 7 行～第 848 页上栏倒 12 行。参见《孟黑录》112。

《俄藏黑水城文献》汉文文献当中共收有西夏刻《大方广佛华严经入不思议解脱境界普贤行愿品》16 件，其中甲种本 2 件：TK65，TK98（甲 1 种本，不同于 TK65 的另一类甲种本）；乙种本 3 件：TK61、TK99（乙 1 种本，不同于 TK61 的另一类乙种本）、TK100（乙 1 种本）；丙种本 3 件：TK64、TK71、TK146（丙 1 种本，不同于 TK71 的另一类丙种本）；丁种本 1 件：TK161；戊种本 1 件：TK69；未分版本的 6 件：TK63A、TK72、TK73、TK147、TK258、ИНВ. No. 951A。

参考文献：

宗舜：《〈俄藏黑水城文献〉（汉文部分）佛教题跋汇编》，《敦煌学研究》2007 年第 1 期。

录文标点：

1. 大夏乾祐二十年岁次己酉三月十五日
2. 正宫　皇后罗氏谨施。

十　西夏天庆十三年（1161）某印施《大方广佛华严经入不思议解脱境界普贤行愿品》题记

题解：

本件为俄藏编号 TK72 号《大方广佛华严经入不思议解脱境界普贤行愿品》之《经文末题记》及《印施题记》，收于《俄藏黑水城文献》第 2 册第 106、107 页。第 6 册《附录·叙录》中指出 TK72 号《大方广佛华严经入不思议解脱境界普贤行愿品》为西夏刻本，并列出文书诸要素为：经折装，白麻纸；共 43 折半，87 面；高 29，面宽 10；版框高 22.5，天头 3.7，地脚 2.5；每面 5 行，行 15～17 字；上下单边；宋体，墨色中匀；冠佛画 5 面，上下双边；中央榜题："教主/大毗/卢遮/那佛"，佛陀披衣结手印，端坐于莲台。两旁各坐文殊、普贤菩萨（女身像），中央座前三跪者，右榜题"善财童子"，左榜题"威光太子"，文殊、普贤身后菩萨众、声闻众、梵王众、天龙八部众共二十四身像，上方祥云围绕，凤鸟展翅，并有人群驾云来朝；佛画后接首题："大方广佛华严经入不思议解脱境界/普贤行愿品"，下小字："罽宾国三藏般若奉　诏译"；经文末双行小字："京市周家□□□/僧雕字人王善慧"，出家而不废俗姓并不多见（另有 TK21"沙门李智宝"，TK242"邠州开元寺僧西安州归义刘德真"，A5"西天金刚大五明传上师李法海"）；尾题："大方广佛华严经普贤行愿品"，下接《华严感通灵应传记》，共 5 面余；末为题记，残存 1 行："大夏〔天盛辛〕巳十三〔年〕（1161，仁宗在位）　　　　。"参见《大正藏》第 10 卷第 844 页中栏第 14 行～第 848 页中栏倒 7 行。参见《孟黑录》108。

《俄藏黑水城文献》汉文文献当中共收有西夏刻《大方广佛华严经入不思议解脱境界普贤行愿品》16 件，其中甲种本 2 件：TK65、TK98（甲 1 种本，不同于 TK65 的另一类甲种本）；乙种本 3 件：TK61、TK99（乙 1 种本，不同于 TK61 的另一类乙种本）、TK100（乙 1 种本）；丙种本 3 件：TK64、TK71、TK146（丙 1 种本，不同于 TK71 的另一类丙种本）；丁种本 1 件：TK161；戊种本 1 件：TK69；未分版本的 6 件：TK63A、TK72、

TK73、TK147、TK258、ИНВ. No. 951A。

参考文献：

宗舜：《〈俄藏黑水城文献〉（汉文部分）佛教题跋汇编》，《敦煌学研究》2007 年第 1 期。

录文标点：

（一）经文末题记：

1. 京市周家□□□

2. 僧雕字人王善慧

（三）印施题记：

1. 大夏 天 □□巳十三□①

十一　西夏乾祐二十年（1189）仁宗印施《观弥勒菩萨上生兜率天经》发愿文

题解：

本件为俄藏编号 TK81、TK82、TK83 号《观弥勒菩萨上生兜率天经》之《施经发愿文》，收于《俄藏黑水城文献》第 2 册第 314～315 页。第 6 册《附录·叙录》中指出 TK81、TK82、TK83 号《观弥勒菩萨上生兜率天经》为西夏刻本，并列出文书诸要素为：经折装，丁种本，潢麻纸；共 25 折，50 面；高 29.3，面宽 11；版框高 22.9，天头 4，地脚 2.3；每面 6 行，行 18 字；上下双边；写刻体，墨色深匀；字体较 TK58 甲种本稍肥；以 TK81 佛画，TK83 经文并慈氏真言、生内院真言，TK82 宋体弥勒尊佛心咒、弥勒尊佛名号、三皈依及施经发愿文（前 3 面，19 行），TK81 施经发愿文（后 2 面，6 行）拼配而成；佛画第 4 面至第 5 面黏结处脱落，可见刻工"张知一"名，其他皆参阅 TK58 叙录。参见《大正藏》第 14 卷第 418 页中栏首行至第 420 页下栏末行。参见《孟黑录》135、141、136。

---

① 此题记《附录·叙录》补作"大夏〔天盛辛〕巳十三〔年〕"。

参考文献：

宗舜：《〈俄藏黑水城文献〉（汉文部分）佛教题跋汇编》，《敦煌学研究》2007年第1期。

录文标点：

1.   施经发愿文
2. 朕闻莲花秘藏，总万法以指迷；金口遗言，示三
3. 乘而化众。世传大教，诚益斯民。今 《观弥勒菩
4. 萨上生经》者，义统玄机，道存至理，乃启优波离
5. 之发问，以彰阿逸多之前因。具阐上生之善缘，
6. 广说兜率之胜境。十方天众，愿生此中。若习十
7. 善而持八斋，及守五戒而修六事，命终如壮士
8. 伸臂，随愿力往升彼夫①。宝莲中生，弥勒来接，未
9. 举头顷，即闻法音，令发无上不退坚固之心，得
10. 超九十亿劫生死之罪。闻名号则不堕黑暗边
11. 地之聚，若归依则必预成道授记之中。佛言："未
12. 来修此众生，亦得弥勒摄受。"感佛奥理，镂板斯
13. 经。谨于乾祐己酉二十年九月十五日，恭请宗
14. 律国师、净戒国师、大乘玄密国师、禅法师、僧众
15. 等，就大度民寺，作求生兜率内宫弥勒广大法
16. 会。烧结坛，作广大供养，奉广大施食，并念佛诵
17. 咒，读西番、番、汉藏经，及大乘经典。说法，作大乘
18. 忏悔，散施番、汉《观弥勒菩萨上生兜率天经》一
19. 十万卷，汉《金刚经》《普贤行愿经》《观音经》等各五
20. 万卷。暨饭僧、放生、济贫、设②囚诸般法事，凡七昼
21. 夜。所成功德，伏愿：   一祖   四宗，证内宫之宝位；

---

① 据文意推断，"夫"字应为"天"。
② 据文意推断，"设"字应为"赦"。

22. 崇考　皇妣，登兜率之莲台。历数无疆，宫□

23. 有庆。不谷享黄发之寿，四海视升平之年。福□

24. 三轮之体空，理契一真而言绝。谨愿。

25. 　奉天显道耀武宣文神谋睿智制□□

26. 　邪惇睦懿恭　皇帝　谨施。

十二　西夏大安十年（1084）大延寿寺沙门守琼印施《大方广佛花严经卷第四十》发愿文

题解：

本件为俄藏编号 TK88 号《大方广佛花严经卷第四十》之《印施题记》，收于《俄藏黑水城文献》第 2 册第 325 页。第 6 册《附录·叙录》中指出 TK88 号《大方广佛花严经卷第四十》为西夏刻本，并列出文书诸要素为：卷轴装，潢楮纸；已裂成 2 段，有佚文；（1）高 29.5，宽 131.5。（2）高 29.5，宽 480；共 12 纸，纸幅 53.5；版框高 24.2，天头 3.6，地脚 1.6；每纸 28 行，行 15 字；上下双边；宋体，墨色中匀；每纸第 2 行右侧上方刻小字"行愿经"，空格后刻"三""四"，"七"至"十四"，以计用纸序数；首题缺；尾题："大方广佛花严经卷第四十"，并有 4 行印施题记与偈语："大延寿寺演妙大德沙门　守琼/散施此经功德。　大安十年（1083，惠宗在位）八月　日流通。/上报四重恩，下济三涂苦。普施尽法界，万类诸含识。/依经行愿行，广大无有尽。灭除恶业罪，速证佛菩提"；经文句末常刻各种圆形尾花。参见《大正藏》第 10 卷第 844 页下栏倒 3 行至第 845 页下栏首行，第 846 页上栏第 8 行至第 848 页中栏倒 6 行。参见《孟黑录》104。

参考文献：

宗舜：《〈俄藏黑水城文献〉（汉文部分）佛教题跋汇编》，《敦煌学研究》2007 年第 1 期。

录文标点：

1. 大延寿寺演妙大德沙门　守琼

2. 散施此经功德，　　　　大安十年八月　日流通。

3. 上报四重恩，下济三涂苦。普施尽法界，万类诸含识。

4. 依经行愿行，广大无有尽。灭除恶业罪，速证佛菩提。

十三　西夏天庆三年（1196）皇太后罗氏印施《大方广佛华严经入不思议解脱境界普贤行愿品》发愿文

题解：

本件为俄藏编号 TK98 号《大方广佛华严经入不思议解脱境界普贤行愿品》之《印施发愿文》，收于《俄藏黑水城文献》第 2 册第 372~373 页。第 6 册《附录·叙录》中指出 TK98 号《大方广佛华严经入不思议解脱境界普贤行愿品》为西夏刻本，并列出文书诸要素为：经折装，甲 1 种本（不同于 TK65 的另一类甲种本），未染麻纸；共 32 折半，65 面；高 21，面宽 9；版框高 16.2，天头 3，地脚 2；每面 6 行，行 15 字；上下单边；宋体，墨色深匀。冠《行愿经变相》佛画 6 面，四周双边：第 1 面上方榜题："教主毗卢遮那佛"，佛披衣说法，左右文殊菩萨、普贤菩萨，皆端坐莲台，台前善财童子合十敬礼，四周梵王众、声闻众、帝释众、天龙八部众、[诸佛]弟[子众]等恭听开示；自第 2 面至第 6 面为佛传故事与因果报应画，榜题：一礼敬诸佛，二称赞如来，[三广修供养]，四忏除业障，五随喜功德（补题：随喜及般涅盘，/分布舍利善根），六请转法轮，七请佛住世，八常随佛学（补题：示种种神通，/处种种众会，刺血为墨，/书写经典），九恒顺众生，十普皆回向（补题：极重苦果，/我皆代受）。下接首题："大方广佛华严经入不思议解脱境界/普贤行愿品"，另行小字："罽宾国三藏般若奉　诏译"；中缺 2 面经文；至七言偈"三世诸佛所称叹，如是最胜诸大愿"止（参阅 TK65 [20~16]，以下尚有多句偈语）；无尾题，下接《净除一切业障如来陀罗尼咒》7 行；以下为 71 行（未完，且其中前 21 行为赞此经功德，未录）罗氏皇太后冥荐仁宗三年之薨的印施发愿文（"明"字缺笔作"眀"）。先述供养持诵此经法力功德，自第 32 行云："今/皇太后罗氏，恸/先帝之遐升，祈/觉皇而冥荐。谨于大祥之辰，所作福善，/暨三年之中，通兴种种利益，俱列于后。/将兹胜善，伏愿/仁宗　皇帝，佛光照体，驾龙轩以游净/方；法味资神，运夔乘而御梵刹。仍愿/萝图巩固，长临万国之尊；宝历弥新，/永耀阎浮之境。文臣武职，等灵椿以坚/贞；玉叶金枝，并仙桂而郁翠。兆民贺尧/天之庆，万姓享舜日之荣。四生悉运于/慈航，八难咸沾于法雨。含灵抱识，普会/真源矣。"以下列三年通兴之种种利益：大法会烧结坛等三千三百五十五次；大会斋一十八次；开读经文：藏经三百二十八藏，大部帙经并零经五百五十四万八千一百七十八部；度僧西番番汉三千员；散斋僧三万五百九十员；放神幡一百七十一口；散施：八塔成道像等七万七千二百七十六帧，番汉《转女身经》《仁王经》《行愿经》共九万三千部，数珠一万六千八十八串；消演番汉大乘经六十一部，大乘忏悔一千一百四十九遍；皇太后宫下应有私人尽皆舍放并作官人；散囚五十二次；设贫六十五次；放生羊七万七百七十九口；大赦一次，下佚。仁宗卒于乾祐二十四年（1193），罗氏于三年后冥荐，时当天庆三年（1196，桓宗在位）刊刻是经。经文中有小字"三"至"七"、"九"等，地位不规则，以计用纸序数。句末常刻各种尾花。参见《大正藏》第 10 卷四 844 页中栏倒数 10 行至第 847 页上栏第 10 行，第 847 页上栏倒数 7 行至第 848 页上栏第 7 行。参见《孟黑录》123。

《俄藏黑水城文献》汉文文献当中共收有西夏刻《大方广佛华严经入不思议解脱境界普贤行愿品》16 件，其中甲种本 2 件：TK65，TK98（甲 1 种本，不同于 TK65 的另一类甲种本）；乙种本 3 件：TK61、TK99（乙 1 种本，不同于 TK61 的另一类乙种本）、TK100（乙 1 种本）；丙种本 3 件：TK64、TK71、TK146（丙 1 种本，不同于 TK71 的另一类丙种本）；丁种本 1 件：TK161；戊种本 1 件：TK69；未分版本的 6 件：TK63A、TK72、TK73、TK147、TK258、ИНВ. No. 951A。

参考文献：

宗舜：《〈俄藏黑水城文献〉（汉文部分）佛教题跋汇编》，《敦煌学研究》2007 年第 1 期。

录文标点：

1. 恭闻含灵失本，犹潜尘之大经；正觉开迷，

2. 若烛幽之杲日。是以王①毫散彩，拯苦恼于
3. 群生；梵说流徽，征奥旨于一致。今斯
4. 《大方广佛花严经普贤行愿品》者，圆宗
5. 至教，法界真诠。包括五乘，该罗九会。十
6. 种愿行，摄难思之妙门；一轴灵文，为无
7. 尽之教本。情含刹土，誓等虚空。示诸佛
8. 之真源，明②如来之智印。身身同毗卢之
9. 果海，出世玄猷；心心住普贤之因门，利
10. 生要路。繇是一偈书写，除五逆之深殃；
11. 四句诵持，灭三涂之重苦。今
12. 皇太后罗氏，恸　　　　　◎
13. 先帝之遐升，祈
14. 觉皇而冥荐。谨于大祥之辰，所作福善，
15. 暨三年之中，通兴种种利益，俱列于后。
16. 将兹胜善，伏愿：　　　　§
17. 仁宗　皇帝，佛光照体，驾龙轩以游净
18. 方；法味资神，运犪乘而御梵刹。仍愿：
19. 萝图巩固，长临万国之尊；　宝历弥新，
20. 永耀阎浮之境。文臣武职，等灵椿以坚
21. 贞；玉叶金枝，并仙桂而郁翠。兆民贺尧
22. 天之庆，万姓享舜日之荣。四生悉运于
23. 慈航，八难咸沾于法雨。含灵抱识，普会
24. 真源矣。
25. 　大法会烧结坛等三千三百五十五次；
26. 　大会斋一十八次；

---

① "王"通"玉"。
② "明"原缺笔作"明"。

27. 开读经文：　　　　　　　＊
28. 　藏经三百二十八藏；
29. 　　大藏经二百四十七藏；
30. 　　诸般经八十一藏；
31. 大部帙经并零经五百五十四万八
32. 　　千一百七十八部；
33. 度僧西番、番、汉三千员；
34. 散斋僧三万五百九十员；
35. 放神幡一百七十一口；　　＊
36. 散施：　　　　＊
37. 　八塔成道像、净除业障功德共七
38. 　　万七千二百七十六帧，
39. 　番汉《转女身经》《仁王经》《行愿经》共
40. 　　万三千部，
41. 　数珠一万六千八十八串；
42. 消演番汉大乘经六十一部；　　＊
43. 大乘忏悔一千一百四十九遍；
44. 皇太后宫下应有私人尽皆舍放并
45. 　　作官人；　　　　＊
46. 散囚五十二次；
47. 设贫六十五次；
48. 放生羊七万七百七十九口；　　●
49. 大赦一次；　　　　　＊
50. 又诸州郡府□之地，遍国臣民僧俗①

（后缺）

---

① 此行文字仅存一半，此据宗舜文补录。

十四　西夏天庆三年（1196）皇太后罗氏印施《大方广佛华严经入不思议解脱境界普贤行愿品》发愿文

题解：

本件为俄藏编号 TK100 号《大方广佛华严经入不思议解脱境界普贤行愿品》之《印施发愿文》，收于《俄藏黑水城文献》第 2 册第 394~395 页。第 6 册《附录·叙录》中指出 TK100 号《大方广佛华严经入不思议解脱境界普贤行愿品》为西夏刻本，并列出文书诸要素为：经折装，乙 1 种本，未染麻纸；共 32 折半，65 面；高 21.5，面宽 9.4；版框高 16.4，天头 3，地脚 2.2；每面 6 行，行 15 字；上下单边；宋体，墨色深匀；首缺；无佛画；裂为 4 段，有佚文；尾题："大方广佛华严经普贤行愿品"，尾题前 6 面经文为 TK98 所无，下接《净除一切业障如来陀罗尼咒》7 行；以下为罗太后印施发愿文 53 行（应为 52 行，且其中前 21 行为赞此经功德，未录），未完，所存文字相同但少于 TK98；有小字"二"至"六"，以计用纸序数；句末所刻各种尾花亦与 TK99 相同，而与 TK98 迥异。参见《大正藏》第 10 卷第 844 页下栏第 10 行至第 847 页下栏倒 6 行，第 848 页上栏第 2 行至倒 6 行，中栏第 9 行至倒 7 行。参见《孟黑录》125。

《俄藏黑水城文献》汉文文献当中共收有西夏刻《大方广佛华严经入不思议解脱境界普贤行愿品》16 件，其中甲种本 2 件：TK65，TK98（甲 1 种本，不同于 TK65 的另一类甲种本）；乙种本 3 件：TK61、TK99（乙 1 种本，不同于 TK61 的另一类乙种本）、TK100（乙 1 种本）；丙种本 3 件：TK64、TK71、TK146（丙 1 种本，不同于 TK71 的另一类丙种本）；丁种本 1 件：TK161；戊种本 1 件：TK69；未分版本的 6 件：TK63A、TK72、TK73、TK147、TK258、ИНВ. No. 951А。

参考文献：

宗舜：《〈俄藏黑水城文献〉（汉文部分）佛教题跋汇编》，《敦煌学研究》2007 年第 1 期。

录文标点：

1. 恭闻含灵失本，犹潜尘之大经；正觉开迷，
2. 若烛幽之杲日。是以玉毫散彩，拯苦恼于
3. 群生；梵说流徽，征奥旨于一致。今斯
4. 《大方广佛花严经普贤行愿品》者，圆宗
5. 至教，法界真诠。包括五乘，该罗九会。十
6. 种愿行，摄难思之妙门；一轴灵文，为无
7. 尽之教本。情含刹土，誓等虚空。示诸佛
8. 之真源，明①如来之智印。身身同毗卢之
9. 贞；玉叶金枝，并仙桂而郁翠。兆民贺尧②
10. 天之庆，万姓享舜日之荣。四生悉运于
11. 慈航，八难咸沾于法雨。含灵抱识，普会
12. 真源矣。
13. 　　大法会烧结坛等三千三百五十五次；
14. 　　大会斋一十八次；
15. 　　开读经文：　　　　　　　　　　※
16. ○　藏经三百二十八藏：
17. 　　　大藏经二百四十七藏，
18. 　　　诸般经八十一藏，
19. ○　大部帙经并零经五百五十四万
20. ○　　　八千一百七十八部；
21. 　　度僧西番、番、汉三千员；
22. 　　散斋僧三万五百九十员；
23. 　　放神幡一百七十一口；　　　　＊
24. 　　散施：

---

① "明"原缺笔作"明"。
② 据 TK98 号文书可知，第 8～9 行之间有脱文。

25.　　　八塔成道像、净除业障功德共七

26.　○　　万七千二百七十六帧，

27.　　　番汉《转女身经》《仁王经》《行愿经》共九

28.　○　　万三千部，　　　　○

29.　　　数珠一万六千八十八串；　　○

30.　　　消演番汉大乘经六十一部；

31.　　　大乘忏悔一千一百四十九遍；　　　○

（后缺）

第 3 册

一　西夏刻本《高王观世音经》序言

题解：

本件为俄藏编号 TK117 号《高王观世音经》之序，收于《俄藏黑水城文献》第 3 册第 36~37 页。第 6 册《附录·叙录》中指出 TK117 号《高王观世音经》为西夏刻本，并列出文书诸要素为：经折装，未染麻纸；共 7 折，14 面；高 19.1，面宽 8.5；版框高 13.8，天头 3.5，地脚 1.7；每面 6 行，行 12 字；上下双边；宋体，墨色中匀；冠佛画 2 面，观世音菩萨女身像闲坐，一足搁起，右侧净瓶柳枝，下站男女居士，男手执香炉，女双手合十，上方云间有飞天像。左侧犯法临刑者，以跪诵本经，执法者刀刃断为三截；接刻《高王观世音经序》，共 27 行（加序题共 28 行）；下接经文与咒偈，共 44 行，含首尾题；首题下有梵文字样。参见《大正藏》第 85 卷第 1425 页中栏至下栏第 11 行。参见《孟黑录》218。

《俄藏黑水城文献》汉文文献当中共收有《高王观世音经》四件，分别为：TK70、TK117、TK118、TK183。

录文标点：

1. 高王观世音经序

2. 昔高欢国王在相州为郡，有一
3. 孙敬德，为主宝藏宫①，犯法囚禁，
4. 在狱中知虚就死，持诵《观世音
5. 普门品经》，日夜不辍。于睡中梦
6. 僧言曰："汝持此经，不能免死，持
7. 取《高王观世音经》一千遍，当离
8. 刑戮。"敬德曰："今在狱中，何时见
9. 本？"僧曰："口受②与汝。"睡觉，无遗失。
10. 志心诵持，得九百遍，文案已成，
11. 付都市斩之。敬德怕惧，问使人
12. 曰："都市近远？"使曰："何故？"敬德曰：
13. "昨夜梦一僧，令教受持《高王观
14. 世音经》一千遍，当得免死，今欠
15. 一百遍。"请求使慢行，随路急念，
16. 持经一千遍数满。使乃令斩之，
17. 敬德身不损，其刀为三段。将刀
18. 呈王，王宣敬德问曰："汝有何术，
19. 得如此？"敬德曰："实无术。狱中怕
20. 死，自持《观世音普门品经》，梦见
21. 一僧，令持《高王观世音经》一千
22. 遍，获福如是。"王谓敬德："汝胜于
23. 我，与圣何异。"王处分狱中更有
24. 合死之人，将此经各令持诵一
25. 千遍，斩之，是人悉得如此。王敕
26. 下国人，悉令持诵此经，普寿百

---

① 据TK118可知，"宫"字应为"官"。
② 据文意推断，"受"字应为"授"。

27. 岁。水陆怨债，托化梵天，更无轮

28. 报矣。

二　西夏刻本《高王观世音经》序言

题解：

本件为俄藏编号 TK118 号《高王观世音经》之序，收于《俄藏黑水城文献》第 3 册第 39 页。第 6 册《附录·叙录》中指出 TK118 号《高王观世音经》为西夏刻本，并列出文书诸要素为：经折装，潢楮纸，厚；共 5 折半，11 面；高 28.5，面宽 9.9，版框高 22.6，天头 3.1，地脚 2.7；每面 5 行，行 16～17 字；上下单边；宋体，墨色中；首为序文，共 23 行（加经题共 24 行），所述与 TK117 序大体一致，惟更详尽；下接经文与咒偈 29 行，含首尾题。参见《大正藏》第 85 卷第 1425 页中栏至下栏第 11 行。参见《孟黑录》219。背黏西夏文佛经写本残纸，未染麻纸，薄，与正面经文呈经纬状。

《俄藏黑水城文献》汉文文献当中共收有《高王观世音经》四件，分别为：TK70、TK117、TK118、TK183。

录文标点：

1. 高王观世音经

2. 昔高欢国王在相州为郡，有一人姓孙名敬

3. 德，为主宝藏官，犯法囚禁，在狱中知虚就

4. 死，持诵《观世音普门品经》，日夜不辍。忽于

5. 睡中梦见一僧言曰："汝持此经，不能免死，我

6. 劝汝持取《高王观世音经》一千遍，当离刑戮。"

7. 敬德曰："今在狱中，何时得见《高王经》本？"僧曰：

8. "口受①与汝。"睡觉便抄，更无遗失。志心诵持，得

9. 九百遍，文案已成，事须呈押。王遂令付都市

---

① 据文意推断，"受"字应为"授"。

10. 斩之。敬德怕惧，问使人曰："都市近远？"使人日①：
11. "何故问我？"敬德曰："昨夜梦中，见有一僧，令教
12. 受持《高王观世音经》一千遍，当得免死，今欠
13. 一百遍。"请求使人幔②行，随路急念，并前所持
14. 经数满一千遍。监使乃高宣王敕，遂令斩之。
15. 敬德身都不损，其刀却为三段。将刀呈王，王
16. 唤敬德问曰："是汝有何幻术，令得如此？"敬德
17. 曰："实无幻术。狱中怕死，自持《观世音普门品经》，
18. 睡中梦见一僧，令教持《高王观世音经》一
19. 千遍，获福如是。"王谓敬德曰："汝胜于我，与圣
20. 何异。"王便唤法官处分狱中更有合死之人，
21. 将此经各令持诵一千遍，然即斩之，是人悉
22. 得如此，其刀尽成三段，身都不损。高王敕
23. 下其国人民，悉令持诵此经。家无撗③事罗纲，
24. 普寿百岁。水陆怨债，托化梵天，更无轮报矣。

三　西夏某年呱呱等印施《佛说父母恩重经》发愿文

题解：

本件为俄藏编号 TK120 号《佛说父母恩重经》之《印施题记》，收于《俄藏黑水城文献》第 3 册第 48～49 页。第 6 册《附录·叙录》中指出 TK120 号《佛说父母恩重经》为西夏刻本，并列出文书诸要素为：经折装，未染麻纸；共 5 折半，11 面；高 20.7，面宽 8；版框高 15，天头 3.2，地脚 2.1；每面 5 行，行 13 字；上下单边；宋体，墨色中；首缺；已裂为 2 段，有佚文；尾题："佛说父母恩重经"；下面为印施题记 18 行，不全："伏以/《父母恩重经》者，难陀大圣问一身/长养之恩，/妙觉世尊开十种劬劳之

---

① 据文意推断，"日"字当为"曰"。
② 据文意推断，"幔"字应为"慢"。
③ 据文意推断，"撗"字应为"横"。

德。行之，/则人天敬仰；证之，则果位独尊。诚/谓法藏真诠，教门秘典。仗此难思之力，冀酬/罔极之慈。男儿呱呱等，遂以/亡考中书相公累七至终，敬请/禅师、提点、副判、承旨、座主、山林戒/德、出在家僧众等七十余员，烧结/灭恶趣坛各十座，开阐番汉大藏/经各一遍，西番大藏经五遍。作法/华、仁王、孔雀、观音、金刚、行愿经、乾/陀、般若等会各一遍，修设水陆道场/三昼夜，及作无遮大会一遍，/圣容佛上金三遍，放神幡伸静供/演忏法，救放生羊一千口，仍命工"，下佚。参见《大正藏》第85卷第1403页中栏。参见《孟黑录》125。

《俄藏黑水城文献》汉文文献当中共收有《佛说报父母恩重经》四件，分别为：TK119、TK120、TK139、TK240。

参考文献：

宗舜：《〈俄藏黑水城文献〉（汉文部分）佛教题跋汇编》，《敦煌学研究》2007年第1期。

录文标点：

1. 伏以

2. 《父母恩重经》者，难陀大圣，问一身

3. 长养之恩；

4. 妙觉世尊，开十种劬劳之德。行之，

5. 则人天敬仰；证之，则果位独尊。诚

6. 谓法藏真诠，教门秘典。仗此难思

7. 之力，冀酬①

8. 罔极之慈。男儿呱呱等，遂以

9. 亡考中书相公累七至终，敬请

10. 禅师、提点、副判、承旨、座主、山林、戒

11. 德、出在家僧众等七千②余员，烧结

---

① 《附录·叙录》中6、7两行未分行。
② "千"，《附录·叙录》作"十"，现据图版改。

12. 灭恶趣坛各十座，开阐番汉大藏

13. 经各一遍，西番大藏经五遍；作法

14. 华、仁王、孔雀、观音、金刚、行愿经、乾

15. 陀、般若等会各一遍；修设水陆道

16. 场三昼夜，及作无遮大会一遍；

17. 圣容佛上金三遍；放神幡、伸静①供、

18. 演忏法；救放生羊一千口；仍命工

（后缺）

四　西夏乾祐十五年（1184）仁宗印施《佛说圣大乘三皈依经》发愿文

题解：

本件为俄藏编号 TK121 号《佛说圣大乘三皈依经》之《印施发愿文》，收于《俄藏黑水城文献》第 3 册第 51～53 页。第 6 册《附录·叙录》中指出 TK121 号《佛说圣大乘三皈依经》为西夏刻本，并列出文书诸要素为：卷轴装，未染麻纸；高 21.5，宽 197；共 4 纸，纸幅 57；版框高 16.1，天头 2.7，地脚 2.5；每纸 30 行，行 12 字；上下单边；宋体，墨色中；首题："佛说圣大乘三皈依经"，另双行小字："兰山智昭国师沙门　德慧　奉诏译/奉天显道耀武宣文神谋睿智制义去邪惇睦懿恭　皇帝（仁宗）　详定"；尾题同首题，下多"竟"字；尾题前有小字"三"，表示刻经用纸序数；下有 41 行（应为 40 行）完整印施发愿文，先述持诵此经功德，自第 18 行云："朕适逢/本命之年，特发利生之愿。恳命/国师、法师、禅师，暨副判、提点、承/旨、僧录、座主、众僧等，遂乃烧施/结坛，摄瓶诵咒，作广大供养，放/千种施食，读诵大藏等尊经，讲/演上乘等妙法。亦致打截截、作/忏悔、放生命、喂囚徒、饭僧设贫，/诸多法事。仍敕有司，印造斯经，/番汉五万一千余卷，彩画功德/大小五万一千余帧，数珠不等/五万一千余串，

---

①　"静"通"净"。

普施臣吏僧民，/每日诵持供养。所获福善，伏愿/皇基永固，宝运弥昌。/艺祖、神宗，冀齐登于　觉道；/崇考、皇妣，祈早往于　净方。/中宗永保于寿龄，　圣嗣长增/于福履。然后满朝臣庶，共沐/慈光，四海存亡，俱蒙　善利。　时/白高大夏国乾祐十五年岁次/甲辰九月十五日（1184.10.20），奉天显道耀武宣文神谋睿智/制义去邪惇睦懿恭皇帝　施"；句末常刻尾花。《附录·叙录》另指出本号文献虽为卷轴装，但刊刻行款与 TK122 同名经经折装一致，唯字体略有肥瘦，尾花略有不同，故亦可视作是经甲种本。参见《孟黑录》179。

《俄藏黑水城文献》汉文文献当中共收有《佛说圣大乘三皈依经》两件，分别为：TK121（甲种本）、TK122（乙种本）。

参考文献：

宗舜：《〈俄藏黑水城文献〉（汉文部分）佛教题跋汇编》，《敦煌学研究》2007 年第 1 期。

录文标点：

1. 朕闻：　能仁开导，允为三界之
2. 师；　圣教兴行，永作群生之福。
3. 欲化迷真之辈，俾知入　圣之
4. 因，故高悬慧日于昏衢，广运慈
5. 航于苦海，仗斯　秘典，脱彼尘
6. 笼。含生若恳于修持，　至圣必
7. 垂于感应。用开未喻，以示将来。

(图片引自《俄藏黑水城文献》第 3 册第 52~53 页)

8. 睹兹　　妙法之希逢，念此人身

9. 之难保，若匪依凭　三宝，何以

10. 救度四生。恭惟　　　　　※

11. 《圣大乘三皈依经》者，释门秘印，

12. 觉路真乘。诚振溺之要津，乃指

13. 迷之捷径。　具寿舍利，独居静

14. 处以归依；　善逝法王，广设譬

15. 喻而演说。较量　福力以难尽，

16. 穷究　功能而转深。诵持者，必

17. 免于轮回；佩戴者，乃超于生死。

18. 劝诸信士，敬此　真经。朕适逢

19. 本命之年，特发利生之愿。恳命

20. 国师、法师、禅师，暨副判、提点、承

21. 旨、僧录、座主、众僧等，遂乃烧施

22. 结坛，摄瓶诵咒，作广大供养，放

23. 千种施食，读诵大藏等尊经，讲

24. 演上乘等妙法。亦致打截截、作

25. 忏悔、放生命、喂囚徒、饭僧设贫，

26. 诸多法事。仍敕有司，印造斯经
27. 番汉五万一千余卷，彩画功德
28. 大小五万一千余帧，数珠不等
29. 五万一千余串，普施臣吏僧民，
30. 每日诵持供养。所获福善，伏愿：
31. 皇基永固，宝运弥昌。　　　＊
32. 艺祖神宗，冀齐登于　觉道；
33. 崇考皇妣，祈早往于　净方。
34. 中宫①永保于寿龄，　圣嗣长增
35. 于福履。然后满朝臣庶，共沐
36. 慈光；四海存亡，俱蒙　善利。时
37. 白高大夏国乾祐十五年岁次
38. 甲辰九月十五日，　　　◆
39. 奉天显道耀武宣文神谋睿智
40. 制义去邪惇睦懿恭皇帝　施②。

五　西夏乾祐十五年（1184）仁宗印施《佛说圣大乘三皈依经》发愿文

题解：

本件为俄藏编号 TK122 号《佛说圣大乘三皈依经》之《印施发愿文》，收于《俄藏黑水城文献》第 3 册第 55~56 页。第 6 册《附录·叙录》中指出 TK122 号《佛说圣大乘三皈依经》为西夏刻本，并列出文书诸要素为：经折装，乙种本，未染麻纸；共 9 折，18 面；高 20.5，面宽 9.6；版框高 16.2，天头 3.4，地脚 0.8；每面 5 行，行 12 字；上下单边；宋体，墨色深；首题与双行小字皆同 TK121，字体略有异；经文刊刻行款亦与 TK121

---

① "宫"，《附录·叙录》作"宗"，现据图版改。
② "印施发愿文"共有 40 行，《附录·叙录》云有 41 行，误。

一致，所别在于字体肥瘦与尾花不同等。参见《孟黑录》180。

《俄藏黑水城文献》汉文文献当中共收有《佛说圣大乘三皈依经》两件，分别为：TK121（甲种本）、TK122（乙种本）。

参考文献：

宗舜：《〈俄藏黑水城文献〉（汉文部分）佛教题跋汇编》，《敦煌学研究》2007 年第 1 期。

录文标点：

1. 朕闻： 能仁开导，允为三界之
2. 师； 圣教兴行，永作群生之福。
3. 欲化迷真之辈，俾知入 圣之
4. 因，故高悬慧日于昏衢，广运慈
5. 航于苦海，仗斯 秘典，脱彼尘
6. 笼。含生若恳于修持， 至圣必
7. 垂于感应。用开未喻，以示将来。
8. 睹兹 妙法之希逢，念此人身
9. 之难保，若匪依凭 三宝，何以
10. 救度四生。恭惟　　　　　※
11. 《圣大乘三皈依经》者，释门秘印，
12. 觉路真乘。诚振溺之要津，乃指
13. 迷之捷径。 具寿舍利，独居静
14. 处以归依； 善逝法王，广设譬
15. 喻而演说。较量 福力以难尽，
16. 穷究 功能而转深。诵持者，必
17. 免于轮回；佩戴者，乃超于生死。
18. 劝诸信士，敬此 真经。朕适逢
19. 本命之年，特发利生之愿。恳命
20. 国师、法师、禅师，暨副判、提点、承
21. 旨、僧录、座主、众僧等，遂乃烧施

22. 结坛，摄瓶诵咒，作广大供养，放

23. 千种施食，读诵大藏等尊经，讲

24. 演上乘等妙法。亦致打截截、作

25. 忏悔、放生命、喂囚徒、饭僧设贫，

26. 诸多法事。仍敕有司，印造斯经

27. 番汉五万一千余卷，彩画功德

28. 大小五万一千余帧，数珠不等

（后缺）

六 西夏天盛十九年（1167）秦晋国王印施《金刚般若波罗蜜经》发愿文

题解：

本件为俄藏编号 TK124 号《金刚般若波罗蜜经》之《印施发愿文》，收于《俄藏黑水城文献》第 3 册第 70~71 页。第 6 册《附录·叙录》中指出 TK124 号《金刚般若波罗蜜经》为西夏刻本，并列出文书诸要素为：经折装，未染楮纸；共 33 折，66 面；高 20.5，面宽 9.5；版框高 15.3，天头 3.3，地脚 2.2；每面 7 行，行 15 字；上下单边；宋体，墨色深匀；冠佛画 2 面，已残缺，有菩萨、比丘与世俗弟子群像，下依次为《金刚经启请》《净口业真言》《安土地真言》《普供养真言》《奉请八金刚》《奉请四菩萨》《云何梵》《发愿文》，下接经首题："金刚般若波罗蜜经"，另行小字："姚秦天竺三藏鸠摩罗什译"；中有题：法会因由分第一，善现起请分第二，大乘正宗分第三，妙行无住分第四，如理实见分第五，正信希有分第六，无得无说分第七，依法出生分第八，一相无相分第九，庄严净土分第十，无为福胜分第十一，尊重正教分第十二，如法受持分第十三，离相寂灭分第十四，持经功德分第十五，能净业障分第十六，究竟无我分第十七，一体同观分第十八，法界通化分第十九，离色离相分第二十，非说所说分第二十一，无法可得分第二十二，净心行善分第二十三，福智无比分第二十四，化无所化分第二十五，法身非相分第二十六，无断无灭分第二十七，不受不贪分第二十

八，威仪寂静分第二十九，一合理相分第三十，知见不生分第三十一，应化非真分第三十二；尾题同首题，下接《般若无尽藏真言》《金刚心陀罗尼》《补阙真言》《普回向真言》；末为 20 行印施发愿文，前述持诵此经功德，自第 11 行云："予论道之暇，恒持此经，/每竭诚心，笃生实信。今者，灾迍伏累，疾/病缠绵。日月虽多，药石无效。故陈誓愿，/镂板印施，伏此胜因，冀资冥佑。倘或［天］/年未尽，速愈沈痾；必若运数难逃，早生/净土。又愿/邦家巩固，历服延长，岁稔时丰，民安俗/阜。尘刹蕴识，悉除有漏之因；沙界含灵，/并证无为之果。时天盛十九年（1167，仁宗在位）五月　日，/太师上公总领军国重事秦晋国王　谨愿"；边框外左侧有椭圆墨印；已裱。参见《大正藏》第 8 卷第 748 页下栏倒 12 行～第 752 页下栏第 3 行，第 85 卷第 1 页上栏、中栏。参见《孟黑录》11。

《俄藏黑水城文献》汉文文献中共收有西夏刻《金刚般若波罗蜜经》共有 3 种版本，其中甲种本 6 件：TK14、TK17、TK18、TK20、TK39、TK41；乙种本 3 件：TK16、（TK42、TK44、TK46、TK48、TK49、TK52、TK54、TK57）（TK42—TK57 为一件）、TK45；未分版本的共 16 件：TK26、TK27、TK28、TK104、TK106、TK112、TK115、TK124、TK125、TK179、TK180、TK182、TK63B（残片）、TK64V（残片）、TK161V、TK296V（残片）。按，史金波先生经过考证指出，本发愿文中的"秦晋国王"应为西夏权臣任得敬。

参考文献：

1. 宗舜：《〈俄藏黑水城文献〉（汉文部分）佛教题跋汇编》，《敦煌学研究》2007 年第 1 期；

2. 史金波：《西夏"秦晋国王"考论》，《宁夏社会科学》1987 年第 3 期。

录文标点：

1. 发愿文

2. 窃以有作之修，终成幻妄；无为之□，□

3. 契真如。故

4. 我世雄，顿开迷网；为除四相，特阐三空。

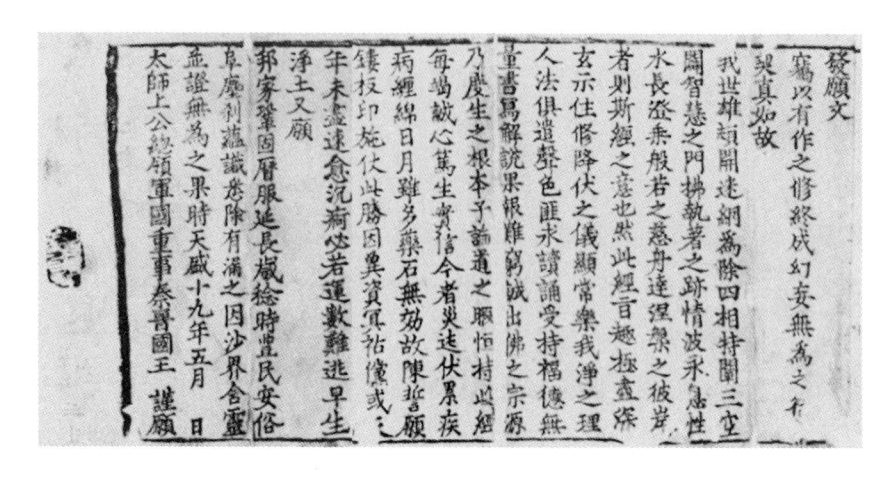

(图片引自《俄藏黑水城文献》第 3 册第 71 页)

5. 辟智慧之门，拂执着之迹。情波永息，性

6. 水长澄。乘般若之慈舟，达涅槃之彼岸

7. 者，则斯经之意也。然此经旨趣，极尽深

8. 玄。示住修降伏之仪，显常乐我净之理。

9. 人法俱遣，声色匪求。读诵受持，福德无

10. 量；书写解说，果报难穷。诚出佛之宗源，

11. 乃度生之根本。予论道之暇，恒持此经，

12. 每竭诚心，笃生实信。今者，灾迍伏累，疾

13. 病缠绵，日月虽多，药石无效，故陈誓愿，

14. 镂板印施，仗①此胜因，冀资冥佑。倘或天

15. 年未尽，速愈沈疴；必若运数难逃，早生

16. 净土。又愿：

17. 邦家巩固，历服延长；岁稔时丰，民安俗

18. 阜。尘刹蕴识，悉除有漏之因；沙界含灵，

19. 并证无为之果。时天盛十九年五月　　日，

---

① "仗"，《附录·叙录》作"伏"，现据图版改。

20. 太师上公总领军国重事秦晋国王　　谨愿。

（此处有一椭圆墨印）

七　西夏天盛十九年（1167）仁宗印施《佛说圣佛母般若波罗蜜多心经》御制后序

题解：

本件为俄藏编号 TK128 号《佛说圣佛母般若波罗蜜多心经》之《御制后序》，收于《俄藏黑水城文献》第 3 册第 76~77 页。第 6 册《附录·叙录》中指出 TK128 号《佛说圣佛母般若波罗蜜多心经》为西夏刻本，并列出文书诸要素为：经折装，未染麻纸；共 10 折半，21 面；高 22.2，面宽 11.2；版框高 16.7，天头 3.4，地脚 2.2；每面 8 行，行 15~16 字；上下单边；宋体，墨色深；冠佛画 2 面，四周双边，上方中央榜题："一切如来般若佛母众会"，下佛母宝冠盛装，结跏趺坐莲台，四周三十七身佛子菩萨围绕，形态各异。有 2 行咒语；1. 首题："此云佛说圣佛母般若波罗蜜多心经"，另双行小字："兰山觉行国师沙门　德慧奉　敕译，/奉天显道耀武宣文神谋睿智制义去邪惇睦懿恭　皇帝（仁宗）　详定"，有尾题；2. 首题："持诵圣佛母般若多心经要门"，双行小字同前，唯改写为"德慧奉　敕传译"，尾题同首题，下多一"竟"字；下为 28 行"御制后序"，前述佛理之深妙，自第 12 行云："朕睹胜因，遂陈诚愿。/寻命兰山觉行国师沙门德慧，重将梵本，/再译微言。仍集真空观门、施食仪轨，附于/卷末，连为一轴。于/神妣　皇太后周忌之辰，开板印造番/汉共二万卷，散施臣民。请觉行国师等/烧结灭恶趣中围坛仪，并拽六道，及讲演/《金刚般若经》《般若心经》，作法华会、大乘忏/悔，放神幡，救生命，施贫济苦等事，恳伸追/荐之仪，用答劬劳之德。仰凭觉荫，冀锡冥/资，直往净方，得生佛土，永住不退，速证法/身。又愿/六庙祖宗，恒游极乐，万年祉稷，永享升平。/一德大臣，百祥咸萃，更均余祉，下逮含灵。/天盛十九年岁次丁亥五月初九日（1167.5.29），/奉天显道耀武宣文神谋睿智制义去/邪惇睦懿恭　皇帝　谨施。"参见《孟黑录》182。

聂鸿音指出：德慧这个译本据称是从龙树菩萨的梵文原本译出的，不过不难看到，其中的第一段讲述经文撰集的缘起，文体带有中原汉地的骈文风格，显然不像是龙树菩萨的撰述，而应该是德慧在翻译时自己加写的小序。西夏人写的佛经序跋存世不多，这一段文字可以为我们补充一份西夏原创文学作品的资料。其实，经文尽管通篇都在教授藏传密教式的"观想"，但其中还是显露出了译者深受中原民间佛教影响的痕迹。

参考文献：

1. 宗舜：《〈俄藏黑水城文献〉（汉文部分）佛教题跋汇编》，《敦煌学研究》2007 年第 1 期；

2. 聂鸿音：《西夏译本〈持诵圣佛母般若多心经要门〉述略》，《宁夏社会科学》2005 年第 2 期。

录文标点：

1. 御制后序

2. 粤以真空绝相，声色匪求；妙有不无，凡庸

3. 叵测。惟我正觉，恢运悲心，有感必通，无机

4. 不应。因言显不言之奥，懋阐真空；示物名

5. 不物之玄，廓昭妙有。施含万行，慧彻三空。

6. 俾乘般若之舟，庶达波罗之岸。甚深之法，

7. 实在斯经。文简义丰，理幽辞显。括十二部

（图片引自《俄藏黑水城文献》第 3 册第 76~77 页）

8. 之分教，总六百卷之大经。色即是空，万浪

9. 风恬而真性寂尔；空即是色，千江月印而

10. 妙用昭然。不执二边，不着中道。绝蔑①五蕴，

11. 涤除六尘。一切众生，仗兹而度苦厄；三世

12. 诸佛，依此而证菩提。朕睹胜因，遂陈诚愿，

13. 寻命兰山觉行国师沙门德慧，重将梵本，

14. 再译微言。仍集《真空观门》《施食仪轨》附于

15. 卷末，连为一轴，于

16. 神妣　　皇太后周忌之辰，开板印造，番

17. 汉共二万卷，散施臣民。仍请觉行国师等，

18. 烧结灭恶趣中围坛仪，并拽六道，及讲演

19. 《金刚般若经》《般若心经》，作法华会、大乘忏

20. 悔、放神幡、救生命、施贫济苦等事。恳伸追

21. 荐之仪，用答劬劳之德。仰凭觉荫，冀锡冥

22. 资，直往净方，得生佛土，永住不退，速证法

23. 身。又愿：

24. 六庙祖宗，恒游极乐；万年社②稷，永享升平；

25. 一德大臣，百祥咸萃；更均余祉，下逮含灵。

26. 天盛十九年岁次丁亥五月初九日，

27. 　　奉天显道耀武宣文神谋睿智制义去

28. 　　邪惇睦懿恭　　皇帝　　谨施。

八　西夏乾祐十五年（1184）尚座袁宗鉴等印施《佛说金轮佛顶大威德炽盛光如来陀罗尼经》发愿文

题解：

本件为俄藏编号 TK129 号《佛说金轮佛顶大威德炽盛光如来陀罗尼经》

---

① 据文意推断，"蔑"应为"灭"。
② "社"，《附录·叙录》作"祉"，现据图版改。

之《印施题记》，收于《俄藏黑水城文献》第 3 册第 77~79 页。第 6 册《附录·叙录》中指出 TK129 号《佛说金轮佛顶大威德炽盛光如来陀罗尼经》为西夏刻本，并列出文书诸要素为：经折装，未染麻纸；共 7 折半，15 面；高 19.3，面宽 7.9；版框高 15.3，天头 2.8，地脚 1.1；每面 5 行，行 15 字；上下单边；宋体，墨色中；首残，以七言偈始，再接首题："佛说金轮佛顶大威德炽盛光如来陀罗尼经"；尾题同首题，下依次有罗睺星、金星、计都星、土星、木星、大阴星、太阳星、火星等九星真言，以每月何日降下先后顺序排列；最后是 10 行印施题记："伏愿　　天威振远，／圣寿无疆，／金枝　鬱茂，重臣千秋，蠢动含灵，／法界存土，齐成／佛道。　雕经善友众：／尚座袁宗鉴　　杜俊义　朱信忠　杜俊德　／　安平　陈用　李俊才　杜信忠　袁德宗／杜彦忠　杜用　牛智惠　张用　讹德胜／杜宗庆　萨忠义　张师道　等。／乾祐甲辰十五年八月初一日（1184.9.7，仁宗在位）重开板印施。"其中"乾祐甲辰"字右有朱笔勾画；句末偶有尾花。参见《孟黑录》184。

《俄藏黑水城文献》汉文文献中共收有《佛说金轮佛顶大威德炽盛光如来陀罗尼经》共有 3 件：TK129、TK130、TK131。

参考文献：

宗舜：《〈俄藏黑水城文献〉（汉文部分）佛教题跋汇编》，《敦煌学研究》2007 年第 1 期。

录文标点：

1. 伏愿：　天威振远，　　　◆　　　※

2. 圣寿无疆，

3. 金枝　鬱茂，重臣千秋，蠢动含灵，

4. 法界存亡[①]，齐成

5. 佛道。　雕经善友众：　　　※

6. 尚座袁宗鉴　　杜俊义　朱信忠　杜俊德

[①] "亡"，《附录·叙录》作"土"，现据图版改。

7. 安平　　陈用　　李俊才　　杜信忠　　袁德忠①

8. 杜彦忠　　杜用　　牛智惠　　张用　　讹德胜

9. 杜宗庆　　萨忠义　　张师道　　等。

10. 乾祐甲辰十五年八月初一日，重开板印施。

九　西夏天庆七年（1200）仇彦忠印施《圣六字增寿大明陀罗尼经》题记

题解：

本件为俄藏编号 TK135 号之《印施题记》，收于《俄藏黑水城文献》第 3 册第 173 页。第 6 册《附录·叙录》中指出 TK135 号《圣六字增寿大明陀罗尼经》为西夏刻本，并列出文书诸要素为：卷轴装，未染麻纸；高 19.7，宽 145；共 3 纸，纸幅 58；版框高 16.5，天头 2.4，地脚 0.9；每纸 30 行，行 11 字；上下、右双边；宋体，墨色深；首题："口六字增寿大明陀罗尼经"，另双行小字："西天译经三藏朝散大夫试鸿胪/卿传法大师臣　施护奉　诏译"；尾题："圣六字增寿大明陀罗尼经"，下 5 行印施题记："右愿印施此经六百余卷，资荐/亡灵父母及法界有情，同往/净方。/时大夏天庆七年七月十五日（1200.8.26，桓宗在位）哀子仇彦忠等　谨施。"参见《孟黑录》155。

参考文献：

宗舜：《〈俄藏黑水城文献〉（汉文部分）佛教题跋汇编》，《敦煌学研究》2007 年第 1 期。

录文标点：

1. 右愿印施此经六百余卷，资荐

2. 亡灵父母及法界有情，同往

3. 净方。

4. 　　时大夏天庆七年　七月十五日，

5. 　　哀子仇彦忠等　　谨施。

---

① "忠"，《附录·叙录》作"宗"，现据图版改。

十　西夏乾祐十六年（1185）比丘智通印施《六字大明王功德略》题记

题解：

本件为俄藏编号 TK136 号《六字大明王功德略》之《印施题记》，收于《俄藏黑水城文献》第 3 册第 175 页。第 6 册《附录·叙录》中指出 TK136 号《六字大明王功德略》为西夏刻本，并列出文书诸要素为：卷轴装，未染麻纸，软；高 18.5，宽 69.5；共 3 纸，纸幅 41；版框高 12.5，天头 4.2，地脚 2.3；每纸 30 行，行 11 字；上下双边；宋体，墨色深；首题："六字大明王功德略"；卷末有汉文、梵文陀罗尼；尾题同首题；附《尊胜心咒》；下有印施题记 2 行："乾祐乙巳十六年季秋八/月十五日（1185.9.10，仁宗在位），比丘　智通　施。"参见《孟黑录》187。

宗舜法师指出：此《功德略》应该是某种经咒后所附对功德（作用）的说明，而非印施的主要内容。附有基本相同内容的，如俄 TK102"观自在菩萨六字大明心咒"（第 2 册第 398 页至 399 页）、俄 TK137"圣六字太（通大）明王心咒"（第 3 册第 192 页），但因不能确知智通所施为何种经，所以据此拟名，今从。

参考文献：

宗舜：《〈俄藏黑水城文献〉（汉文部分）佛教题跋汇编》，《敦煌学研究》2007 年第 1 期。

录文标点：

1. 　　乾祐乙巳十六年季秋八
2. 　　月十五日，比丘智通　施。

十一　西夏某年某人印施《佛说业报差别经》等题记残片

题解：

本件为俄藏编号 TK137 号《1. 佛说业报差别经　2. 佛说无常经

3. 大佛顶白伞盖心咒 4. 圣六字太明王心咒》之《印施题记》残片，收于《俄藏黑水城文献》第 3 册第 192 页。第 6 册《附录·叙录》中指出 TK137 号《1. 佛说业报差别经 2. 佛说无常经 3. 大佛顶白伞盖心咒 4. 圣六字太明王心咒》为西夏刻本，并列出文书诸要素为：经折装，未染麻纸，粗；共 48 折，96 面；高 19.3，宽 8.3；每面 6 行，行 15 字；上下、右双边；宋体，墨色深匀；1. 佛说业报差别经，冠佛画 2 面，上方中央榜题："释迦佛说法处"，下佛陀端坐莲台说法，左右阿难、迦叶披衣合十侍立。右上方榜题："天龙八部众"，左前方榜题："四部弟子众"，"六道有情众"，均有对应群像，接刻经文，共 38 折，76 面，版框高 15.1，天头 2.2，地脚 2.1，经题："佛说业报差别经"，另行小字："隋洋川郡守瞿昙法智译"，尾题同首题；2. 佛说无常经，冠佛画 2 面，版心高 15.7，天头 2，地脚 2，上方中央榜题："释迦佛说法之处"，下佛陀端坐莲台说法，左右阿难、迦叶披衣合十侍立，右上方榜题："天龙八部众"，左前方榜题："四部弟子众"，均有对应群像。接刻经文，共 6 折半，13 面。版框高 15.3，天头 2.3，地脚 2.1。经题："佛说无常经。"下小字"亦名三启经"。另行小字："三藏法师义净奉 制译。"尾题同首题；3. 大佛顶白伞盖心咒，共 7 行；4. 圣六字太明王心咒，共 1 行。两咒共 3 折半，7 面，版框同《无常经》经文，皆引佛经赞颂持诵两咒功德，末残存题记 1 行："□□绍以来机政余暇，景仰玄化，思济"，句末多有尾花。参见《大正藏》第 1 卷第 891 页上栏第 15 行至第 895 页中栏倒 10 行；《大日本校订大藏经》第 14 之 7 第 19 页 A 面第 5 行至 B 面第 19 行。参见《孟黑录》6。

参考文献：

宗舜：《〈俄藏黑水城文献〉（汉文部分）佛教题跋汇编》，《敦煌学研究》2007 年第 1 期。

录文标点：

1. □□绍以来机政余暇，景仰玄化，思济

（后缺）

十二　西夏乾祐十五年（1184）仁宗印施《圣大乘胜意菩萨经》发愿文

题解：

本件为俄藏编号 TK145 号《圣大乘胜意菩萨经》之《印施发愿文》，收于《俄藏黑水城文献》第 3 册第 235~237 页。第 6 册《附录·叙录》中指出 TK145 号《圣大乘胜意菩萨经》为西夏刻本，并列出文书诸要素为：经折装，未染麻纸；共 6 折，12 面；中下部残缺；面宽 9，天头 2.5；每面 6 行；上单边；宋体，墨色中；首尾残；前有陀罗尼；第 4 行首题："此云圣大乘胜意☐☐☐"，另双行小字："兰山智昭国师沙门☐☐/奉天显道耀武宣文神谋睿智制义去☐☐"；尾缺；自第 7 面始为印施发愿文，存 27 行（应为 40 行），皆为上半行，末 4 行云："白高大夏国乾祐☐☐/甲辰九月十五日（1184.10.20，仁宗在位）☐☐/奉天显道耀武宣文☐☐/制义去邪惇睦懿☐☐"，文字、行款与 TK121《佛说圣大乘三皈依经》发愿文完全相同，可知为同批印施者；本件附有同一刻本发愿文，7 行，残损略同。参见《孟黑录》183。

参考文献：

宗舜：《〈俄藏黑水城文献〉（汉文部分）佛教题跋汇编》，《敦煌学研究》2007 年第 1 期。

录文标点：

（一）

（前缺）

1. ☐☐☐☐☐☐☐☐

2. 喻☐☐☐☐☐☐☐

3. 穷究 功 能而转 ☐☐☐☐

17. 免于轮回；佩戴 者 ，☐☐☐

18. 劝诸信士，敬
19. 本命之年，特
20. 国师、法师、禅师，暨
21. 旨、僧录、座主、众僧
22. 结坛，□□诵咒，作
23.
24.
25. 忏悔、放生命、喂
26. 诸多法事。仍敕□
27. 番汉五万一千余
28. 大小五万一千
29. 五万一千余串，普施
30. 每日诵持供养。所获
31. 皇基永固，宝运
32. 艺祖　神宗，冀齐
33. □□皇妣，祈早
34. □宫永
35. 于福履。然后满朝
36. 慈光；四海存亡，俱
37. 白高大夏国乾祐
38. 甲辰九月十五日
39. 奉天显道耀武宣文
40. 制义去邪惇睦懿

(二)

1. 中宫永保于寿龄☐
2. 于福履。然后满朝臣庶☐
3. 慈光；四海存亡，俱蒙☐
4. 白高大夏国乾☐
5. 甲辰九月十五日☐
6. 奉天显道耀武宣文神☐
7. 制义去邪惇睦懿恭皇☐

十三　西夏天庆三年（1196）皇太后罗氏印施《大方广佛华严经入不思议解脱境界普贤行愿品》发愿文

题解：

本件为俄藏编号 TK146 号《大方广佛华严经入不思议境界普贤行愿品》之《印施发愿文》，收于《俄藏黑水城文献》第 3 册第 240 页。第 6 册《附录·叙录》中指出 TK146 号《大方广佛华严经入不思议境界普贤行愿品》为西夏刻本，并列出文书诸要素为：经折装，丙 1 种本（不同于 TK71 的另一类丙种本），未染麻纸；多件残片；面宽 9.4。天头 3，地脚 2.2；每面 6 行；上下单边；宋体，墨色深匀。本号与 TK100 同名经乙 1 种本款式、纸质等都相似，但尾花不同。参见《孟黑录》126。

此件文书共九件残片，最后一件为印施发愿文残片，内容与 TK98 印施发愿文相同，应为同批印施者。

参考文献：

宗舜：《〈俄藏黑水城文献〉（汉文部分）佛教题跋汇编》，《敦煌学研究》2007 年第 1 期。

录文标点：

（前缺）

1. ☐于

2. ☐☐☐☐☐☐☐☐☐☐☐☐☐☐☐☐☐☐☐☐☐☐☐☐☐☐普会
3. ☐☐☐☐☐☐☐
4. ☐☐☐☐☐☐☐☐☐☐三千三百五十五次
5. ☐☐☐☐☐☐☐☐☐☐☐
6. ☐☐☐☐☐☐☐☐☐☐☐   *
7. ☐☐☐☐☐☐
8. ☐☐☐☐☐☐☐☐☐☐十七藏
9. ☐☐☐☐藏   卍
10. ☐☐☐☐☐☐五百五十四万八
11. ☐☐☐☐☐八部 卍
12. ☐☐☐☐☐千员
13. ☐☐☐☐☐☐☐☐☐☐☐☐☐

（后缺）

第 4 册

一　西夏天赐礼盛国庆五年（1073）陆文政印施《夹颂心经》发愿文

题解：

本件为俄藏编号 TK158 号《夹颂心经一卷》之《印施发愿文》，收于《俄藏黑水城文献》第 4 册第 7 页。第 6 册《附录·叙录》指出《夹颂心经一卷》为西夏刻本，并列出文书各要素为：经折装，甲种本，未染楮纸；共 19 折半，39 面；高 17.6，面宽 8；版框高 14，天头 2.4，地脚 1.3；每面 5 行，行 15 字；上下单边，宋体，墨色不匀；首缺；于《般若波罗蜜多心经》每句经文下附 4 行 8 句五言偈语；尾题："夹颂心经一卷"；下接 11

行印施题记："盖闻《般若多心经》者，实谓暝昏衢/［之］高炬，济苦海之迅航。拯物导迷，莫/［斯］为最。文政睹兹法要，遂启诚心意弘/无漏之言，用报父母同极之德。今则/特舍净贿，恳尔良工，雕刻板成，印施/含识。欲使 佛种不断，善业长流，/荐资考妣，离苦得乐，常生胜处，常/悟果因。愿随 弥勒，以当来愿。值/［龙］华而相见，然后福沾沙齐，利及/［群生］，有识之俦，皆蒙此益。/天〔赐礼〕盛国庆五年岁次癸丑八月壬申（1073.9.5，惠宗在位）朔 陆文政施。"参见《大正藏》第 8 卷第 848 页下栏第 2～19 行。参见《孟黑录》175。

参考文献：

1. 宗舜：《〈俄藏黑水城文献〉（汉文部分）佛教题跋汇编》，《敦煌学研究》2007 年第 1 期；

2. 惠宏：《黑水城汉文文献词语杂释》，《西夏学》第六辑，上海古籍出版社，2010；

3. 汤君：《俄藏黑水城文献之汉文佛经〈般若波罗蜜多经〉叙录》，《西夏学》第五辑，上海古籍出版社，2010。

录文标点：

1. 盖闻《般若多心经》者，寔谓暝昏衢

2. ［之］高炬，济苦海之迅航。拯物导迷，莫

3. 斯为最。文政睹兹法要，遂启诚心，意弘

4. 无漏之言，用报父母罔①极之德。今则

5. 特舍净贿，恳命②良工，雕刻板成，印施

6. 含识。欲使 佛种不断，善业长流。

....

7. 荐资考妣，离苦得乐，常生胜处，常

8. 悟果因。愿随 弥勒以当来，愿值

---

① "罔"，《附录·叙录》作"同"，现据图版改。

② "命"，《附录·叙录》作"尔"，现据图版改。

《俄藏黑水城文献》所收西夏汉文佛经序跋 | 67

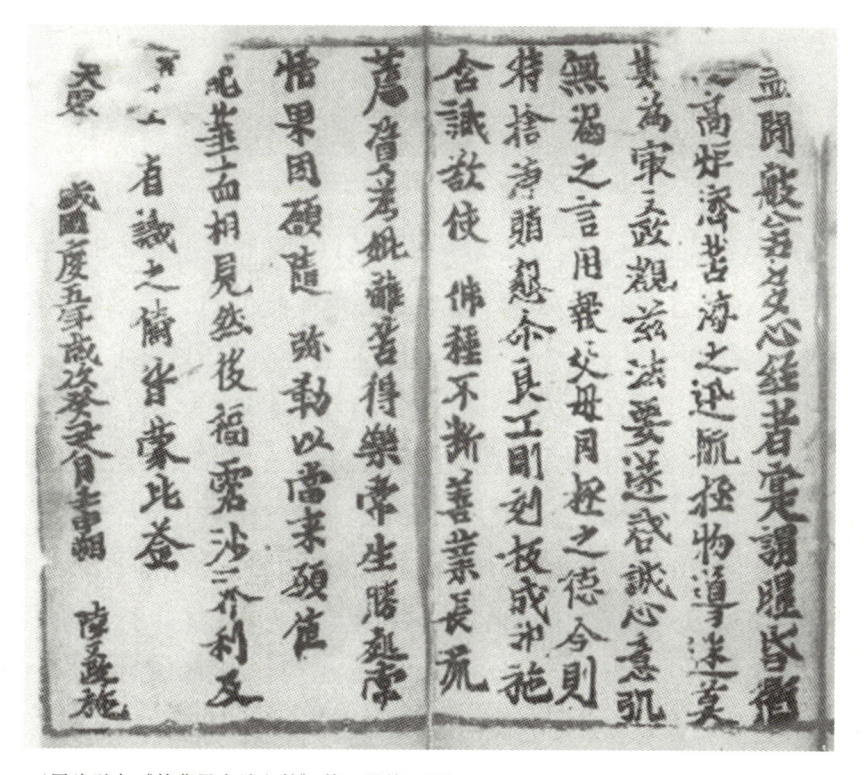

(图片引自《俄藏黑水城文献》第 4 册第 7 页)

9. 龙华而相见。然后福霑沙界①，利及

10. □□②。有识之俦，皆蒙此益。

11. 天□□③盛国庆五年岁次癸丑八月壬申朔　陆文政施。

二　西夏某年仁宗印施《圣观自在大悲心总持功能依经录》等御制后序发愿文

题解：

本件为俄藏编号 TK164 号《1. 圣观自在大悲心总持功能依经录　2. 胜相顶尊总持功能依经录》之《御制后序发愿文》，收于《俄藏黑水城文献》

---

① "界"，《附录·叙录》作"齐"，现据图版改。
② 此处所缺两字《附录·叙录》补做"群生"。
③ 此处所缺两字《附录·叙录》补做"赐礼"。

第 4 册第 39~40 页。第 6 册《附录·叙录》中指出 TK164 号《1. 圣观自在大悲心总持功能依经录　2. 胜相顶尊总持功能依经录》为西夏刻本，并列出文书诸要素为：蝴蝶装，白口，版心题"大悲""尊胜""后序"，下有页码；白麻纸；共 24 页，纸幅高 13.3，宽 17.7；版框高 9.4，整页宽 15.4，天头 2.8，地脚 1.1；每半页 9 行，行 13~15 字；上下单边，左右双边；宋体，墨色深，不匀。冠佛画 3 幅，每幅 1 页：（1）佛陀偏袒右肩，端坐莲台说法，台前有梵文种子字，左右侍者菩萨，下跪天龙八部众等；（2）右为四面八手观自在菩萨坐像，莲台前有梵文种子字，左为四弟子听法；（3）右为千面千手观自在菩萨坐像，莲台前有梵文种子字，左为听法四弟子。　1. 圣观自在大悲心总持功能依经录，首题前 3 行为梵文经题音译，首题后 4 行小字："诠教法师番汉三学院兼偏袒提点嚷卧耶沙门鲜卑/宝源奉　敕译/天竺大般弥怛五明显密国师在家功德司正嚷乃将沙门嚒/也阿难捺　传"，共 10 页，左右两下角多有缺损，尾题同首题，残缺"依经录"3 字；2. 胜相顶尊总持功能依经录，首题前 3 行为梵文经题音译，首题后有说明译传者的 2 行小字，内容同前，共 7 页，尾题同首题；3. 御制后序发愿文，共 4 页，下边沿与左右两侧残损缺字，参见 TK165 同名经后序；背有梵文种子字。参见《孟黑录》177。

参考文献：

宗舜：《〈俄藏黑水城文献〉（汉文部分）佛教题跋汇编》，《敦煌学研究》2007 年第 1 期。

录文标点：

1. 御制

2. 圣观自在大悲心总持▢▢▢▢▢▢▢

3. 总持后序发愿文

4. 朕伏以神咒威灵，功被▢▢之▢▢▢▢▢▢▢

5. 妙，力通亿劫之多。惟一听于真筌，可▢▢▢▢▢

6. 于尘累。其于微密，岂得名言。切谓▢▢▢▢

《俄藏黑水城文献》所收西夏汉文佛经序跋 | 69

7. 在大悲，冠法门之密语；顶尊胜相，☐
8. 佛印之真心。一存救世之至神，一尽☐
9. 生之幽验。大矣，受持而必应；圣哉，敬☐
10. ☐　　后序　　十八
11. 信而无违。普周法界之中，细入微☐
12. 之内。广资含识，深益有情。闻音者，☐
13. 获胜因；触影者，普蒙善利。点海☐
14. 滴，亦可知其几何；碎刹为尘，亦可☐
15. 其几许。唯有慈悲之大教，难穷☐
16. 之玄功。各有殊能，迥存异感。故《大☐
17. 感应》云：若有志心诵持《大悲咒》一☐
18. ☐即能超灭百千亿劫☐
19. ☐命终时，十方诸佛皆来☐

（以上第一纸）

20. ☐诸净土中。若入流水，☐
21. ☐其水族众生占①浴☐
22. 灭重罪，往生佛国。又，《胜相顶尊☐
23. 云：至坚天子，诵持章句，能消七☐
24. 生之厄。若寿终者，见获延寿。☐
25. 占②尘，亦复不堕三恶道中。授☐
26. 记，为佛嫡子。若此之类，功效☐
27. 睹兹胜因，倍激诚恳，遂命工☐
28. 印番汉一万五千卷，普施国内臣☐

---

① 据文意推断，"占"应为"沾"。
② 据文意推断，"占"应为"沾"。

29.　　　后序　　　十九

30. 志心看转，虔诚顶受，朕亦躬亲而□

31. 服，每当竭意而诵持。欲遂良缘，□

32. 修众善：开阐真乘之大教，烧□

33. 之坛仪；读经不绝于诵声，披□

34. 大藏；应干国内之圣像，悉令□

35. 金妆；遍施设供之法筵，及□

36. 盛会；放施食于殿宇，行法事□

37. □之心，悉竭精诚之□

38. □岂可详悉□

（以上第二纸）

39. □愿：

40. □宗皇帝，超升三□

41. □生，达一真之□

42. 默助无为之化，潜□

43. 子之孙，益昌益盛。又愿□

44. 基业泰定，迩遐扬和睦□

45. 隆昌，终始保清平之运，延□

46. 而克永，守历数以无疆。四□

47. 枕之安，九有获覆盂之固。祝应□

48.　　　后序　　　二十

49. 诚之感，祈臻福善之征。长遇平□

50. 毕无变乱。普天率土，共享□

51. 有所求，随心皆遂。为祝

52. 神圣，乃为颂曰：

53. 法门广辟理渊微，持□□□□□。
54. 大悲神咒玄密语，□□□□□□。
（以上第三纸）
55. 奉天显道耀武宣文□□□□
56. 去邪惇睦懿恭　　皇帝
57. 　　　　后序　　二十一
（后缺）

三　西夏某年仁宗印施《圣观自在大悲心总持功能依经录》等御制后序发愿文

题解：

本件为俄藏编号 TK165 号《1. 圣观自在大悲心总持功能依经录　2. 胜相顶尊总持功能依经录》之《御制后序发愿文》，收于《俄藏黑水城文献》第 4 册第 50～51 页。第 6 册《附录·叙录》中指出 TK165 号《1. 圣观自在大悲心总持功能依经录　2. 胜相顶尊总持功能依经录》为西夏刻本，并列出文书诸要素为：蝴蝶装，白口，版心题"大悲""尊胜""后序"，下有页码；未染麻纸，有油渍印；共 18 个整页，2 个半页；纸幅高 12.9，宽 18；版框高 9.5，整页宽 15.7，天头 2.1，地脚 1.5；每半页 9 行，行 13～15 字；上下单边，左右双边；宋体，墨色浓，不匀；1. 圣观自在大悲心总持功能依经录，首缺右半页，共 9 页半，有尾题；2. 胜相顶尊总持功能依经录，首题前 3 行为梵文经题音译，首题后 2 行小字："诠教法师番汉三学院兼偏袒提点嚷卧耶沙门鲜卑/宝源奉　敕译/天竺大般弥怛五明显密国师在家功德司正嚷乃将沙门哆/也阿难捺　传"，共 7 页，尾题同首题；　3. 御制后序发愿文，共 2 页半，第 3 页左半缺，所存文字完好，所缺 1 页半可以 TK164 同名经后序相关部分配补，前综述所刊二经法力功德，自第 25 行云："朕/睹兹胜因，倍激诚恳，遂命工镂板，雕/印番汉一万五千卷，普施国内臣民，/志心看转，虔诚顶受。朕亦躬亲而［仰］/服，每当竭意而诵持。欲遂良缘，广/修众善。开阐真乘之大教，烧结秘密/之坛仪。读经不绝于诵声，披典必全于/大藏。应干国内之圣像，悉令恳上于/金妆。遍施设供之法筵，及集斋僧之/盛会。放施食于殿宇，行法事于尊容。/然斯敬信之心，悉竭精诚之恳，今略/聊陈于一二，岂可详悉而具言。以兹/胜善，伏愿/神考崇宗皇帝，超升三界。乘十/地之法云，越度四生，达一真之性海，默助无为之化，潜扶有道之风。之/子之孙，益昌益盛。又愿以此善力，/基业泰定，迩遐扬和睦之风；国本/隆昌，终始保清平之运。延宗社/而克永，守历数以无疆。四方期奠/枕之安，九有获覆盂之固。祝应□/诚之感，祈臻福善之征。长遇平□，/毕无变乱。普天率土，共享〔治〕□。□/有所求，随心皆遂。为祝/神圣，乃为颂曰：/法门广辟理渊微，持读□□□□。/大悲神咒玄密语，□□□□□□。/〔奉天显〕道耀武宣文〔神谋睿智制义〕/去邪惇睦懿恭　皇帝（仁宗）〈谨施〉。"参见《孟黑录》178。

参考文献：

宗舜：《〈俄藏黑水城文献〉（汉文部分）佛教题跋汇编》，《敦煌学研究》2007年第1期。

录文标点：

1.　　　御制
2.　　　圣观自在大悲心总持并胜相顶尊
3.　　　总持后序发愿文
4. 朕伏以神咒威灵，功被恒沙之界；玄言胜
5. 妙，力通亿劫之多。惟一听于真筌，可顿消
6. 于尘累。其于微密，岂得名言。切谓自
7. 在大悲，冠法门之密语；顶尊胜相，总
8. 佛印之真心。一存救世之至神，一尽利
9. 生之幽验。大矣，受持而必应；圣哉，敬
10.　　　后序　　　十八
11. 信而无违。普周法界之中，细入微尘
12. 之内。广资含识，深益有情。闻音者，大
13. 获胜因；触影者，普蒙善利。点海为

14. 滴，亦可知其几何；碎刹为尘，亦可量
15. 其几许。唯有慈悲之大教，难穷福利
16. 之玄功。各有殊能，迥存异感。故《大悲心
17. 感应》云："若有志心诵持《大悲咒》一遍或
18. 七遍者，即能超灭百千亿劫生死之
19. 罪。临命终时，十方诸佛皆来授手，随

（以上第一纸）

20. 愿往生诸净土中。若入流水或大海中
21. 而沐浴者，其水族众生占①浴水者，皆
22. 灭重罪，往生佛国。"又，《胜相顶尊感应》
23. 云："至坚天子，诵持章句，能消七趣畜
24. 生之厄。若寿终者，见获延寿。遇影
25. 占②尘，亦复不堕三恶道中。授菩提
26. 记，为佛嫡子。"若此之类，功效极多。朕
27. 睹兹胜因，倍激诚恳，遂命工镂板，雕
28. 印番汉一万五千卷，普施国内臣民，
29. 　　　　后序　　十九
30. 志心看转，虔诚顶受，朕亦躬亲而仰
31. 服，每当竭意而诵持。欲遂良缘，广
32. 修众善：开阐真乘之大教，烧结秘密
33. 之坛仪；读经不绝于诵声，披典必全于
34. 大藏；应干国内之圣像，悉令恳上于
35. 金妆；遍施设供之法筵，及集斋僧之
36. 盛会；放施食于殿宇，行法事于尊容。
37. 然斯敬信之心，悉竭精诚之恳，今略

---

① 据文意推断，"占"应为"沾"。
② 据文意推断，"占"应为"沾"。

38. 聊陈于一二，岂可详悉而具言。以兹

（以上第二纸）

39. 胜善，伏愿：

40. 神考崇宗皇帝，超升三界，乘十

41. 地之法云；越度四生，达一真之性海。

42. 默助无为之化，潜扶有道之风。之

43. 子之孙，益昌益盛。又愿以此善力，

44. 基业泰定，迩遐扬和睦之风；国本

45. 隆昌，终始保清平之运。延　宗社

46. 而克永，守历数以无疆。四方期奠

47. 枕之安，九有获覆盂之固。祝应囗

（后缺）

四　西夏刻本《高王观世音经》序言残片

题解：

本件为俄藏编号 TK183 号《高王观世音经》之序，收于《俄藏黑水城文献》第 4 册第 153 页。第 6 册《附录·叙录》中指出 TK183 号《高王观世音经》为西夏刻本，并列出文书诸要素为：经折装，未染麻纸，软；共 3 折半，7 面；下部严重残损；残高 18.1，面宽 9；天头 1.2；每面 4 行，行存 13 字；上单边；楷体，墨色中匀；原序仅剩末行："怨债托化梵天更无轮报［矣］"；首题："高王观世音经"；尾缺。参见《大正藏》第 85 卷第 1425 页中栏至下栏首行。参见《孟黑录》217。

参考文献：

宗舜：《〈俄藏黑水城文献〉（汉文部分）佛教题跋汇编》，《敦煌学研究》2007 年第 1 期。

录文标点：

（前缺）

1. 怨债，托化梵天，更无轮报囗。

五　西夏天盛四年（1152）邠州开元寺僧刘德真印施《注华严法界观门》序文残片

题解：

本件为俄藏编号 TK241 号《注华严法界观门卷上》之序言，收于《俄藏黑水城文献》第 4 册第 250 页。第 6 册《附录·叙录》中指出 TK241 号《注华严法界观门卷上》为西夏刻本，并列出文书诸要素为：卷轴装，各纸黏结处已断裂脱开，未染麻纸，软；共 28 纸，纸幅高 32.7，宽 45；版框高 23.6，天头 5.8，地脚 3；每纸 16 行，行字数不一；上下单边；宋体，墨色深匀；有朱笔圈点；正文上有小字科文，下有双行小字注释；自第 1 纸始为序言，第 1 纸残存 4 行："▢▢▢▢［住持］传法赐紫遵式治／▢▢▢▢严法界观门序／▢▢▢▢州刺史裴休撰／▢▢▢▢［一切众］生身心之"；自第 12 纸始有题："注法［界］观门"，另行小字："〈圭〉［峰］兰若沙门宗密注"，下接首题："大方广佛华严法界观门"；下为"京［终］南山释杜顺集"，注云："姓杜，名法顺。唐初时行化。神异极多，传／中有证验，知是文殊菩萨应身也，／是华严新旧二迹之祖师。俨／尊者为二祖，康藏国师为三祖"；后有子题："［真］〈空〉第一"；尾题："注华严法界观门卷上"；自第 2 纸起，每纸上方刻印小字"法界上　二"至"法界上　二十八"，以计用纸序数。参见《孟黑录》231。按，本件文书与 TK242 号文书应为同件文书，由 TK242 号文书可知，本件文书应刊刻于天盛四年（1152），邠州开元寺僧西安州归义刘德真印施。

录文标点：

（前缺）

1. ▢▢▢▢住持传法赐紫　　遵式治

2. ▢▢▢▢严法界观门序

3. ▢▢▢▢州刺史裴　休　撰

4. ☐☐☐☐ 一切众 生身心之

（后缺）

六 西夏天盛四年（1152）邠州开元寺僧刘德真印施《注华严法界观门》发愿文

题解：

本件为俄藏编号 TK242 号《注华严法界观门卷下》之《印施发愿文》，收于《俄藏黑水城文献》第 4 册第 295 页。第 6 册《附录·叙录》中指出 TK242 号《注华严法界观门卷下》为西夏刻本，并列出文书诸要素为：纸质、形制皆同于 TK241；共 18 纸；首缺，中有子题："周遍含容观第三"；尾题："注华严法界观门卷下"，上有朱笔画宝珠像；尾题后有 24 行印施题记，先述文、科、注三者结合之妙用，自第 13 行云："今者，德真幸居／帝里，喜遇良规。始欲修习，终难得本。以至口授，则音律参／差，传写者，句文脱谬，致罢学心，必成大失。是以恭舍囊资，／募工镂板，印施流通，备诸学者。若持若诵，情尽见除；或／见或闻，功齐种智。仰此上乘，遍严法界。延／龙算于皇家，曜／福星于官庶。道如尧舜之风，国等华严之境。总期万类，／性反一真。不间冤亲，将来无对。溥冀含情，悉如我愿，／大圆镜中，欲垂慈照者也。／皇朝天盛四年岁次壬申八月望日（1152.9.15，仁宗在位），洄道沙门释法随劝缘及记，／邠州开元寺僧西安州归义刘德真雕板印文。谨就／圣节日散施"；自第 2 纸起，每纸上方刻印小字 "法界下 十四" 至 "法界下 卅"，以计用纸序数。《附录·叙录》另指出刘德真为邠州开元寺僧人，出家而不废俗姓，与 TK21 "沙门李智宝"、TK72 "京市周家□□□／僧雕字人王善慧"、A5 "西天金刚大五明传法上师李法海" 异曲同工，可见西夏佛界时尚。参见《孟黑录》231。

参考文献：

宗舜：《〈俄藏黑水城文献〉（汉文部分）佛教题跋汇编》，《敦煌学研究》2007 年第 1 期。

《俄藏黑水城文献》所收西夏汉文佛经序跋 | 77

录文标点：

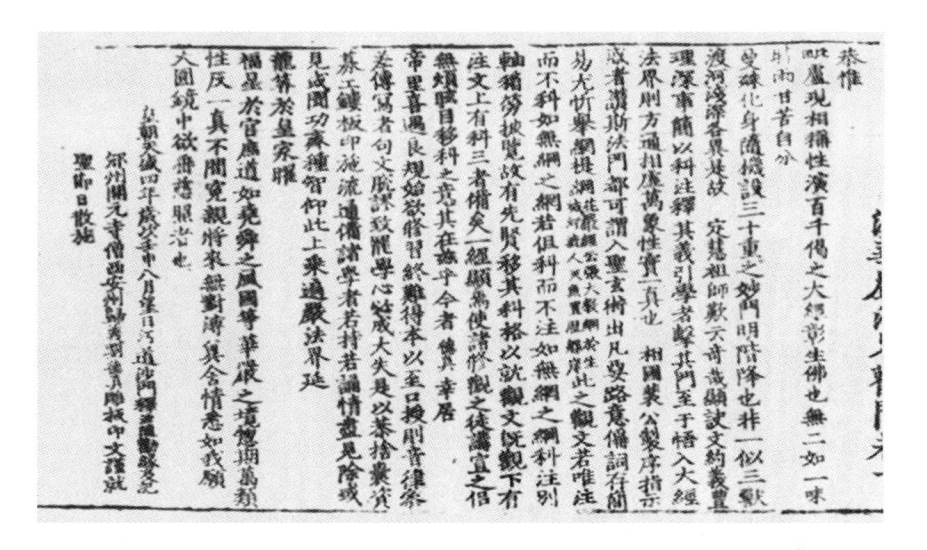

（图片引自《俄藏黑水城文献》第 4 册第 295 页）

1. 恭惟：

2. 毗卢现相，称性演百千偈之大经，彰生佛也无二，如一味

3. 时雨，甘苦自分；

4. 曼殊化身，随机设三十重之妙门，明阶降也非一，似三兽

5. 渡河，浅深各异。是故　定慧祖师叹云："奇哉！显诀文约义丰，

6. 理深事简，以科注释其义，引学者击其门。至于悟入大经

7. 法界，则方通相虚万象，性实一真也。"　相国裴公制序，指示

8. 惑者，赞斯法门，都可谓入圣玄术，出凡要路。意称词存简

9. 易，尤忻举纲提纲。《花严经》云："张大教网，于生灭河，漉人天鱼，置涅槃岸。"此之观文，若唯注

10. 而不科，如无纲之网；若但科而不注，如无网之纲。科注别

11. 轴，稍劳披览。故有先贤，移其科格，以就观文。既观下有

12. 注，文上有科，三者备矣，一经显焉。使诸修观之徒，讲宣之侣，

13. 无烦眩目。移科之意，其在兹乎。今者德真幸居

14. 帝里，喜遇良规，始欲修习，终难得本。以至口授则音律参

15. 差，传写者句文脱谬，致罢学心，必成大失。是以恭舍囊资，

16. 募工镂板，印施流通，备诸学者。若持若诵，情尽见除；或

17. 见或闻，功齐种智。仰此上乘，遍严法界。延

18. 龙算于皇家，曜

19. 福星于官庶。道如尧舜之风，国等华严之境。总期万类，

20. 性反一真。不间冤亲，将来无对。溥冀含情，悉如我愿。

21. 大圆镜中，欲垂慈照者也。

22. 　　皇朝天盛四年岁次壬申八月望日，汚道沙门释法随劝缘及记。

23. 　　　　邠州开元寺僧西安州归义刘德真雕板印文，谨就

24. 　　　　圣节日散施。

七　西夏刻本《弥勒上生经讲经文》印施题记

题解：

本件为俄藏编号 TK267 号《弥勒上生经讲经文》之《印施题记》，收于《俄藏黑水城文献》第 4 册第 354 页。第 6 册《附录·叙录》中指出 TK267 号《弥勒上生经讲经文》为西夏写本，并列出文书诸要素为：线订册页装，未染麻纸，软；共 5 个整页，1 个半页；高 18.7，半页宽 13.2；前 4 页字大，每半页 5 行，行 11 字；后 1 页半字小，每半页 6 行，行 13 字；楷书，墨色浓淡不匀；有校字与句读；首尾缺；文末 4 行题记："祝赞当今／皇帝圣寿万岁。文武官僚，禄位／转千高。愿万民，修行在兜率天／上。愿众生，尽登彼〔岸〕"；后有杂写："小石花心动。"参见《孟黑录》133。

参考文献：

宗舜：《〈俄藏黑水城文献〉（汉文部分）佛教题跋汇编》，《敦煌学研究》2007 年第 1 期。

录文标点：

1. 　　祝赞当今

2. 皇帝圣寿万岁。文武官僚，禄位

3. 转千高。愿万民，修行在兜率天
4. 上。愿众生，尽登彼岸。

八　西夏刻本《密咒圆因往生集录》印施题记

题解：

本件为俄藏编号 TK271 号《密咒圆音往生集》之《印施题记》，收于《俄藏黑水城文献》第 4 册第 363 页。第 6 册《附录·叙录》中指出 TK271 号《密咒圆音往生集》为西夏刻本，并列出文书诸要素为：经折装，未染麻纸；共 10 折半，21 面；高 10.3，面宽 6；版框高 7.8，天头 1.3，地脚 1.1；每面 6 行，行 10 字；上下双边；宋体，墨色中，不匀；已裂为 3 段，有佚文；首缺，中有《大宝楼阁随心咒》《尊胜心咒》《阿弥陀佛心咒》《阿弥陀佛一字咒》《智炬如来心破地狱咒》《文殊菩萨五字心咒》《毗卢遮那佛大灌顶光咒》《七俱胝佛母心大准提咒》《金刚萨埵百字咒》《十二因缘咒》等，皆汉文与梵文对照；咒语后有双行小字说明："已上十五道咒之功能在密／咒圆音往生集内。须者检之"；尾题："密咒圆音往生集　录"，后有 21 行（应为 22 行）未完印施题记，前 14 行称赞此等密咒神功圣力，自第 15 行云："睹斯胜利，敬／发虔诚，于《圆因往生集》内／录集此咒二十一道，冀诸／贤哲诵持易耳。将此功德，／上报四恩，下济三有；生身／父母，速得超升；累劫怨亲，／俱蒙胜益；印散施主，长福／〔消灾；法界含识，同生净土〕。"参见《大正藏》第 46 卷第 1008 页中栏第 10～20 行；第 1009 页下栏第 15 行～第 1010 页下栏第 7 行；第 1011 页上栏第 8～12 行，中栏倒数 2 行至下栏第 6 行，下栏第 19～20 行，下栏第 22 行；第 1012 页中栏第 1～3 行，第 9～11 行，下栏第 2～11 行，第 14～24 行。参见《孟黑录》197。

苏州戒幢佛学研究所宗舜认为，此件文书拟题不确。原尾题作"密咒圆因往生集录"，而且后之《发愿文》中明言，"于《圆因往生集》内，录集此咒二十一道，冀诸贤哲诵持易耳"。今残存咒十道，并不等于《密咒圆因往生集》，仅仅只是它的一种抄录罢了。所以应据原件之尾题定名为宜。故此件可定名为：《密咒圆因往生集录》。

参考文献：

1. 宗舜：《〈俄藏黑水城文献〉（汉文部分）佛教题跋汇编》，《敦煌学研究》2007 年第 1 期；

2. 宗舜：《〈俄藏黑水城文献〉之汉文佛教文献续考》，《敦煌研究》2004 年第 5 期。

录文标点：

（图片引自《俄藏黑水城文献》第 4 册第 363 页）

1. 盖闻至道无私，赴感而随
2. 机万类；法身无相，就缘而
3. 应物千差。是以罗身云于五
4. 浊界中，洒法雨于四生宅内。
5. 唯此陀罗尼者，是诸佛心印
6. 之法门，乃圣凡圆修之捷
7. 径。秘中之秘，印三藏以导机；
8. 玄中之玄，加声字而诠体。
9. 统该五部，独称教外之圆宗；
10. 抱括一乘，以尽瑜伽之奥
11. 旨。土散尸霭，神离五趣；风
12. 吹影触，识玩天宫。一念加
13. 持，裂惑障于八万四千；顷克
14. 摄受，圆五智而证十身。神

15. 功叵测，圣力难思。睹斯胜利，敬

16. 发虔诚，于《圆因往生集》内

17. 录集此咒二十一道，冀诸

18. 贤哲诵持易耳。将此功德，

19. 上报四恩，下济三有；生身

20. 父母，速得超升；累劫怨亲，

21. 俱蒙胜益。印散施主，长福

22. 消灾；法界含识，同生净土。

（后缺）

第 6 册

一　西夏皇建二年（1211）写本《亲集耳传观音供养赞叹》集校题记

题解：

本件为俄藏编号 Ф311 号《亲集耳传观音供养赞叹》之《集校题记》，收于《俄藏黑水城文献》第 6 册第 126 页。第 6 册《附录·叙录》中指出 Ф311 号《亲集耳传观音供养赞叹》为西夏写本，并列出文书诸要素为：卷轴装，未染麻纸，薄，软；高 19.5，宽 923；共 22 纸，纸幅 48.5；卷心高 15.8，天头 2.3，地脚 1.8；每纸 27 行，行 18 字，或 2 句七言偈；楷书，拙，墨色浓淡不匀；有校改校补字；卷首残缺，中依次有《标授三业并增长拥护偈》《增长定偈》《究竟定偈》《诵咒偈》《增长中围偈》《召请智佛偈》《应请圣众偈》《三种供养偈》《礼赞三宝偈》《心赞三宝偈》《不空牟尼供养偈》《勾召亡魂偈》《施财安位偈》《奉曼挈罗偈》《奉十种供养偈》《不空牟尼供养偈》《通念五夫偈》《振铃偈》《礼赞上师偈》《澄神赞相传上师偈》《不空牟尼供养偈》《奉曼捺梓偈》《十种供养偈》《五夫偈》《振铃偈》《礼赞观音菩萨偈》《观音根本赞偈》《赞咒功德偈》《诵咒成验偈》

《奉曼捺罗偈》《十种供养偈》《不空牟尼供养偈》《通念五夫偈》《振铃偈》《礼赞马项圣者等偈》《坐定赞圣众偈》《奉曼挈罗偈》《十种供养偈》《不空牟尼供养偈》《忏悔偈》《随喜偈》《请佛住世偈》《回向偈》《振铃偈》《五供养偈》《不空牟尼供养偈》《普济三涂偈》《沐浴亡过偈》《吉祥偈声赞六波罗蜜偈》《哀请标受偈》《奉过伽偈》《哀纳偈》《请忍偈》《奉送偈》，标题相同者，偈语或同或异，不完全重复；标题下多有双行小字注解；有尾题字；尾题后 4 行集校题记："皇建元年十二月二十五日（1211.1.1，襄宗在位），门资宗密、沙门本明/依怙剂门标授中集毕。／皇建二年六月二十五日（1211.8.5）重依观行对勘定　　毕，永为真本"；已裱。参见《孟黑录》199。

录文标点：

1. 皇建元年十二月十五日，　门资宗密、沙门　本明

2. 　　　　依师①剂门标授中集　毕；

3. 皇建二年六月二十五日，重依观行对②勘定　　毕，

4. 　　　　　永为真本。

---

① "师"，《附录·叙录》作"怙"，宗舜文作"右"，但从文书图版来看，似应以"师"字为是。

② 第 97、102、112、446 等行均曾提到"观行录"，不知此"对"字是否为"录"字所误。

《俄藏敦煌文献》所收西夏汉文文献

第 5 册

一 西夏写本《星占流年》残片

题解：

本件文书俄藏编号 Ф362A（1），收于《俄藏敦煌文献》第 5 册第 316 页，编者拟题为《星占流年》。《俄藏黑水城文献》未收录。按，府宪展指出 Ф362A（3）号文书为黑水城所出西夏文献，本件文书与其为同一编号，也应为出自同一地点、同一时代之文献，故其也应为黑水城出土文献。文书现存文字 11 行，前后均缺。

参考文献：

府宪展：《敦煌文献辨疑录》，《敦煌研究》1996 年第 2 期。

录文标点：

（前缺）

1. 　　　　　辰　卯月　□①

---

① 此行文字为横向书写，文字向右。

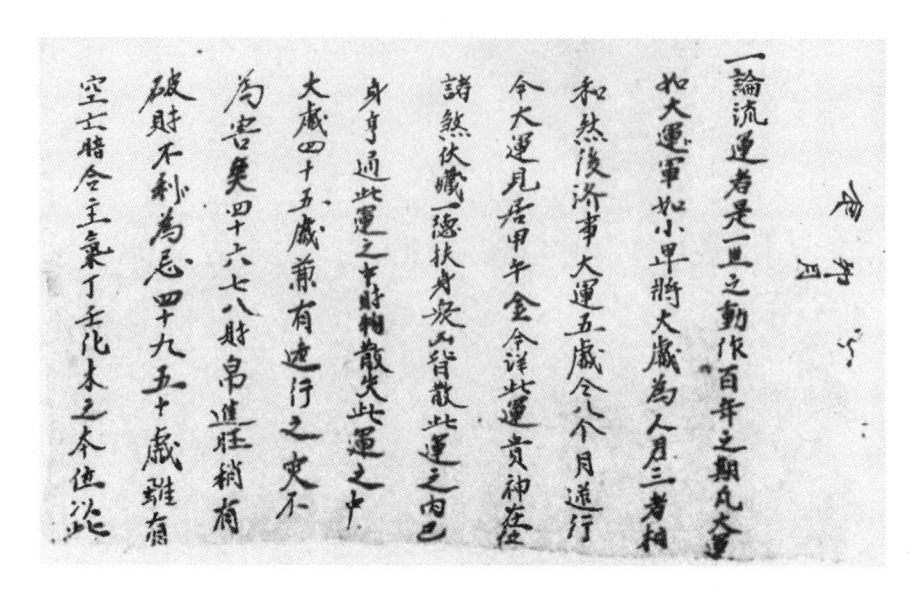

（图片引自《俄藏敦煌文献》第 5 册第 316 页）

2. 一论流运者，是一世之动，作百年之期。凡大运

3. 如大军①，如小卑将，大岁为人君，三者相

4. 和，然后济事。大运五岁令②八个月遂行。

5. 今大运见居甲午金。今详此运，贵神在位，

6. 诸煞伏藏。一德扶身，众凶皆散。此运之内，己

7. 身亨通；此运之中，财物散失；此运之中，

8. 大岁四十五岁，兼有远行之灾，不

9. 为害矣；四十六、七、八，财帛进旺，稍有

10. 破财不为③忌；四十九、五十岁，虽有

11. 空亡，暗合主气，丁壬化木之本位，以此

（后缺）

---

① "军"字前原衍一"运"字，旁加抹毁符号，现径改。

② "令"通"零"。

③ "为"字前原衍一"利"字，旁加抹毁符号，现径改。

第 17 册

一 西夏光定十二年（1222）李春狗、刘番家等扑买王元受烧饼房契

题解：

本件文书俄藏编号ДX18993，收于《俄藏敦煌文献》第 17 册第 310 页，无拟题。《俄藏黑水城文献》未收录。金滢坤指出本文书纪年为"光定十二年"，为西夏神宗年号，即公元 1222 年，文中所出现的西夏年号为判定其为黑水城文书的重要证据，并指出此件文书为目前所见的最为完整的汉文西夏租赁房契，对研究西夏的社会经济和社会生活具有重要的史料价值，据文意可拟题为《西夏光定十二年（1222）糊饼房租赁契》。文书现存文字 22 行，前后均完。

参考文献：

1. 金滢坤：《〈俄藏敦煌文献〉中的黑城文书考证及相关问题的讨论》，《敦煌学》第 24 辑，2003；

2. 乜小红、陈国灿：《黑水城所出西夏至元的几件契约研究》，《"黑水城文献研究回顾与展望学术研讨会"论文集》，石家庄，2009；

3. 乜小红：《俄藏敦煌契约文书研究》，上海古籍出版社，2009。

4. 李华瑞：《西夏社会文书补释》，《西夏学》第八辑，上海古籍出版社，2011。

5. 杜建录、史金波：《西夏社会文书研究》，上海古籍出版社，2010。

录文标点：

1. 光定十二年正月廿日①立文字人李春狗、刘

2. 番家等，今于王元受处扑到面北烧饼房

---

① "廿日"，乜小红、陈国灿文作"廿一日"，现据图版改。

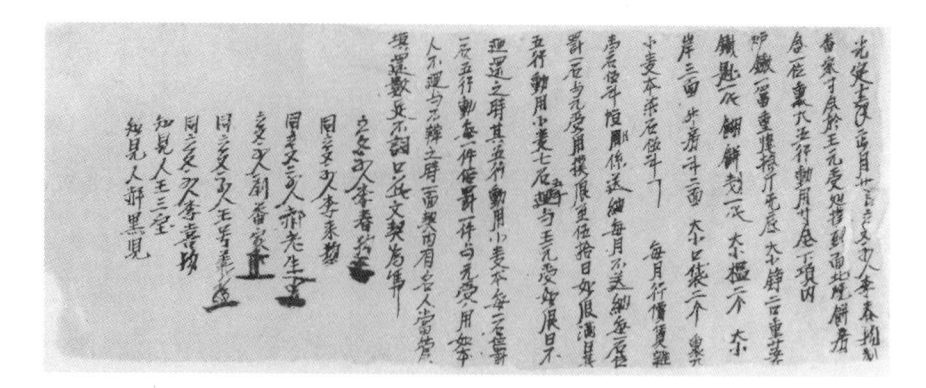

(图片引自《俄藏敦煌文献》第17册第310页)

3. 舍一位，里九①五行动用等全，下项内：

4. 炉镬一富②，重肆拾斤；无底大小铮二口，重廿五斤；

5. 铁匙一张③；糊饼划一张；大小槛④二个；大小

6. 岸⑤三面；升⑥房斗二面；大小口袋二个，里九

7. 小麦本柒石伍斗。┐ 每月行价赁杂

8. 壹石伍斗，恒月⑦系送⑧纳。每月不送纳，每一石 倍 ⑨

9. 罚一石与元受用。扑限至伍拾日。如限满日，其

10. 五行动用、小麦七石五斗⑩，回与王元受。如限日不

11. 回还之时，其五行动用、小麦本每⑪一石位罚⑫

---

① "里九"，据乜小红、陈国灿文应为"里就"，下同，不再另作说明。
② "富"，据金滢坤文及乜小红、陈国灿文应为"副"。
③ "张"，金滢坤文作"串"，乜小红、陈国灿文作"张"，据图版应为"张"，下同，不再另作说明。
④ "槛"，金滢坤文作"栏"，现据图版改。
⑤ "岸"，据乜小红、陈国灿文应为"案"。
⑥ "升"，金滢坤文作"外"，现据图版改。
⑦ "月"字原误，涂抹后于另行改写，现径改。
⑧ "送"，金滢坤文漏录，现据图版补。
⑨ " 倍 "，金滢坤文作"位"，乜小红、陈国灿文作"倍"，据图版应为"倍"字残痕。
⑩ "五斗"两字为另行补入，现径改。
⑪ "每"，金滢坤文漏录，现据图版补。
⑫ "位罚"，金滢坤文作"位计"，乜小红、陈国灿文作"倍罚"。据第11行来看，文书中"位"字书写应误，应为"倍"。

12. 一石；五行动每一件倍罚一件与元受用。如本
13. 人不回与不办①之时，一面契内有名人，当管
14. 填还数足，不词。只此文契为凭。
15. 　　　　立文字人李春狗（签押）
16. 　　　　同立文字人李来狗（签押）
17. 　　　　同立文字人郝老生（签押）
18. 　　　　立文字人刘番家（签押）
19. 　　　　同立文字人王号义（签押）
20. 　　　　同立文字人李喜狗
21. 　　　　知见人王三宝
22. 　　　　知见人郝黑儿

二　西夏刻本《具注历》残片

题解：

本件文书俄藏编号ДХ19001，收于《俄藏敦煌文献》第17册第313页，无拟题。《俄藏黑水城文献》未收录。本件文书为一《具注历》残片，荣新江指出从内容和性质来看，其应属于黑水城文书。按，本件文书格式内容与《俄藏黑水城文献》第6册所收的ИНВ. No. 5229、ИНВ. No. 5285、ИНВ. No. 5306、ИНВ. No. 5469等几件西夏《具注历》残片均多相同之处，且其中"明"字缺笔也同，应为避西夏太宗李德明讳，也可证其应出自黑水城。本文书拟题即依《俄藏黑水城文献》所收西夏《具注历》所拟。

参考文献：

荣新江：《〈俄藏敦煌文献〉中的黑水城文献》，收于沈卫荣等主编《黑水城人文与环境研究》，中国人民大学出版社，2007。

---

① "办"，金滢坤文作"辩"，乜小红、陈国灿文作"办"，据图版应为"办"。

录文标点：

六日戊午火满	七日己未火平	八日庚申木定	□
参	井	鬼	
往亡	上弦	沐浴	
	鸣鸠掩其羽	□史	
兵攻击祭祀神祇□ 选堤防开□□□修	天刑黑道吉 天火 九阳 至 天狱复 营葬兆□出行词讼安 盖造舍屋筑迁居□	天刚 月终 月虚 死 复日 八专朱□黑道 不宜兴发土工 作嫁娶理论讼放牧 病开仓赴任	时阴 大明① 鸣吠 金匮黄道 吉日 岁后 二合 月

三　西夏刻本《具注历》残片

题解：

本件文书俄藏编号Дx19003，收于《俄藏敦煌文献》第17册第314页，无拟题。《俄藏黑水城文献》未收录。本件文书为一《具注历》残片，荣新江指出从内容和性质来看，其应属于黑水城文书。按，本件文书格式内容与《俄藏黑水城文献》第6册所收的ИНВ. No. 5229、ИНВ. No. 5285、ИНВ. No. 5306、ИНВ. No. 5469等几件西夏《具注历》残片均多相同之处，且其中"明"字缺笔也同，应为避西夏太宗李德明讳，也可证其应出自黑

---

① "明"字原缺笔作"明"。

水城。本文书拟题即依《俄藏黑水城文献》所收西夏《具注历》所拟。

参考文献：

荣新江：《〈俄藏敦煌文献〉中的黑水城文献》，收于沈卫荣等主编《黑水城人文与环境研究》，中国人民大学出版社，2007。

录文标点：

（前缺）

		□九日辛酉木执	
		柳	
		沐浴	
□□□	□逐怨停祭祀神祇 岁德合神在□八宜	天□明①星天德黄道 吉日岁后枝德 六合	敬安 浴沐 宜安

（后缺）

四　西夏刻本《具注历》残片

题解：

本件文书俄藏编号 Дх19004，收于《俄藏敦煌文献》第 17 册第 314 页，无拟题。《俄藏黑水城文献》未收录。本件文书正背两面均有文字，正面为一《具注历》残片，背面为 1 行西夏文草书。荣新江指出从内容和性质来看，其

---

① "明"字原缺笔作"明"。

应属于黑水城文书。按，本件文书格式内容与《俄藏黑水城文献》第 6 册所收的 ИНВ. No. 5229、ИНВ. No. 5285、ИНВ. No. 5306、ИНВ. No. 5469 等几件西夏《具注历》残片均多相同之处，且其中"明"字缺笔也同，应为避西夏太宗李德明讳，也可证其应出自黑水城。本文书拟题即依《俄藏黑水城文献》所收西夏《具注历》所拟。

参考文献：

荣新江：《〈俄藏敦煌文献〉中的黑水城文献》，收于沈卫荣等主编《黑水城人文与环境研究》，中国人民大学出版社，2007。

录文标点：

正：

（前缺）

日 □ 德	神 明① 吉期星	□ □ 城 厌 王 时 墓 池 对 府	□
日出卯初四刻	夜五十刻　昼五十刻		
在	人内神　在血□	人手神　在	□□

（后缺）

背：（略）

五　西夏刻本《具注历》残片

题解：

本件文书俄藏编号 ДX19005 号文书正面所书，俄藏编号 ДX19005R，收于

---

① "明"字原缺笔作"眀"。

《俄藏敦煌文献》第 17 册第 315 页，无拟题。《俄藏黑水城文献》未收录。ДX19005 号文书正背两面均有文字，正面为一《具注历》残片，背面为 3 个西夏文草书。荣新江指出从内容和性质来看，其应属于黑水城文书。按，本件文书格式内容与《俄藏黑水城文献》第 6 册所收的 ИНВ. No.5229、ИНВ. No.5285、ИНВ. No.5306、ИНВ. No.5469 等几件西夏《具注历》残片均多相同之处，也可证其应出自黑水城。本文书拟题即依《俄藏黑水城文献》所收西夏《具注历》所拟。

参考文献：

荣新江：《〈俄藏敦煌文献〉中的黑水城文献》，收于沈卫荣等主编《黑水城人文与环境研究》，中国人民大学出版社，2007。

录文标点：

正：

（前缺）

□□□星	□□不黄时 学艮将道阳	鼓盖大九 铸造时空	□□伏 举罪	□有七天 □修释圣 盖放	坤乾刻 □□后 前巳□暗 前前□ □坤 □
				夜昼 四五 十十 九一	
人在血 神 支	人 在 腰 神	人 在 股 神 内	人 在 □ 神	大 人 在 指 神 足	

（后缺）

六　西夏乾祐廿四年（1193）文书残片

题解：

本件文书俄藏编号 ДX19043，收于《俄藏敦煌文献》第 17 册第 324 页，

无拟题。《俄藏黑水城文献》未收录。本件文书首尾残缺，下缺，仅存 4 行，其中第 2 行的起首有一残印。金滢坤指出"乾祐廿四年"为西夏仁宗年号及纪年，即公元 1193 年，故其为西夏文书，应出自黑水城，据文意可拟题为"西夏乾祐廿四年（1193）判文"。

参考文献：

金滢坤：《〈俄藏敦煌文献〉中的黑城文书考证及相关问题的讨论》，《敦煌学》第 24 辑，2003。

录文标点：

1. 乾祐廿四年☐

2. （印章）己☐

3. 冰☐

4. 连①☐

（后缺）

七　西夏直多昌磨彩借钱契残片

题解：

本件文书俄藏编号 ДX19076R，为 ДX19076 号文书正面所书，收于《俄藏敦煌文献》第 17 册第 336 页，无拟题。《俄藏黑水城文献》未收录。文书正面文字残存 12 行，为一契约。乜小红、陈国灿指出本件文书背面为 5 行西夏文草书，故此正面应为一西夏契约，应出自黑水城。金滢坤将本件文书中之西夏人名误认为蒙古人名，疑其为元代文书，并拟题为《元代便物契》。

参考文献：

1. 金滢坤：《〈俄藏敦煌文献〉中的黑城文书考证及相关问题的讨论》，《敦煌学》第 24 辑，2003；

---

① "连"字字体较大，金滢坤文认为其应为大字判文。

《俄藏敦煌文献》所收西夏汉文文献 | 93

2. 乜小红、陈国灿：《黑水城所出西夏至元的几件契约研究》，《"黑水城文献研究回顾与展望学术研讨会"论文集》，石家庄，2009。

录文标点：

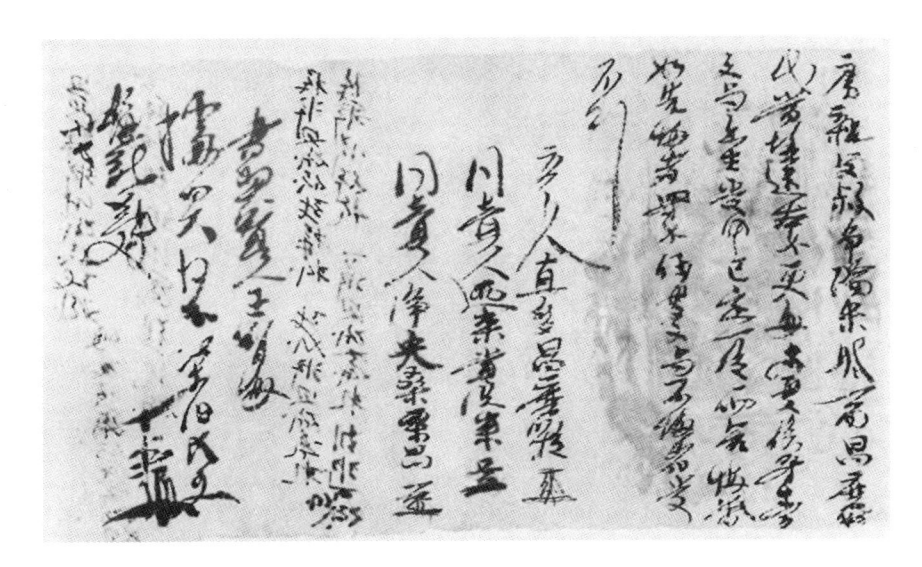

（图片引自《俄藏敦煌文献》第 17 册第 336 页）

正：

（前缺）

1. 房①亲及叔争隃采 时 ②，一面③昌磨彩

2. 代赏，培送本钱，更无本贯④，后寻出钱⑤

3. 交与钱主受用，已定一后⑥，仰无悔番。⑦

---

① "房"，金滢坤文作"磨"，现据图版改。
② "隃采 时 "，乜小红、陈国灿文作"论米登"，金滢坤文作"论采些"，现据图版改。
③ "一面"，金滢坤文及乜小红、陈国灿文均作"多"，现据图版改。
④ "贯"，乜小红、陈国灿文作"要"，现据图版改。
⑤ 本行文字金滢坤文作"代黄格还本□更每壹百文后，为壹"，现据图版改。
⑥ "后"，乜小红、陈国灿文作"信"，金滢坤文作"后"，据图版应为"后"。据文意推断，"一后"应为"以后"。
⑦ 本行文字金滢坤文作"文与利生当月。已定一后，不须番悔"，现据图版改。

4. 如先悔者，罚钱伍贯文与不悔者受，①
5. 不词。②
6. 　　　　立文人直多昌磨彩（签押）
7. 　　　　同责人乃③来赏没来（签押）
8. 　　　　同责人净央桑栗昌（签押）
9. 　书契知见人王智 多 ④
10. 　据契收钱柒佰陆文⑤
11. 　梅托处　　（签押）⑥
12. 　　　廿七日

（后缺）

背：

5行西夏文字，录文略。

---

① 本行文字金滢坤文作"若先悔者，罚伍百文，与不悔者受"，现据图版改。
② "不词"，金滢坤文作一符号，认为此符号表示契约正文到此为止，现据图版改。
③ "乃"，金滢坤文作"延"，现据图版改。
④ 本行文字金滢坤文作"书契（凭）人王（宝）富"，现据图版改。
⑤ 本行文字金滢坤文作"据契收□柒佰□文"，现据图版改。
⑥ 本行文字金滢坤文作"□□□　　王通"，现据图版改。

《英藏黑水城文献》所收西夏汉文文献

第1册

一 西夏刻本《具注历》残片

题解：

本件文书英藏编号 Or. 12380—0395a（K. K. Ⅱ. 0285. www），收于《英藏黑水城文献》第 1 册第 153 页，编者拟题为《汉文历书》，第 5 册《叙录》仅标注拟题。按，文书共四件残片，格式内容与《俄藏黑水城文献》第 6 册所收的 ИНВ. No. 5229、ИНВ. No. 5285、ИНВ. No. 5306、ИНВ. No. 5469 等几件西夏《具注历》残片均多相同之处，且其中"明"字缺笔也同，应为避西夏太宗李德明讳，故其应为西夏《具注历》残片。

录文标点：

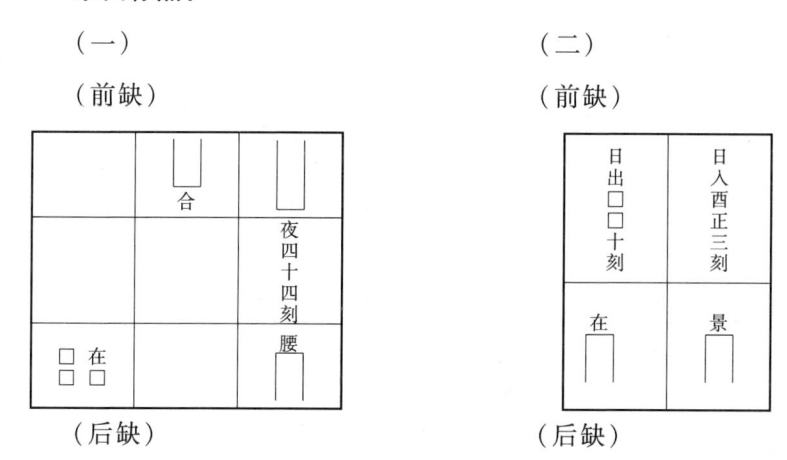

（一）

（前缺）

	合	夜四十四刻
	□在	腰

（后缺）

（二）

（前缺）

日出□□十刻	日入酉正三刻
在	景

（后缺）

（三）

（前缺）

（后缺）

（四）

（前缺）

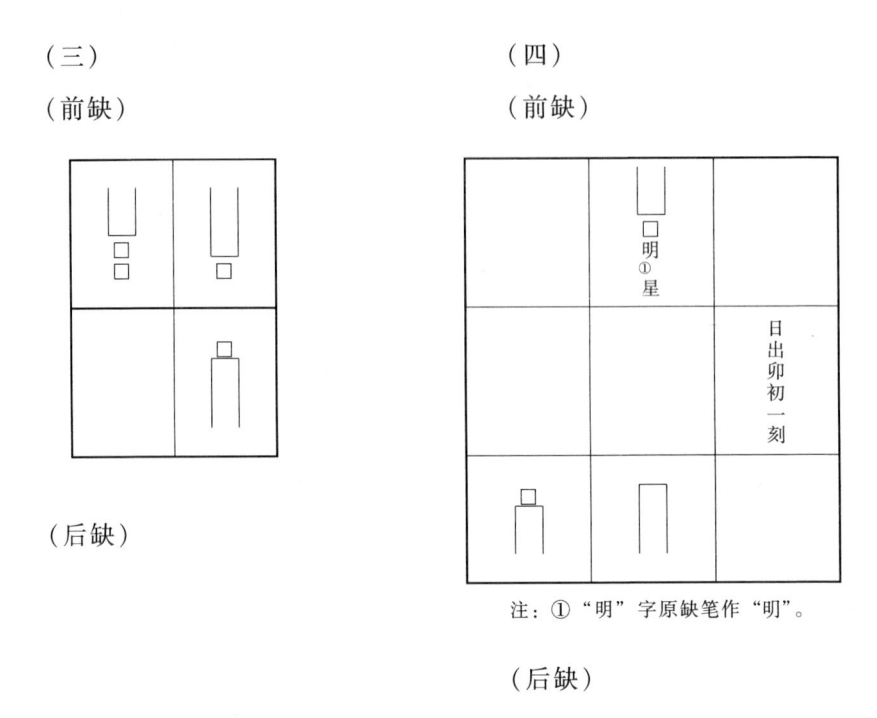

注：①"明"字原缺笔作"明"。

（后缺）

二 西夏刻本《具注历》残片

题解：

本件文书英藏编号 Or. 12380—0488（K. K.），收于《英藏黑水城文献》第1册第177页，编者拟题为《汉文文献》，并于第5册《叙录》指出：写本（汉文），1纸，残片。按，文书格式内容与《俄藏黑水城文献》第6册所收的 ИНВ. No. 5229、ИНВ. No. 5285、ИНВ. No. 5306、ИНВ. No. 5469 等几件西夏《具注历》残片均多相同之处，故其应为西夏《具注历》残片。

录文标点：

（前缺）

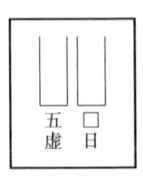

（后缺）

第 3 册

一 西夏天庆年间裴松寿处典糜麦契约残片

题解：

本件文书英藏编号 Or.12380—2731（K.K.），收于《英藏黑水城文献》第 3 册第 210 页，编者拟题为《汉文天庆十一年契约》，并于第 5 册《叙录》指出：天庆十一年契约，尺寸为 85×40，1 纸，残片，写本，墨色浅。按，本件文书与本书第 3 册第 210 页 Or.12380—2732（K.K.）、第 211 页 Or.12380—2733（K.K.）、Or.12380—2734（K.K.），第 5 册第 87 页 Or.12380—3771.a.1（K.K.Ⅱ.0232.ee）、Or.12380—3771.2（K.K.Ⅱ.0232.ee），第 88 页 Or.12380—3771.3（K.K.Ⅱ.0232.ee）、Or.12380—3771.4（K.K.Ⅱ.0232.ee）及《斯坦因第三次中亚考古所获汉文文献（非佛经部分）》第 1 册第 197~200 页 Or.8212/727（K.K.II.0253[a]）、第 200~205 页 Or.8212/728（K.K.II.0270xx.i）、俄藏黑水城文献 TK16《金刚般若波罗蜜经》（《俄藏黑水城文献》第 1 册第 335~336 页）及 TK49《金刚般若波罗蜜经》（《俄藏黑水城文献》第 2 册第 37~38 页）背部汉文裱纸属同组文书。文书现存文字 2 行，前后均缺。

参考文献：

1. 陈静：《黑水城所出〈天庆年间裴松寿处典麦契〉考释》，《文物春秋》2008 年第 6 期；

2. 陈国灿：《西夏天庆间典当残契的复原》，《中国史研究》1980 年第 1 期；

3. 陈炳应：《西夏文物研究》，宁夏人民出版社，1985，第 283 页；

4. 赵彦龙：《西夏时期的契约档案》，《西北民族研究》2001 年第 4 期。

5. 杜建录、史金波：《西夏社会文书研究》，上海古籍出版社，2010。

录文标点：

（前缺）

1. ☐☐☐☐石，加三利☐☐☐☐
2. ☐☐☐☐八月初一日☐裴寿☐☐

（后缺）

二　西夏天庆十一年（1204）裴松寿处典糜麦契约残片

题解：

本件文书英藏编号 Or. 12380—2732（K. K.），收于《英藏黑水城文献》第 3 册第 210 页，编者拟题为《汉文天庆十一年契约》，并于第 5 册《叙录》指出：天庆十一年契约，尺寸为 90×90，1 纸，残片，写本，有朱笔批点，墨色浅。按，本件文书与本书第 3 册第 210 页 Or. 12380—2731（K. K.），第 211 页 Or. 12380—2733（K. K.）、Or. 12380—2734（K. K.），第 5 册 87 页 Or. 12380—3771. a. 1（K. K. Ⅱ. 0232. ee）、Or. 12380—3771. 2（K. K. Ⅱ. 0232. ee），第 88 页 Or. 12380—3771. 3（K. K. Ⅱ. 0232. ee）、Or. 12380—3771. 4（K. K. Ⅱ. 0232. ee）及《斯坦因第三次中亚考古所获汉文文献（非佛经部分）》第 1 册第 197~200 页 Or. 8212/727K. K. II. 0253（a），收于第 1 册第 200~205 页 Or. 8212/728K. K. II. 0270xx. i、俄藏黑水城文献 TK16《金刚般若波罗蜜经》（《俄藏黑水城文献》第 1 册第 335~336 页）及 TK49《金刚般若波罗蜜经》（《俄藏黑水城文献》第 2 册第 37~38 页）背部汉文裱纸属同组文书。文书现存文字 5 行，前后均缺。

参考文献：

1. 陈静：《黑水城所出〈天庆年间裴松寿处典麦契〉考释》，《文物春秋》2008 年第 6 期；
2. 陈国灿：《西夏天庆间典当残契的复原》，《中国史研究》1980 年第 1 期；
3. 陈炳应：《西夏文物研究》，宁夏人民出版社，1985，第 283 页；
4. 赵彦龙：《西夏时期的契约档案》，《西北民族研究》2001 年第 4 期。
5. 杜建录、史金波：《西夏社会文书研究》，上海古籍出版社，2010。

录文标点：

（前缺）

1. ☐☐☐☐天庆十一年☐☐☐☐☐☐☐
2. ☐☐☐☐自己旧☐☐☐☐☐☐☐☐
3. ☐☐☐☐一石☐斗加五利☐☐☐☐☐
4. ☐☐☐☐☐☐刘氏☐☐☐☐☐☐
5. ☐☐☐☐☐字人张屈栗（签押）

（后缺）

三　西夏天庆年间裴松寿处典糜麦契约残片

题解：

本件文书英藏编号 Or.12380—2733（K.K.），收于《英藏黑水城文献》第 3 册第 211 页，编者拟题为《汉文天庆十一年契约》，并于第 5 册《叙录》指出：天庆十一年契约，尺寸为 98×55，1 纸，残片，写本，墨色浅。按，本件文书与本书第 3 册第 210 页 Or.12380—2731（K.K.）、Or.12380—2732（K.K.），第 211 页 Or.12380—2734（K.K.），第 5 册第 87 页 Or.12380—3771.a.1（K.K.Ⅱ.0232.ee）、Or.12380—3771.2（K.K.Ⅱ.0232.ee），第 88 页 Or.12380—3771.3（K.K.Ⅱ.0232.ee）、Or.12380—3771.4（K.K.Ⅱ.0232.ee）及《斯坦因第三次中亚考古所获汉文文献（非佛经部分）》第 1 册第 197~200 页 Or.8212/727（K.K.II.0253 [a]）、第 200~205 页 Or.8212/728（K.K.II.0270xx.i）、俄藏黑水城文献 TK16《金刚般若波罗蜜经》（《俄藏黑水城文献》第 1 册第 335~336 页）及 TK49《金刚般若波罗蜜经》（《俄藏黑水城文献》第 2 册第 37~38 页）背部汉文裱纸属同组文书。文书现存文字 1 行，前后均缺。

参考文献：

1. 陈静：《黑水城所出〈天庆年间裴松寿处典麦契〉考释》，《文物春秋》2008 年第 6 期；

2. 陈国灿：《西夏天庆间典当残契的复原》，《中国史研究》1980 年第 1 期；

3. 陈炳应：《西夏文物研究》，宁夏人民出版社，1985，第 283 页；

4. 赵彦龙：《西夏时期的契约档案》，《西北民族研究》2001 年第 4 期。

5. 杜建录、史金波：《西夏社会文书研究》，上海古籍出版社，2010。

录文标点：

（前缺）

1. ☐☐☐☐ 人康嵬兀嵬（签押）

（后缺）

四　西夏天庆年间裴松寿处典糜麦契约残片

题解：

本件文书英藏编号 Or. 12380—2734（K. K.），收于《英藏黑水城文献》第 3 册第 211 页，编者拟题为《汉文天庆十一年契约》，并于第 5 册《叙录》指出：天庆十一年契约，尺寸为 75×65，1 纸，残片，写本，纸质薄，墨色浅。按，本件文书与本书第 3 册第 210 页 Or. 12380—2731（K. K.）、Or. 12380—2732（K. K.），第 211 页 Or. 12380—2733（K. K.），第 5 册第 87 页 Or. 12380—3771. a. 1（K. K. Ⅱ. 0232. ee）、Or. 12380—3771. 2（K. K. Ⅱ. 0232. ee），第 88 页 Or. 12380—3771. 3（K. K. Ⅱ. 0232. ee）、Or. 12380—3771. 4（K. K. Ⅱ. 0232. ee）及《斯坦因第三次中亚考古所获汉文文献（非佛经部分）》第 1 册第 197~200 页 Or. 8212/727（K. K. II. 0253 [a]），第 200~205 页 Or. 8212/728（K. K. II. 0270xx. i）、俄藏黑水城文献 TK16《金刚般若波罗蜜经》（《俄藏黑水城文献》第 1 册第 335~336 页）及 TK49《金刚般若波罗蜜经》（《俄藏黑水城文献》第 2 册第 37~38 页）背部汉文裱纸属同组文书。文书现存文字 4 行，前后均缺。

参考文献：

1. 陈静：《黑水城所出〈天庆年间裴松寿处典麦契〉考释》，《文物春秋》2008 年第 6 期；

2. 陈国灿：《西夏天庆间典当残契的复原》，《中国史研究》1980 年第 1 期；

3. 陈炳应：《西夏文物研究》，宁夏人民出版社，1985，第 283 页；

4. 赵彦龙：《西夏时期的契约档案》，《西北民族研究》2001 年第 4 期。

5. 杜建录、史金波：《西夏社会文书研究》，上海古籍出版社，2010。

录文标点：

（前缺）

1. ☐☐☐☐☐☐令曩☐☐☐

2. ☐☐☐☐☐大麦一石，糜☐☐

3. ☐☐☐☐□三石七斗五升，☐日☐☐

4. ☐☐☐☐□待夜出卖☐☐☐

（后缺）

第 4 册

一　西夏马匹草料帐簿残片（一）

题解：

本件文书英藏编号 Or. 12380—3178（a、b、c）（K. K.），收于《英藏黑水城文献》第 4 册第 33～34 页，编者拟题为《汉文马匹草料账册》，并于第 5 册《叙录》指出：马匹草料账册（汉文），尺寸为 290×125，多纸，残片，写本，纸质薄，有污渍，有朱笔批点，多层重叠，有云：部署下马贰匹内一匹拾分。文书共五件残片，分为三组，编序 a、b、c，其中 a 组一件残片，b、c 组各二件残片。按，本件文书与《英藏黑水城文献》第 4 册第 34 页 Or. 12380—3179（K. K.）号文书内容相关，应为同组文书残片。杜建录指出本组文书应为西夏社会文书，它佐证了《天盛律令》中关于给公务人员提供粮饷草料的规定。

参考文献：

1. 杜建录：《英藏黑水城马匹草料文书考释》，《宁夏社会科学》2009 年第 5 期。

2. 杜建录、史金波：《西夏社会文书研究》，上海古籍出版社，2010。

录文标点：

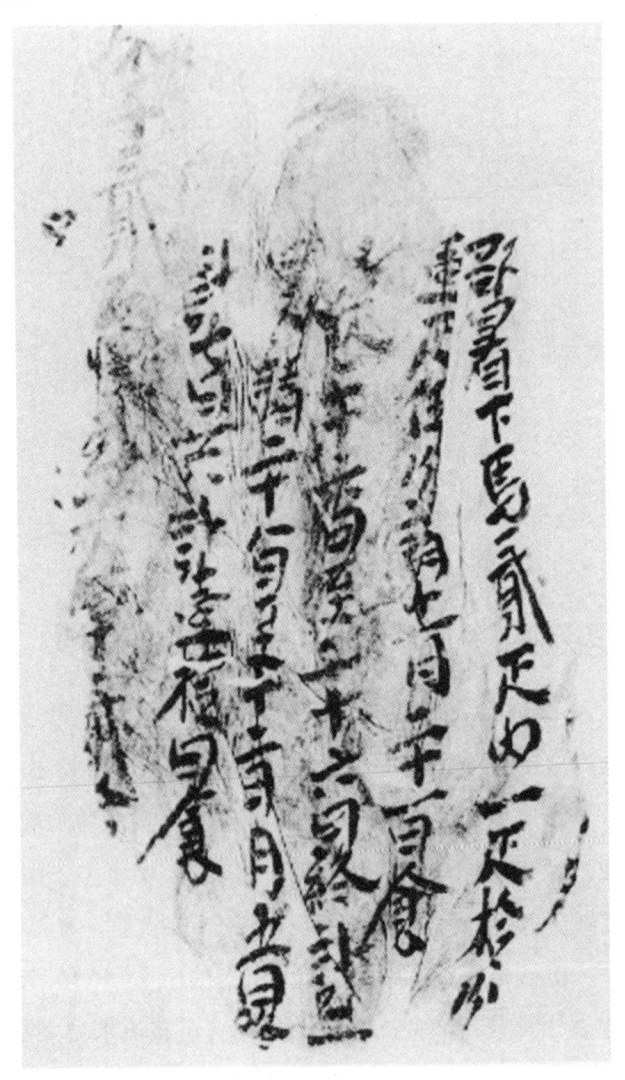

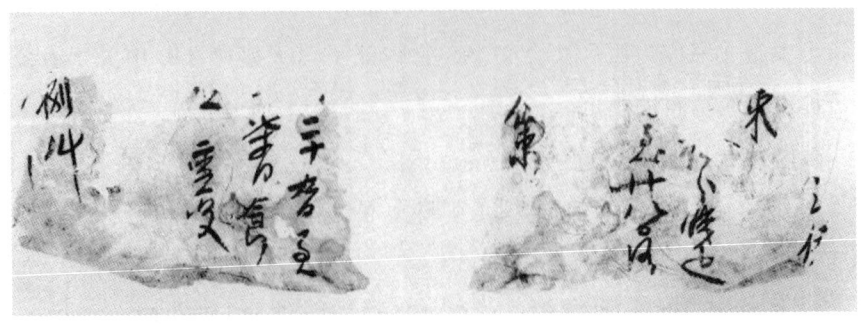

《英藏黑水城文献》所收西夏汉文文献 | 103

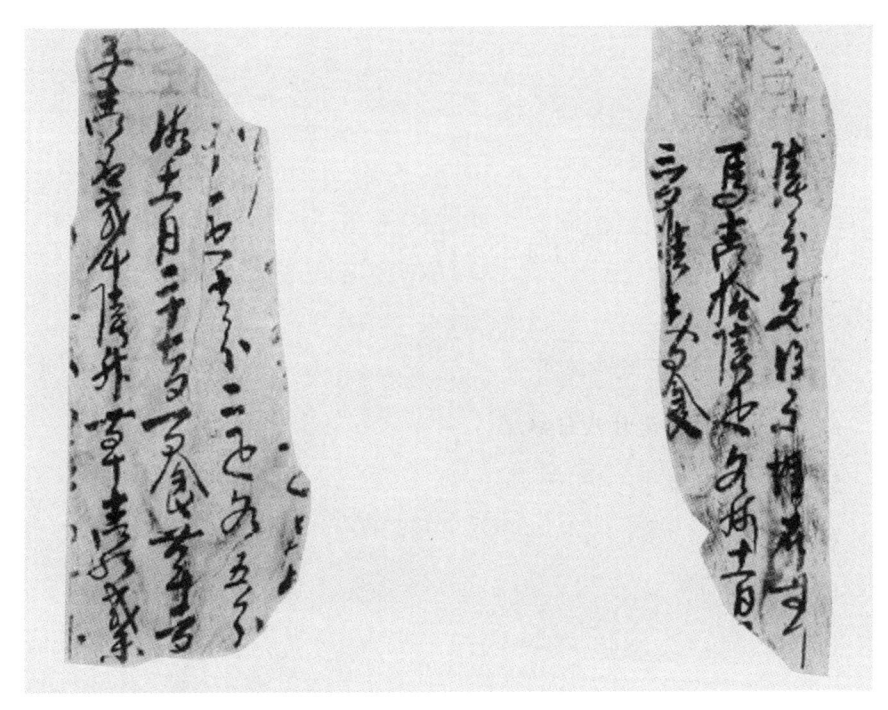

（图片引自《英藏黑水城文献》第 4 册第 33~34 页）

（一）a

（前缺）

1.　　部暑①下马贰匹，内一匹拾分，
2.　　壹②匹伍分：请③十一月二十，一日食；
3.　　从二十六日至二十六日终，计二④
4.　　日⑤；请二十八日至十二月五日终，
5.　　计七日，共计壹⑥拾日食。
6. 糜子贰石□斗贰升，草贰□▢▢▢▢⑦

---

① 杜建录文指出"暑"字应为"署"。
② "壹"，杜建录文作"□一"，现据图版改。
③ "请"，杜建录文未释读，现据图版补。
④ "二"，杜建录文作"一"，现据图版改。
⑤ "日"，杜建录文未释读，现据图版补。
⑥ "壹"，杜建录文未释读，现据图版补。
⑦ 此行文字杜建录文仅释读一"石"字，现据图版补。

（后缺）

（二）b

(1)

（前缺）

1. ▭▭▭
2. ▭束
3. ▭▭分①肆匹
4. ▭至廿八日终
5. ▭▭束

（后缺）

(2)

（前缺）

1. ▭二十九日至
2. ▭柒日　食
3. ▭▭重殴②
4. ▭捌斗

（后缺）

（三）c

(1)（前缺）

1. 陆分，支▭▭▭在③等下④

2. 马壹拾陆匹，各请⑤十一月⑥▭

---

① "分"，杜建录文未释读，现据图版补。
② 此行文字杜建录文漏录，现据图版补。
③ "在"，杜建录文未释读，现据图版补。
④ "等下"，杜建录文作"草"，现据图版改。
⑤ "请"，杜建录文作"支"，现据图版改。
⑥ "月"，杜建录文作"日"，现据图版改。

3. 三日，准 壹①日食。

（后缺）

（2）（前缺）

1. ▭▭▭▭▭▭▭▭▭▭▭▯▯▯▯▯②

2. 　　　▯一匹十分，二匹各五分，

3. 　　　请③十一月二十七日一日食，共计④二日。

4. ▯⑤子壹石贰斗陆升，草壹拾贰束。

5. ▭▭▭▭▭▭▭▭▭▭▭▭▭▭▭

（后缺）

二　西夏马匹草料帐簿残片（二）

题解：

本组文书共六件残片，英藏编号 Or. 12380—3179（K. K.），收于《英藏黑水城文献》第 4 册第 34 页，编者拟题为《汉文马匹草料账册》，并于第 5 册《叙录》指出：马匹草料账册（汉文），尺寸为 110×255，多纸，残片，写本，纸质薄，有污渍，有朱笔批点，多层重叠。文书共六件残片。按，本件文书与《英藏黑水城文献》第 4 册第 33~34 页 Or. 12380—3178（a、b、c）（K. K.）号文书内容相关，应为同组文书残片。杜建录指出本组文书应为西夏社会文书，它佐证了《天盛律令》中关于给公务人员提供粮饷草料的规定。

参考文献：

1. 杜建录：《英藏黑水城马匹草料文书考释》，《宁夏社会科学》2009 年第 5 期。

---

① "壹"，杜建录文作"二十"，现据图版改。
② 此行文字杜建录文未标注，现据图版补。
③ "请"，杜建录文疑为"于"，现据图版改。
④ "共计"，杜建录录文作"草"，现据图版改。
⑤ 此处缺文杜建录文未标注，现据图版补。据文意推断此处所缺文字应为"糜"。

2. 杜建录、史金波：《西夏社会文书研究》，上海古籍出版社，2010。

录文标点：

（图片引自《英藏黑水城文献》第 4 册第 34 页）

（一）

（前缺）

1. ☐☐☐☐☐☐☐壹拾☐☐

2. ☐保万通等下马壹拾贰

3. 匹，内叁匹草料十分，玖匹

4. 各草料五分，从十二月四日至

5. 五日，计准二日食。

6. 糜子贰斗，草贰束，支☐☐☐

7. ☐☐马三匹☐☐☐☐

（后缺）

（二）

（前缺）

1. ☐☐☐☐☐斗☐升①，草捌束☐☐☐

2. ☐☐☐☐等下②马壹拾☐☐☐

---

① "斗☐升"，杜建录文未释读，现据图版补。
② "等下"，杜建录文作"草☐"，现据图版改。

《英藏黑水城文献》所收西夏汉文文献 | 107

3. ☐ 草料拾分①，肆匹各 ☐

4. ☐ 二月四日，壹日食。

（后缺）

（三）

（前缺）

1. ☐

2. 至二十四②日终，计☐日③ ☐

3. 请至十二月三日请 ☐

（后缺）

（四）

（前缺）

1. ☐ ☐

2. 师翁 ☐

3. ☐ ☐ ④

（后缺）

（五）

（前缺）

1. 　二十六日至十二月⑤四 ☐

2. 　八日，共计⑥玖日食。

3. 　一匹草料拾分，

4. 　二匹草料伍分，

---

① "分"，杜建录文漏录，现据图版补。
② "四"，杜建录文漏录，现据图版补。
③ "终计☐日"，杜建录文未释读，现据图版补。
④ 此残片杜建录文未释读，现据图版补。
⑤ "月"，杜建录文作"日"，现据图版改。
⑥ "共计"，杜建录文作"草"，现据图版改。

5. 糜子玖斗捌升①，草玖束☐

6. 　　医交张崇并☐☐②

（后缺）

（六）

（前缺）

1. ☐移③下马叁匹，

2. ☐☐娘④子下壹拾匹，

3. 西蕃业示嘿⑤八马壹拾陆⑥匹，

4. 左移泥巾腻马伍匹，

5. 军主⑦讹藏崀崀⑧下壹拾壹匹，

6. 伽泥都工舍⑨马壹匹，

（后缺）

三　西夏南边榷场使申银牌安排官状为刘屎块等博买货物扭算收税事

题解：

本件文书英藏编号 Or12380-3638b（K.K.Ⅱ.0253.bb.ⅱ），收于《英藏黑水城文献》第 4 册第 295 页，编者拟题为《汉文绢褐姜等收支历》，并于第 5 册《叙录》指出：绢褐姜等收支历（汉文），尺寸为 155×80，1 纸，残片，写本，纸色深。许会玲指出本件文书与《俄藏黑水城文献》中西夏

---

① "捌升"，杜建录文未释读，现据图版补。
② 此行文字杜建录文漏录，现据图版补。
③ "移"，杜建录文未释读，现据图版补。
④ "娘"，杜建录文未释读，现据图版补。
⑤ "蕃业示嘿"，杜建录文作"☐☐示啰"，现据图版改。
⑥ "陆"，杜建录文作"肆"，现据图版改。
⑦ "主"，杜建录文作"王"，现据图版改。
⑧ 文书中第二个"崀"为省文符号，杜建录文作"名"，现据图版改。
⑨ "工☐"，杜建录文作一缺字符号，现据图版改。

榷场使文书属于同组文书。按，《俄藏黑水城文献》中有十五件文书属于西夏南边榷场使文书或与南边榷场使文书有关，佐藤贵保曾对南边榷场使文书书式进行过复原，根据这个书式可以确定这些文书是西夏南边榷场使呈报给银牌安排官（或称银牌安排官所）的申状，内容是报告榷场对博买货物扭算收税的情况，本件定名即依此书式和性质确定。

参考文献：

1.〔日〕佐藤贵保：《ロシア蔵カラホト出土西夏文〈大方広仏華厳経〉経帙文書の研究——西夏榷場使関連漢文文書群を中心に》，《東トルキスタン出土"胡語文書"の調査》，2006；

2. 杨富学、陈爱峰：《黑水城出土夏金榷场贸易文书研究》，《中国史研究》2009年第2期；

3. 许会玲：《黑水城所出17件西夏榷场文书考释》，河北师范大学硕士学位论文，2009；

4. 赵天英、杨富学：《从朝贡和榷场贸易看西夏物产》，《西北民族大学学报》（哲学社会科学版）2009年第4期；

5. 杜建录：《黑城出土西夏榷场文书考释》，《中国经济史研究》2010年第1期。

6. 杜建录、史金波：《西夏社会文书研究》，上海古籍出版社，2010。

7. 李华瑞：《西夏社会文书补释》，《西夏学》第八辑，上海古籍出版社，2011。

录文标点：

（前缺）

1. ☐☐☐刘屎块☐☐☐☐☐☐
2. ☐☐☐等元带褐段、毛☐☐☐
3. ☐☐☐会为印讫，仍将☐☐☐
4. ☐☐☐☐去，伏乞照会，作何☐
5. ☐☐☐

6. 〔　〕段，白褐贰段，博买川〔　〕

7. 〔　〕捌分，准河北绢壹匹柒〔　〕

8. 〔　〕茶壹拾肆斤，计肆匹柒〔　〕

9. 〔　〕姜贰拾柒斤，计伍匹〔　〕

10. 〔　〕皂中纱伍匹〔　〕

（后缺）

四　西夏南边榷场使申银牌安排官状为某府住户博买货物扭算收税事

题解：

本件文书英藏编号 Or12380－3673Ⅴ（K.K.Ⅱ.0258.w），收于《英藏黑水城文献》第4册第315页，编者拟题为《残片》，并于第5册《叙录》指出：Or12380－3673号文书为《华严经卷第二十一题签》，尺寸为186×68，多纸，写本，签条，封皮，背有残片，墨色浅，蓝色封皮。本文书即为背部残片。许会玲指出本件文书与《俄藏黑水城文献》中西夏榷场使文书属于同组文书。按，《俄藏黑水城文献》有十五件文书属于西夏南边榷场使文书或与南边榷场使文书有关，佐藤贵保曾对南边榷场使文书书式进行过复原，根据这个书式可以确定这些文书是西夏南边榷场使呈报给银牌安排官（或称银牌安排官所）的申状，内容是报告榷场对博买货物扭算收税的情况，本件定名即依此书式和性质确定。

参考文献：

1. 〔日〕佐藤贵保：《ロシア蔵カラホト出土西夏文〈大方広仏華厳経〉経帙文書の研究——西夏榷場使関連漢文文書群を中心に》，《東トルキスタン出土"胡語文書"の調査》，2006；

2. 杨富学、陈爱峰：《黑水城出土夏金榷场贸易文书研究》，《中国史研究》2009年第2期；

3. 许会玲：《黑水城所出17件西夏榷场文书考释》，河北师范大学硕士学位论文，2009；

4. 赵天英、杨富学：《从朝贡和榷场贸易看西夏物产》，《西北民族大学学报》（哲学社会科学版）2009年第4期；

5. 杜建录：《黑城出土西夏榷场文书考释》，《中国经济史研究》2010年第1期。

6. 杜建录、史金波：《西夏社会文书研究》，上海古籍出版社，2010。

7. 李华瑞：《西夏社会文书补释》，《西夏学》第八辑，上海古籍出版社，2011。

录文标点：

（前缺）

1. ☐边榷场使兼拘①☐

2. ☐　　　　　　申

3. ☐府 住 户 ☐

（后缺）

第 5 册

一　西夏天庆十三年（1206）裴松寿处典糜麦契约残片

题解：

本件文书英藏编号 Or. 12380—3771. a. 1（K. K. Ⅱ. 0232. ee），收于《英藏黑水城文献》第5册第87页，编者拟题为《天庆十三年裴松寿典当文契》，并于第5册《叙录》指出：天庆十三年裴松寿典当文契（汉文），尺寸为145×85，1纸，经折装，印本，5小片（其应为写本，且仅收录二件残片）。按，本件文书与本书第3册第210页 Or. 12380—2731（K. K.）、

---

① 据俄藏相关文书，此处当为"榷场使兼拘权西凉府"。

Or. 12380—2732（K. K.），第 211 页 Or. 12380—2733（K. K.）、Or. 12380—2734（K. K.），第 5 册第 87 页 Or. 12380—3771.2（K. K. Ⅱ.0232.ee），第 88 页 Or. 12380—3771.3（K. K. Ⅱ.0232.ee）、Or. 12380—3771.4（K. K. Ⅱ.0232.ee）及《斯坦因第三次中亚考古所获汉文文献（非佛经部分）》第 1 册第 197~200 页 Or. 8212/727（K. K. Ⅱ.0253 [a]），第 200~205 页 Or. 8212/728（K. K. Ⅱ.0270xx. i），俄藏黑水城文献 TK16《金刚般若波罗蜜经》（《俄藏黑水城文献》第 1 册第 335~336 页）及 TK49《金刚般若波罗蜜经》（《俄藏黑水城文献》第 2 册第 37~38 页）背部汉文裱纸属同组文书。另，第 5 册《叙录》还列出 Or. 12380—3771.b. 5 及 Or. 12380—3771.6—9 等五件文书也为天庆十三年裴松寿典当文契，但是《英藏黑水城文献》未见图版。

参考文献：

1. 陈静：《黑水城所出〈天庆年间裴松寿处典麦契〉考释》，《文物春秋》2008 年第 6 期；

2. 陈国灿：《西夏天庆间典当残契的复原》，《中国史研究》1980 年第 1 期；

3. 陈炳应：《西夏文物研究》，宁夏人民出版社，1985，第 283 页；

4. 赵彦龙：《西夏时期的契约档案》，《西北民族研究》2001 年第 4 期。

5. 杜建录、史金波：《西夏社会文书研究》，上海古籍出版社，2010。

录文标点：

（一）

（前缺）

1. ☐☐☐☐年三月初九日立文字人兀嚟遇令山今将

2. ☐☐☐☐褐一段、次银钏子一对、旧被毡一片、旧炉

3. ☐☐☐☐□鞍一具、苦蓡线二块，于裴松寿处典到

4. ☐☐☐☐☐麦一石五斗加六利，共本□□□

5. ☐☐☐☐☐☐☐当年八月一日☐☐☐

6. ☐☐☐☐☐☐☐☐☐□一任□

7. ▯▯▯▯▯▯▯▯▯▯▯▯▯▯▯▯□▯▯▯▯▯▯▯▯

(后缺)

(二)

(前缺)

1. 天庆十三年三月廿五日立文字人 兀 啰令▯▯▯▯▯▯▯▯

2. □□一十五匹于裴松寿处典到□□□石□斗，加□▯▯▯▯

(后缺)

二　西夏天庆十三年（1206）裴松寿典处典糜麦契约残片

题解：

本件文书英藏编号 Or. 12380—3771. 2（K. K. Ⅱ. 0232. ee），收于《英藏黑水城文献》第 5 册第 87 页，编者拟题为《天庆十三年裴松寿典当文契》，并于第 5 册《叙录》指出：天庆十三年裴松寿典当文契（汉文），尺寸为 145×170，2 纸（仅收录一件残片）。按，本件文书与本书第 3 册第 210 页 Or. 12380—2731（K. K.）、Or. 12380—2732（K. K.），第 211 页 Or. 12380—2733（K. K.）、Or. 12380—2734（K. K.），第 5 册第 87 页 Or. 12380—3771. a. 1（K. K. Ⅱ . 0232. ee），第 88 页 Or. 12380—3771. 3（K. K. Ⅱ. 0232. ee）、Or. 12380—3771. 4（K. K. Ⅱ. 0232. ee）及《斯坦因第三次中亚考古所获汉文文献（非佛经部分）》第 1 册第 197~200 页 Or. 8212/727（K. K. II. 0253 [a]），第 200~205 页 Or. 8212/728（K. K. II. 0270xx. i）、俄藏黑水城文献 TK16《金刚般若波罗蜜经》（《俄藏黑水城文献》第 1 册第 335~336 页）及 TK49《金刚般若波罗蜜经》（《俄藏黑水城文献》第 2 册第 37~38 页）背部汉文裱纸属同组文书。另，第 5 册《叙录》还列出 Or. 12380—3771. b. 5 及 Or. 12380—3771. 6—9 等五件文书也为天庆十三年裴松寿典当文契，但是《英藏黑水城文献》未见图版。

参考文献：

1. 陈静：《黑水城所出〈天庆年间裴松寿处典麦契〉考释》，《文物春秋》2008 年第 6 期；

2. 陈国灿：《西夏天庆间典当残契的复原》，《中国史研究》1980 年第 1 期；

3. 陈炳应：《西夏文物研究》，宁夏人民出版社，1985，第 283 页；

4. 赵彦龙：《西夏时期的契约档案》，《西北民族研究》2001 年第 4 期。

5. 杜建录、史金波：《西夏社会文书研究》，上海古籍出版社，2010。

录文标点：

（前缺）

1. □□①十三年三月廿日立文字人 讹□

2. 皮毡二领、旧羖羊皮禅衣一，于裴松□

3. 五斗加五利，共本利二石二斗五升。其典不□

4. 月一日将本利斛斗一并收赎。如限日不见□

5. 乐，一任出卖不词。

6. 　　立文字人讹静你无□

7. 　　书契知见人□□

8. □□三月廿日立□

9. 同立文

（后缺）

三　西夏天庆十三年（1206）裴松寿处典穄麦契约残片

题解：

本件文书英藏编号 Or. 12380—3771.3（K. K. Ⅱ . 0232. ee），收于《英藏黑水城文献》第 5 册第 88 页，编者拟题为《天庆十三年裴松寿典当文契》，并于第 5 册《叙录》指出：天庆十三年裴松寿典当文契（汉文），尺寸为 135×195，2 纸（仅收录一件残片）。按，本件文书与本书第 3 册第

---

① 据相关文书可知，此处所缺文字应为"天庆"。

210 页 Or. 12380—2731（K. K.）、Or. 12380—2732（K. K.），第 211 页 Or. 12380—2733（K. K.）、Or. 12380—2734（K. K.），第 5 册第 87 页 Or. 12380—3771. a. l（K. K. Ⅱ. 0232. ee）、Or. 12380—3771. 2（K. K. Ⅱ. 0232. ee），第 88 页 Or. 12380—3771. 4（K. K. Ⅱ. 0232. ee）及《斯坦因第三次中亚考古所获汉文文献（非佛经部分）》第 1 册第 197~200 页 Or. 8212/727（K. K. Ⅱ. 0253［a］），第 200~205 页 Or. 8212/728（K. K. Ⅱ. 0270xx. i）、俄藏黑水城文献 TK16《金刚般若波罗蜜经》（《俄藏黑水城文献》第 1 册第 335~336 页）及 TK49《金刚般若波罗蜜经》（《俄藏黑水城文献》第 2 册第 37~38 页）背部汉文裱纸属同组文书。另，第 5 册《叙录》还列出 Or. 12380—3771. b. 5 及 Or. 12380—3771. 6—9 等五件文书也为天庆十三年裴松寿典当文契，但是《英藏黑水城文献》未见图版。

参考文献：

1. 陈静：《黑水城所出〈天庆年间裴松寿处典麦契〉考释》，《文物春秋》2008 年第 6 期；

2. 陈国灿：《西夏天庆间典当残契的复原》，《中国史研究》1980 年第 1 期；

3. 陈炳应：《西夏文物研究》，宁夏人民出版社，1985，第 283 页；

4. 赵彦龙：《西夏时期的契约档案》，《西北民族研究》2001 年第 4 期。

5. 杜建录、史金波：《西夏社会文书研究》，上海古籍出版社，2010。

录文标点：

（前缺）

1. 天庆十 三年三月廿三日立文字人

2. 赞单一，长二十匹，于裴松寿处典到大 麦

3. 本利四石五斗。其典不充，限当年八月一日将

4. 一并收赎。如限日不见收赎之时，情乐一任出

5. 　　　　　　　　立文字人保内皆埋（签押）

6. 知见人苏能栗（签押）　　同典人梁遇栗栗□

7. 　　　　　　　　书契知见人李惠□□

8. 天庆十三年三月廿三日立文字人兀哆兀栗□┌──┐
9. 花单三条、旧白毡三块,于裴松寿┌──────┐
10. ┌────┐本利九石,其典┌────────┐
11. ┌────┐赎。如限┌日┐┌──────────┐

(后缺)

四 西夏天庆十三年(1206)裴松寿典典糜麦契约残片

题解：

本件文书英藏编号 Or.12380—3771.4（K.K.Ⅱ.0232.ee），收于《英藏黑水城文献》第 5 册第 88 页，编者拟题为《天庆十三年裴松寿典当文契》，并于第 5 册《叙录》指出：天庆十三年裴松寿典当文契（汉文），尺寸为 132×86，1 纸。按，本件文书与本书第 3 册第 210 页 Or.12380—2731（K.K.）、Or.12380—2732（K.K.），第 211 页 Or.12380—2733（K.K.）、Or.12380—2734（K.K.），第 5 册第 87 页 Or.12380—3771.a.1（K.K.Ⅱ.0232.ee）、Or.12380—3771.2（K.K.Ⅱ.0232.ee），第 88 页 Or.12380—3771.3（K.K.Ⅱ.0232.ee）及《斯坦因第三次中亚考古所获汉文文献（非佛经部分）》第 1 册第 197～200 页 Or.8212/727（K.K.Ⅱ.0253[a]），第 200～205 页 Or.8212/728（K.K.Ⅱ.0270xx.i）、俄藏黑水城文献 TK16《金刚般若波罗蜜经》（《俄藏黑水城文献》第 1 册第 335～336 页）及 TK49《金刚般若波罗蜜经》（《俄藏黑水城文献》第 2 册第 37～38 页）背部汉文裱纸属同组文书。另，第 5 册《叙录》还列出 Or.12380—3771.b.5 及 Or.12380—3771.6—9 等五件文书也为天庆十三年裴松寿典当文契，但是《英藏黑水城文献》未见图版。

参考文献：

1. 陈静：《黑水城所出〈天庆年间裴松寿处典麦契〉考释》，《文物春秋》2008 年第 6 期；

2. 陈国灿：《西夏天庆间典当残契的复原》，《中国史研究》1980 年第 1 期；

3. 陈炳应：《西夏文物研究》，宁夏人民出版社，1985，第 283 页；

4. 赵彦龙：《西夏时期的契约档案》，《西北民族研究》2001 年第 4 期。

5. 杜建录、史金波：《西夏社会文书研究》，上海古籍出版社，2010。

录文标点：

（前缺）

1. ☐☐☐☐☐☐☐☐加五利☐☐☐☐☐☐☐☐
2. ☐☐☐☐☐☐☐五升。其典不充，限☐☐☐☐
3. ☐☐☐一并收赎。如限日不见收☐☐☐☐
4. ☐☐不词。
5. 　　　立文字人兀歹嵬埋（签押）
6. 　　　同典人兀歹化☐☐☐（签押）

（后缺）

《斯坦因第三次中亚考古所获汉文文献（非佛经部分）》所收西夏汉文文献

第 1 册

一 西夏天庆十一年（1204）裴松寿处典糜麦契约残片

题解：

本件文书英藏编号 Or. 8212/727（K. K. Ⅱ. 0253［a］），收于《斯坦因第三次中亚考古所获汉文文献（非佛经部分）》第 1 册第 197~200 页，编者拟题为《西夏天庆十一年典麦契》。文书共六件残片，还收录于马斯伯乐《斯坦因在中亚细亚第三次探险所获中国古文书考释》第 193 页，其所记文书编号与上书同。按，本件文书与本书第 1 册第 200~205 页 Or. 8212/728（K. K. Ⅱ. 0270xx. i）及《英藏黑水城文献》第 3 册第 210 页 Or. 12380—2731（K. K.）、Or. 12380—2732（K. K.），第 211 页 Or. 12380—2733（K. K.）、Or. 12380—2734（K. K.），第 5 册第 87 页 Or. 12380—3771. a. 1（K. K. Ⅱ. 0232. ee）、Or. 12380—3771. 2（K. K. Ⅱ. 0232. ee），第 88 页 Or. 12380—3771. 3（K. K. Ⅱ. 0232. ee）、Or. 12380—3771. 4（K. K. Ⅱ. 0232. ee）、俄藏黑水城文献 TK16《金刚般若波罗蜜经》（《俄藏黑水城文献》第 1 册第 335~336 页）及 TK49《金刚般若波罗蜜经》（《俄藏黑水城文献》第 2 册第 37~38 页）背部汉文裱纸属同组文书。

参考文献：

1. 陈静：《黑水城所出〈天庆年间裴松寿处典麦契〉考释》，《文物春秋》2008 年第 6 期；

2. 陈国灿：《西夏天庆间典当残契的复原》，《中国史研究》1980 年第 1 期；

3. 陈炳应：《西夏文物研究》，宁夏人民出版社，1985，第 283 页；

4. 赵彦龙：《西夏时期的契约档案》，《西北民族研究》2001 年第 4 期。

5. 杜建录、史金波：《西夏社会文书研究》，上海古籍出版社，2010。

录文标点：

（一）

（前缺）

1. 　　　　　知见人李善□　　　　　
2. 　　　　　①初三日立文字人兀女浪栗今　　　②
3. 　　　绫袄子裘一领，于裴　处　　　　　③
4. □斗加三利，小麦五斗加四利，共本利大麦　　④
5. □斗五升。其典不充，限至来八月　　　　⑤
6. 任出卖，不词。
7. 　　　　立文字人兀女　　　⑥
8. 　　　　知见人讹静　　　

（后缺）

（二）

（前缺）

1. 　　　年⑦五月初四日立文　　　　　⑧
2. 　　　天马⑨毯一条，于裴　处　　　⑩

---

① 马斯伯乐将此处所缺文字推补为"天庆十一年五月"。
② 马斯伯乐将此处所缺文字推补为"将自己"。
③ 马斯伯乐将此处所缺文字推补为"典到大麦穈"。
④ 马斯伯乐将此处所缺文字推补为"□石"。
⑤ 马斯伯乐将此处所缺文字推补为"二十九日不赎来时一"。
⑥ 马斯伯乐将此处所缺文字推补为"浪栗（签押）"。
⑦ 马斯伯乐将此处所缺文字推补为"天庆十一"。
⑧ 马斯伯乐将此处及下行开头处所缺文字推补为"人刘折兀埋今将/自己□□"。
⑨ "天马"，马斯伯乐录文作"□易"，现据图版改。
⑩ 马斯伯乐将此处及下行开头处所缺文字推补为"典到小麦/五斗加四利共本利"。

3. ☐ 小麦七斗。其典不充，限至 ☐ ①

4. ☐ 出 卖，不词。

5. 　　　　立文字人刘折兀埋（签押）

6. 　　　　同典人来兀哩嵬（签押）

7. 　　　　知见人马能嵬

（后缺）

（三）

（前缺）

1. 天庆十一年五月五日立文字人康 ☐ ②

2. 己旧皮毡一领，于裴　处典到 ☐ ③

3. 共本利大麦九斗一④升。其典不充，限 ☐ ⑤

4. 不 赎来时，一任出卖，不词。

5. 　　　　立文字人康吃☐

6. 　　　　同典人马屈哆遏

7. ☐ ⑥立文字人夜利那征 ☐ ⑦

（后缺）

（四）

（前缺）

1. 天庆十一年五月初六日立文字人吃 ☐ ⑧

---

① 马斯伯乐将此处及下行开头处所缺文字推补为"来三/月初三日不赎来时一任"。
② 马斯伯乐将此处所缺文字推补为"吃☐今将自"。
③ 马斯伯乐将此处所缺文字推补为"大麦☐斗加三利"。
④ "一"，马斯伯乐录文未释读，现据图版补。
⑤ 马斯伯乐将此处所缺文字推补为"至来☐月☐☐☐日"。
⑥ 马斯伯乐将此处所缺文字推补为"天庆十一年五月五日"。
⑦ 马斯伯乐将此处缺文推补出"布今将自己"等字。
⑧ 马斯伯乐将此处缺文推补为"☐☐☐今"。

2. 将自己旧皮毯①一领于裴　　处☐②

3. ☐加四利，共本利大③麦四斗二升。其典不☐④

4. 月初一日不赎来时，一任出卖⑤。

5. 　　　　立文字人吃☐☐

6. 　　　　知见人张猪狗⑥（签押）

7. ☐　　　⑦日立文字人栗吟☐⑧　☐⑨

8. ☐　　　裴　　处　　　　⑩

（后缺）

（五）

（前缺）

1. 天庆十一年五月初七日立文字人夜贺尼☐⑪

2. 旧皮毯⑫一领、苦皮四张，于裴　　处典☐⑬

3. 三利，共本利大麦一石六⑭斗九⑮升。其典不☐⑯

4. 初一⑰日不赎来时，一任出卖，不词。

---

① "毯"，马斯伯乐录文作"毯"，现据图版改。
② 马斯伯乐将此处及下行开头处所缺文字推补为"典到大麦三斗五升"。
③ "大"，沙知录文作"小"，现据图版改。
④ 马斯伯乐将此处所缺文字推补为"充限至来十"。
⑤ 马斯伯乐于"卖"字后推补"不词"两字，但据图版看，此处不缺文字。
⑥ "张猪狗"，马斯伯乐录文作"武褚"，沙知录文作"张绪☐"，现据图版改。
⑦ 马斯伯乐将此处所缺文字推补为"天庆十一年五月初六"。
⑧ "栗吟☐"，沙知录文作"梁吃☐"，马斯伯乐录文作"梁折兀埋"，现据图版改。
⑨ 马斯伯乐将此处及下行开头处所缺文字推补为"今将/自己☐☐☐☐☐一条于"。
⑩ 马斯伯乐于此处推补"典到"二字。
⑪ 马斯伯乐将此处所缺文字推补为"今将自己"。
⑫ "毯"，马斯伯乐录文作"毯"，现据图版改。
⑬ 马斯伯乐将此处所缺文字推补为"到大麦一石三斗加"。
⑭ "六"原作"七"，后于右旁改写，现径改。
⑮ "九"原作"二"，后于右旁改写，现径改。
⑯ 马斯伯乐将此处所缺文字推补为"充限至来三月初"。
⑰ "初一"，马斯伯乐录文作"四"，现据图版改。

5. 　　　　立文字人夜贺尼□
6. 　　　　知见人张①屈栗（签押）
7. □_____②立文字人张③屈栗今将□　④
8. □_____处典到

（后缺）

（六）

（前缺）

1. 　　　知见□　⑤
2. □_____⑥一年五月初九日立文人□　⑦
3. □_____白帐毡一领、皮毡一领，于裴□　⑧
4. □_____三利，共本利大麦一石九斗五升。其典□　⑨
5. □_____初一⑩日不赎来时，一任出卖，不词。
6. 　　　立文人夜利那征布（签押）
7. 　　　同典人兀嗲女□□（签押）

（后缺）

二　西夏天庆十一年（1204）裴松寿处典穈麦契约残片

题解：

本件文书英藏编号 Or.8212/728（K.K.Ⅱ.0270xx.i），收于《斯坦因第

---

① "张"，马斯伯乐录文作"武"，现据图版改。
② 马斯伯乐将此处所缺文字推补为"天庆十一年五月初七日"。
③ "张"，马斯伯乐录文作"武"，现据图版改。
④ 马斯伯乐将此处及下行开头处所缺文字推补为"自己/_____于裴"。
⑤ 此行文字马斯伯乐未释录，现据图版补。
⑥ 马斯伯乐将此处所缺文字推补为"天庆十"。
⑦ 马斯伯乐将此处所缺文字推补为"夜利那征布将自己"。
⑧ 马斯伯乐将此处及下行开头处所缺文字推补为"处典到大麦一石五斗/加"。
⑨ 马斯伯乐将此处及下行开头处所缺文字推补为"不充限至来三/月"。
⑩ "一"，马斯伯乐录文作"八"，现据图版改。

三次中亚考古所获汉文文献（非佛经部分）》第 1 册第 200~205 页，编者拟题为《西夏天庆十一年典麦契》。文书共十件残片，其中残片一至九还收录于马斯伯乐《斯坦因在中亚细亚第三次探险所获中国古文书考释》第 196 页，其所记文书编号与上书同。按，本件文书与本书第 1 册第 197~200 页 Or. 8212/727（K. K. II. 0253［a］）及《英藏黑水城文献》第 3 册第 210 页 Or. 12380—2731（K. K.）、Or. 12380—2732（K. K.），第 211 页 Or. 12380—2733（K. K.）、Or. 12380—2734（K. K.），第 5 册第 87 页 Or. 12380—3771. a. 1（K. K. II. 0232. ee）、Or. 12380—3771. 2（K. K. II. 0232. ee），第 88 页 Or. 12380—3771. 3（K. K. II. 0232. ee）、Or. 12380—3771. 4（K. K. II. 0232. ee）、俄藏黑水城文献 TK16《金刚般若波罗蜜经》（《俄藏黑水城文献》第 1 册第 335~336 页）及 TK49《金刚般若波罗蜜经》（《俄藏黑水城文献》第 2 册第 37~38 页）背部汉文裱纸属同组文书。

参考文献：

）1. 陈静：《黑水城所出〈天庆年间裴松寿处典麦契〉考释》，《文物春秋》2008 年第 6 期；

2. 陈国灿：《西夏天庆间典当残契的复原》，《中国史研究》1980 年第 1 期；

3. 陈炳应：《西夏文物研究》，宁夏人民出版社，1985，第 283 页；

4. 赵彦龙：《西夏时期的契约档案》，《西北民族研究》2001 年第 4 期。

5. 杜建录、史金波：《西夏社会文书研究》，上海古籍出版社，2010。

录文标点：

（一）

（前缺）

1. ☐☐☐☐☐①一②日立文人☐☐☐

2. ☐☐☐☐□一条，旧皮毡一领，于裴③

---

① 马斯伯乐将此处所缺文字推补为"天庆十一年五月"。
② "一"，马斯伯乐录文作"二"。
③ "裴"，沙知录文未释读，现据图版补。

3. ☐☐本利二石七①斗。其 典 ☐

4. ☐☐日不见②☐

5. 　　　　立文☐

6. 　　☐☐屈（签押）③

7. 　　　书 契 ☐

（后缺）

（二）

（前缺）

1. 　　☐时， 情 ④乐一任出 卖 ☐

2. 　　　立文字人夜☐

3. 　　　同典人 夜 ☐

4. 　　　同典人☐

5. 　　　书契知见⑤☐

（后缺）

（三）

（前缺）

1. 天庆十一年 五 ☐

2. 　　☐旧⑥毯☐

3. 　　☐小麦五斗☐

4. 　　☐石。其☐

---

① "七"字书写原误，涂抹后于右行改写，现径改。
② "见"，马斯伯乐录文作"赎"，现据图版改。
③ 此行文字马斯伯乐未释读，现据图版补。
④ "情"，沙知、马斯伯乐录文均未释读，现据相关文书及图版补。
⑤ "知见"，沙知、马斯伯乐录文均作"智"，现据图版改。
⑥ "旧"，沙知、马斯伯乐录文均作"马"，现据图版改。

（后缺）

（四）

（前缺）

1. 天庆十一年五月☐

（后缺）

（五）

（前缺）

1. ☐①二日立文☐

2. ☐皮毯一、旧☐

3. ☐典到大麦四石☐

4. ☐月一日将本利☐

5. ☐乐②，一任出卖不词。

6. 　　　　立文字人☐

7. 　　　　书契知见③☐

（后缺）

（六）

（前缺）

1. 天庆十一年五月☐

2. 皮毯一领，于裴☐

3. 大麦一石三斗七☐

4. ☐出卖☐

（后缺）

---

① 马斯伯乐将此处所缺文字推补为"天庆十一年五月"。
② "乐"，马斯伯乐录文作"时"，现据图版改。
③ "知见"，沙知、马斯伯乐录文均作"智"，现据图版改。

（七）

（前缺）

1. ▯▯▯▯▯▯▯▯□限日不▯▯▯▯▯

2. ▯▯▯▯▯▯哆讹兀令文（签押）

3. ▯▯▯▯▯▯□□折兀埋

4. ▯▯▯▯▯▯▯人李①惠清（签押）②

（后缺）

（八）

（前缺）

1. 天庆十一年五月▯▯▯▯

2. 自己旧皮毯一□▯▯▯▯

（后缺）

（九）

（前缺）

1. ▯▯▯▯▯▯人糅折▯▯▯▯

2. ▯▯▯▯▯▯于裴松寿▯▯▯

3. ▯▯▯▯▯▯充，限当年▯▯

4. ▯▯▯▯▯▯收赎之时▯▯▯

5. ▯▯▯立文字人糅折▯▯▯

（后缺）

（十）

（前缺）

1. ▯▯▯□▯▯▯▯

---

① "李"，沙知录文作"唐"，现据图版改。
② 此残片第 2~4 行马斯伯乐未释录，现据图版补。

《斯坦因第三次中亚考古所获汉文文献（非佛经部分）》所收西夏汉文文献 | 127

2. ＿＿＿□□□＿＿＿

3. ＿＿＿兀①□＿＿＿

4. ＿＿＿□□□＿＿＿＿＿＿②

（后缺）

三　西夏夏汉双文文书残片

题解：

本件文书英藏编号 Or. 8212/816（K. K. II. 0255［e］［i］［ii］），收于《斯坦因第三次中亚考古所获汉文文献（非佛经部分）》第 1 册第 314 页，编者拟题为《历书？残钞》。本文书还收录于马斯伯乐《斯坦因在中亚细亚第三次探险所获中国古文书考释》第 221 页，所记文书编号与上书同。文书共二件残片，残片一现存文字 6 行，均为一行汉文下一行西夏文；残片二现存文字 12 行，前 6 行为西夏文，后 6 行一行汉文下一行西夏文。

录文标点：

（一）（i）

（前缺）

1. 冬至从十一月十二日为始，□□③日终，□□④计一十五分

　　（西夏文一行）

2. □⑤月冰□⑥下移了□别⑦□人⑧下次

　　（西夏文一行）

---

① "兀"沙知录文未释读，现据图版补。
② 此残片马斯伯乐未收录，现据图版补。
③ 此两字马斯伯乐推补为"廿六"。
④ 此两字马斯伯乐推补为"小尽"。
⑤ 此字马斯伯乐推补为"此"。
⑥ 此字沙知录文作"二日"，据图版不似，现存疑。
⑦ "别"，沙知录文未释读，现据图版补。
⑧ "人"，沙知录文作"久"，现据图版改。

（图片引自《斯坦因第三次中亚考古所获汉文文献［非佛经部分］》第 1 册第 314 页）

3. □①此月冰⬜⬜⬜□□每日

（西夏文一行）

---

① 马斯伯乐录文于此前推补"小寒从十一月廿七日为始十二月□□日终小尽计一十□分"。

(后缺)

(二)(ii)

(前缺)

(西夏文六行)

1. ☐①日终,小尽计一十四分☐②

(西夏文一行)

2. ☐☐☐☐☐③

(西夏文一行)

3. ☐④从十月十二日为始,☐☐⑤日终,小尽计☐⑥

(西夏文一行)

(后缺)

第 2 册

一 西夏天赐礼盛国庆二年(1070)文书残片

题解:

本件文书英藏编号 Or.8212/1191（K.K.0150.rr），收于《斯坦因第三次中亚考古所获汉文文献（非佛经部分）》第 2 册第 96 页，编者拟题为《西夏残文书》。本文书还收录于郭锋《斯坦因第三次中亚探险所获甘肃新疆出土汉文文书——未经马斯伯乐刊布的部分》第 145 页，所记文书编号与上书同，拟题为《西夏天赐礼盛国庆二年残状》，并列出文书诸要素为：白麻宣纸，褪色，行书。该书还指出西夏年号有"天庆"、"大庆"、"人庆"等，本件文书"庆"前一字

---

① 此处所缺文字马斯伯乐推补为"立冬从九月廿七日为始,十月十一日"。
② 马斯伯乐录文于此处所缺文字推补出"此月"两字。
③ 此行文字马斯伯乐未释读。
④ 此处所缺文字马斯伯乐推补为"小雪"。
⑤ 此两字马斯伯乐推补为"廿六"。
⑥ 马斯伯乐录文于此处所缺文字推补出"一十五分此月"。

残存下边笔画，不同于"人"、"大"、"天"，而类似"国"字之下边横划，以此推断当为"国庆"二字，故定此名，今从。文书现存文字3行，前后均缺。

录文标点：

（前缺）

1. ☐榔☐
2. 蜘蛛法塌①转☐☐
3. ☐庆二年八月十五日☐

（后缺）

二 西夏乾祐年间文书残片

题解：

本件文书英藏编号 Or. 8212/1291（K. K. III. 015. oo ［i］），收于《斯坦因第三次中亚考古所获汉文文献（非佛经部分）》第2册第130页，编者拟题为《西夏乾祐年间文书残片》。本文书还收录于郭锋《斯坦因第三次中亚探险所获甘肃新疆出土汉文文书——未经马斯伯乐刊布的部分》第157页，所记文书编号与上书同，拟题为《乾祐十年残文》，并列出文书诸要素为：褪色白纸，行书，高6cm，宽13cm。按，因文书"乾祐十"字后文字残缺，不能推断其即为乾祐十年文书，故拟题为乾祐年间。

录文标点：

（前缺）

1. ☐乾祐十☐
2. ☐僧☐
3. ☐月十八日☐
4. ☐☐☐☐

（后缺）

---

① "塌"，沙知、郭锋录文均作"网"，现据图版改。

《中国藏西夏文献》所收西夏汉文文献

第 15 册

一　西夏写本佚名《诗集》残卷

题解：

本件文书《中国藏西夏文献》编号 N21·014 [F051]，收于第 15 册第 132～161 页，编者拟题为汉文写本《佚名"诗集"》，并指出其为：线装，计全页者 13 纸，半页者 2 纸，总 28 面；面宽 12.3 厘米，高 21.5 厘米；面 9 行，满行 17 字；部分页面字体较小，每面多到 12 行，每行最多可达 32 字；多为七律，共有 75 首，保存有诗名的近 60 首，其中有：《茶》《僧》《烛》《樵父》《武将》《儒将》《渔父》《征人》《画山水》《梅花》《时寒》《炭》《冰》《冬住兰亭》《日短》《冬至》《招抚冬至生日上》《霞》《重阳》《菊花》《早行》《晚》《闻蛩》《酒旗》《塔》《寺》《善射》《窗》《忠臣》《孝行》《久旱喜雪》《打春》《送人应[举选?]》《雪晴》《闲居》《元日上招抚》《人日》《春风》《春水》《上元》《春云》《上祀李□》《和雨诗上金□》《上招抚使□□古调》《贺金刀□》《皇大》《求荐》《灯花》《门人高□拜呈》《王学士》《上经略相》《柳》《桃花》《梨花》《放雹篇（并序）》等。

按,《拜寺沟西夏方塔》① 一书指出:"诗集由两个小册子迭成,共28面。每面单面书写,从中线对折,上页反折,下页正折,上页的字面向里,下面的字面朝外,以折痕为准,依次一页套在另一页里面。每页的两个半页之间文面不相接,翻阅时,两面有字,下两面无字,交替出现,极似蝴蝶装。但是它与蝴蝶装又有区别。蝴蝶装每页均反折;诗集是一反折一正折,交替出现。蝴蝶装各页对折后,以折边为准依次迭放戳齐,每页的上下半页文面相接;诗集是上页字面向里折,下页字面向外折,一页套在另一页里边,每页之上下半页字面不相接,与今天的平装书之折法相同。诗集装订的最大特点是在各页折缝处相同部位,有三个残孔,出土时有缝缀的线绳。"因其装订方式的特殊,诗集拆开后之图版中一页文字的上下半页文字不相接,故录文先按照《中国藏西夏文献》所列图版文字顺序释录,后再按照《拜寺沟西夏方塔》一书所列之文字原顺序释录。

聂鸿音先生认为该诗集写成于1180～1193夏仁宗时期,作者为一乡村文人,作品仅是对中原格律诗的幼稚模仿,艺术成就远在中原诗歌之下。孙昌盛则认为本诗集的文献价值表现在以下几个方面:一是诗歌意境深得佛门理趣,折射了西夏社会儒释合流的思想状况;二是诗歌中描述的节日习俗与中原地区差别甚微;三是诗集的装订方式印证了线装书起源于唐末、宋初的历史事实。以上三点都反映了中原文化对西夏文化深刻而广泛的影响。除汉文诗歌外,党项人还用西夏文创作了大量的诗歌,它们无论在形式上还是内容上都显示出与汉文诗歌迥然不同的本民族特色,是西夏文学中的精华。

参考文献:

1. 孙昌盛:《方塔出土西夏汉文诗集研究三题》,《宁夏社会科学》2004年第4期;

2. 聂鸿音:《拜寺沟方塔所出佚名诗集考》,《国家图书馆学刊(西夏研究专号)》2002年增刊;

3. 孙颖新:《贺兰山拜寺沟方塔所出佚名诗集用韵考》,《西夏学》第

---

① 文物出版社,2005。

《中国藏西夏文献》所收西夏汉文文献 | 133

七辑，上海古籍出版社，2011；

4. 宁夏文物考古研究所：《拜寺沟西夏方塔》，文物出版社，2005。

N21·014［F051-1］-1P　汉文写本　佚名"诗集"（30-1）

（图片引自《中国藏西夏文献》第 15 册第 132 页）

《中国藏西夏文献》所列图版文字顺序：

（前缺）

1. 流泪感多风。罗幕摇红影，纱笼照碧空。文鸿□禁尔，绮□□□□。

2. 频把香媒剪，辉光日月同。　　　《樵父》

3. 劳苦樵人实可怜，蓬头垢面手胼胝。星存去即空携斧，月出归时

4. 重压肩。伐木岂辞踰涧岭，负薪□□□山川。算①来□□□

---

① "算"，《拜寺沟西夏方塔》录文作"等"，现据图版改。

5. 留①意，却没闲非到耳边。　　《武将》
6. 将军武库播尘寰，勋业由来自玉关。□□□扶社稷，威□
7. 卫霍震荆蛮。屡提勇士衔枚出，每领降□□□□。已胜长城
8. 为屏翰，功名岂上定天山。　　《儒将》
9. 绶带轻裘樽俎傍，何尝□□□□□。舍己□□□□□，纳款遂
10. 闻入庙堂。曾弃一杆离渭水，□□□□□。□□无□捉②

....

11. 夜后只只③过海忙。寻邕□□□□□□
12. 论离恨，委曲娇□□□伤。□□□□□□，
13. 衔泥往复绕池傍。主公莫下帘□□，□□□□
14. 向画堂。　　《茶》
15. 名山上品价无涯，每每④闻雷发紫芽。□□□□吟
16. 意爽，旨教禅客坐情佳。□□□里浮鱼眼，玉
17. 筯⑤稍头起雪花。豪富王侯迎客啜⑥，一瓯能使
18. 数朝夸。　　《僧》
19. 超脱轮回出世尘，镇常居寺佳遍纯。手持锡

（N21·014［F051—1］）

20. 杖行幽院，身着袈裟化众民。早晚穷经寻律
21. 法，春秋频令养心真。直饶名利喧俗耳，是事
22. 俱无染我身。　　《烛》
23. 缓流香泪恨清风，光耀辉□□□□。帐里□□□
24. 起绿，筵前初热焰摇红。小童□□□□□，□□

---

① "留"，《拜寺沟西夏方塔》录文未释录，现据图版补。
② "无、捉"，《拜寺沟西夏方塔》录文未释录，现据图版补。
③ 第二个"只"为省文符号，现径改。
④ 第二个"每"为省文符号，现径改。
⑤ "筯"，《拜寺沟西夏方塔》录文作"筋"，现据图版改。
⑥ "啜"，《拜寺沟西夏方塔》录文未释录，现据图版补。

25. 常将画合中。公子夜游车马□，□□□□

26. 空。　　　　　《樵父》

27. 陵①晨霜斧插腰间，□□驱驰岂□□。□□□□

28. 登险路，劳身伐木上高山。□□□□□，□□

……………………………………………

29. 滴漏频催②已五更，山川仿佛色□□。□□□□□，□□

30. 商车戴月行。霄汉□□□□，□□□□□。□

31. 志穷经者弦诵，窗前喜将□□□。《闻蛩》

32. 微声唧唧③入庭围，此韵霜时更足悲。□□□□□，□□

33. 叶起秋思。风前因叹年光速，月下缘□□□□。□□□□，

34. 无眠展转动伤咨。　　　　《酒旗》五言
　　　　　　　　　　　　　　　　六韵

35. 海内清平日，此旗无卷收。一杆出画栋，三帖□□楼。解迓游人□，□□

36. 旅客愁。冬宜风雪里，春称杏嬬头。祇醒由兹显，金貂为尔留。高□

37. 豪杰士，既见④醉方休。　　　《烛》五言
　　　　　　　　　　　　　　　　六韵

38. 银釭施力巧，朱蜡有殊功。每秉高堂上，尝□停室中。放花⑤荣永夜，

（N21·014［F051—2］）

39. 好去登高述古事，畅情酩酊日西偏。　　《菊花》

40. 卉木雕⑥疏始见芳，色缘⑦尊重占中央。金铃风触⑧虽⑨无响，一□

---

① 据文意推断，"陵"字应为"凌"，《拜寺沟西夏方塔》录文即作"凌"。
② "催"字为另行补入，现径改。
③ 第二个"唧"为省文符号，现径改。
④ "见"字原误，涂抹后于另行改写，现径改。
⑤ "放花"原作"花放"，旁加倒乙符号，现据改。《拜寺沟西夏方塔》录文作"花放"。
⑥ 据文意推断，"雕"似应为"凋"。
⑦ "缘"，《拜寺沟西夏方塔》录文"绿"，现据图版改。
⑧ "触"为另行补入，现径改。
⑨ "虽"，《拜寺沟西夏方塔》录文作"摧"，现据图版改。

41. 霜残亦有香。不似凡色弃①联气,特栽仙艳媚重阳。陶家

42. 篱下添殊景,雅称轻柔泛玉觞。　　《早行》

43. 邻鸡初唱梦魂惊,灯下相催起早行。□□□门紧闭,□

44. 衢皎皎②月才倾。栖鸦枝上犹无语,旅雁□□□□。勒马少亭③

45. 回首望,东方迤逦渐分色④。　　《晚》

46. 楼头吹角送斜阳,海上晖□□□光。游子亭□□□□,家童秉

47. 烛上书堂。荒郊烟霭□□□,□□□□□□。渔□□□

48. 滩浦静,平安一把举云傍。　　

……………………………………………………………

49. 蓬头望室还。世上是非□□□,□□□□□心

50. 闲。　　《武将》

51. 破虏摧风万刃中,威名□□□□胸⑤。斩敌□□□

52. 军将,挥盖常成破阵功。铁马□垒金□□,□□

53. 横按静胡戎。不惟三箭天山定,□□□□□□。

54. 　　《儒将》

55. 帷幄端居功已扬,未曾披甲与□□。□□□□□,

56. 直似离庵辅蜀王。不战屈兵安社稷,□□□□

57. 缉封疆。轻裘缓带清邦国,史典斑斑⑥勋业彰。

（N21·014 [F051—3]）

58. 　　《渔父》

59. 处性嫌于逐百工,江边事钓任苍容。扁舟深入□

---

① "色弃",《拜寺沟西夏方塔》录文作"包",现据图版改。
② 第二个"皎"为省文符号,现径改。
③ 据文意推断,"亭"通"停"。
④ 《拜寺沟西夏方塔》录文指出此处"色"字应为"明"之误。
⑤ "胸",《拜寺沟西夏方塔》录文未释读,现据图版补。
⑥ 第二个"斑"为省文符号,现径改。

60. 芦簌，短棹轻摇绿苇丛。缓放丝轮①漂水面，忽

61. 牵锦鲤出波中。若斯淡淡②仙家③□，谁弃荣辱与我

62. 同。　　　　　　《征人》

63. 镇居极塞冒风寒，劳役驱驰□□□。□□□□

64. 寻涧壑，望尘探贼上峰山。□□□□□，

65. 刁斗霄闻动惨颜。每□□□□，□□□□

66. 得归还。　　　　《画山水》

67. 谁写江山在壁间，庭前潇□□□□。□□□□

　　　　　………………………………………………

68. 物随时名。匪一欲求□恕可，□□□□□。

69. 为物虽微出污渠，营□□□□难除。航□□□□□，

70. 座上从扇已点袪。画合纷纭防作□，□□□□害篇书。

71. 浑如谮佞谗忠正，去剪无由恨有余。

72. 四端于此必无亏，举措从容尽度宜。□□□□果断，□

73. 身应是善施为。便教威武何由屈，□□贫穷莫可移。

74. 孔孟聘游先是告，春秋论战并相欺。　　《重阳》

75. 古来重九授衣天，槛里金铃色更鲜。玄甸安中应咏赋，

76. 北湖座上④已联篇。孟嘉落帽当风下，陶令持花向户边。

（N21·014［F051—4］）

77. 舅姑履袜争新献，鲁史书祥耀典章。　《招抚冬至生日上》

78. 昴星昨夜色何新，今日侯门诞伟人。喜见尘寰翔凤鸟，

79. 定知天上走麒麟。书云瑞气交相应，庆节悬弧尽举陈。

80. 鼎鼐诏封非至晚，徕民更祝寿同春。　　　《霞》

---

① 据文意推断，"轮"应为"纶"。
② 第二个"淡"为省文符号，现径改。
③ "家"，《拜寺沟西夏方塔》录文未释录，现据图版补。
④ "上"字原作"中"，后涂改，现径改。

81. 朱丹间杂绮舒同，应兆晨昏雨露□。□□□□□，

82. 须臾五色映高峰。影辉落日流液□，□□□霄傍月宫。

83. 吞咽若教功不辍，能令凡脸换仙容。

84. 行先五德莫非仁，居 常 □□□往亲。君□□□□□，□

85. 人依处显诸身。陈孟梁惠□□□，□□□

....

86. 难藏兽，潋滟洪波岂□□□。□□□□密密①，

87. 无声水浪广漫漫②。风□□是生□□，□□上舒□

88. 觉寒。　　　《梅花》

89. 寒凝万木作枯荄，回煖③孤根是□□。□□仙容俍

90. 槛长，妖娆奇艳倚栏开。素□□□琼脸皓，□

91. 萼风摇似粉腮。岂并青红□□□，□□□重满

92. 庭栽。　　　《时寒》

93. 阴阳各④闭作祁寒，处处⑤江滨已涸干。凛冽朔风穿

94. 户牖，飘摇⑥密雪积峰峦。樵夫⑦统袖摸鬓懒⑧，

(N21·014 [F051—5])

95. 渔父披沙落钓难。暖合围炉犹毳幕，算来谁

96. 念⑨客衣单。　　　《炭》

97. 每至深冬势举昂，炉中斗起觉馨香。邀宾每热

98. 于华宴，聚客常烧向画堂。□□□风凛冽，寒来

---

① 第二个"密"为省文符号，现径改。
② 第二个"漫"为省文符号，现径改。
③ "煖"，《拜寺沟西夏方塔》录文作"溪"，现据图版改。
④ "各"，《拜寺沟西夏方塔》录文作"合"，现据图版改。
⑤ 第二个"处"为省文符号，现径改。
⑥ "摇"，《拜寺沟西夏方塔》录文作"飘"，现据图版改。
⑦ "夫"字原作"父"，涂抹后于另行改写，现径改。
⑧ "懒"字后原衍一字，后涂抹，现径改。
⑨ "念"，《拜寺沟西夏方塔》录文录作上一行，现据图版改。

99. 能换气温和。几将克兽民时□，□□□□事□

100. 王。　　　　《冰》

101. 郊外风寒凛冽时，严冰相聚向□□。□彩□□

102. 貌洁白，辉光处女□□□。檐间凝□□□□，□□□

103. 里结成渐。莫将此①际□□□，□□□□□思。

……………………………………………………

104. 　　　　　《冬侯兰亭》

105. 树木冬来已见残，全□□□□□。□□□仙人□少，

106. 轩牖荒凉雀噪繁。落叶雪培当□□，□枝头②撼倚

107. 雕栏。思量此景添愁恨，歌管嬉□□□。　　《日短》

108. 东南向晓赤乌生，指昂须臾复已□。□□□飞离邃室，

109. 窗光若箭出深庭。樵夫路上奔归□，渔父途中走赴程。

110. 逸士妨编成叹息，算来却减是③非轻。　　《冬至》

111. 变泰微微④复一阳，从兹万物日时长。得推河汉珠星灿，桓

112. 论天衢璧月光。帝室庆朝宾大殿，豪门贺寿拥高堂。

　　　　　　　（N21·014［F051—6］）

113. 兹信，更看横开万里疆。　　　□□

114. 不识锄犁与贾商，一生□□□□。□□□□□，□□

115. 芳苔荄香。苇苴不思输□□，莎衣安肯□□□。泛舟作□□

116. 苹里，峦线投轮红蓼傍。汀草往回闻寺□，□□□听鸣□⑤。

117. 岂图黑梦归周后，不使星辉怨汉皇。苍□□□□利禄，殊⑥□

---

① "此"，《拜寺沟西夏方塔》录文未释录，现据图版补。
② "头"，《拜寺沟西夏方塔》录文作"照"，现据图版改。
③ "减是"，《拜寺沟西夏方塔》录文作"灭□"，现据图版改。
④ 第二个"微"为省文符号，现径改。
⑤ "听鸣□"，《拜寺沟西夏方塔》录文作"□□上"，现据图版改。
⑥ "殊"，《拜寺沟西夏方塔》录文未释录，现据图版补。

118. 闲事从愁肠。　　　　《画江山》

119. 谁施妙笔写江山，不离图中数尺间。乍看□□□□，遽听①□□

120. 似潺潺②。持竿渔父何时去，荷担樵夫甚日还。常□□□添漏漙，趋使

121. 心意觉③清闲。　　　　《征人》

122. 人人④弓剑在腰间，矢石冲临敢惮艰。刁斗声声□惨意，旌旗影□

123. 感愁颜。欲空房穴标铜柱，未定天山入 漠 关。待得烟尘俱殄□，

（N21·014［F051—7］）

124. 去便柔。疾逢⑤苦药身知愈，□□□□□。□□途于麻山

125. 长，不扶自直信其由。　　　　《 塔 》

126. 十三层垒本神工，势耸巍巍⑥ 壮 梵宫。栏楯□□□惠日，铎铃

127. 夜响足慈风。宝瓶插汉人难见，玉栋□□□莫穷。阿育

128. 慧心聊此见，欲知妙旨问禅翁。　　　　《寺》

129. 静构招提远俗纵⑦，晓看烟霭梵天宫。□□万卷释迦教，□

130. 起千寻阿育功。宝殿韵清摇玉磬，苍穹声响动金钟。宣□

131. 渐得成瞻礼，与到华胥国里同。　　　　《善射》

132. 体端志正尽神勇，既发须成德誉彰。雄迈中□行射虎，巧逾百

133. 步戏穿杨。开弓不许谈飞卫，引矢安容说纪昌。乡会每论君

（N21·014［F051—8］）

134. 子争，将他揖让上高堂。　　　　《窗》

135. 疏棂或纸或纱黏，装点丹青近画檐。□悦辉辉⑧筛杲日，宵□

---

① "听"字前原衍一字，后涂抹，现径改。
② 第二个"潺"为省文符号，现径改。
③ "觉"字原误，涂抹后另行改写，现径改。
④ 第二个"人"为省文符号，现径改。
⑤ "逢"，《拜寺沟西夏方塔》录文作"蓬"，现据图版改。
⑥ 第二个"巍"为省文符号，现径改。
⑦ 《拜寺沟西夏方塔》录文指出"纵"字应为"踪"字之误。
⑧ 第二个"辉"为省文符号，现径改。

136. 皎皎①透银蟾。倚拦②花竹潜能③视，闭户山峰坐可观④。最称书生擎⑤

137. 苦志，对兹吟咏倍令添。　　《忠臣》

138. 披肝露胆尽勤诚，辅翼吾君道德明。□□□欺忘隐心，闭□

139. 陈善显真情。剖心不顾当时宠，决目宁□□□□。□槛触□归⑥正义，

140. 未尝阿与⑦苟荣身。　　《孝行》

141. 爱敬忧严以事亲，未尝非义类诸身。服□□□□违□，□□

142. 供耕尽苦辛。泣笋失□□□还⑧，挽辕出□□□□。□□

143. 养更朝饲，径⑨使回车避远□。　　

……………………………………………………

144. □不宣。　　《柳》

145. □君先放弄柔条，宜雨和烟岂

146. □丝⑩斜，映牖明户几树高。□□□□□，□□□□□。

147. 　　《梨花》

148. 六工应厌红妖俗，故产琼姿压众芳。玉质姣珠遮□□，□□□□□□。□

149. 容月下争奇彩，瀰瀰⑪兰丛奋异香。恰似昭阳宫女出，□□□□□□。

---

① 第二个"皎"为省文符号，现径改。
② 据文意推断，"拦"通"栏"，下同，不再另作说明。
③ "能"，《拜寺沟西夏方塔》录文录作"以"，现据图版改。
④ "观"字原误，涂抹后于另行改写，现径改。
⑤ "擎"，《拜寺沟西夏方塔》录文未释录，现据图版补。
⑥ "归"字原误，涂抹后于另行改写，现径改。
⑦ 据文意推断，"阿与"似应为"阿谀"之误。
⑧ "还"，《拜寺沟西夏方塔》录文未释录，现据图版补。
⑨ "径"，《拜寺沟西夏方塔》录文未释录，现据图版补。
⑩ "丝"，《拜寺沟西夏方塔》录文未释录，现据图版补。
⑪ 第二个"瀰"为省文符号，现径改。

150. 　　　　　《桃花》

151. 栽植偏称去竹深，灼灼①奇包露邑红。金谷园林香□□，□□□□□□。□

152. □□与②陶潜菊，美宴偷来蔓猜□。每还寰瀛□□□③，□□□□□□。

153. 　　　　　《放鹤篇　并序》

154. 秋雨潇潇④，凉风飒飒⑤，顾霜毛之皓鹤，常值眼以

155. 之语来鹤。尔名标垓外，迹寄人间，卓尔不群。

156. 府守素之规。余观六合之中，羽族甚众，或有

（N21・014［F051—9］）

157. 纷纷⑥多向渔舟覆，片片⑦轻逐舞袖回。万里模糊添冷雾，四郊清□□。

158. 荒埃。千团风触诚堪画，六出天生岂用裁。谁识隋堤新落絮，□□。

159. 庾岭旧芳梅。洒膏厚土池塘媚，压净游尘□田灰。颜子巷中偏□□，

160. 安表门外愈深堆。李公误认还须采，卞氏初看亦□□。□见蓝关停□□，□

161. 知朔岭积皑皑⑧。商徒暂阻牵愁思，诗匠宽搜□□□。应遣田畴□□□，

---

① 第二个"灼"为省文符号，现径改。
② "□□与"，《拜寺沟西夏方塔》录文作"□□"，现据图版补。
③ "□□与陶潜菊，美宴偷来蔓猜□。每还寰瀛"，《拜寺沟西夏方塔》录文断作"陶潜菊美宴偷来，蔓猜□每还寰瀛"。
④ "潇潇"，《拜寺沟西夏方塔》录文作"萧萧"，现据图版改。且第二个"潇"为省文符号，现径改。
⑤ 第二个"飒"为省文符号，现径改。
⑥ 第二个"纷"为省文符号，现径改。
⑦ 第二个"片"为省文符号，现径改。
⑧ 第二个"皑"为省文符号，现径改。

162. 又将园苑李桃催。欣经和日为沃渥,幸免寒沙洗□□。□□□□□□,□

163. 孙庆赏醉倾罍。有秋嘉瑞初春见,莫惜黄金买□□。　《上经略相□□》

164. 神聪出众本天然,堪称皇家将相权。皂盖烛颂随马□,□衣只列向轩□。□

165. 符使执驰千里,金印宸封降九天。玉节眷隆光灿烂,□□□□色新鲜。□□

166. 道德经邦国,每抱宽慈抚塞边。退令不辞身染疾,□□□□□□。□□□

167. 迈南阳叟,固业还同渭水□。□□① 长城云可止,漠烟

168. 郊疆。霭霭② 威声震寰宇,

169. 豪子家藏敌国财,卓王縻□□□□。□□□□□□,□□□□□

170. 歌抵。暮朱入户织罗围,□□□□□秉德。□□□□□□,□

171. 室香凝使寔回。　石崇厕上,使侍婢以锦袋□香。会宾客侍中刘寔上厕,复出,云:"误入公室矣!"

172. 环堵萧然不蔽风,衡门反闭长蒿蓬。被身□□□□碎,在□□□

173. 四壁空。岁稔儿童犹馁色,日③和妻女尚□□。□□贫意存心志,□

174. □孙④ 晨卧草中。　　《久旱喜雪》

175. 旱及穷冬从众怀,忽飘六出映楼台。为资黎庶成丰兆,故撒

---

① 此处缺文《拜寺沟西夏方塔》录文未标注,现据图版补。
② 第二个"霭"为省文符号,现径改。
③ "日"字前原衍一字,旁加抹毁符号,现径改。
④ "孙",《拜寺沟西夏方塔》录文未释录,现据图版补。

176. 琼瑶显瑞来。密布南郊盈尺润，厚停北陆满□培。农歌村野为

177. 佳庆，乐奏公庭绮宴开。 　　《打春》

178. □作兴功始驾轮，三阳已复是佳辰。喧□箫□送残腊，颂

179. □黎民争早春。彩杖竟携官从①手，金幡咸带俗纶巾。土牛击

（N21·014［F051—10］）

180. 散由斯看，触处池塘景渐新。　　《送人应举还》

181. 平日孜孜②志③气殊，窗前编简匪峙④躇。笔锋可敌千人阵，腹内唯藏

182. 万卷书。学足三冬群莫并，才高八斗众难如。今□执别虽依黯，纼⑤

183. 听魁名慰里间。　　《雪晴》

184. 飕飕⑥雾敛冻云开，寒日晖晖⑦照九垓。院落□□无鸟鸣，□庭□

185. 爽绝尘埃。街衢人扫堆堆⑧玉，园圃风雕⑨□□□。□□渔⑩□□□□，

186. 擘⑪鹰猎客颇欣哉。　　《闲居》

187. 闲事闲非举莫侵，更无荣辱累吾心。与宾□□□□，□唯⑫□□

188. 膝上琴。碁斗功机连夜算，奇思妙句尽朝寻。□□□□无⑬□□，□

189. 向窗前阅古今。　　《□□□值雪》

---

① "从"，《拜寺沟西夏方塔》录文作"徒"，现据图版改。
② 第二个"孜"为省文符号，现径改。
③ "志"，《拜寺沟西夏方塔》录文作"意"，现据图版改。
④ 《拜寺沟西夏方塔》录文指出"峙"字应为"踌"字之误。
⑤ 据文意推断，"纼"字应为"亿"字之误，《拜寺沟西夏方塔》录文即作"亿"。
⑥ 第二个"飕"为省文符号，现径改。
⑦ 第二个"晖"为省文符号，现径改。
⑧ 第二个"堆"为省文符号，现径改。
⑨ 据文意推断，"雕"似应为"凋"。
⑩ "渔"，《拜寺沟西夏方塔》录文未释录，现据图版补。
⑪ "擘"，《拜寺沟西夏方塔》录文作"群"，现据图版改。
⑫ "唯"，《拜寺沟西夏方塔》录文未释录，现据图版补。
⑬ "无"，《拜寺沟西夏方塔》录文未释录，现据图版补。

190. 苟求微利涉尘埃，值雪霏霏□□□。□□□□□□，□□□

　……………………………………………………………………

191. 乍结寒，威薄到地还消暖。□

192. 压轻埃①。盈盘作璧同雕□，□□□□□□。□□□□□□，

193. 过丛何异散寒梅。遂令民□□□□，实表□□□□。□

194. 铺明月彩，黄沙俄变白云堆。刚②凝龙脑诚堪③□，□□□□□□

195. 猜。鄴客歌中吟皓皓④，梁王苑里咏皑皑⑤。韩□□□□□，

□□□

196. 崖尽逸才。脉脉⑥坠时群势动，纷纷⑦落处众□□。⑧ □□□

□□□，

197. 泽润孤根易拥培。农贺丰年吉庆颂，□□景倒樽□□。□□

198. 守职东陲右，但欲邀明醉嫩醅。　　　《王学士》

199. 苍汉重云暗野垓，须臾雪降满空来。气和□泽滋枯木，□□□□

200. 发冻荄。小院翩翩飞蛱蝶，闲庭散乱布瑶瑰。轩前□讶梨苞放，□

201. □俄莺琼叶开。漠漠⑨樵夫迷涧壑，漫漫⑩鸟雀失楼台。更令客舍□

202. □粉，似使征途马掷盃。宫女实为龙脑妆，鲛人拟作蚌珠材。

（N21·014 ［F051—11］）

203. 投隙蟾筛早，住后凝山璞乱猜。东郭履中寒峭峭⑪，孙生书

---

① "埃"为另行补入，现径改。
② "刚"，《拜寺沟西夏方塔》录文作"刑"，现据图版改。
③ "堪"，《拜寺沟西夏方塔》录文未释读，现据图版补。
④ 第二个"皓"为省文符号，现径改。
⑤ 第二个"皑"为省文符号，现径改。
⑥ 第二个"脉"为省文符号，现径改。
⑦ 第二个"纷"为省文符号，现径改。
⑧ "韩□□□□□，□□□崖尽逸才。脉脉坠时群势动，纷纷落处众□□。"两句《拜寺沟西夏方塔》录文断作"韩□□□□□，□崖尽逸才脉脉。坠时群势动纷纷。落处众□□"，现据孙颖新改文改。
⑨ 第二个"漠"为省文符号，现径改。
⑩ 第二个"漫"为省文符号，现径改。
⑪ 第二个"峭"为省文符号，现径改。

204. 畔白皑皑①。袁堂偃卧扇只户,梁苑潮冷集众才。失志蓝②

205. 关行马阻,解歌郢曲脆声催。岂符□□尘埃息,又使□

206. 门粪土培。孤馆狠端增客思,长安酒价□金罍。子猷行舟

207. 缘何事,访戴相邀拨渌醅。《某③顷□侍□走马学士　　　》

208. 荒斐示以春雪长篇,披馥再三,格高韵□,况某④诚非青□

209. 之才,妄继碧云之韵,幸希　笑览　抚和。

210. 忽布春云蔽远垓,欣飘六出自天来。为传淑气□□律,故□□□

211. 发旧荄。色布长川横素练,光分峻岭积琼瑰。□□□□□,
□□

212. 重拖瑞验开。极塞边峰□□□,□□□□□战垒。变银□□□

213. 排绢,兵阵征蹄乱印盃。映苍□□□□□,□□□

....

214. 举是银杯⑤。飘摇⑥旋逐狂风□,□□□□□。□□□观奇绝

215. 景,道傍草木尽江梅。　　　　　□□□□□

216. 晚来屈指岁云俎,击敌袪□□□呼。待晓进□□□□,迎新宿

217. 饭弃街衢。想知荆楚藏钩戏,应是大原□□□。□□此⑦皆酣饮

218. 罢,年华又改可嗟吁。　　　　《元日上招抚》

219. 向晓青君已访寅,三元四始属佳辰。山川不见□□□,□馆唯瞻今岁

220. 春。首祚信归枢⑧府客,和光先养抚徕臣。书□□列持椒酒,咸祝□

221. □辅紫宸。　　　　　　《人日》

---

① 第二个"皑"为省文符号,现径改。
② "蓝",《拜寺沟西夏方塔》录文作"兰",现据图版改。
③ "某",《拜寺沟西夏方塔》录文漏录,现据图版补。
④ "况某",《拜寺沟西夏方塔》录文未释录,现据图版补。
⑤ "杯",《拜寺沟西夏方塔》录文作"杯",现据图版改。
⑥ "摇",《拜寺沟西夏方塔》录文作"飘",现据图版改。
⑦ "此",《拜寺沟西夏方塔》录文未释读,现据图版补。
⑧ "枢",《拜寺沟西夏方塔》录文作"抠",现据图版改。

222. 人日良辰始过年，风柔正是养花天。镂金合帖悉□上，华①胜当□绿
223. 鬓边②。薛③道思归成感叹④，杨休侍宴着佳篇。本来此节宜殷重，
224. 何事俗流少习传。　　　　　《春风》

(N21·014［F051—12］)

225. 习习⑤柔和动迩遐，郊原无物不相加。轻摇弱柳开青眼，微拂香兰
226. 发紫芽。催促流⑥莺来出谷，吹嘘蛱蝶去寻花。扫除积雪残
227. 冰净，解使游人觅酒家。　　　　《春水》
228. 冰消触处⑦浸汀洲，俗号桃花色带稠。沼面汶回□□鲤，湖波浪动泛群
229. 鸥。潺潺⑧杖引通栏过，浃浃⑨锄开入浦流。已使渔翁持短棹，时来解
230. 缆泛渔⑩舟。　　　　　　《上元》
231. 俗祭杨枝插户边，紫姑迎卜古来传。祇□□□□，□巷银灯
232. 万盏燃。皓月婵娟随绮绣，香尘馥郁逐车辇。□□铁铸皆无□，
233. 处处⑪笙歌达曙天。　　　　《春云》
234. 飞杨似鹤映苍穹，半□□□化工。触□既□□忱野，横槊□
235. 敛逐东风。或飘丝雨□郊□，□□□□□。□□□□归碧

....

---

① "华"字前原衍一字，后涂抹，现径改。
② "华胜当□绿鬓边"，《拜寺沟西夏方塔》录文作"令叶胜当绿鬓边"，现据图版改。
③ "薛"，《拜寺沟西夏方塔》录文未释录，现据图版补。
④ "感叹"两字原作"叹感"，旁加倒乙符号，《拜寺沟西夏方塔》录文作"叹感"，现径改。
⑤ 第二个"习"为省文符号，现径改。
⑥ "流"字前原衍一字，后涂抹，现径改。
⑦ "处"字为另行补入，现径改。
⑧ 第二个"潺"为省文符号，现径改。
⑨ 第二个"浃"为省文符号，现径改。
⑩ "渔"字原误，涂抹后于另行改写，现径改。
⑪ 第二个"处"为省文符号，现径改。

236. 眸惜景暮忘归。　　《某①窃□□□》

237. 真乃丰年之兆，乐②岁之征，岂可□□□□□遂不愧荒斐，

238. 缀成七言春雪之作二十韵。□□王学士等俯□□□幸甚，幸甚③。

239. 　　　　门人高某④拜　呈。　　此乃高走马作也。

240. 连夜浓荫彻九垓⑤，信知春雪应时来。天工有意□□兆，瑞泽□□⑥

241. 浃宿菱。万里空中栴皓鹤，九霄云外屑琼瑰。□□林杪重重⑦□，

242. 误认梨花树树⑧开。几簇落梅飘庾岭，千团香絮舞章台。奔

243. 车轮转拖银带，逸马蹄翻掷玉盃。腊□□望三白异，春前喜

244. 弄六花材。融和气壮□还尽，澹荡风狂舞□回。乱落满空□□

245. 绪，轻飞覆地□成埃。银河岸上□⑨摧散，织女只是练剪裁。轻薄

246. 势难裨海岳，细微质易效盐梅。滋苏草木根芽润，净洗

247. 乾坤气象恢。率土储祥虽满尺，终朝见⑩现不成堆。竟□

（N21·014［F051—13］）

248. 割，愿投洪造被陶钧。　　《求⑪荐》

249. 鸷马求顾伯乐傍，伯乐回眸价倍偿。求荐应须向君子，君子一荐□⑫

---

① "某"字原误，涂抹后于右行改写，《拜寺沟西夏方塔》录文作缺文处理，现据图版改。
② "乐"，《拜寺沟西夏方塔》录文作"丰"，现据图版改。
③ 后"幸甚"两字为省文符号，《拜寺沟西夏方塔》录文未释录，现据图版补。
④ "某"字原误，涂抹后于另行改写，现径改。《拜寺沟西夏方塔》录文未释录，作缺文处理。
⑤ "垓"字为另行补入，现径改。
⑥ "天工有意□□兆，瑞泽□□"，《拜寺沟西夏方塔》录文作"天工有意□□□，兆瑞泽□"，现据图版改。
⑦ 第二个"重"为省文符号，现径改。
⑧ 第二个"树"为省文符号，现径改。
⑨ 此字为另行补入，现径改。
⑩ "见"，《拜寺沟西夏方塔》录文作"应"，现据图版改。
⑪ "求"字前原衍两字，后涂抹，现径改。
⑫ "君子一荐□"，"君子"两字为省文符号，《拜寺沟西夏方塔》录文作"一荐□□□"，现据图版改。

《中国藏西夏文献》所收西夏汉文文献 | 149

250. 忠良。愚虽标栎实无取，忝谕儒林闲可□。□家①碌碌②处异□，□

251. 物人情难度量。只亲垂白子痴幼，侍养不□□伧忙。故使③一身□□

252. 污，侯门疏谒唯渐惶。昨遇 储皇□□□，□□□□□龙门。下臣何端

253. 复无耗，杜门宁拙转悲忿。寂寞□□怀忿□，□取轻贱于他□。□

254. 君慷慨更谁似，拯救穷徒推深仁。德□薄之□□□，善缘□

255. 进外驽钝。倪蒙与提援岂契，寒荄遇□□□□。 《灯花》

256. 岂假吹嘘力，深房自放花。无根簇碎叶，□□□□。安④受□□□，

257. 何须倚槛夸。殷勤将喜事，每□报人家。

258. 云收雾敛显晴曦，杨絮□□□飞。嫉柳当风□绿线⑤，□□□□

259. 理⑥黄衣。倚墙棠叶添红艳，拂□□□□。□□□□□□，□

………………………………………………………………

260. 嶂，直疑梦散楚王宫。

261. 斗回卯位景还苏，协应□□□□。昔日□□□□，当年射□

262. 震寰区。暂淹倅职安边垒，□□有皇征赴□。自是仁⑦人□□

263. 寿，更祈彩绶至霜须。 又

264. 艳阳媚景满郊墟，载谪神仙下太虚。端正□□□□，勤□

---

① "家"，《拜寺沟西夏方塔》录文未释录，现据图版补。
② 第二个"碌"为省文符号，现径改。
③ "使"，《拜寺沟西夏方塔》录文作"便"，现据图版改。
④ "安"，《拜寺沟西夏方塔》录文未释读，现据图版补。
⑤ "绿线"，《拜寺沟西夏方塔》录文作"□乘"，现据图版改。
⑥ 《拜寺沟西夏方塔》录文于"理"字前释录三缺字符号，现据图版改。
⑦ "仁"字原误，涂抹后于另行改写，现径改。

265. 实腹乃诗书。侍亲孝①行当时绝，骇目文章自古无。□□青衿□

266. 祝颂，辄将狂斐叩阶除。　　　　《上祀学②文》

267. 归向皇风十五春，首蒙隅顾异同伦。当时恨未登云路，他日须会

268. 随骥尘。已见锦毛翔玉室，犹嗟蠖迹混泥津。前言可念轻陶③

269. 铸，免使终为涸辙鳞。　　　　《和雨诗上金□》

270. 至仁祈祷动春霄，雨降霏霏④旱热逃。洒济郊原枯草嫩，救□

（N21·014［F051—14］）

271. 垄亩握禾高。村中农叟歌声远，窗下书生⑤咏意豪。咸颂□□

272. 忧众德，田畴焦土一时膏。　　　　《上招抚使□韵古调》

273. 自惭生理拙诸营，更为青衿苦绊□。□□晨昏莫闲暇，束

274. 修一掬固⑥难盈。家余十口无他给，唯此春秋是度生。日夜儿

275. 童亦寒叫，年丰妻女尚饥声。颐颜不□□环渚，未给区区⑦□

276. 大闵。乃为吾邦迈尧舜，安时乐化实宽□。□肉轻犯岂⑧□

277. 想，甘于蓬室饭菁羹。况值恩公宣圣□，□□□□□□□。□

278. 夙夜愁愧才谫，不堪鞭策以驱令。退□□□□□，衡门⑨□

279. 拙止关肩。俄尔年来变饥馑，□桐搜粟□□□。

280. 不相接，室家相视颇□□。□□□□□□□，□□□□□□

281. 幸有恩公专抚治，忍教尔□□□□。□□□□□□□，□

……………………………………………………………………

282. 开耳目去聋盲。澡心雪志□□□，□□□□□□□。□□

---

① 《拜寺沟西夏方塔》一书指出："孝字缺末笔，据聂鸿音先生《拜寺沟方塔所出佚名诗集考》一文研究，是为避仁宗仁孝的名讳。"
② "学"，《拜寺沟西夏方塔》录文作"李"，现据图版改。
③ "陶"，《拜寺沟西夏方塔》录文未释录，现据图版补。
④ 第二个"霏"为省文符号，现径改。
⑤ "生"字为另行补入，现径改。
⑥ "固"字前原衍一字，后涂抹，现径改。
⑦ 第二个"区"为省文符号，现径改。
⑧ "肉轻犯岂"，《拜寺沟西夏方塔》录文未释录，现据图版补。
⑨ "门"，《拜寺沟西夏方塔》录文未释录，现据图版补。

283. 仁慈怀厚德，不愁摈□□□。□□□□□□，□□□
284. 荄再得萌。　　　《贺金刀□》
285. 高人意趣固难肩，构就危楼壮远边。□□□□□，
286. 窗棂隐隐①透轻烟。盐威西视当轩侧，□□□□□。
287. 盛暑诸君来一到，爽然涌洒类蓬天。　　《皇大□□□②》
288. 昨夜星移剥象终，一阳汇进协元功。瑞云霭霭□苍汉，嘉□
289. 葱葱③绕禁宫。北陆始知寒色远，南楼潜觉暖□□。殷勤更□
290. 琼觥酽，仰介储宫寿莫穷。　　　　又
291. 空嗟尺蠖混泥津，荣遇东风便出尘。每愧匪故促□感，尚怨□
292. 进慰求伸。玉墀辉照恩九重，金口垂慈意益新。类□□□□

(N21·014 [F051—15])

残片：

（一）

（前缺）

1. _____高□_____
2. _____□斗□_____
3. _____□府也应□_____
4. _____元圣戎其_____

（后缺）

（二）

（前缺）

1. _____□将□□_____
2. _____□怜④出妙诉_____

---

① 第二个"隐"为省文符号，现径改。
② 此处缺文《拜寺沟西夏方塔》录文未标注，现据图版补。
③ 第二个"葱"为省文符号，现径改。
④ "怜"，《拜寺沟西夏方塔》录文未释读，现据图版补。

3. ▢▢▢▢淌郊①▢▢▢▢

4. ▢▢▢▢□赖▢▢▢▢

5. ▢▢▢▢▢□▢▢▢

（后缺）

（三）

（前缺）

1. ▢▢▢▢□熟可▢▢▢▢

2. ▢▢▢▢如弃钓归西伯②▢▢

3. ▢▢▢▢破虏▢▢▢▢

（后缺）

（四）

（前缺）

1. ▢▢▢▢□▢▢▢▢▢

2. ▢▢▢▢处避③得忌□▢▢▢

3. ▢▢▢▢□者或有恃其▢▢

（后缺）④

（《中国藏西夏文献》第十五册第161页收录有此诗集之部分碎屑，残损严重，字迹不清，故不再释录。）

《拜寺沟西夏方塔》一书所列诗集原文字顺序：

（第一沓，前六纸全，第七纸为半页。缺本部分第二页 N21·014 ［F051—7］的右半页及与之相匹配的第一页）

（前缺）

1. 夜后只只过海忙，寻邕□□□□。□□□□

---

① "郊"，《拜寺沟西夏方塔》录文作"如"，现据图版改。

② "归西伯"，《拜寺沟西夏方塔》录文作"政覆"，现据图版改。

③ "处避"，《拜寺沟西夏方塔》录文未释读，现据图版补。

④ 此残片《拜寺沟西夏方塔》一书未收录。

2. 论离恨，委曲娇□□□伤。□□□□□□，

3. 衔泥往复绕池傍。主公莫下帘□□，□□□

4. 向画堂。　　　　《茶》

5. 名山上品价无涯，每每闻雷发紫芽。□□□□吟

6. 意爽，旨教禅客坐情佳。□□□里浮鱼眼，玉

7. 筯稍头起雪花。豪富王侯迎客啜，一瓯能使

8. 数朝夸。　　　　《僧》

9. 超脱轮回出世尘，镇常居寺佳遍纯。手持锡

（《中国藏西夏文献》N21·014［F051—1］左半页）

10. 杖行幽院，身着袈裟化众民。早晚穷经寻律

11. 法，春秋频令养心真。直饶名利喧俗耳，是事

12. 俱无染我身。　　　　《烛》

13. 缓流香泪恨清风，光耀辉□□□□。帐里□□□

14. 起绿，筵前初热焰摇红。小童□□□□，□□

15. 常将画合中。公子夜游车马□，□□□□□

16. 空。　　　　《樵父》

17. 陵晨霜斧插腰间，□□驱驰岂□□。□□□

18. 登险路，劳身伐木上高山。□□□□□，□□

（《中国藏西夏文献》N21·014［F051—2］右半页）

19. 蓬头望室还。世上是非□□□，□□□□□心

20. 闲。　　　　《武将》

21. 破虏摧风万刃中，威名□□□□胸。斩敌□□□

22. 军将，挥盖常成破阵功。铁马□垒金，□□

23. 横按静胡戎。不惟三箭天山定，□□□□□。

24. 　　　　《儒将》

25. 帷幄端居功已扬，未曾披甲与□□。□□□□□，

26. 直似离庵辅蜀王。不战屈兵安社稷，□□□□

27. 缉封疆。轻裘缓带清邦国，史典斑斑勋业彰。

（《中国藏西夏文献》N21·014［F051—3］左半页）

28. 　　　　　《渔父》

29. 处性嫌于逐百工，江边事钓任苍容。扁舟深入□

30. 芦簌，短棹轻摇绿苇丛。缓放丝轮漂水面，忽

31. 牵锦鲤出波中。若斯淡淡仙家□，谁弃荣辱与我

32. 同。　　　　　《征人》

33. 镇居极塞冒风寒，劳役驱驰□□□。□□□□

34. 寻涧壑，望尘探贼上峰山。□□□□□□，

35. 刁斗霄闻动惨颜。每□□□□，□□□□□

36. 得归还。　　　《画山水》

37. 谁写江山在壁间，庭前潇□□□。□□□□

（《中国藏西夏文献》N21·014［F051—4］右半页）

38. 难藏兽，潋滟洪波岂□□□。□□□□密密，

39. 无声水浪广漫漫。风□□是生□□，□□上舒□

40. 觉寒。　　　　《梅花》

41. 寒凝万木作枯荄，回煖孤根是□□。□□仙容偎

42. 槛长，妖娆奇艳倚栏开。素□□□琼脸皓，□

43. 萼风摇似粉腮。岂并青红□□□，□□□重满

44. 庭栽。　　　　《时寒》

45. 阴阳各闭作祁寒，处处江滨已涸干。凛冽朔风穿

46. 户牖，飘摇密雪积峰峦。樵夫统袖摸鬓懒，

（《中国藏西夏文献》N21·014［F051—5］左半页）

47. 渔父披蓑落钓难。暖合围炉犹毳幕，算来谁

48. 念客衣单。　　　《炭》

49. 每至深冬势举昂，炉中斗起觉馨香。邀宾每热

50. 于华宴，聚客常烧向画堂。□□□风凛冽，寒来

51. 换气温和。几将克兽民时□，□□□□事□

52. 王。　　　　　《冰》

53. 郊外风寒凛冽时，严冰相聚向□□。□彩□

54. 貌洁白，辉光处女□□□。檐间凝□□□，□□□

55. 里结成澌。莫将此际□□□，□□□□□思。

　　　（《中国藏西夏文献》N21·014〔F051—6〕右半页）

56. 　　　　　《冬侯兰亭》

57. 树木冬来已见残，全□□□□□。□□□仙人□少，

58. 轩牖荒凉雀噪繁。落叶雪培当□□，□枝头撼倚

59. 雕栏。思量此景添愁恨，歌管嬉□□□。　《日短》

60. 东南向晓赤乌生，指昂须臾复已□。□□□飞离邃，

61. 窗光若箭出深庭。樵夫路上奔归□，渔父途中走赴程。

62. 逸士妨编成叹息，算来却减是非轻。　　《冬至》

63. 变泰微微复一阳，从兹万物日时长。得推河汉珠星灿，桓

64. 论天衢璧月光。帝室庆朝宾大殿，豪门贺寿拥高堂。

　　　（《中国藏西夏文献》N21·014〔F051—6〕左半页）

65. 舅姑履袜争新献，鲁史书祥耀典章。　《招抚冬至生日上》

66. 昴星昨夜色何新，今日侯门诞伟人。喜见尘寰翔凤鸟，

67. 定知天上走麒麟。书云瑞气交相应，庆节悬孤尽举陈。

68. 鼎鼐诏封非至晚，徕民更祝寿同春。　　《霞》

69. 朱丹间杂绮舒同，应兆晨昏雨露□。□□□□□，

70. 须臾五色映高峰。影辉落日流液□，□□□霄傍月宫。

71. 吞咽若教功不辍，能令凡脸换仙容。　　

72. 行先五德莫非仁，居□□□往亲。君□□□□，□

73. 人依处显诸身。陈孟梁惠□□□，□□□

　　　（《中国藏西夏文献》N21·014〔F051—5〕右半页）

74. 物随时名。匪一欲求□恕可，□□□□□。

75. 为物虽微出污渠，营□□□□难除。航□□□□□□□，

76. 座上从扇已点袪。画合纷纭防作□，□□□害篇书。

77. 浑如潜佞谗忠正，去剪无由恨有余。　□□□□□

78. 四端于此必无亏，举措从容尽度宜。□□□□果断，□

79. 身应是善施为。便教威武何由屈，□□贫穷莫可移。

80. 孔孟聘游先是告，春秋论战并相欺。　《重阳》

81. 古来重九授衣天，槛里金铃色更鲜。玄甸安中应咏赋，

82. 北湖座上已联篇。孟嘉落帽当风下，陶令持花向户边。

（《中国藏西夏文献》N21·014〔F051—4〕右半页）

83. 好去登高述古事，畅情酩酊日西偏。　《菊花》

84. 卉木雕疏始见芳，色缘尊重占中央。金铃风触虽无响，一□

85. 霜残亦有香。不似凡色弃联气，特栽仙艳媚重阳。陶家

86. 篱下添殊景，雅称轻柔泛玉觞。　《早行》

87. 邻鸡初唱梦魂惊，灯下相催起早行。□□□门紧闭，□

88. 衢皎皎月才倾。栖鸦枝上犹无语，旅雁□□□□。勒马少亭

89. 回首望，东方迤逦渐分色。　《晚》

90. 楼头吹角送斜阳，海上晖□□□光。游子亭□□□□，家童秉

91. 烛上书堂。荒郊烟霭□□□，□□□□□□□。渔□□□

92. 滩浦静，平安一把举云傍。　□□□□□

（《中国藏西夏文献》N21·014〔F051—3〕右半页）

93. 滴漏频催已五更，山川仿佛色□□。□□□□□，□□

94. 商车戴月行。霄汉□□□□□，□□□□□□。□

95. 志穷经者弦诵，窗前喜将□□□。《闻蛩》

96. 微声唧唧入庭围，此韵霜时更足悲。□□□□□，

97. 叶起秋思。风前因叹年光速，月下缘□□□。□□□□□，

98. 无眠展转动伤咨。　《酒旗》五言六韵

99. 海内清平日，此旗无卷收。一杆出画栋，三帖□□楼。解逅游人

□，□□

100. 旅客愁。冬宜风雪里，春称杏嬬头。衹醒由兹显，金貂为尔留。高□

101. 豪杰士，既见醉方休。　　《烛》五言六韵

102. 银釭施力巧，朱蜡有殊功。每秉高堂上，尝□停室中。放花荣永夜，

（《中国藏西夏文献》N21·014［F051—2］左半页）

103. 流泪感多风。罗幕摇红影，纱笼照碧空。文鸿□禁尔，绮□□□。

104. 频把香媒剪，辉光日月同。　　《樵父》

105. 劳苦樵人实可怜，蓬头垢面手胝跰。星存去即空携斧，月出归时

106. 重压肩。伐木岂辞踰涧岭，负薪□□□山川。算来□□□

107. 留意，却没闲非到耳边。　　《武将》

108. 将军武库播尘寰，勋业由来自玉关□。□□□扶社稷，威□

109. 卫霍震荆蛮。屡提勇士衔枚出，每领降□□□□。已胜长城

110. 为屏翰，功名岂上定天山。　　《儒将》

111. 绶带轻裘樽俎傍，何尝□□□□。舍己□□□□，纳款遂

112. 闻入庙堂。曾弃一杆离渭水，□□□□□。□□无□捉

（《中国藏西夏文献》N21·014［F051—1］右半页）

113. 兹信，更看横开万里疆。

114. 不识锄犁与贾商，一生□□□□。□□□□□，□□□

115. 芳苔荄香。苇芷不思输□□，莎衣安肯□□□。泛舟作□□

116. 苹里，峦线投轮红蓼傍。汀草往回闻寺□，□□□□听鸣□。

117. 岂图黑梦归周后，不使星辉怨汉皇。苍□□□利禄，殊□

118. 闲事从愁肠。　　《画江山》

119. 谁施妙笔写江山，不离图中数尺间。乍看□□□□，遽听□□

120. 似潺潺。持竿渔父何时去，荷担樵夫甚日还。常□□□添漏涵，

趋使

121. 心意觉清闲。　　　《征人》

122. 人人弓剑在腰间，矢石冲临敢惮艰。刁斗声声□惨意，旌旗影□

123. 感愁颜。欲空房穴标铜柱，未定天山入漠关。待得烟尘俱殄□，

（《中国藏西夏文献》N21·014 [F051—7]）

（第二沓，与第一沓不相连缀。第一纸为半页，其余七纸为全页。缺本部分首页 F051—8 的右半页）

（前缺）

124. 去便柔。疾逢苦药身知愈，□□□□□。□□途于麻山

125. 长，不扶自直信其由。　　　《塔》

126. 十三层垒本神工，势耸巍巍壮梵宫。栏楯□□□惠日，铎铃

127. 夜响足慈风。宝瓶插汉人难见，玉栋□□□莫穷。阿育

128. 慧心聊此见，欲知妙旨问禅翁。　　《寺》

129. 静构招提远俗纵，晓看烟霭梵天宫。□□万卷释迦教，□

130. 起千寻阿育功。宝殿韵清摇玉磬，苍穹声响动金钟。宣□

131. 渐得成瞻礼，与到华胥国里同。　　《善射》

132. 体端志正尽神勇，既发须成德誉彰。雄迈中□行射虎，巧逾百

133. 步戏穿杨。开弓不许谈飞卫，引矢安容说纪昌。乡会每论君

（《中国藏西夏文献》N21·014 [F051—8]）

134. 子争，将他揖让上高堂。　　《窗》

135. 疏棂或纸或纱黏，装点丹青近画檐。□悦辉辉筛杲日，宵□

136. 皎皎透银蟾。倚拦花竹潜能视，闭户山峰坐可观。最称书生挦

137. 苦志，对兹吟咏倍令添。　　《忠臣》

138. 披肝露胆尽勤诚，辅翼吾君道德明。□□□欺忘隐心，闲□

139. 陈善显真情。剖心不顾当时宠，决目宁□□□□。□槛触□归正义，

140. 未尝阿与苟荣身。　　　《孝行》

141. 爱敬忧严以事亲，未尝非义类诸身。服□□□违□，□□

142. 供耕尽苦辛。泣笋失□□还，挽辕出□□□。□□□

143. 养更朝饲，径使回车避远□。

（《中国藏西夏文献》N21·014［F051—9］右半页）

144. 豪子家藏敌国财，卓王糜□□□□。□□□□□□□，□□□□

145. 歌抵。暮朱入户织罗围，□□□□□秉德。□□□□□，□

146. 室香凝使寔回　石崇厕上，使侍婢以锦袋□香。会宾客侍中刘寔上厕，复出，云："误入公室矣！"

147. 环堵萧然不蔽风，衡门反闭长蒿蓬。被身□□□□碎，在□□

148. 四壁空。岁稔儿童犹馁色，日和妻女尚□□。□□贫意存心志，□

149. □孙晨卧草中。　　《久旱喜雪》

150. 旱及穷冬从众怀，忽飘六出映楼台。为资黎庶成丰兆，故撒

151. 琼瑶显瑞来。密布南郊盈尺润，厚停北陆满□培。农歌村野为

152. 佳庆，乐奏公庭绮宴开。　　《打春》

153. □作兴功始驾轮，三阳已复是佳辰。喧□箫□送残腊，颂

154. □黎民争早春。彩杖竞携官从手，金幡咸带俗纶巾。土牛击

（《中国藏西夏文献》N21·014［F051—10］左半页）

155. 散由斯看，触处池塘景渐新。　　《送人应举还》

156. 平日孜孜志气殊，窗前编简匪峙踌。笔锋可敌千人阵，腹内唯藏

157. 万卷书。学足三冬群莫并，才高八斗众难如。今□执别虽依黯，绐

158. 听魁名慰里间。　　《雪晴》

159. 飕飕雾敛冻云开，寒日晖晖照九垓。院落□□无鸟鸣，□庭

160. 爽绝尘埃。街衢人扫堆堆玉，园圃风雕□□□。□□渔□□□，

161. 擘鹰猎客颇欣哉。　　《闲居》

162. 闲事闲非举莫侵，更无荣辱累吾心。与宾□□□□，□唯□□

163. 膝上琴。碁斗功机连夜算，奇思妙句尽朝寻。□□□无□□，□

164. 向窗前阅古今。　　　　《□□值雪》

165. 苟求微利涉尘埃，值雪霏霏□□□。□□□□□□□，□□□

（《中国藏西夏文献》N21·014［F051—11］右半页）

166. 举是银杯。飘摇旋逐狂风□，□□□□□□。□□□观奇绝

167. 景，道傍草木尽江梅。　　　　□□□□□

168. 晚来屈指岁云徂，击敌祛□□□呼。待晓进□□□，迎新宿

169. 饭弃街衢。想知荆楚藏钩戏，应是大原□□□。□□此皆酣饮

170. 罢，年华又改可嗟吁。　　　　《元日上招抚》

171. 向晓青君已访寅，三元四始属佳辰。山川不见□□□，□馆唯瞻今岁

172. 春。首祚信归枢府客，和光先养抚徕臣。书□□列持椒酒，咸祝□

173. □辅紫宸。　　　　《人日》

174. 人日良辰始过年，风柔正是养花天。镂金合帖悉□上，华胜当□绿

175. 鬓边。薛道思归成感叹，杨休侍宴着佳篇。本来此节宜殷重，

176. 何事俗流少习传。　　　　《春风》

（《中国藏西夏文献》N21·014［F051—12］左半页）

177. 习习柔和动迹遐，郊原无物不相加。轻摇弱柳开青眼，微拂香兰

178. 发紫芽。催促流莺来出谷，吹嘘蛱蝶去寻花。扫除积雪残

179. 冰净，解使游人觅酒家。　　　　《春水》

180. 冰消触处浸汀洲，俗号桃花色带稠。沼面汶回□□鲤，湖波浪动泛群

181. 鸥。潺潺杖引通栏过，泱泱锄开人浦流。已使渔翁持短棹，时来解

182. 缆泛渔舟。　　　　　《上元》

183. 俗祭杨枝插户边，紫姑迎卜古来传。祇□□□□□，□巷银灯

184. 万盏燃。皓月婵娟随绮绣，香尘馥郁逐车辇。□□铁铸皆无□，

185. 处处笙歌达曙天。　　　《春云》

186. 飞杨似鹤映苍穹，半□□□□化工。触□既□□忧野，横槊□

187. 敛逐东风。或飘丝雨□郊□，□□□□□。□□□□归碧

（《中国藏西夏文献》N21·014［F051—13］右半页）

188. 嶂，直疑梦散楚王宫。

189. 斗回卯位景还苏，协应□□□□。昔日□□□□，当年射□

190. 震寰区。暂淹倅职安边垒，□□有皇征赴□。自是仁人□□

191. 寿，更祈彩绶至霜须。　　　又

192. 艳阳媚景满郊墟，载谪神仙下太虚。端正□□□□，勤□

193. 实腹乃诗书。侍亲孝行当时绝，骇目文章自古无。□□青衿□

194. 祝颂，辄将狂斐叩阶除。　　《上祀学文》

195. 归向皇风十五春，首蒙隅顾异同伦。当时恨未登云路，他日须会

196. 随骥尘。已见锦毛翔玉室，犹嗟蠖迹混泥津。前言可念轻陶

197. 铸，免使终为涸辙鳞。　　　《和雨诗上金□》

198. 至仁祈祷动春霄，雨降霏霏旱热逃。洒济郊原枯草嫩，救□

（《中国藏西夏文献》N21·014［F051—14］左半页）

199. 垄亩握禾高。村中农叟歌声远，窗下书生咏意豪。咸颂□□

200. 忧众德，田畴焦土一时膏。　《上招抚使□韵古调》

201. 自惭生理拙诸营，更为青衿苦绊□。□□晨昏莫闲暇，束

202. 修一掬固难盈。家余十口无他给，唯此春秋是度生。日夜儿

203. 童亦寒叫，年丰妻女尚饥声。颐颜不□□环渚，未给区区

204. 大阄。乃为吾邦迈尧舜，安时乐化实宽□。□肉轻犯岂□

205. 想，甘于蓬室饭菁羹。况值恩公宣圣□，□□□□□□。□
206. 夙夜愁愧才谫，不堪鞭策以驱令。退□□□□，衡门□
207. 拙止关扃。俄尔年来变饥馑，□桐搜粟□□□。□
208. 不相接，室家相视颇□□。□□□□□□，□□□□□。
209. 幸有恩公专抚治，忍教尔□□□□。□□□□□□，□

　　　　　（《中国藏西夏文献》N21·014［F051—15］右半页）

210. 开耳目去聋盲。澡心雪志□□□，□□□□□□。
211. 仁慈怀厚德，不愁摈□□□□。□□□□□□□，□
212. 荄再得萌。　　　　《贺金刀□》
213. 高人意趣固难肩，构就危楼壮远边。□□□□□□，
214. 窗棂隐隐透轻烟。盐威西视当轩侧，□□□□□□。
215. 盛暑诸君来一到，爽然涌洒类蓬天。　　《皇大□□□》
216. 昨夜星移剥象终，一阳汇进协元功。瑞云霭霭□苍汉，嘉□
217. 葱葱绕禁宫。北陆始知寒色远，南楼潜觉暖□□。殷勤更□
218. 琼觥酝，仰介储宫寿莫穷。　　　又
219. 空嗟尺蠖混泥津，荣遇东风便出尘。每愧匪故促□感，尚怨□
220. 进慰求伸。玉堰辉照恩九重，金口垂慈意益新。类□□□□

　　　　　（《中国藏西夏文献》N21·014［F051—15］左半页）

221. 割，愿投洪造被陶钧。　　　《求荐》
222. 骛马求顾伯乐傍，伯乐回眸价倍偿。求荐应须向君子，君子一荐□
223. 忠良。愚虽标栎实无取，忝谕儒林闲可□。□家碌碌处异□，□
224. 物人情难度量。只亲垂白子痴幼，侍养不□□伧忙。故使一身□□
225. 污，侯门疏谒唯渐惶。昨遇　储皇□□□，□□□□龙门。下臣何端
226. 复无耗，杜门宁拙转悲忿。寂寞□□怀忿□，□取轻贱于他□。□

227. 君慷慨更谁似，拯救穷徒推深仁。德□薄之□□□，善缘□

228. 进外驽钝。倪蒙与提援岂契，寒荄遇□□□□。　《灯花》

229. 岂假吹嘘力，深房自放花。无根簇碎叶，□□□□。安受□□□，

230. 何须倚槛夸。殷勤将喜事，每□报人家。　□□□□

231. 云收雾敛显晴曦，杨絮□□□□飞。嫉柳当风□绿线，□□□□

232. 理黄衣。倚墙棠叶添红艳，拂□□□□□。□□□□□□□，□

（《中国藏西夏文献》N21·014［F051—14］右半页）

233. 眸惜景暮忘归。　　《窃□□□□》

234. 真乃丰年之兆，丰岁之征，岂可□□□□□□□遂不愧荒斐，

235. 缀成七言春雪之作二十韵。□□□王学士等俯□□□□□幸甚，幸甚。

236. 　　　　门人高某拜　呈。　　此乃高走马作也。

237. 连夜浓荫彻九垓，信知春雪应时来。天工有意□□兆，瑞泽□□

238. 浃宿荄。万里空中栉皓鹤，九霄云外屑琼瑰。□□林杪重重□，

239. 误认梨花树树开。几簇落梅飘庾岭，千团香絮舞章台。奔

240. 车轮转拖银带，逸马蹄翻掷玉盃。腊□□望三白异，春前喜

241. 弄六花材。融和气壮□还尽，澹荡风狂舞□回。乱落满空□□

242. 绪，轻飞覆地□成埃。银河岸上□摧散，织女只是练剪裁。轻薄

243. 势难裨海岳，细微质易效盐梅。滋苏草木根芽润，净洗

244. 乾坤气象恢。率土储祥虽满尺，终朝见现不成堆。竞□

（《中国藏西夏文献》N21·014［F051—13］左半页）

245. 投隙蟾筛早，住后凝山璞乱猜。东郭履中寒峭峭，孙生书

246. 畔白皑皑。袁堂偃卧扃只户，梁苑潮冷集众才。失志蓝

247. 关行马阻，解歌郢曲脆声催。岂符□□尘埃息，又使□

248. 门粪土培。孤馆狠端增客思,长安酒价□金曍。子猷行舟

249. 缘何事,访戴相邀拨渌醅。《顷□侍□走马学士　　》

250. 荒斐示以春雪长篇,披馥再三,格高韵□,况某诚非青□

251. 之才,妄继碧云之韵,幸希　笑览　抚和。

252. 忽布春云蔽远垓,欣飘六出自天来。为传淑气□□律,故□□□

253. 发旧荄。色布长川横素练,光分峻岭积琼瑰。□□□□□,
□□

254. 重拖瑞验开。极塞边峰□□□,□□□□战垒。变银□□□

255. 排绢,兵阵征蹄乱印盃。映苍□□□□,□□□

(《中国藏西夏文献》N21·014 [F051—12] 右半页)

256. 乍结寒威。薄到地还消暖□,

257. 压轻埃。盈盘作璧同雕□,□□□□□。□□□□□,

258. 过丛何异散寒梅。遂令民□□□,实表□□□□□。

259. 铺明月彩,黄沙俄变白云堆。刚凝龙脑诚□□,□□□□

260. 猜。郢客歌中吟皓皓,梁王苑里咏皑皑。韩□□□□,
□□□

261. 崖尽逸才。脉脉坠时群势动,纷纷落处众□□。□□□□□,

262. 泽润孤根易拥培。农贺丰年吉庆颂,□□景倒樽□□□

263. 守职东陲右,但欲邀明醉嫩醅。　　《王学士》

264. 苍汉重云暗野垓,须臾雪降满空来。气和□泽滋枯木,□□□□

265. 发冻荄。小院翩翩飞蛱蝶,闲庭散乱布瑶瑰。轩前□讶梨苞 放 ,
□

266. □俄莺琼叶开。漠漠樵夫迷涧壑,漫漫鸟雀失楼台。更令客舍□

267. □粉,似使征途马掷盃。宫女实为龙脑 妆 ,鲛人拟作蚌珠材。

(《中国藏西夏文献》N21·014 [F051—11] 左半页)

268. 纷纷多向渔舟覆,片片轻逐舞袖回。万里模糊添冷雾,四郊清
□□

269. 荒埃。千团风触诚堪画，六出天生岂用裁。谁识隋堤新落絮，□□

270. 庾岭旧芳梅。洒膏厚土池塘媚，压净游尘□田灰。颜子巷中偏□□，

271. 安表门外愈深堆。李公误认还须采，卞氏初看亦□□。□见蓝关停□□，□

272. 知朔岭积皑皑。商徒暂阻牵愁思，诗匠宽搜□□□。应遣田畴□□□，

273. 又将园苑李桃催。欣经和日为沃渥，幸免寒沙洗□□。□□□□□，□

274. 孙庆赏醉倾罍。有秋嘉瑞初春见，莫惜黄金买□□。　《上经略相□□》

275. 神聪出众本天然，堪称皇家将相权。皂盖烛颂随马□，□衣只列向轩□。□

276. 符使执驰千里，金印宸封降九天。玉节眷隆光灿烂，□□□色新鲜。□□

277. 道德经邦国，每抱宽慈抚塞边。退令不辞身染疾，□□□□□□。□□□

278. 迈南阳叟，固业还同渭水□。□□长城云可止，漠烟

279. 郊疆。霭霭威声震寰宇，

(《中国藏西夏文献》N21·014［F051—10］右半页)

280. □不宣。　　《柳》

281. □君先放弄柔条，宜雨和烟岂□□。□□□□□，□□□。□□□□

282. □丝斜，映牖明户几树高。□□□□□，□□□□□。

283. 　　　　《梨花》

284. 六工应厌红妖俗，故产琼姿压众芳。玉质姣珠遮□□，□□□□□□。□

285. 容月下争奇彩,满满兰丛奋异香。恰似昭阳宫女出,□□□□□。

286. 　　　　《桃花》

287. 栽植偏称去竹深,灼灼奇包露邑红。金谷园林香□□,□□□□□□。□

288. □□与陶潜菊,美宴偷来蔓猜□。每还寰瀛□□□,□□□□□□。

289. 　　　　《放鹤篇　并序》

290. 秋雨潇潇,凉风飒飒,顾霜毛之皓鹤,常值眼以

291. 之语来鹤。尔名标垓外,迹寄人间,卓尔不群。

292. 府守素之规。余观六合之中,羽族甚众,或有

(《中国藏西夏文献》N21·014［F051—9］左半页)

残片:

(一)

(前缺)

1. 　　　高□

2. 　　□斗□

3. 　　□府也应□

4. 　　元圣戎其

(后缺)

(二)

(前缺)

1. 　　□将□□

2. 　　□怜出妙诉

3. 　　　淌郊

4. 　　□赖

5. ▢▢▢▢▢▢□▢▢▢

（后缺）

（三）

（前缺）

1. ▢▢▢▢□熟可▢▢▢
2. ▢▢▢如弃钓归西伯▢
3. ▢▢▢▢破虏▢▢▢▢

（后缺）

（四）

（前缺）

1. ▢▢▢▢▢□▢▢▢▢
2. ▢▢▢处避得忌□▢▢
3. ▢▢▢□者或恃真▢▢

（后缺）

二 西夏乾祐十一年（1180）仁宗印施《佛说三十五佛名经》发愿文

题解：

本件文书《中国藏西夏文献》编号 N21·015［F037］，收于第 15 册第 162~168 页，编者拟题为汉文刻本《三十五佛名礼忏功德文·附仁宗施经发愿文》，并指出其为：刻本，卷轴装，上下单栏，残存 3 纸。第 1 纸，下部残损，残宽 55.2 厘米，残高 29.2 厘米；第 2 纸，下部残损，残宽 55.2 厘米，残高 29.8 厘米；第 3 纸，上部有残损，残宽 55.5 厘米，残高 31.5 厘米。第 1 纸和第 2 纸各有文字 25 行，第 3 纸为 24 行，每行 13 字，最少残留 7 字。第 1 纸右边有一阴刻"七"字，表明其为本文的第 7 版（张）。第 3 纸末书："时大夏乾祐庚子十一年（1180）五月初□……（奉天显）道耀武宣文神谋睿智制义去邪惇睦懿

恭皇帝　谨施"，知为西夏第五代皇帝仁宗印施《佛说三十五佛名礼忏文》的施经发愿文。

录文标点：

（前缺）

1. 　　　　　七
2. 罪犹如墨☐
3. 悉皆清净，☐☐无余，自☐
4. 如秋月，似若明珠，内外☐
5. 想。已然诵回☐三轮体空颂☐
6. 　　诸佛正法菩萨僧，
7. 　　直至菩提我归依。
8. 　　我以所作诸善根，
9. 　　为有情故愿☐☐。
10. 　　能回于人回施善，
11. 　　所获一切☐☐☐。
12. 　　犹如幻☐☐☐☐，
13. 　　三轮体空☐☐☐。
14. 如诵一遍回施，既已☐
15. 意而住。行住坐卧四☐
16. 南无归依佛，南无归依☐
17. 依僧。
18. 若有善男子、善女☐
19. 夜六时，或三时，或☐
20. 时中作此三十五佛忏☐
21. 无始，直至今时，自作☐他☐

22. 喜，所积十不善业、五□间罪、□□
23. 别解脱禁戒之罪、触犯菩萨禁□
24. 之罪、触犯秘密记句罪等一切□
25. 罪，悉得消灭。及所触犯记句禁戒，
26. 复得完全，天□□师一切护法□
....
27. 神等常随拥护。□
28. 神不能侵害，一切□
29. 于现世中无病延年
30. 事口舌、祆祷咒咀，一切灾难，所有
31. 违情不祥等事，即得除遣。国泰民
32. 安，风雨依时，五谷丰熟，花果茂□，
33. 永无疫疠一切疾病，不遭横□，一
34. 切时中常得安乐，所祈愿□□□
35. 充足。临终之时，无诸痛苦。□□□
36. 念三十五佛而为上□
37. 极微尘数上师本尊
38. 来接引，随意往
39. 闻法即得摄受，即
40. 德，悉得圆满，速证无
41. 也。
42. 依三十五佛，昼夜时□
43. 重罪齐门。
44. 朕谓剖裂宗风，方究空
45. 廓彻心境，始分理性之玄
46. 相好之庄严，罔启修为

47. 凭圣像得契玄诠，故我

48. 觉皇应身法界，王①毫耀于幽显，金

49. 色粲于人天。或成道此方，示救囗

50. 于他国；或住寿一劫，广演教于恒

51. 囗。囗贤劫以题名，历星宿而莫尽。

···

52. ▭囗小数。无穷业障，念

53. ▭菩提树而尊像有

54. ▭囗法印各别，是皆宣

55. ▭则知勤跪诵以

56. 囗囗，能殄灾而植福。若有菩萨犯

57. 波罗夷，顿起妄囗，毁僧残戒，为造

58. 五无间之大罪，又作十不善业之

59. 囗囗，或堕地狱、畜生、饿鬼恶趣边

60. 地，囗囗囗蘉戾车六根不具，如此

61. 等罪，皆能忏悔。为苦海之舟航，实

62. 群生之恀怙也，故贝书翻译而法

63. 苑盛传。近遇名师，重加刊正，增释

64. 文之润色，焕佛日之光华，谨镂板

65. 以流行，俾赞扬而礼忏，以兹鸿佑，

66. 申愿深衷。仰礼

67. 艺祖神宗，俱游极乐；次祝

68. 囗考皇囗，早证上乘。中宫诸副则

69. 赞保荣昌，率土普天而同跻富寿。

———

① 据文意推断，"王"应为"玉"。

70. 遍斯花藏之无际，逮此刹种之含

71. 灵，悉悟真如，同登胜果，谨愿。

72. 时大夏乾祐庚子十一年五月初

73. □□，

74. 　　□□□道耀武宣文神谋睿智制

75. 　　□□□□睦懿恭　皇帝　谨施。

第16册

一　西夏嵬名法宝达地契残片

题解：

本件文书《中国藏西夏文献》编号 G11·031［B59：1］（敦煌莫高窟北区出土，敦煌研究院藏），收于第16册第46页，编者拟题为汉文写本《嵬名法宝达残卖地契残页》，并指出本件文书残高 18.8 厘米，残宽 22.7 厘米。残存汉文 11 行。钤朱印 4 方，其中有 2 方朱印完整。择录文字有"……初一日立账目文字人嵬名法（宝达）……"以及"立账目人长男嵬名嵬……"等。

参考文献：

杜建录、史金波：《西夏社会文书研究》，上海古籍出版社，2010。

录文标点：

（前缺）

1. ＿＿＿＿＿＿＿＿＿＿＿＿＿＿字人嵬名法宝达

2. ＿＿＿＿＿＿＿＿＿＿＿＿＿□举借他人钱债，无

3. ＿＿＿＿＿＿＿＿＿＿＿＿＿外，今将祖置泉水①

4. ＿＿＿＿＿＿＿＿＿＿＿＿一日一夜。其地东至

---

① 第 1～3 行钤朱印一枚。

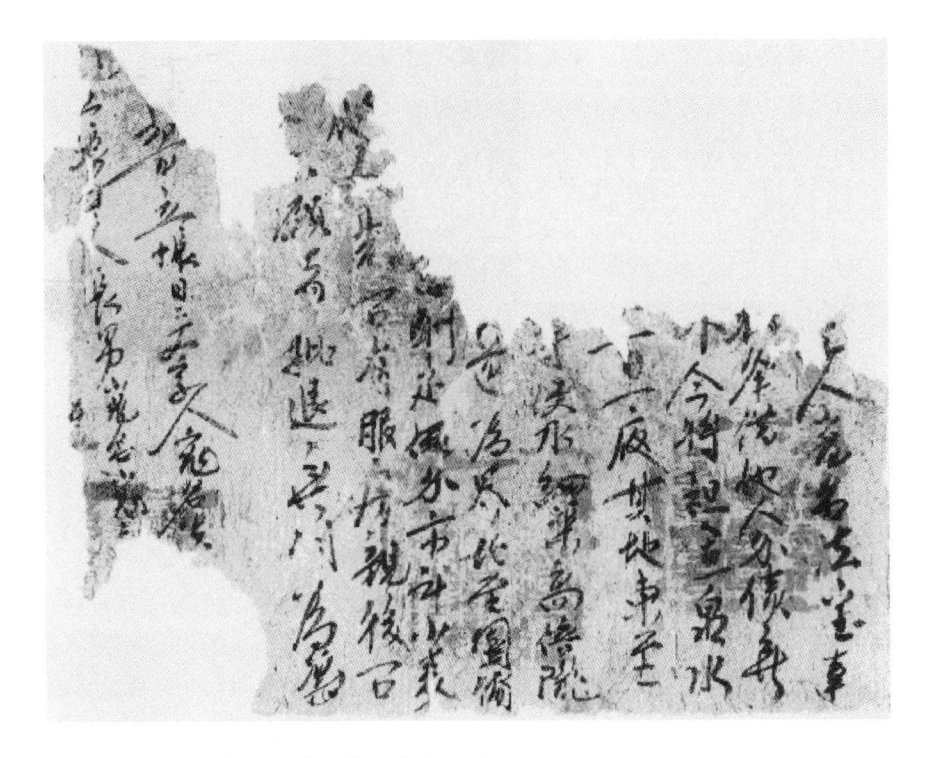

(图片引自《中国藏西夏文献》第16册第46页)

5. ☐☐☐☐☐☐☐☐☐☐☐☐等使水细渠高倍陇

6. ☐☐☐☐☐☐☐☐☐☐☐☐道为界，北至园门

7. ☐☐☐☐☐☐☐☐☐☐☐☐酬定价钱市斗小麦①

8. ☐☐☐☐☐☐☐☐☐☐他人，先问有服房亲，后问

9. ☐☐☐☐☐☐☐☐☐☐愿为批退，无词，为凭。

10. ☐☐初一日立帐目文字人嵬名法☐☐☐☐

11. ☐☐立帐目人长男嵬名嵬☐☐☐☐ ②

（后缺）

---

① 第5~7行钤朱印两枚。
② 第10、11行钤朱印一枚。

二　西夏借米契约残片

题解：

本件文书《中国藏西夏文献》编号 G11·032［B206：1（背）］（敦煌莫高窟北区出土，敦煌研究院藏），收于第 16 册第 46 页，编者拟题为汉文写本《借贷文书残页》，并指出本件文书残高 17.7 厘米，残宽 5.5 厘米，残存文字 2 处，一处 4 字，一处 3 字。但从图版来看，本件文书仅残存汉文文字 2 行，第 1 行现存文字 16 字，第 2 行仅存 1 字残痕。

录文标点：

（前缺）

1. ☐☐☐☐☐糜叁斗柒升半，如限日不还，☐承倍还☐☐☐

2. ☐☐☐☐☐☐☐

（后缺）

三　西夏刻本《番汉合时掌中珠》残页

题解：

本件文书《中国藏西夏文献》编号 G11·181［B184：9］—4P（敦煌莫高窟北区出土，敦煌研究院藏），收于第 16 册第 241 页，编者拟题为西夏文、汉文刻本《番汉合时掌中珠》，并列出文书诸要素为：蝴蝶装，1 面；高 21.8 厘米，残宽 15 厘米；上、下、左双栏，栏高 18.8 厘米；稍残，有西夏文、汉文 3 栏 12 行，每栏分五段。此处只释录其中之汉文文字，西夏文不录。

录文标点：

（前缺）

1. 诺麻　　麦吴　　勒柔　　☐那　里那

2. （此行为上行各词所对应之西夏文）

3. 桃　　柳榆　　松栢　　☐☐　香菜

4. （此行为上行各词所对应之西夏文）

5. 悉那　　抽合那　　末那　　☐☐　流那

6. （此行为上行各词所对应之西夏文）

7. 芥菜　薄荷　菠萝　苗□　白叶

8. （此行为上行各词所对应之西夏文）

9. 啰赤　孛啰　路饥　移全那　啰那

10. （此行为上行各词所对应之西夏文）

11. 蔓菁　萝卜　瓠子　茄子　蔓菁菜

12. （此行为上行各词所对应之西夏文）

（后缺）

四　西夏布告残片

题解：

本件文书《中国藏西夏文献》编号 G21·023 [15542]（武威张义下西沟岘出土，甘肃省博物馆藏），收于第 16 册第 271 页，编者拟题为汉文印本《布告残页》，并列出文书诸要素为：单页，雕版印本；残高 18.5 厘米，宽 6.7 厘米；残存西夏文官印一方，官印下为汉字"刘"。

录文标点：

（前缺）

1. （官印）刘⬜

（后缺）

五　西夏经略司文书残片

题解：

本件文书《中国藏西夏文献》编号 G21·024 [15536]（武威张义下西沟岘出土，甘肃省博物馆藏），收于第 16 册第 271 页，编者拟题为汉文写本《经略司文书残页》，并列出文书诸要素为：残页，麻纸；墨写草书；残高 15.7 厘米，宽 7.6 厘米；存字 2 行，一行大字"经略司"，一行小字"计料官通判白"。按，文书现存文字 3 行，第 3 行仅存两字残痕。

录文标点：

（前缺）

1. ☐☐☐☐经略司
2. ☐☐☐☐☐☐☐计料官通判白
3. ☐☐☐☐☐☐☐☐☐☐☐

（后缺）

六　西夏李伴狗等欠钱文书残片

题解：

本件文书《中国藏西夏文献》编号 G21·025［15537］（武威张义下西沟岘出土，甘肃省博物馆藏），收于第 16 册第 271 页，编者拟题为汉文写本《欠款条残页》，并列出文书诸要素为：残页，麻纸；汉文墨书；残高 15 厘米，宽 11.3 厘米；存字 2 行："李伴初欠钱叁贯伍百文／刘的的欠钱贰贯贰百伍拾文。"

录文标点：

（前缺）

1. 李伴狗①欠钱叁贯伍佰文
2. 刘的的②欠钱贰贯贰佰伍拾文

（后缺）

七　西夏某司申文残片

题解：

本件文书《中国藏西夏文献》编号 G21·026［15538—1—2］（武威张义下西沟岘出土，甘肃省博物馆藏），收于第 16 册第 272 页，编者拟题为汉文写本《请假条残页》，并列出文书诸要素为：残页，麻纸；汉文墨书；存

---

① "狗"，《中国藏西夏文献》作"初"，现据图版改。
② 第二个"的"为省文符号，现径改。

2 面；第一件残高 18.7 厘米，宽 6.8 厘米，存字 2 行："今申本卡先差司吏高践苟一名本人告称或有/遣及诸处驱赶请假今目下见"；另一件残高 16.7 厘米，高 8 厘米，存字 3 行："患伤寒行履不能本卡并无□□手力不/乐人惜文/目行送之。"

录文标点：

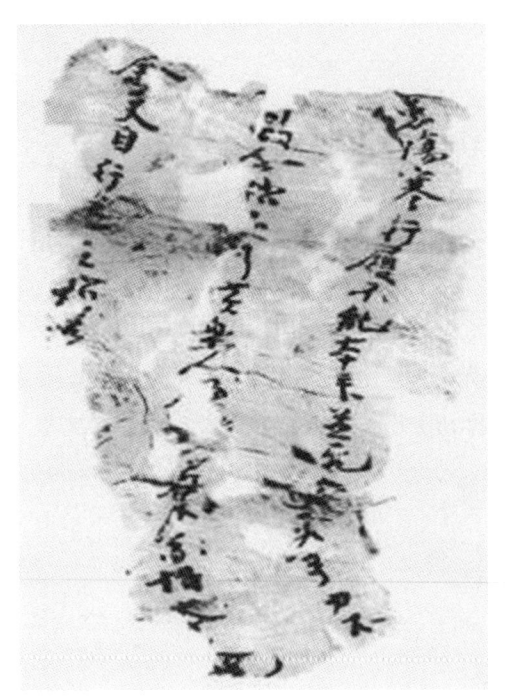

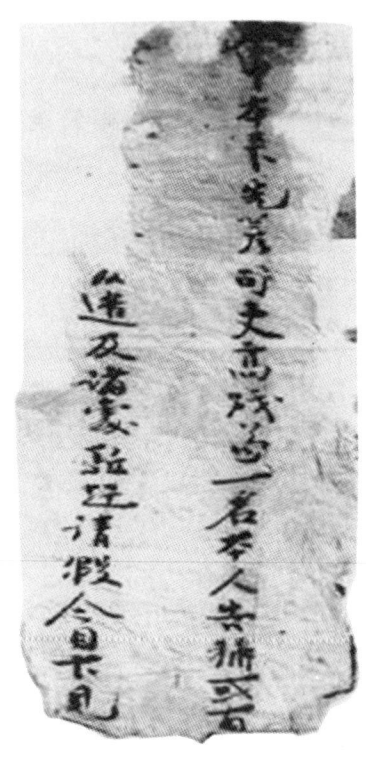

（图片引自《中国藏西夏文献》第 16 册第 272 页）

（一）

（前缺）

1. 今申本 所① 先差司吏高践苟一名，本人告称或有

2. ☐☐☐☐☐发 遣及诸处驱赶请假。今目下见

---

① "所"，《中国藏西夏文献》作"卡"，疑为"所"。

(后缺)

(二)

(前缺)

1. ☐☐☐患伤寒，行履不能，本 所① 并无☐☐② 人③ 手力不☐☐

2. ☐☐☐☐今☐☐行关乐人☐☐☐☐家惜本④

3. ☐☐☐余文自⑤行送之帖 差⑥ ☐☐☐☐☐

(后缺)

八　西夏光定二年（1212）某司申西路乐府☐勾管所文残片

题解：

本件文书《中国藏西夏文献》编号 G21·027 ［15538］（武威张义下西沟岘出土，甘肃省博物馆藏），收于第 16 册第 273 页，编者拟题为汉文写本《光定二年公文残页》，并列出文书诸要素为：单页，麻纸；墨写行书；高 18.5 厘米，宽 12.5 厘米；残存 5 行，第 3 行存："西路乐府勾管所"，第 4 行存："光定二年九月　日（1212）监乐官西凉府"，第 5 行存："监乐官府☐☐☐礼。"

录文标点：

(前缺)

1. 上者

2. 右谨具申

3. 西路乐府 管⑦ 勾官⑧ 所

---

① " 所 "，《中国藏西夏文献》作"卡"，疑为"所"。

② 从文书字距来看，此处应缺两字，《中国藏西夏文献》作缺一字，现据图版补。

③ "手"，《中国藏西夏文献》未释读，现据图版补。

④ "本"，《中国藏西夏文献》作"文"，现据图版改。

⑤ "自"，《中国藏西夏文献》作"目"，现据图版改。

⑥ "帖 差 "，《中国藏西夏文献》未释读，现据图版补。

⑦ " 管 "，《中国藏西夏文献》漏录，现据图版补。

⑧ "官"，《中国藏西夏文献》作"管"，现据图版改。

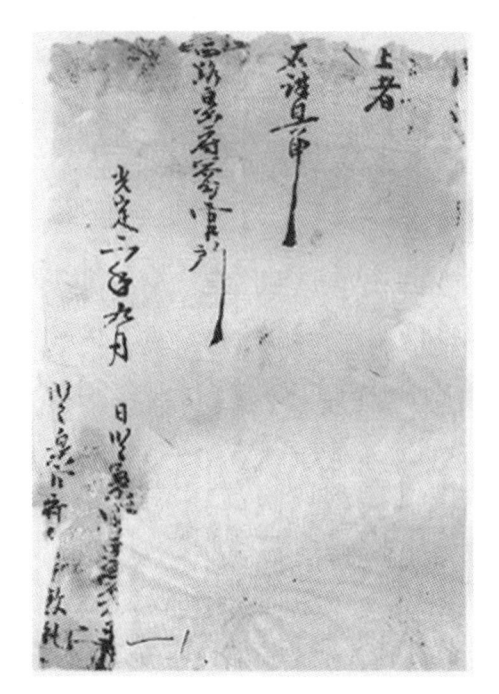

（图片引自《中国藏西夏文献》第 16 册第 272 页）

4.　　　光定二年九月　　日监乐官西凉府☐☐☐
5.　　　　　　　　　监乐官府☐☐敦①礼

（后缺）

九　西夏写本《人庆二年（1145）日历》残页

题解：

本件文书《中国藏西夏文献》编号 G21·028［15541］（武威张义下西沟岘出土，甘肃省博物馆藏），收于第 16 册第 274 页，编者拟题为汉文写本《历书残页》，并列出文书诸要素为：单页，麻纸；墨写楷书；高 15.8 厘米，宽 10 厘米；以墨线单栏划分，残存上半截 4 行，为七月至十二月日历，记有闰十一月；据各月朔日干支可推断出，此为乙丑年日历，即西夏人庆二年（1145）的日历。

---

① "敦"，《中国藏西夏文献》未释读，现据图版补。

录文标点：

（前缺）

十二大	闰小	十一大	十小	九小	八大	七小	□
危十七立 辛丑	壬申十五小 虚	壬寅十五大 牛卅至	癸酉十三立 斗二十八小	甲辰十二寒 箕廿七降	甲戌十一日 心廿七分	乙巳十立 房廿五处	□亥十五大 □□□十五小
七子	九丑	八寅	九卯	八辰	七巳	五午	□
□二十	戊 四顺		亥 六退				
	八子		丑 廿六	寅 十五	一卯		
戊丑 廿五							

（后缺）

十　西夏文书残片

题解：

本件文书《中国藏西夏文献》编号 G21·029 ［15539］（武威张义下西沟岘出土，甘肃省博物馆藏），收于第 16 册第 274 页，编者拟题为汉文写本《文书残页》，并列出文书诸要素为：残页，麻纸；汉文墨书；残高 18.6 厘米，宽 11 厘米；存字 2 行："依中□各乡以／属行遣。"

录文标点：

（前缺）

1. 依中 定差 ，仰①以

2. 属行遣

（后缺）

---

① " 定差 仰"，《中国藏西夏文献》作"□各乡"，现据图版改。

第 17 册

一 西夏文、汉文合璧写本《历书》残片

题解：

本件文书《中国藏西夏文献》编号 M21·021［F5：W101］（内蒙古黑水城出土），收于第 17 册第 163 页，编者拟题为西夏文·汉文合璧写本《历书残页》，并列出文书诸要素为：残高 14 厘米，残宽 3.5 厘米；大小字相间，存 24 字。

录文标点：

（前缺）

1. □□□□□十五日□九月小□□十月□①

（后缺）

第 18 册

一 西夏天祐民安五年（1094）凉州重修护国寺感通塔碑铭

题解：

本碑文《中国藏西夏文献》编号 G32·001，收于第 18 册第 85～93 页，编者拟题为《凉州重修护国寺感通塔碑》，并指出：本碑为西夏崇宗天祐民安五年（1094）所立，原藏凉州（今甘肃省武威市）大云寺内，现藏武威市博物馆；碑高 250 厘米，宽 90 厘米；两面刻文，阳面刻西夏文，碑额西夏文篆书"敕感通塔之碑铭"，正文楷书 28 行，满行 65 字；阴面刻汉文，碑

---

① 本件文书录文当中"□"均代表西夏文。

额篆书"凉州重修护国寺感通塔碑铭",正文楷书26行,满行70字;两面碑额各有一对线刻伎乐图。碑文主要记述重修感通塔之盛况。其中有关西夏国名、帝号、纪年、官制、农耕、工商、阶级关系等方面的材料弥足珍贵。

录文标点:

1. ☐

2. ☐智慧因缘,种种比喻,☐☐☐☐,大抵与五常之教多有相似,其实入人深厚,令智愚心服归向,信重汪洋广博。

3. ☐阿育王起八万四千宝塔,奉安舍利,报 佛恩重。今武威郡塔,即其数也。自周至晋,千有余载,中间兴废,经典莫记。张 轨称 制

4. 西凉,治其宫室,适当遗址,☐☐☐☐☐☐☐☐☐宫中数多灵瑞,天锡异其事。时有人谓天锡曰:"昔阿育王奉 佛舍利,起塔遍世界中,今之宫乃塔之故基之一也。"天锡遂舍其宫为寺,

5. 就其地建塔。适会☐☐☐技类班轮者来治其事,心计神妙,准绳特异,材用质简,斤踪斧迹,极其疏略,视之如容易可及,然历代工巧,营心役思,终不能度其规矩。兹塔造建,迄今八百

6. 二十余年矣。 大夏开国,奄有西土,凉为辅郡,亦已百载,塔之感应,不可殚纪。然听闻详熟,质之不谬者云:"尝有攲仄,每欲荐整,至夕皆风雨大作,四邻但闻斧凿声,质明塔已正矣!"如

7. 是者再。 先后之朝,西羌梗边,寇乎凉土。是夕亦大雷电,于冥晦中,上现瑞灯,羌人睹之,骇异而退。顷为南国失和,乘舆再驾,躬行薄伐,申命王人稽首潜祷,故天兵累捷,盖冥佑之者

8. 矣。前年冬,凉州地大震,因又攲仄,守臣露章具列厥事, 诏命营治。鸠工未集,还复自正。今 二圣临御,述继先烈,文昭武肃,内外大治。天地禋祀,必庄必敬;宗庙祭享,以时以思。至于

9. 释教,尤所崇奉。近自畿甸,远及荒要,山林碛谷,村落坊聚,

佛宇遗址，只椽片瓦，但仿佛有存者，无不必葺。况名迹显敞，古今不泯者乎。故将是塔，旌乎前后灵应，遂命增饰。于是，众匠

10. 率职，百工效技，朽者缋者，是墁是饰，丹臒具设，金碧相间，辉耀日月，焕然如新，丽矣壮矣，莫能名状。况武威当四冲地，车辙马迹，辐辏交会，日有千数，故憧憧之人，无不瞻礼随喜，无不

11. 信也。兹我　二圣，发菩提心，大作　佛事，兴无边胜利，接引聋瞽，日有饶益。巍巍堂堂，真所谓慈航巨照者矣，异哉。　佛之去世，岁月浸远，其教散漫，宗尚各异。然奉之者，无不尊重赞

12. 叹，虽凶很①庸愚，亦大敬信，况宿习智慧者哉。所以七宝妆严，为塔为庙者有矣；木石瓴甓，为塔为庙者有矣。镕②塑彩缋，泥土沙砾，无不为之，故浮图梵刹，遍满天下。然灵应昭然，如兹之

13. 特异者，未之闻也。岂　佛之威力独厚于此耶？岂神灵拥佑有所偏耶？不然，则我大夏，植福深厚，　二圣诚德诚感之所致也。营饰之事，起癸酉岁六月，至甲戌岁正月，厥功告毕。其月

14. 十五日，　诏命庆赞，于是用鸣法鼓，广集有缘，兼启法筵，普利群品，仍饰僧一大会，度僧三十八人，曲赦殊死罪五十四人，以旌能事。特赐黄金一十五两，白金五十两，衣着罗帛六十

15. 段，罗锦杂幡七十对，钱一千缗，用为　佛常住。又赐钱千缗，谷千斛，官作四户，充番汉僧常住，俾晨昏香火者有所资焉，二时斋粥者有所取焉。至如殿宇廊庑，僧坊禅窟，支颓补□□

16. 一物之用者，无不仰给焉，故所须不匮，而福亦无量也。乃　诏辞臣，俾述梗概。臣等奉　诏，辞不获让，抽豪抒思，谨为之铭，其词曰：

17. 　　巍巍宝塔，肇基阿育，以因缘故，兴无量福，奉安舍利，妆严具足，历载逾千，废置莫录。西凉称制，王曰张轨，营治宫室，适当遗址。天锡嗣世，

---

① 据文意推断，"很"字应为"狠"。
② "镕"，《中国藏西夏文献》作"熔"，现据图版改。

18. 　　　灵瑞数起，应感既彰，塔复宫毁。大夏开国，奄有凉土，塔之祥异，不可悉数。尝闻歊仄，神助风雨，每自正焉，得未曾睹。先后临朝，羌犯凉境，

19. 　　　亦有雷电，暴作昏暝，灯现煌煌，炳灵彰圣，寇戎骇异，收迹潜屏。南服不庭，乘舆再讨，前命星使，恭有祈祷。我武既扬，果闻捷报，盖资冥佑，

20. 　　　助乎有道。况属前冬，壬申岁直，武威地震，塔又震仄，凌云势挠，欲治工亿，龙天护持，何假人力。二圣钦崇，再诏营治，朽者缋者，罔有不备。

21. 　　　五彩复焕，金碧增丽，旧物惟新，所谓胜利。我后我皇，累叶重光，虔奉竺典，必恭必庄。诚因内积，胜果外①彰，觉皇妙荫，万寿无疆。

22. 　　　　　　　天祐民安五年岁次甲戌正月甲戌朔十五日戊子　　建。书番碑旌记典集令批浑嵬名遇、　供写南北章表张政思书并篆额。石匠人员韦移移崖、任遇子、康狗名。

23. 庆寺都大勾当铭赛正嚷挨黎臣梁行者乜、庆寺都大勾当卧则啰正兼顶直啰、外母啰正律晶、赐绯僧卧屈皆、庆寺监修都大勾当三司正右厢孽祖乢介臣埋笃皆、庆寺监修都大勾

24. 当行宫三司正兼圣容寺、感通塔两众提举律晶赐绯僧药乜永诠②、修寺准备吴个、行宫三司正凑铭臣吴没兜、修塔寺小监行宫三司正栗铭臣刘屈栗崖、修塔寺小监崇圣寺僧正

25. 赐绯僧令介成庞、护国寺感通塔番汉四众提举赐绯僧正那征遇、修寺诸匠人监感通塔汉众僧正赐绯僧酒智清、修塔寺监石都感通塔渔泉僧副赐绯僧□□□③、修塔寺结瓦□□

26. _____
刘狗儿、石匠左支信、邓三锤、左□□、王真、孙都儿、孙□都、左□移、

---

① "外"，《中国藏西夏文献》作"累"，现据图版改。
② "诠"，《中国藏西夏文献》作"铨"，现据图版改。
③ "修塔寺监石都感通塔渔泉僧副赐绯僧□□□"，《中国藏西夏文献》未释录，现据图版补。

左伴兄、孙惹子□□□□

（后缺）

二　金正隆四年（1159）吴旗金夏画界碑

题解：

本组碑文共 3 块，《中国藏西夏文献》编号 S62·001，收于第 18 册第 94～96 页，编者拟题为《吴旗金夏画界碑》，并指出本组碑文为金正隆四年（1159）所立，陕西省吴旗县长官庙乡白沟村后梁山出土，吴旗县文管所藏。其中第 1 块高 68 厘米，宽 46 厘米，厚 6.5 厘米，共 3 行，大小 17（应为 19）字："正隆四年五月"、"韦娘原界堠，宣差兵部尚书光禄"、"分画定"；第 2 块高 65 厘米，宽 54 厘米，厚 4 厘米，共 3 行 19（应为 17）字："正隆四年五月"、"界堠宣差兵部尚书光禄"、"分画定"；第 3 块高 65 厘米，宽 46 厘米，厚 4 厘米，内容除无"韦娘原"3 字外，其他同第 2 块碑。

参考文献：

周峰：《试论金朝对西部边疆的经略——以西夏和西辽为中心》，《东北史地》2009 年第 4 期。

录文标点：

（一）

1.　　　　　　　　正隆四年五月

2. **韦娘原界堠**　宣差兵部尚书光禄

3.　　　　　　　　分画定

（二）

1.　　　　　　　　正隆四年五月

2. **界堠**　宣差兵部尚书光禄

3.　　　　　　　　分画定

（三）

1.　　　　　　　　正隆四年五月

《中国藏西夏文献》所收西夏汉文文献 | 185

（图片引自《中国藏西夏文献》第 18 册第 94 页）

2. 界堠　宣差兵部尚书光禄

3. 　　　　　分画定

三　西夏乾祐七年（1176）黑水河建桥敕碑

题解：

本碑文《中国藏西夏文献》编号 G42·001，收于第 18 册第 97~100 页，编者拟题为《黑水河建桥敕碑》，并指出：本碑为西夏乾祐七年（1176）所立，张世恭书，安善惠刊。原在甘肃省张掖市城西十里黑水河东岸的下龙王庙，现藏张掖市博物馆；碑高 115 厘米，宽 70 厘米，阳面是汉文，楷书 13 行，满行 30 字；阴面是藏文，21 列，已漫漶过半；两面碑额均无字，各线刻一对托盘侍女像，周边饰线刻卷云纹图案；汉、藏碑文内容相同，记载夏仁宗对黑水河诸神发布敕命，以求水患永息，桥道久长。

参考文献：

1. 王尧：《西夏黑水桥碑考补》，《中央民族学院学报》1978 年第 1 期；

2. 〔日〕佐藤贵保、赤木崇敏、坂尻彰宏、吴正科：《汉藏合璧西夏"黑水桥碑"再考》，《内陆言语の研究》2007 年第 22 期。

录文标点：

（图片引自《中国藏西夏文献》第 18 册第 97 页）

1. 敕镇夷郡境内黑水河上下所有隐显一切水土之主山神、水神、龙神、树神、土

2. 地诸神等，咸听朕命：昔　贤觉圣光菩萨哀悯此河年年暴涨，漂荡人畜，故发

3. 大慈悲，兴建此桥，普令一切往返有情咸免徒涉之患，皆沾安济之福，斯诚利

4. 国便民之大端也。朕昔已曾亲临此桥，嘉美　贤觉兴造之功，仍罄虔垦，躬

5. 祭汝诸神等。自是之后，水患顿息，固知诸神冥歆朕意，阴加拥佑之所致也。今朕

6. 载启神虔，幸冀汝等诸多灵神，廓慈悲之心，恢济渡之德，重加神力，密运威灵，

7. 庶几水患永息，桥道久长。令此诸方有情，俱蒙利益，佑我邦家，则岂惟上契十

8. 方诸圣之心，抑亦可副朕之弘愿也。诸神鉴之，毋替朕命。

9. 　　　　大夏乾祐七年岁次丙申九月二十五日立石

10. 　　　　　　　　　主案郭那正成　　司吏骆永安

11. 　　　　　　　　笔手张世恭书　　泻作使安善惠刊

12. 　　　　　　　小监王延庆

13. 　　　　　都大勾当镇夷郡正兼郡学教授王德昌

四　西夏6号陵东碑亭出土石雕人像碑座题刻

题解：

本碑座题刻《中国藏西夏文献》编号 N12·001 ［7033　NK3·552］，收于第18册第169页，编者拟题为《西夏6号陵东碑亭出土石雕人像碑座题刻》，并指出本碑座出土于宁夏回族自治区银川市西夏陵区6号（原编8号）陵东碑亭遗址出土；碑座砂岩质，圆雕人像，近似正方体，长65厘米，宽67.7厘米，高57厘米；上部一角阴刻西夏文3行17（应为15）字，

右起第 1 行释为"小虫旷负",中间 1 行 4 字为"志文支座",第 3 行为"瞻行通雕写流行";石座背面阴刻 1 行汉文"砌垒匠高世昌";人像碑座为国宝级文物,藏宁夏回族自治区博物馆。

录文标点：

1. 砌垒匠高世昌

五　甘肃永靖炳灵寺汉文题刻

题解：

本题刻《中国藏西夏文献》编号 G62·001,收于第 18 册第 172 页,编者拟题为《甘肃永靖炳灵寺西夏文题刻》,并指出本题刻位于甘肃省永靖县炳灵寺石窟第 168 号窟外南侧,雕刻西夏文 9 字,长 115 厘米,西夏文题刻左侧刻汉文"冯藏人"3 字。

录文标点：

1. 冯藏人

六　西夏陵戳印字砖

题解：

本组戳印字砖《中国藏西夏文献》编号 N42·003,收于第 18 册第 189~190 页,编者拟题为《西夏陵戳印字砖》,并指出其出土于宁夏回族自治区银川市西夏陵,两种：一种长 38.5 厘米,宽 26 厘米,厚 8 厘米,青灰色,砖面压印沟状绳纹,中间戳印"良"、"光"、"黄"、"任"、"李"、"月"、"牛"、"主"等,当为制造者姓氏；另一种长 33 厘米,宽 16 厘米,中间戳印"天"字,采集于 M160 碑亭,藏于银川市西夏博物馆。

录文标点：

（略）

七　拜寺沟方塔戳印字砖

题解：

本组戳印字砖《中国藏西夏文献》编号 N22·003,收于第 18 册第

191～192 页，编者拟题为《拜寺沟方塔戳印字砖》，并指出其出土于宁夏回族自治区贺兰山拜寺沟方塔遗址，四种 12 件，长 30～33 厘米，宽 17～18 厘米，厚 5～5.5 厘米，戳印不同的"李"字。宁夏回族自治区考古研究所藏。

录文标点：

（略）

八　贺兰县宏佛塔戳印字砖

题解：

本组戳印字砖《中国藏西夏文献》编号 N102·001，收于第 18 册第 193 页，编者拟题为《贺兰县宏佛塔戳印字砖》，并指出其出土于宁夏回族自治区贺兰县宏佛塔，沟纹砖，有大小两种，大砖长 47 厘米，宽 39.5 厘米，厚 8.5 厘米；小砖长 39 厘米，宽 39 厘米，厚 7.5 厘米。大部分中间戳印"固"字，少量戳印"沉泥"2 字。宁夏回族自治区贺兰县文官所藏。

录文标点：

（略）

九　灵武窑西夏瓷刻字棋子

题解：

本组棋子《中国藏西夏文献》编号 B22·001，收于第 18 册第 194 页，编者拟题为《灵武窑西夏瓷刻字棋子》，并指出其出土于宁夏回族自治区灵武窑一期（西夏中期）文化层，两种，一种 5 枚，直径 1.7 厘米，厚 0.4～0.5 厘米，分别刻"丙"、"丁"、"己"、"庚"、"寅"；另一种为象棋子，2 枚，直径 2 厘米，厚 0.4～0.5 厘米，分别刻"抱"、"火"。中国社会科学院考古研究所藏。

录文标点：

（略）

十　灵武窑西夏刻汉文瓷器残片

题解：

本组瓷器残片《中国藏西夏文献》编号 B22·003，收于第 18 册第 195~196 页，编者拟题为《灵武窑西夏瓷刻汉文》，并指出其出土于宁夏回族自治区灵武窑一期（西夏中期）文化层，10 件：分别在褐釉罐片外壁刻"凤"字；在黑釉盆片外壁刻 1 字，不识；在顶碗外壁刻"吊"字；在顶碗外壁刻"陈"字；在白釉碗片外壁刻 1 字，不识；在刮板上刻"坐"字；在经瓶肩部刻"平"字，近足部刻"金金……"等 6 字；在褐釉瓷片上刻草书 3 字，不识；在黑釉经瓶肩部刻"天下夫"3 字。二期（西夏后期）文化层出土 1 件，在褐釉碗底刻 1 汉字，不识。中国社会科学院考古研究所藏。

录文标点：

（略）

十一　灵武窑西夏印刻字瓷砚

题解：

本组瓷砚《中国藏西夏文献》编号 B22·004，收于第 18 册第 197 页，编者拟题为《灵武窑西夏瓷砚印刻字》，并指出其出土于宁夏回族自治区灵武窑二期（西夏后期）文化层，2 件：一件为圆形砚，直径 8.2 厘米，高 2.1 厘米，素烧，背面刻"黑砚台"3 字；另一件为长方形砚，残，素烧，残长 10.8 厘米，残宽 5.8 厘米，厚 2.5 厘米，背面印有"……赵家罗"。中国社会科学院考古研究所藏。

录文标点：

（一）

1. 黑砚台

（二）

2. ▭▭▭▭赵家罗

十二　黑釉瓷瓶刻字

题解：

本瓷瓶《中国藏西夏文献》编号 H12·001，收于第 18 册第 198 页，编者拟题为《黑釉瓷瓶刻字》，并指出此瓶高 32.6 厘米，口径 5.5 厘米，腹径 24.1 厘米，底径 10.9 厘米；腹部刻汉文草书"斗斤"2 字，西夏文 3 字，意为"廉凤室"，可能标记容量与瓷瓶主人的姓氏。上海博物馆藏。

录文标点：

1. □□
2. 　□①
3. 斗斤

十三　敦煌莫高窟第 61 窟汉文题记

题解：

本组汉文题记共 13 处，《中国藏西夏文献》编号 G12·005［M61（1—13）］，收于第 18 册第 207~210 页，编者拟题为《敦煌莫高窟第 61 窟西夏文题记》，并指出：第 1 处题记位于敦煌莫高窟第 61 窟甬道南壁炽盛光佛像后（西）比丘尼榜题内，高 22 厘米，宽 7 厘米，墨书，汉夏合璧；第 2 处题记位于敦煌莫高窟第 61 窟甬道北壁上部西数第一身供养比丘榜题内，高 22 厘米，宽 6 厘米，墨书，汉夏合璧；第 3 处题记位于敦煌莫高窟第 61 窟甬道北壁下部西数第一身供养比丘榜题内，高 22 厘米，宽 7 厘米，墨书，汉夏合璧；第 4 处题记位于敦煌莫高窟第 61 窟甬道北壁上部西数第二身供养比丘榜题内，高 22 厘米，宽 6 厘米，墨书，汉夏合璧；第 5 处题记位于敦煌莫高窟第 61 窟甬道北壁下部西数第二身供养比丘榜题内，高 19 厘米，宽 5.5 厘米，墨书，汉夏合璧；第 6 处题记位于敦煌莫高窟第 61 窟甬道北壁上部西数第三身供养比丘榜题内，高 23 厘米，宽 4 厘米，墨书，汉夏合

---

① 第 1、2 行为西夏文。

壁；第 7 处题记位于敦煌莫高窟第 61 窟甬道北壁下部西数第三身供养比丘榜题内，高 21 厘米，宽 5 厘米，墨书，汉夏合璧；第 8 处题记位于敦煌莫高窟第 61 窟甬道北壁上部西数第四身供养比丘榜题内，高 22 厘米，宽 7 厘米，墨书，汉夏合璧；第 9 处题记位于敦煌莫高窟第 61 窟甬道北壁下部西数第四身供养比丘榜题内，高 21 厘米，宽 5 厘米，墨书，汉夏合璧；第 10 处题记位于敦煌莫高窟第 61 窟甬道北壁上部西数第五身供养比丘榜题内，高 22 厘米，宽 7 厘米，墨书，汉夏合璧；第 11 处题记位于敦煌莫高窟第 61 窟甬道北壁下部西数第五身供养比丘榜题内，高 22 厘米，宽 5 厘米，墨书，汉夏合璧；第 12 处题记位于敦煌莫高窟第 61 窟甬道北壁上部西数第六身供养比丘榜题内，高 29 厘米，宽 8 厘米，似为墨书、汉夏合璧，模糊不清；第 13 处题记位于敦煌莫高窟第 61 窟甬道北壁上（应为下）部西数第六身供养比丘榜题内，高 14 厘米，宽 5 厘米，西夏文墨书 1 行，无汉文题记，残存 5 字。

录文标点：

（一）

1. 扫洒尼姑播盃氏愿月明　像

2. （西夏文 11 字）

（二）

1. 助缘僧　翟　嵬名九　像

2. （残存西夏文 7 字）

（三）

1. 助缘僧　杂谋　惠月　像

2. （残存西夏文 7 字）

（四）

1. 助缘僧　　　　　像

2. （残存西夏文 2 字）

（五）

1. 助缘僧　画　惠嵩　像

2. （残存西夏文 6 字）

（六）

1. 助缘僧　讹特　惠□　像

2. （西夏文模糊不清）

（七）

1. 助缘僧　嵬名　智海　像

2. （残存西夏文 7 字）

（八）

1. 助缘僧　　　　　像

2. （残存西夏文 6 字）

（九）

1. 助缘僧　吴　惠满　像

2. （残存西夏文 6 字）

（十）

1. 助缘僧　梁　惠觉　像

2. （残存西夏文 4 字）

（十一）

1. 助缘僧　索　智尊之像

2. （残存西夏文 6 字）

（十二）

1.

2.

（十三）

1. （残存西夏文 5 字）

十四　敦煌莫高窟第 61 窟西夏天庆五年（1115）汉文题记

题解：

本汉文题记《中国藏西夏文献》编号 G12·030，收于第 18 册第 232

页，编者拟题为《敦煌莫高窟第 61 窟汉文题记》，并指出本题记位于敦煌莫高窟第 61 窟东壁门南北向第 1 身供养人前，存字 3 行，字迹模糊，尚可辨识"天庆五年"、"巡礼"等字，应为西夏崇宗天庆五年（1115）题记。

录文标点：

1. 天庆五年四月□日□□□□□□
2. 巡礼山寺到□□□□□□□□
3. 安座□□□□□□□

（后缺）

十五　敦煌莫高窟第 78 窟西夏乾祐三年（1172）汉文题记

题解：

本汉文题记《中国藏西夏文献》编号 G12·031，收于第 18 册第 232 页，编者拟题为《敦煌莫高窟第 78 窟汉文题记》，并指出本题记位于敦煌莫高窟第 78 窟东壁门南侧底层，为游人所题，汉文，字迹模糊，为西夏仁宗"乾祐三年"（1172）题记。

录文标点：

（前缺）

1. 乾祐三年□月□□□□□

（后缺）

十六　敦煌莫高窟第 205 窟西夏天庆九年（1202）汉文题记

题解：

本汉文题记《中国藏西夏文献》编号 G12·032，收于第 18 册第 233 页，编者拟题为《敦煌莫高窟第 205 窟汉文题记》，并指出本题记位于敦煌莫高窟第 205 窟东西壁南侧观音菩萨像左侧，汉文 1 行，字迹模糊，为西夏桓宗"天庆九年"（1202）题记。

录文标点：

1. 天庆九年□□□□□□

十七　敦煌莫高窟第229窟西夏天庆四年（1114）汉文题记

题解：

本汉文题记《中国藏西夏文献》编号 G12·033，收于第 18 册第 233 页，编者拟题为《敦煌莫高窟第 229 窟汉文题记》，并指出本题记位于敦煌莫高窟第 229 窟主室门南侧，墨书题记 4 行，字迹尚可辨识出"天庆四年"等字。

标点录文：

1. 天庆四年
2. 七月廿日
3. 否义
4. 到

十八　敦煌莫高窟第443窟西夏光定乙卯（1219）汉文题记

题解：

本汉文题记《中国藏西夏文献》编号 G12·034，收于第 18 册第 234 页，编者拟题为《敦煌莫高窟第 443 窟汉文题记》，并指出本题记位于敦煌莫高窟第 443 窟东壁，墨书题记 5 行，为西夏神宗"光定乙卯"（1219）题记。

标点录文：

1. ☐☐☐☐☐☐☐☐☐☐☐☐☐☐☐☐☐
2. ☐☐☐☐二☐☐☐三☐☐☐☐☐长老其☐☐☐
3. 三十五佛☐伏☐☐本☐☐☐☐☐☐
4. ☐☐上☐足迹☐☐☐☐
5. ☐☐☐☐光定乙卯九年☐月☐日☐☐☐六月十一日结☐

十九　安西榆林窟第16窟西夏天赐礼盛国庆五年（1074）汉文题记

题解：

本汉文题记《中国藏西夏文献》编号 G12·049，收于第 18 册第 253

页，编者拟题为《安西榆林窟第 16 窟汉文题记》，并指出本题记位于安西榆林窟第 16 窟前窟北壁，汉文 22 行，保存完好，为西夏惠宗"天赐礼盛国庆五年"（1074）题记。

参考文献：

刘玉权：《再论西夏据瓜沙的时间及其相关问题》，《敦煌研究》1993 年第 4 期。

录文标点：

（图片引自《中国藏西夏文献》第 18 册第 253 页）

1. 阿育王寺释门赐紫僧惠聪俗姓张住持窟记

2. 盖闻五须弥之高峻，劫尽尤平；四大海之滔深，历数潜息。轮王

3. 相福，无逾于八万四千；释迦装严①，难过于七十九岁，咸归化迹。况惠聪

---

① 据文意推断，"装严"似应为"庄严"。

4. 是三十六勿有漏之身，将戴弟子僧朱什子、张兴遂、惠子、弟
5. 子佛兴、安住及白衣行者王温顺，共七人，往于榆林窟山谷住
6. 持四十日，看读经疏文字，稍熏习善根种子，洗身三次，四结当
7. 来菩提之因。切见此山谷是圣境之地，古人是菩萨之身。石
8. 墙凿就寺堂瑞容弥勒大像一尊，高一百余尺，三十二相，八
9. 十种好端严。山谷内霤水常流，树木稠林，白日圣香烟起，夜后
10. 明灯出现，本是修行之界。昼无恍惚之心，夜无恶觉之梦。
11. 所将上来圣境，原是　皇帝圣德圣感，伏愿
12. 皇帝万岁，太后千秋，宰官常居禄位，万民乐业，□□海长清，
13. 永绝狼烟，五谷熟成，法轮常转。又愿九有四生，蠢动含灵，
14. 过去、现在、未来父母师长等，普皆早离幽冥，生于兜率
15. 天宫，面奉　慈尊足下受记。然愿惠聪等七人及供衣粮
16. 行婆真顺小名安和尚、婢行婆真善小名张怀、婢行婆张听
17. 小名朱善子，并四方施主，普皆命终于后心不颠倒，免离
18. 地狱，速转生于中国，值遇明师善友，耳闻妙法，悟解大乘，
19. 聪明智惠者。况温顺集习之记，□□□□之理，韵智不迭后
20. 人，勿令怪责，千万遐迩，缘人莫□之心，佛
21. 　　　　国庆五年岁次癸丑十二月十七日题记。①

二十　安西榆林窟第19窟西夏乾祐二十四年（1193）汉文题记

题解：

本汉文题记《中国藏西夏文献》编号G12·050，收于第18册第254页，编者拟题为《安西榆林窟第19窟汉文题记》，并指出本题记位于安西榆林窟第19窟后室甬道北壁，汉文2行，刻画，为西夏仁宗乾祐二十四年（1193）题记。

---

① 录文参考刘玉权：《再论西夏据瓜沙的时间及其相关问题》一文（《敦煌研究》1993年第4期）注释27。

录文标点：

1. 乾祐廿四年☐日画师 甘州

2. ☐☐画☐崑记☐。

二十一　拜寺沟方塔塔心柱西夏大安二年（1076）墨书题记

题解：

本题记《中国藏西夏文献》编号 N22·004 ［F064］，收于第 18 册第 256 页，编者拟题为《拜寺沟方塔塔心柱墨书题记》，并指出此为宁夏回族自治区贺兰山拜寺沟方塔出土，柱木为八角形，残长 285.6 厘米，直径 25 厘米；下半为西夏文，皆为墨书形体，2 面有字，共 7 行，前 4 行不清，后 3 行中前 2 行各 26 字，第 3 行 7 字，稍靠左下，又有小字 9 个；汉文部分，8 面有字，7 面为 2 行，最后 1 面为 1 行，总计 15 行，每行 20 字左右。宁夏回族自治区考古研究所藏。

参考文献：

《拜寺沟西夏方塔》，文物出版社，2005。

录文标点：

1. 圹白高大国大安二 年 寅卯岁五月，☐☐大☐☐☐，特发心愿，

2. 重修砖塔一座，并盖佛殿，缠腰塑画佛像。至四月一日起立塔

3. 心柱。奉为　皇帝皇太后万寿①，重臣千秋，雨顺风调，万

4. 民乐业，法轮常转。今特奉　圣旨，差本寺僧判赐绯法忍、

5. 理欠都案录事贺　惟信等充都大勾当；☐☐本苟差

6. 贺惟敞充小监勾当，及差本寺上座赐绯佰弁院主法信

7. 等充勾当。木植☐☐垒塔，迎僧孟法光降神，引木匠

8. 都☐、黎☐☐、黎☐☐、黎怀玉、罗小奴。

9. 仪鸾司小班袁怀信、赵文信、石伴椽、杨奴复。

---

① "寿"，《拜寺沟西夏方塔》作"岁"，现据图版改。

(图片引自《中国藏西夏文献》第 18 册第 256 页)

10. 大亳寨名□，自荣部领体工叁佰人，准备米面杂料。
11. 库勒吃罗埋、本寺住持、食众、勾当、手分、僧人等
12. 　　　　　　　　我永神缘，法号惠杲、行者岂罗
13. 　　　　　　　　禅，净尼罗□□座禅，西番亏毛

14. 座禅，□□□□□，奉天寺画僧郑开演

15. 　　　　　　　　　　　　　

二十二　西夏天庆五年（1115）故考任西经略司都案刘德仁木缘塔题记

题解：

本题记《中国藏西夏文献》编号 G32·002，收于第 18 册第 260～263 页，编者拟题为《西夏八面木缘塔题记》，并指出此塔为甘肃省武威市西郊林场西夏 2 号墓出土，塔分座、身、顶、刹四个部分；塔身用长 35 厘米，宽 12.5 厘米，厚 2 厘米的 8 块小木板组成；每块板涂蓝色，上书黄色梵文咒语；塔顶八角形木板里面，汉文墨书"故考西经略司都案刘德仁，寿六旬有八，于天庆五年岁次戊午四月十六日亡殁，至天庆七年岁次庚辰□夏十五日兴工建缘塔，至中秋十三日入课讫"。现藏于武威博物馆。

录文标点：

（图片引自《中国藏西夏文献》第 18 册第 262～263 页）

1. 故考 任 西经略司都案

2. 刘德仁，寿六旬有八，于天

3. 庆五年岁次戊午四月十六日

4. 亡殁，至天庆七年岁次庚辰①

5. □夏十五日兴工建缘塔，至

6. 　中秋十三日入课讫。

二十三　西夏天庆年间任西路经略司兼安排官□两处都案刘仲达及妻木缘塔题记

题解：

本题记《中国藏西夏文献》编号 G32·003，收于第 18 册第 264～266 页，编者拟题为《西夏六面木缘塔题记》，并指出此塔为甘肃省武威市西郊林场西夏 1 号墓出土，缘塔 1 座，题记木板 2 块；塔分座、身、顶三个部分，顶佚；残高 36 厘米，六边形；塔身涂蓝色，上书黄色梵文咒语；第 1 块题记木板在木缘塔六角形盖板上，墨书"彭城高庆寿母李氏顺娇殖天庆元年正月卅日身殁，夫刘仲达讫"；第 2 块在另一缘塔六角形盖板上（塔身佚），墨书"故亡考任西路经略司兼安排官□两处都案刘仲达灵匣，时大夏天庆八年岁次辛酉仲春二十三日百五侵晨葬讫，长男刘元秀请记"。现收藏于武威博物馆。

录文标点：

（一）

1. 彭城刘②庆寿母李氏

2. 顺娇殖□③。天庆元年

3. 正月卅日身殁，夫刘仲达讫。

---

① 据干支计算，天庆七年应为"庚申"，原文应误。
② "刘"，《中国藏西夏文献》作"高"，现据图版改。
③ 此字《中国藏西夏文献》未标注，现据图版补。

(二)

1. 故亡考任西路经略
2. 司兼安排官□两处
3. 都案刘仲达灵匣，时大夏
4. 天庆八年岁次辛酉仲春二十
5. 三日百五侵晨葬讫，长男
6. 刘元秀请记。

二十四　西夏乾祐廿三年（1192）窦依凡买地冥契

题解：

本木牍《中国藏西夏文献》编号 G32·004，收于第 18 册第 267 页，编者拟题为《武威西郊西夏墓汉文朱书木牍》，并指出此木牍出土于甘肃省武威市西郊响水河煤矿家属院，为阴宅买地券，松木质；长 31.5 厘米，宽 17.5 厘米，竖书 6 行（应为 16 行），上书购买墓土的费用、墓地四至、出卖土地人党项人咩布勒嵬以及"大夏乾祐廿三年岁次壬子（1192）"纪年等。

参考文献：

1. 宁笃学、钟长发：《甘肃武威西郊林场西夏墓清理简报》，《考古与文物》1980 年第 3 期；

2. 史金波：《西夏社会》，上海人民出版社，2007；

3. 陈炳应：《甘肃武威西郊林场西夏墓题记、葬俗略说》，《考古与文物》1980 年第 3 期；

4. 于光建、徐玉萍：《武威西夏墓出土冥契研究》，《西夏研究》2010 年第 3 期。

录文标点：

1. 维大夏乾祐廿三年岁次壬子①二月□□□②

---

① "子"，姚永春文作"午"，史金波录文疑为"子"。
② 于光建、徐玉萍文按照干支推断，此处所缺三字应为"庚辰朔"，史金波录文此处脱。

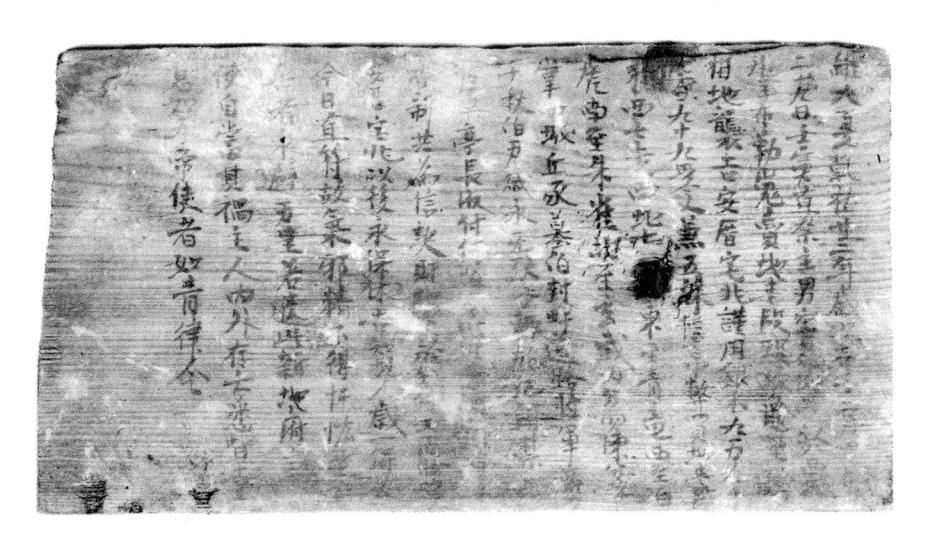

（图片引自《中国藏西夏文献》第 18 册第 267 页）

2. 二十九日壬寅，直祭主男窦依凡遣①于西苑

3. 外咩布勒嵬卖②地壹段，殁故龟筮□③

4. 相地袭吉安厝宅兆，谨用银钱九万九千

5. 九百九十九贯文兼五彩信帛币买地壹段④。

6. 东西七步，南北七步。东至青龙，西至白

7. 虎，南至朱雀，北至玄武。内分勾陈分擘，

8. 掌四域丘冢⑤、墓伯、封畔、道路将军□

9. 千秋伯万岁，永无殃咎。□施于河⑥禁者，

10. 将军、亭长收付何佰⑦。今以姓⑧　　　⑨

---

① "凡遣"，史金波录文未释读。
② "卖"，史金波录文作"卖"，于光建、徐玉萍文认为此字应为"买"。
③ 史金波录文指出此处缺文疑应为"协从"。
④ "壹段"，史金波录文未释读。
⑤ "冢"，史金波录文及于光建、徐玉萍认为此字应为"丞"。
⑥ 史金波录文指出"河"疑应为"诃"。
⑦ "何佰"，史金波录文及于光建、徐玉萍文认为应为"河伯"。
⑧ "姓"，史金波录文及于光建、徐玉萍文认为此字应为"牲"。
⑨ 史金波录文疑此处所缺文字应为"牢酒饭"，于光建、徐玉萍文认为应为"牢酒饭百味"。

11. 香新共为信契，财地交于，分付工匠修营
12. 安厝宅兆，以后永保休吉。知见人岁一，保人
13. 今日直符。故气邪精，不得忏怪①。先有
14. 居者，永避万里。若违此新②地府主，
15. 使自当其祸。主人内外存亡，悉皆吉□③
16. 总如五帝使者，如④青律令。

二十五　灵武窑西夏瓷汉文墨书

题解：

本组瓷器残片《中国藏西夏文献》编号 B22·007，收于第 18 册第 268 页，编者拟题为《灵武窑西夏瓷汉文墨书》，并指其出土于宁夏回族自治区灵武窑一期（西夏中期）文化层，2 件残片，一件在长 12.6 厘米的素烧瓷残片上墨书"……乾祐……初一日立……未坐"；另一件在宽 5.2 厘米青釉斜壁小碗上墨书"三十吊，五十串"。中国社会科学院考古研究所藏。

录文标点：

（一）

1. 　　　　乾祐

2. 　　　　初一日立

3. 　　　　未坐

（二）

1. 　　　　五十串

2. 　　　　三十吊

---

① 史金波录文指出"怪"疑应为"怪"。
② 史金波录文指出"新"疑应为"约"。
③ 史金波录文指出此处缺文疑为"安"。
④ "如"，于光建、徐玉萍文认为此字应为"女"。

二十六　贺兰县宏佛塔天宫藏西夏文、汉文残绢

题解：

本组残绢《中国藏西夏文献》编号 N102·002，收于第 18 册第 271 页，编者拟题为《贺兰县宏佛塔天宫藏西夏文、汉文残绢》，并指其出土于宁夏回族自治区贺兰县宏佛塔天宫，2 块：一块白色，残长 5 厘米，宽 5.5 厘米，其上墨书竖写西夏文字 3 行，每字 8 厘米见方，书写方正，其中 1 行译为"须菩提"，2 行为"竭般若"；另一块汉文墨书。贺兰县文管所藏。

录文标点：

（一）

（西夏文墨书残绢，略）

（二）

（前缺）

1. ▢▢▢▢▢▢▢乞祀贰▢▢▢▢

（后缺）

二十七　贺兰县宏佛塔出土赵仲汉文发愿幡带

题解：

本幡带《中国藏西夏文献》编号 N12·006，收于第 18 册第 271 页，编者拟题为《贺兰县宏佛塔汉文发愿幡带》，并指其出土于宁夏回族自治区贺兰县宏佛塔，长 225 厘米，宽 23.5 厘米，黄色绢双层制成，正面由上至下用墨楷书 37 字："▢戎州张义堡第壹佰柒指挥第壹社赵仲本家人等同启心愿自办清财施幡壹合谨奉献上。"宁夏回族自治区博物馆藏。按，笔者认为此幡带的形成时间应是金大定二十二年（1182）至西夏乾祐二十一年（1190）之间或前后，且幡带题记为了解金夏民间的宗教活动、文化交流提供了新的实证材料，反映了金代边境地区地方武装力量体制构成，为研究金代军事制度提供了珍贵的资料。

参考文献：

孙继民：《宁夏宏佛塔所出幡带汉文题记考释》，《西夏研究》2010 年第 1 期。

录文标点：

1. □① 戎 州张义堡第壹百柒指挥第壹社赵仲，本家人等，同启心愿，自办清财，施幡壹合，谨奉　献上。

（图片引自《中国藏西夏文献》第 18 册第 271 页）

附

一　西夏天盛七年（1155）某参知政事碑

题解：

本碑文发表于陈国灿《乌海市所出西夏某参知政事碑考释》一文，据陈文介绍，本碑发现于内蒙古西部海勃湾市（今改为乌海市）黑龙贵煤矿东南，其地为一古墓遗址，现存小石狮三（原当为二对），石羊一对、石马一对（多缺首倒卧），文臣石像三（断残，缺　上身一下身），武将石像三（断残，缺一上身），巨大兽形碑座被近人炸毁成前后两半，侧卧一残碑，另有葵花纹柱础一，石柱一，碑座近旁散落有龙身纹碑额残块。其中碑基座长方形圆角，高 80 厘米，宽 116 厘米，长 95＋50 厘米，与内地流行之龟趺式座迥异，为四腿蹲式龟颈人面之兽形（人面已磨损）座，兽脚四趾，座上雕刻菱形纹，中有方形榫眼，与西夏王陵所存"双手抚膝、五指伸开"之人像石座虽有所不同，但属类似文化系统。墓碑上部断裂已不知去向，下部按弧形亦被凿走。残存中段，碑石厚 26 厘米，宽 102 厘米，高 80 厘米左右，文字尚存，虽有蚀损漫漶，所存 30 行文字基本上仍能辨读。残存石碑现存海勃湾市文化馆。据陈文推断，此碑应刻于天盛七年七月三日，现按照

---

① 据笔者考证，此处所缺文字当为"镇"。

陈文将碑文现存内容照录于下。

参考文献：

陈国灿：《乌海市所出西夏某参知政事碑考释》，《内蒙古大学学报》（人文社会科学版）1997年第4期。

录文标点：

1. ＿＿＿都□
2. ＿＿＿吏部□郎臣□□奉＿＿＿
3. ＿＿＿异，识抱不同，作柱石于汉朝为股肱＿＿＿
4. ＿＿＿恩字三接。其□□政□□也，望出河西＿＿＿
5. ＿＿＿门关讨都巡检使。曾祖□匡霄，灵州节度＿＿＿
6. ＿＿＿麻奴氏会和□辞□□□贞克彰，训＿＿＿
7. ＿＿＿理郭林宗早喧□□□终见兴邦，属＿＿＿
8. ＿＿＿起义江东，□非勇烈。是时公选观＿＿＿
9. ＿＿＿御座，每从翠华出实为车常＿＿＿
10. ＿＿＿耀神武于河西，遂改旧俗荒服，建＿＿＿
11. ＿＿＿破隅坚之众，莫不公之力也。乃□＿＿＿
12. ＿＿＿赫赫南仲，从载美于周诗；灼灼＿＿＿
13. ＿＿＿不义，须任有功，授容州团练使＿＿＿
14. ＿＿＿参知政事。至天□□年八月丙＿＿＿
15. ＿＿＿□亲对天阶而辩若□河，谓国□＿＿＿
16. ＿＿＿今诸侯何福善以无□致龟龄□＿＿＿
17. ＿＿＿□归葬于三山之原，礼也。公室四＿＿＿
18. ＿＿＿使尹遇何观察使兀轻何乜顺子七＿＿＿
19. ＿＿＿已终显来仪之瑞。灵芝三秀，非为异＿＿＿

20. ☐发芳，瑞露凝姿，女工专自于天生☐
21. ☐士人，郍娘适防御使吴何悝，香刺适☐
22. ☐梗梗，作擎天之柱础，为济海之舟航。酷吏☐
23. ☐人也。　两朝荷宠，百辟钦风。弈许史之☐
24. ☐悉文章惭无掷地之才，谬纪如山之☐
25. ☐　乃为良辅　爰佐尧人　文☐
26. ☐　席卷三秦　诗称戡难　息☐
27. ☐　无毁无誉　克宽克仁　荣同☐
28. ☐　骨寄鬼邻　斯文不朽　永刊☐
29. ☐王到此　送荒垄而堪悲。伤营丘坟兮☐
30. ☐月丙午朔三日戊申　镌　石☐☐都大勾当☐

二　金正隆四年（1159）白草原金夏画界碑

题解：

本碑文最早发表于牛达生先生《与西夏有关的宋、金碑刻浅述》一文，该文原刊于《宁夏文史》2006年第22辑，后收于上海古籍出版社2013年出版《西夏考古论稿》第201页。据牛先生文介绍，本碑为2003年在定边县某私人手中所见，碑圆拱形，高75厘米、宽40厘米、厚10厘米，上刻文字三行，依次为："分划定/白草原界堠　宣差兵部尚书光禄/正隆四年五月。"除划界地名不同外，其格式和时间，与《中国藏西夏文献》第18册第94－96页所收S62·001号《吴旗金夏画界碑》完全相同。此外，笔者通过检索互联网发现2009年定边县召开的"陕北边塞文化研讨会"论文集收录有一篇定边县三边文化研究会副主席所作《白草原界堠碑考略》一文。据该文介绍，本碑出土于与定边县白马崾崄乡接壤的甘肃省华池县某村秦长城遗址上，石碑质地系当地的砂石，碑长方形，高71厘米、宽40厘米、厚5.5厘米（与牛先生所记尺寸略有出入），圆首、无座、竖立。碑文分上下两部分，上部分阴刻竖读一行五字："白草原界堠"，字体类宋体的楷书，字型较大而且醒目；下部分阴刻楷书三行十七字竖读："正隆四年五月 宣差兵部尚书光禄 分画定"，字较小；碑阴未经打磨，无字。文中未涉及收藏人信息。

参考文献：

1. 牛达生：《与西夏有关的宋、金碑刻浅述》，收于《西夏考古论稿》，上海古籍出版社，2013；

2. 定边县三边文化研究会副主席：《白草原界堠碑考略》，http://dingbian.678114.com/Html/News/wenhua/20090729807C3399.htm。

录文标点：

1. 　　　　　　正隆四年五月

2. **白草原界堠**　宣差兵部尚书光禄

3. 　　　　　　分画定

《日本藏西夏文文献》所收西夏汉文文献

一 西夏夏汉合璧典谷契残片

题解：

本件文书《日本藏西夏文文献》编号为西夏回鹘文书断简12—02，收录于下册第331页，编者拟题为《夏汉合璧典谷文书》，收藏于日本天理大学附属天理图书馆，共四件残片，其中残片A尺寸为12.4×19.9，残片B尺寸为12.4×12.6，残片C尺寸为12.4×14.4，残片D尺寸为12.4×16.5，其他要素未列出。文书残片A现存文字10行，其中汉文2整行，2半行，其余为西夏文；残片B现存文字5行，其中汉文1整行，1半行，其余为西夏文；残片C现存西夏文7行，无汉文；残片D现存文字8行，其中汉文2半行，其中第1半行为双行小字，其余为西夏文。现释录其中残片A、B、D所存汉文，西夏文用"……"标注。

录文标点：

（A）

（前缺）

1. ……………………………………

2. ……………………………………

3. ……………………………………

《日本藏西夏文文献》所收西夏汉文文献 | 211

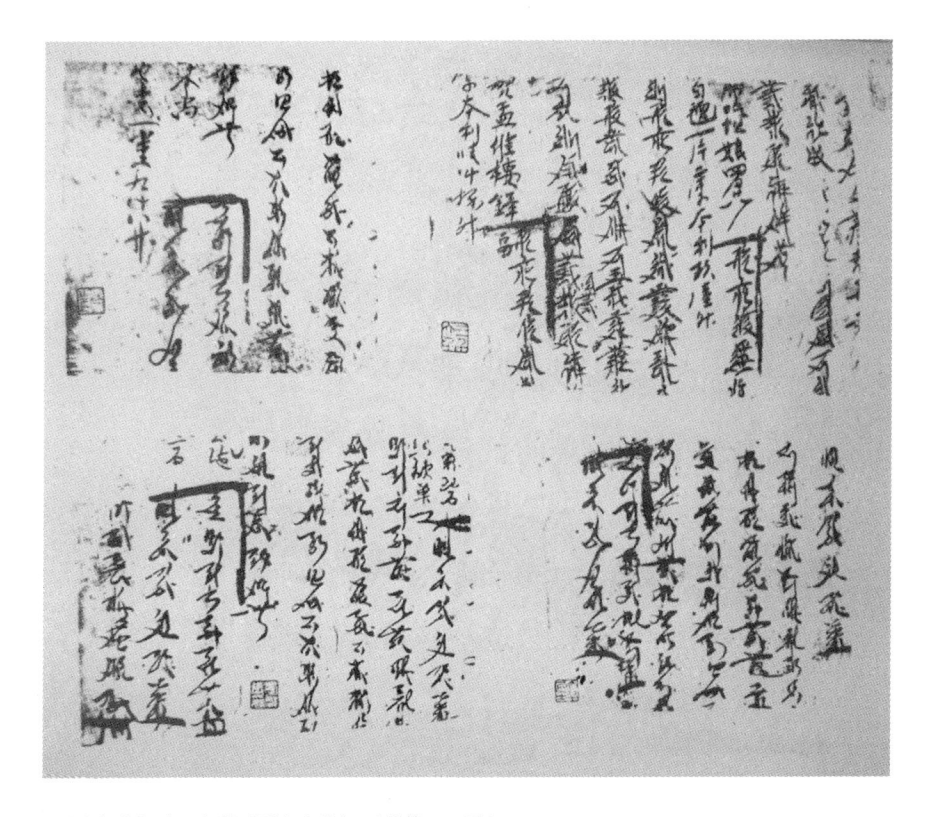

(图片引自《日本藏西夏文文献》下册第 331 页)

4. ☐☐吃怛娘罗八……………

5. ☐☐白毡一片，糜子本利玖陆①升

6. ……………………………

7. ……………………………

8. ……………………………

9. ☐☐贺孟堆楼锋副……………

10. ☐糜子本利肆斗捌升

（后缺）

---

① 从文意推断，"陆"字前似脱一"斗"字。

（B）

（前缺）

1. ……………………………

2. ……………………………

3. ……………………………

4. ▢ □尚　　……………………

5. ▢ 皮裘一，小麦九斗八升

（后缺）

（D）

（前缺）

1. ▢ □粮玖石……………………
　　丝被单

2. ……………………………

3. ……………………………

4. ……………………………

5. ………………………

6. ▢ □绌①……………………

7. ▢ 二石………………………

8. 　　………………………

（后缺）

二　西夏光定五年（1215）夏汉合璧典粮契残片

题解：

本件文书《日本藏西夏文文献》编号为西夏回鹘文断简12—03b，收录于下册第338页，编者拟题为《夏汉合璧典谷文书》，收藏于日本天理大学附属天理图书馆，尺寸为20.2×8.4，其他要素未列出。本件文书共二件残

---

① 文书中此两字右侧有一墨笔对勾符号。

片，残片 A 现存文字 2 行，汉文、西夏文各 1 行；残片 B 现存汉文 1 行。现释录其中之汉文，西夏文用"…………"标注。

录文标点：

（A）

（前缺）

1. 同日立文字人康那正取到谷壹石
2. …………………………………

（后缺）

（B）

（前缺）

1. 光定乙亥五年五月十八日□□□糜□□五□

（后缺）

三　西夏光定年间夏汉合璧典粮契残片

题解：

本件文书《日本藏西夏文文献》编号为西夏回鹘文书断 12—04，收录于下册第 340～341 页，编者拟题为《夏汉合璧典谷文书》，收藏于日本天理大学附属天理图书馆，共八件残片，分为 a、b 两组，其中 a 组二件残片，b 组六件残片。文书八件残片中，残片 B 尺寸为 6.0×12.2，现存文字 7 行，汉文 3 行，西夏文 4 行；残片 F 尺寸为 3.4×4.0，现存汉文 1 行；其余均为西夏文残片。现释录其中残片 B、F 中之汉文，西夏文用"…………"标注。

录文标点：

（B）

（前缺）

1. …………………………………
2. …………………………………
3. …………………………………

4. …………………………………

5. ☐☐月十六康氏伊（签押）

6. ☐☐糜三十☐

7. ☐☐五斗无典

（后缺）

(F)

（前缺）

1. 光定☐☐☐☐☐

（后缺）

四　西夏夏汉合璧典粮契残片

题解：

本件文书《日本藏西夏文文献》编号为西夏回鹘文书断简12—05，收录于下册第345～349页，编者拟题为《汉文典谷文书》，收藏于日本天理大学附属天理图书馆，共六件残片，尺寸分别为 4.7×12.2、12.3×9.8、12.3×11.6、12.2×11.6、11.0×11.4、9.2×12.2。文书残片 A 现存文字 6 行；残片 B 现存文字 5 行；残片 C 现存文字 6 行，其中有部分西夏文，西夏文用"…………"标注；残片 D 现存文字 5 行；残片 E 现存文字 5 行；残片 F 现存文字 3 行。

录文标点：

(A)

（前缺）

1. ☐☐字人男五今（签押）

2. ☐☐字人次男乃日（签押）

3. ☐☐☐人刘罔吾屈（签押）

4. ☐☐☐典旧被一、小皂花线袄子一☐☐☐

《日本藏西夏文文献》所收西夏汉文文献

5. ☐☐石伍斗，典限八月初一日☐☐
6. ☐☐立文字人罗也五今☐☐

（后缺）

（B）

（前缺）

1. ☐☐文字人付京奴（签押）
2. ☐☐字人王猪儿（签押）
3. ☐☐知见人曹☐儿（签押）
4. ☐☐今将毡叁片典卖本☐☐
5. ☐☐升，典限八月☐☐

（后缺）

（C）

（前缺）

1. ☐☐☐石又☐☐☐
2. ……… 正典☐☐
3. ………… 一☐☐
4. …………
5. ☐☐☐紫绫袄子一，典☐☐
6. ☐☐斗伍升，典限八……☐

（后缺）

（D）

（前缺）

1. ☐☐☐☐☐☐
2. ☐☐☐立文☐☐
3. ☐☐☐☐☐

4. 同日罗也五今普□☐

5. 小麦本壹石，至本利☐

(E)

(前缺)

1. ☐☐☐

2. ☐□小麦计☐

3. ☐文字人萝马里麻（签押）

4. ☐见人张□久　（签押）

5. ☐肖□□☐

(后缺)

(F)

(前缺)

1. ☐旧缬□□半匹、匣子一☐

2. ☐壹石，至本利☐

3. ☐□杨那正（签押）

(后缺)

五　西夏天庆年间夏汉合璧典粮契约残片

题解：

本件文书《日本藏西夏文文献》编号为西夏回鹘文书断简12—06，收录于下册第351~354页，编者拟题为《汉文典谷文书》，收藏于日本天理大学附属天理图书馆，共九件残片，尺寸分别为7.3×7.8、4.3×4.2、8.2×12.3、9.5×4.0、9.7×8.2、12.0×11.1、11.1×12.0、13.1×9.4、9.0×7.8。其中残片A现存文字2行，残片B现存文字2行，残片C现存文字6行，残片D现存文字2行，残片E现存文字1行；残片F现存文字6行，其中汉文 5 行，西夏文 1 行；残片 G 现存文字 4 行，残片 H 现存文字 2 行，墨迹凌乱，不易释读；残片 I 现存文字 2 行。

录文标点：

（A）

（前缺）

1. 天庆甲子十年☐

2. 等，今将 自己 ☐ ☐

（后缺）

（B）

（前缺）

1. 天庆甲☐

2. ☐麻 布 ☐

（后缺）

（C）

（前缺）

1. ☐ ☐☐匹典到小麦☐

2. ☐ 斗，典限八月初一日☐

3. ☐ 石贺者（签押）

4. ☐ ☐百松（签押）

5. ☐ ☐（签押）

6. ☐ ☐贰两半，典到☐

（后缺）

（D）（前缺）

1. 天庆甲子十年正☐

2. ☐

（后缺）

（E）

（前缺）

1. 天庆甲子十年十一月▢▢▢▢

（后缺）

（F）

（前缺）

1. ▢▢▢▢▢子壹拾▢▢▢

2. ▢▢▢▢被壹，新手巾一条▢▢

3. ▢▢▢▢交还糜子壹石玖斗陆升▢▢

4. ▢▢▢▢麦用，不词。

5. 立文字人张梁外（签押）

6. ▢▢……………………

（G）

（前缺）

1. ▢▢▢斗伍升，至本▢▢▢

2. ▢▢▢▢

3. 同日贺果东取▢典正▢▢▢

4. 本贰斗，至本利叁斗▢▢▢

（后缺）

（H）

（前缺）

1. ▢▢▢▢▢▢▢▢

2. ▢▢▢▢朏▢▢▢▢▢

（后缺）

（I）

（前缺）

1. ☐□五月初十日立□
2. ☐□□□布 褥 子□□

（后缺）

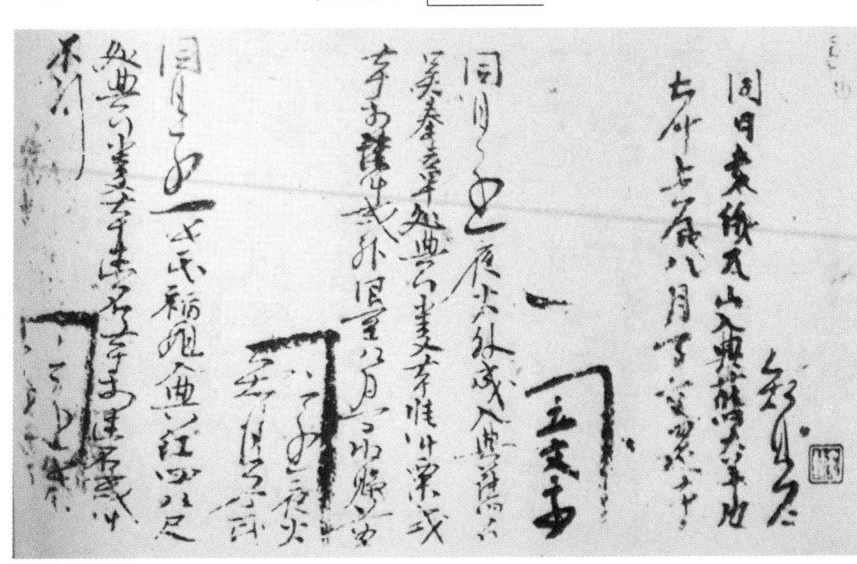

六　西夏夏汉合璧典粮契约残片

题解：

本件文书《日本藏西夏文文献》编号为西夏回鹘文书断简12—07，收录于下册第356~359页，编者拟题为《汉文典谷文书》，收藏于日本天理大学附属天理图书馆，共四件残片，尺寸分别为11.8×20.2、12.4×15.2、12.0×18.3、12.0×16.5。文书残片A现存文字13行；残片B现存文字10行，残片C现存文字7行，残片D现存文字11行，其中汉文10行，西夏文1行。

录文标点：

（A）

（前缺）

1. 　　　　　知见人□

(残片 A)

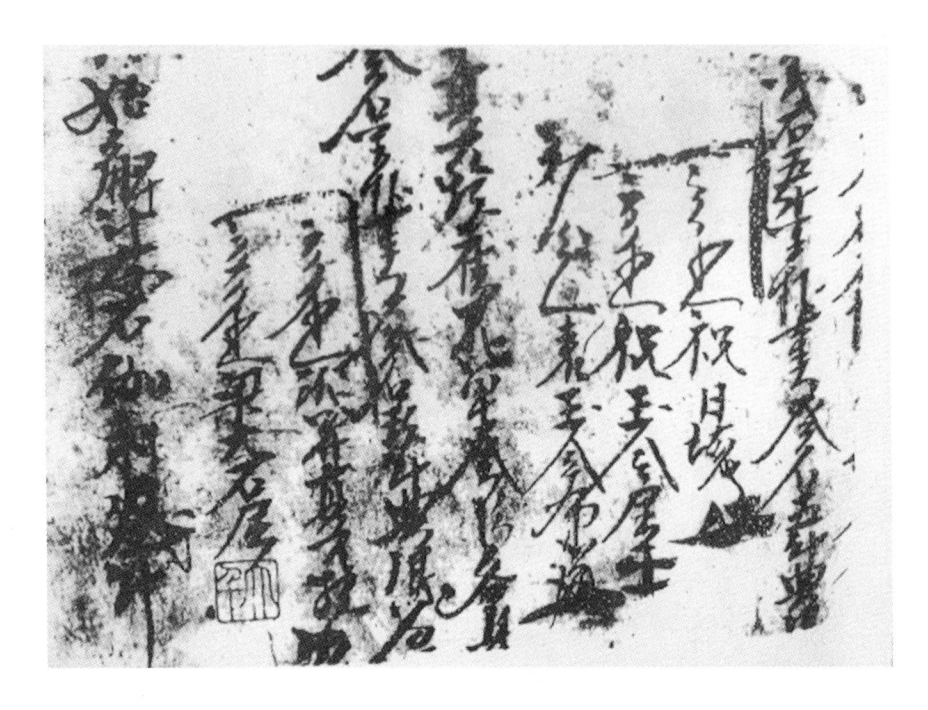

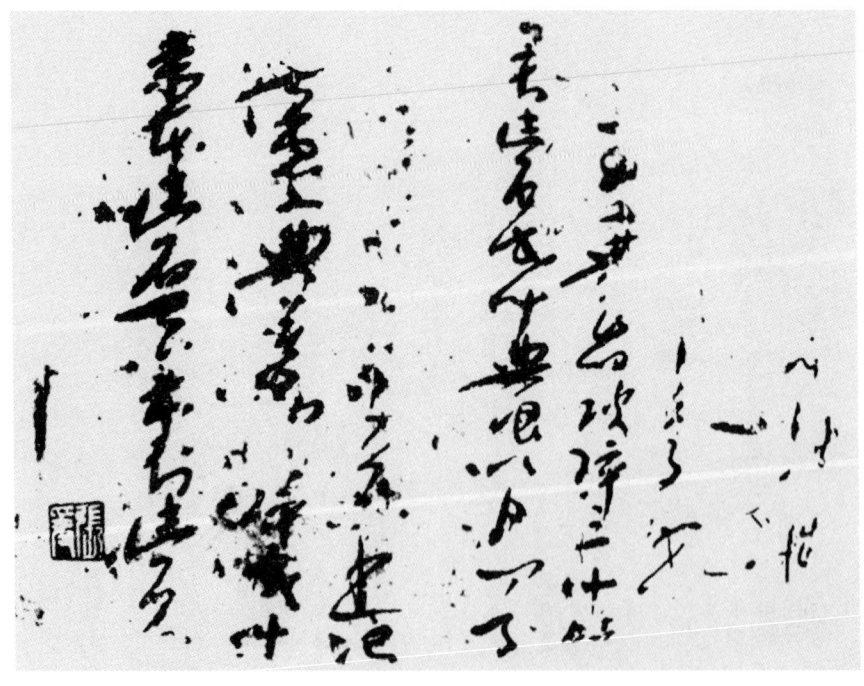

(残片 B、C)

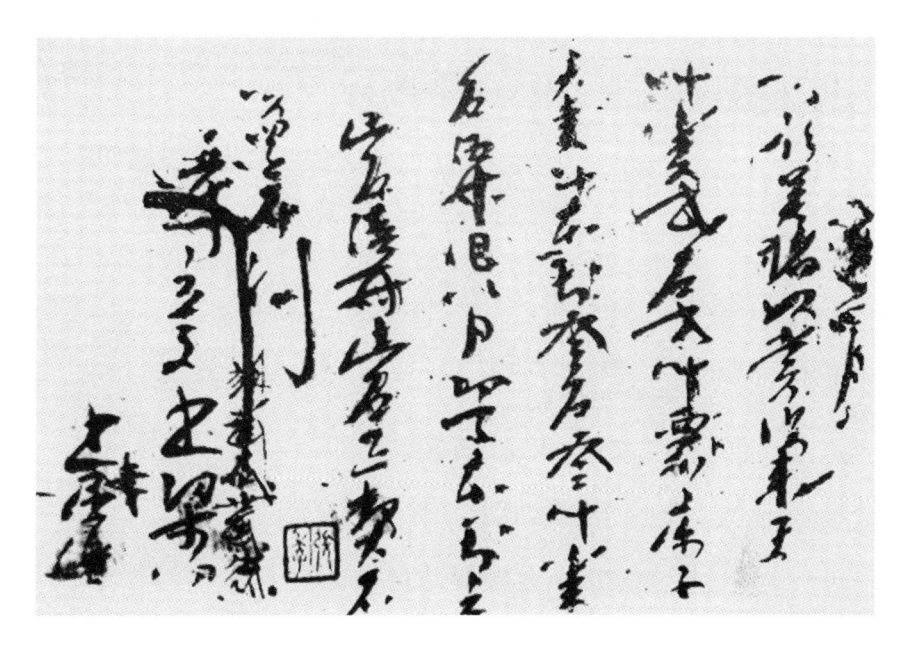

(残片 D)

（图片引自《日本藏西夏文文献》下册 356~359 页）

2. 同日袁俄瓦山入典旧大羊皮

3. 七斗，上限八月一日交还本

4. 　　　　　立文字人　　　①

5. 同日立文字人夜火外成入典旧白

6. 吴奉章处典到小麦本肆斗、粟贰

7. 本利肆斗贰升，限至八月一日收赎，上□

8. 　　　　　立文字人夜火

9. 　　　　　知见人□　　②

10. 同日立文字人张氏福姐入典红四八尺

---

① 此行前有墨笔勾画痕迹。
② 第 8、9 行前有墨笔勾画痕迹。

11. 处典到小麦本壹石，本利壹石贰斗☐

12. 不词。　　　立文字人张氏☐

13.　　　　　☐

（后缺）

（B）

（前缺）

1. ☐

2. ☐贰石五斗壹升，大麦叁石五斗，典限☐

3. 　　　立文字人祝月怀（签押）

4. 　　　立文字人祝玉令屈（签押）

5. 　　　知见人袁玉令布（签押）

6. ☐其无头罗花单叁段，各具☐

7. ☐叁石□升，大麦贰石玖斗，典限为☐

8. 　　　立文字人□升真兀□（签押）

9. 　　　立文字人梁大石屈

10. ☐始解计每石伽①利叁斗☐

（后缺）

（C）

（前缺）

1. ☐

2. ☐

3. ☐□□典□破碎，三斗□☐

4. ☐□麦壹石贰斗，典限八日初一日☐

---

① 据文意推断，"伽"应为"加"。

5. ☐☐☐☐☐☐☐☐☐文字人汜☐

6. ☐☐☐☐典☐☐☐貳斗☐

7. ☐☐糜本壹石，至本利壹石☐

（后缺）

（D）（前缺）

1. ☐☐☐☐☐☐四月☐

2. ☐☐☐吴猪儿☐没来☐

3. ☐☐斗、小麦貳石貳斗、粟糜子☐

4. ☐☐大麦计本利叁石叁斗，小麦☐

5. ☐☐石伍升，限八月初一日本利交

6. ☐☐壹石陆升，壹石正契不☐．

7. ☐☐☐，不词。

8. ················①

9. ☐☐☐☐

10. 　　立文字人梁☐

11. 　　☐☐字人韦②屈☐

七　西夏典麦契约残片

题解：

本件文书《日本藏西夏文文献》编号为西夏回鹘文书断简12—09，收录于下册第364~368页，编者拟题为《汉文典谷文书》，收藏于日本天理大学附属天理图书馆，共八件残片，其中残片B及H为汉文文书，其余为西夏文文书。残片B尺寸为3.2×2.5，现存文字1行，残片H尺寸为11.1×4.2，现存文字2行。

---

① 此行为西夏文。
② "韦"字为右行补写，现径改。

录文标点：

（B）

（前缺）

1. 同日立 文

（后缺）

（H）

（前缺）

1. ☐初十日立文字人张今般☐

2. ☐□□典到小麦本壹石，至☐

（后缺）

八　西夏夏汉合璧典谷契约残片

题解：

本件文书《日本藏西夏文文献》编号为西夏回鹘文书断简12—10，收录于下册第370～373页，编者拟题为《夏汉合璧典谷文书》，收藏于日本天理大学附属天理图书馆，共四件残片，尺寸分别为12.4×8.8、12.2×12.2、10.7×11.8、12.4×8.7。文书残片A现存文字6行，其中汉文半行；残片B现存文字6行，其中汉文3行；残片C现存文字6行，其中汉文2半行；残片D现存文字4行，其中汉文半行。现释录其中汉文，西夏文用"……"标注。

录文标点：

（A）

（前缺）

1. ……………………………

2. …………　　…………

3. ☐食粟一石四斗　…………

4. 　　　　　　　…………

5. 　　　　　　　…………

6. ……………
（后缺）

（B）

（前缺）

1. ☐火芭申大羊皮☐☐
2. ☐大羊皮裘一，粟七斗…………
3. 五升   ……
4. ……………………………
5. ……………………………
6. ……………………………

（后缺）

（C）

（前缺）

1. ……………………………
2. ……………………………
3. ☐银钵盂   ……………
4. ☐☐五斗   ……………
5. ……………………………
6. ……………………………

（后缺）

（D）

（前缺）

1. ……………………………
2. ……………………………
3.   …………
4. ☐项不罗会☐…………

（后缺）

九　西夏文《阿毗达磨大毗婆沙论》施经题记

题解：

本件文书《日本藏西夏文文献》编号为西夏回鹘文书断简 03—01b，收录于下册第 384 页，编者拟题为《阿毗达磨大毗婆沙论第二十九》，收藏于日本天理大学附属天理图书馆。本件文书为西夏文佛经，其中有汉文施经题记 2 行，现释录。

录文标点：

1. 僧录广福大师管主八施大藏经于
2. 沙州文殊舍利塔寺，永远流通供养。

十　西夏典粮契约残片

题解：

本件文书《日本藏西夏文文献》编号为敦煌遗片 03—03，收录于下册第 391~392 页，编者拟题为《未详残片》，收藏于日本天理大学附属天理图书馆，共十一件残片，其中残片 A、B、C、H、I、J、K 为汉文文书。残片 A 尺寸为 11.2×7.4，现存文字 3 行；残片 B 尺寸为 11.2×6.0，现存文字 2 行；残片 C 尺寸为 4.3×9.8，现存文字 5 行；残片 H 尺寸为 7.3×5.6，现存文字 1 行；残片 I 尺寸为 1.9×7.1，现存文字 2 行；残片 J 尺寸为 3.2×8.1，现存文字 2 行；残片 K 尺寸为 6.3×3.7，现存文字 3 行。从内容来看，残片 K 与其他几件残片内容不同。

录文标点：

（A）

（前缺）

1. ☐☐☐☐拾石伍斗典限☐☐☐☐
2. 　　　立文字人疆氏☐丑☐☐☐
3. 　　　立文字人马右没今☐☐☐

（后缺）

（B）

（前缺）

1. ☐四月十六日立文字人☐☐

2. ☐☐处取到粟本壹石，至☐

（后缺）

（C）

（前缺）

1. ☐☐（签押）

2. ☐袄子贰领☐

3. ☐☐典到小☐

4. ☐☐石☐

5. ☐☐☐

（后缺）

（H）

（前缺）

1. ☐年闰四月卅日立文字☐

（后缺）

（I）

（前缺）

1. ☐☐斗

2. ☐☐（签押）

（后缺）

（J）

（前缺）

1. 天庆☐

2. □□□□□□□□

（后缺）

（K）

（前缺）

1. 　　端平□□□□□□

2. □□□□领弓手小丁□□□□□

3. 　　　　□□□□□

（后缺）

《法藏敦煌西夏文文献》所收西夏汉文文献

一 西夏习抄《孟子·万章下》残片

题解：

本件文书法藏编号 PelliotXixia924（Grotte181）016，收于《法藏敦煌西夏文文献》第14页，编者拟题为《孟子万章下》，并列出文书诸要素为：高164mm，宽25mm，1纸，残片，白麻纸，纸质中等厚薄，墨色中等。背面西夏文存六字，均残缺，又似文字重叠，很难辨别，根据大小字交叉，可能是佛经音义。本件文书为正背双面书写，此为正面内容，现存文字2行，前后均缺，且文字分为上下两部分，两部分字头朝向相反。文书上半部分内容出自《孟子》卷十《万章下六》，下半部分内容出自《孟子》卷十《万章下七》。

录文标点：

（上半部分，字头朝上）

（前缺）

1. ☐☐☐☐☐☐☐☐☐

2. ☐☐☐☐拜也，非养君子☐☐①

---

① 此两字为西夏文，原编者译为"于摄"。

（后缺）

（下半部分，字头朝下）

（前缺）

1. ☐

2. ☐诸侯，何义也？孟子

（后缺）

二　西夏刻本书籍残片

题解：

本件文书法藏编号 Pelliot Xixia 924（Grotte 181）039，收于《法藏敦煌西夏文文献》第 33 页，编者拟题为《残文》，并列出文书诸要素为：高 35mm，宽 20mm，1 纸，经折装，雕版印本，有边框上栏线，白麻纸，纸质中等厚薄，墨色中等，背面有字。文书现存 3 字残痕。

录文标点：

（前缺）

1. ☐☐☐

2. ☐义

（后缺）

三　西夏文书残片

题解：

本件文书法藏编号 Pelliot Xixia 924（Grotte 181）045，收于《法藏敦煌西夏文文献》第 39 页，编者拟题为《残文》，并列出文书诸要素为：高 50mm，宽 43mm，1 纸，残片，写本，白麻纸，纸质中等厚薄，墨色中等。背面有"象"等残字，正反面文字互倒。文书正背各存文字 3 行，均前后缺。

《法藏敦煌西夏文文献》所收西夏汉文文献 | 231

录文标点：

正：

（前缺）

1. ▢▢▢▢▢言
2. ▢▢▢▢故力敢
3. ▢▢▢▢▢▢▢

（后缺）

背：

（前缺）

1. ▢▢▢▢
2. 象▢▢▢
3. ▢▢▢

（后缺）

四　西夏文书残片

题解：

本件文书法藏编号 Pelliot Xixia 924（Grotte 181）056，收于《法藏敦煌西夏文文献》第 48 页，编者拟题为《残文》，并列出文书诸要素为：高 40mm，宽 30mm，1 纸，残片，写本，白麻纸，纸质中等厚薄，墨色中等，背面无字。编者另列出《参考文献》为《水经注》："溴水出河南密县大隗山，东南入于颖。"文书现存文字 3 行，前后均缺。

录文标点：

（前缺）

1. ▢▢▢溴流二有①▢▢▢

---

① "有"，原编者未释读，现据图版补。

2. □□□渼流□□
3. □□□下三□□□□

(后缺)

五　西夏僧录管主八施大藏经题记

题解：

(图片引自《法藏敦煌西夏文文献》第 100 页)

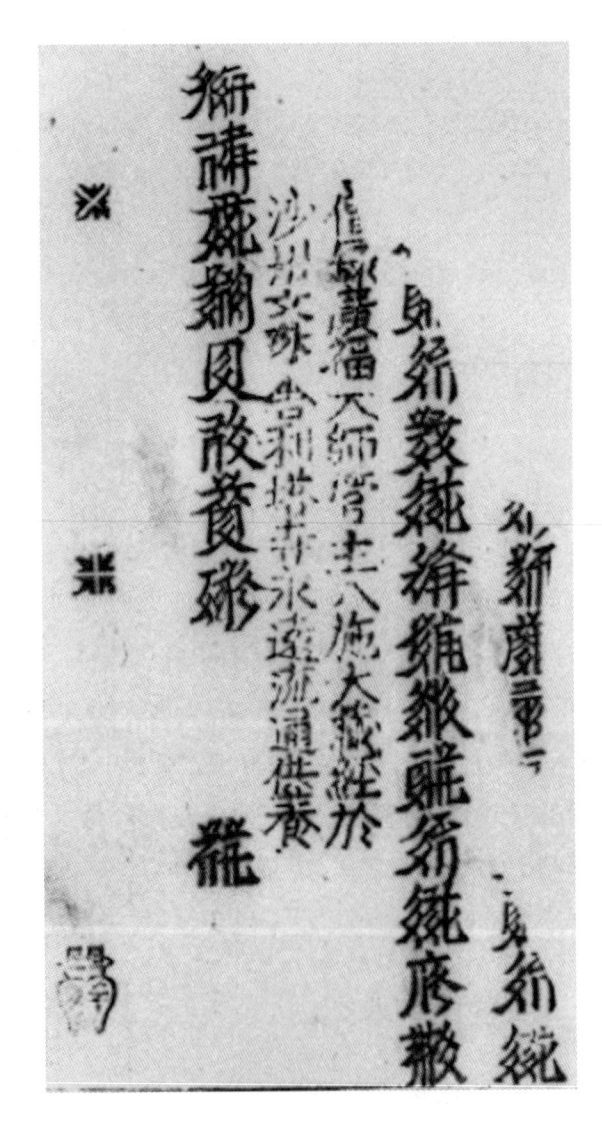

《法藏敦煌西夏文文献》所收西夏汉文文献 | 233

本件文书为法藏编号 Pelliot Xixia 924（Grotte 181）110 刻本西夏文《大智度论卷第八十七》题记，收于《法藏敦煌西夏文文献》第 100 页，编者拟题为《松江僧录管主八供养题记》，并列出文书诸要素为：高 295mm，宽 120mm，1 纸，卷轴装，雕版印本，白麻纸，纸质中等厚薄，墨色中等，背面无字；刻版西夏文墨色深亮，汉文题记色淡笔画断续，当为后印；卷尾题下"可"字，为《大智度论》卷帙号，表示卷八十一到卷九十。编者另指出本文书可参见 THE GEST LIBRARY JOURNAL VOULUMEIIL NUMBERS 1—2 SPRING 1989，普林斯顿大学 p. 24. 宜授松江府僧录管主八谨施，且此残片可与 Pelliot Xixia 924（Grotte 181）112（此号文书仅有西夏文）缀合。文书现存文字 5 行，其中西夏文 3 行，汉文题记 2 行。

录文标点：

1. 僧录广福大师管主八施大藏经于
2. 沙洲文殊舍利塔寺，永远流通供养。

六　西夏刻本书籍残片

题解：

本件文书法藏编号 Pelliot Xixia 925（Grotte 181）036，收于《法藏敦煌西夏文文献》第 156 页，编者拟题为《残文》，并列出文书诸要素为：高 25mm，宽 18mm，1 纸，残片，雕版印本，白麻纸，纸质中等厚薄，墨色中等，背面有字。文书现存 2 字残痕，编者云背面有字，但背面图版未收录。

录文标点：

（前缺）

1. □□□□ 难 □□□□

（后缺）

七　西夏文书残片

题解：

本件文书法藏编号 Pelliot Xixia 925（Grotte 181）049，收于《法藏敦煌

西夏文文献》第 164 页，编者拟题为《残文》，并列出文书诸要素为：高 30mm，宽 25mm，1 纸，残片，写本，白麻纸，纸质薄，墨色中等，背面无字。文书现存文字 3 行，前后均缺。

录文标点：

（前缺）

1. ☐☐□☐☐☐
2. ☐☐微☐☐☐☐☐
3. ☐☐□☐☐☐

（后缺）

疑似文书

《俄藏敦煌文献》

第 13 册

一　文书残片

题解：

本件文书俄藏编号 ДX7221，收于《俄藏敦煌文献》第 13 册第 277 页，无拟题。《俄藏黑水城文献》未收录。荣新江拟题为《刻本佛经》，并指出本件文书从内容和性质来看应属于黑水城文书。按，本件文书共二件残片，残片一现存文字 6 行，残片二现存文字 1 行，从内容来看似不应为佛经，且其为写本，而非刻本。

参考文献：

荣新江：《〈俄藏敦煌文献〉中的黑水城文献》，收于沈卫荣等主编《黑水城人文与环境研究》，中国人民大学出版社，2007。

录文标点：

（一）

（前缺）

1. □□□

2. 旦勤恪之 谋

3. 合洗拂倍增

4. 情速降□□□□□□□□

5. 来涉□□□□□□□□□

6. □□□□□□□□□

（后缺）

（二）

（前缺）

1. □□□日□侄经□□□

（后缺）

第 17 册

一　户籍残片

题解：

本件文书俄藏编号ДX18998，收于《俄藏敦煌文献》第 17 册第 312 页，无拟题。《俄藏黑水城文献》未收录。文书现存文字 1 行，荣新江指出本件文书从内容和性质来看应属于黑水城文书。

参考文献：

荣新江：《〈俄藏敦煌文献〉中的黑水城文献》，收于沈卫荣等主编《黑水城人文与环境研究》，中国人民大学出版社，2007。

录文标点：

（前缺）

1. 户贾永存　　母阿罗　　弟永崇

（后缺）

二　支料文书残片

题解：

本件文书俄藏编号ДX19006，收于《俄藏敦煌文献》第 17 册第 315 页，无拟题。《俄藏黑水城文献》未收录。文书共二件残片，一大一小，大者残存文字 4 行，小者残存 2 字。荣新江指出本件文书从内容和性质来看应属于黑水城文书。

参考文献：

荣新江：《〈俄藏敦煌文献〉中的黑水城文献》，收于沈卫荣等主编《黑水城人文与环境研究》，中国人民大学出版社，2007。

录文标点：

（一）

（前缺）

1. ▭▭▭ □料壹□内□ ▭▭▭
2. ▭▭▭ □具□申 ▭▭▭
3. ▭▭▭ □□支 ▭▭▭
4. ▭▭▭ 支取□ ▭▭▭

（后缺）

（二）

（前缺）

1. ▭▭▭ 餘十□ ▭▭▭

（后缺）

三 《论周郑交质》文稿残片

题解：

本件文书俄藏编号 Дх19015，收于《俄藏敦煌文献》第 17 册第 317 页，无拟题。《俄藏黑水城文献》未收录。文书现存文字 11 行，涂抹严重，应为一草稿。荣新江指出本件文书从内容和性质来看应属于黑水城文书。

参考文献：

荣新江：《〈俄藏敦煌文献〉中的黑水城文献》，收于沈卫荣等主编《黑水城人文与环境研究》，中国人民大学出版社，2007。

录文标点：

（前缺）

1. 问周郑交质，其失孰甚？试明言之。

2. 答曰①：☐☐☐☐☐☐☐周幽王②东③迁收复

3. ☐☐☐☐☐☐☐弱，几有亡国之祸④。至平王东⑤迁洛邑，修其政事⑥，正其

4. ☐☐☐☐☐☐☐☐交质一事欲退，郑伯而不敢退

5. ☐☐☐☐☐☐☐懦弱不决尔，不足可称矣。且夫交

6. ☐☐☐☐☐☐☐天子也，郑诸侯也，岂有天子与诸侯交

7. ☐☐☐☐☐☐☐☐☐君⑦臣之分由在，既

8. ☐☐☐☐☐☐☐诸侯耳，亦何有惮⑧君哉？又☐温☐☐洛☐☐⑨

9. ☐☐☐☐☐☐☐☐质于郑，郑⑩忘其卑而立质于周

10. ☐☐☐☐子☐☐☐☐。然郑有不君之心，乃⑪周自取之耳⑫。郑⑬

11. ☐☐☐而☐☐不可代也⑭，两国之失也。

（后缺）

---

① "曰"字后原有"☐☐☐☐☐诸侯交质也"等字，后抹毁，现径改。
② "周幽王"三字为另行补入，现径改。
③ "东"字前原有一"周"字，旁加抹毁符号，现径改。
④ "弱，几有亡国之祸"等字为另行补入，现径改。
⑤ "东"字原误，涂抹后于其旁改写，现径改。
⑥ "政事"原作"☐制"，涂抹后于其旁改写，现径改。
⑦ "君"字前原有"后郑伯☐☐☐"等字，后涂抹，现径改。
⑧ "惮"字前原有一字，后涂抹，现径改。
⑨ "又☐温☐☐洛☐"等字为另行补入，且其前原另有两行补入文字，后涂抹，现径改。
⑩ "郑"字为省文符号，现径改。
⑪ "乃"字原作"若"，涂抹后于其旁改写，现径改。
⑫ "自取之耳"原作"不伐郑"，涂抹后于其旁改写，现径改。
⑬ "郑"字后原有两字，后涂抹，现径改。
⑭ "而☐☐不可代也"等字为另行补入，现径改。

四 文书残片

题解：

本件文书俄藏编号 ДX19021，收于《俄藏敦煌文献》第 17 册第 319 页，无拟题。《俄藏黑水城文献》未收录。文书现存文字 8 行，荣新江指出本件文书从内容和性质来看应属于黑水城文书。

参考文献：

荣新江：《〈俄藏敦煌文献〉中的黑水城文献》，收于沈卫荣等主编《黑水城人文与环境研究》，中国人民大学出版社，2007。

录文标点：

（前缺）

1. □该下替，故今将钱□
2. 上件
3. 数文，充供产人壹□ ①
4. 于本司揽细 衬招 产
5. 柒伯 数 文内，除榷借与
6. □□玖伯数文抄钱
7. □□内尽数榷□□
8. 上件

（后缺）

五 文书残片

题解：

本件文书俄藏编号 ДX19024，收于《俄藏敦煌文献》第 17 册第 320 页，

---

① 此行文字前有墨笔勾画痕迹。

无拟题。《俄藏黑水城文献》未收录。文书正背双面书写，各存文字 5 行，两面字迹相同，应为同一件文书，其图版反置。荣新江指出本件文书从内容和性质来看应属于黑水城文书。

参考文献：

荣新江：《〈俄藏敦煌文献〉中的黑水城文献》，收于沈卫荣等主编《黑水城人文与环境研究》，中国人民大学出版社，2007。

录文标点：

正：

（前缺）

1. □□□□□□□□□□□□□□
2. □□□□者□五□□□□
3. □□真□量无□□□□
4. □□事□音赞□□音□□
5. □□者出入事□□□□

（后缺）

背：（前缺）

1. □□论□帝　　□□□□
2. □□　　若□□□既一个□
3. 报□□□□　□□□□
4. 上论□□□都□□□□
5. 言□□□□□□□□□□

（后缺）

六　斛斗文书残片

题解：

本件文书俄藏编号ДХ19025，收于《俄藏敦煌文献》第 17 册第 321 页，无拟题。《俄藏黑水城文献》未收录。文书现存文字 2 行，荣新江指出本件文书从内容和性质来看应属于黑水城文书。

参考文献：

荣新江：《〈俄藏敦煌文献〉中的黑水城文献》，收于沈卫荣等主编《黑水城人文与环境研究》，中国人民大学出版社，2007。

录文标点：

（前缺）

1. ☐☐☐☐☐☐☐斗贰升
2. ☐☐☐☐☐☐☐☐☐☐

（后缺）

七　文书残片

题解：

本件文书俄藏编号ДX19026，收于《俄藏敦煌文献》第 17 册第 321 页，无拟题。《俄藏黑水城文献》未收录。文书现存文字 1 行，其图版反置。荣新江指出本件文书从内容和性质来看应属于黑水城文书。

参考文献：

荣新江：《〈俄藏敦煌文献〉中的黑水城文献》，收于沈卫荣等主编《黑水城人文与环境研究》，中国人民大学出版社，2007。

录文标点：

（前缺）

1. ☐☐☐☐月☐☐三月☐☐☐

（后缺）

八　文书残片（一）

题解：

本件文书俄藏编号ДX19030，收于《俄藏敦煌文献》第 17 册第 322 页，无拟题。《俄藏黑水城文献》未收录。文书现存文字 2 行，荣新江指出本件文书从内容和性质来看应属于黑水城文书。按，本件文书与同页 ДX19031、ДX19032 号文书字迹相同，应为同件文书残片。

参考文献：

荣新江：《〈俄藏敦煌文献〉中的黑水城文献》，收于沈卫荣等主编《黑水城人文与环境研究》，中国人民大学出版社，2007。

录文标点：

（前缺）

1. ▢▢▢▢▢▢▢▢▢▢▢

2. ▢▢▢▢▢▢▢八消宋▢▢▢▢▢

（后缺）

九　文书残片（二）

题解：

本件文书俄藏编号 ДX19031，收于《俄藏敦煌文献》第 17 册第 322 页，无拟题。《俄藏黑水城文献》未收录。文书现存文字 1 行，荣新江指出本件文书从内容和性质来看应属于黑水城文书。按，本件文书与同页 ДX19030、ДX19032 号文书字迹相同，应为同件文书残片。

参考文献：

荣新江：《〈俄藏敦煌文献〉中的黑水城文献》，收于沈卫荣等主编《黑水城人文与环境研究》，中国人民大学出版社，2007。

录文标点：

（前缺）

1. ▢▢▢▢▢▢▢▢▢匠都▢▢▢▢▢▢

（后缺）

十　文书残片（三）

题解：

本件文书俄藏编号 ДX19032，收于《俄藏敦煌文献》第 17 册第 322 页，

无拟题。《俄藏黑水城文献》未收录。文书现存文字 2 行，荣新江指出本件文书从内容和性质来看应属于黑水城文书。按，本件文书与同页 ДX19030、ДX19031 号文书字迹相同，应为同件文书残片。

参考文献：

荣新江：《〈俄藏敦煌文献〉中的黑水城文献》，收于沈卫荣等主编《黑水城人文与环境研究》，中国人民大学出版社，2007。

录文标点：

（前缺）

1. ▭▭▭ □ ▭▭▭
2. ▭▭▭ 里□ ▭▭▭

（后缺）

十一　文书残片

题解：

本件文书俄藏编号 ДX19034，收于《俄藏敦煌文献》第 17 册第 322 页，无拟题。《俄藏黑水城文献》未收录。文书现存文字 1 行，荣新江指出本件文书从内容和性质来看应属于黑水城文书。

参考文献：

荣新江：《〈俄藏敦煌文献〉中的黑水城文献》，收于沈卫荣等主编《黑水城人文与环境研究》，中国人民大学出版社，2007。

录文标点：

（前缺）

1. ▭▭▭ 李

（后缺）

十二　文书残片

题解：

本件文书俄藏编号 ДX19035，收于《俄藏敦煌文献》第 17 册第 322 页，

无拟题。《俄藏黑水城文献》未收录。本件文书有一幅图像，后残存文字1行。荣新江指出本件文书从内容和性质来看应属于黑水城文书。

参考文献：

荣新江：《〈俄藏敦煌文献〉中的黑水城文献》，收于沈卫荣等主编《黑水城人文与环境研究》，中国人民大学出版社，2007。

录文标点：

（前缺）

（图像）

1. ▢▢▢▢初十▢

（后缺）

十三　文书残片

题解：

本件文书俄藏编号ДX19048，收于《俄藏敦煌文献》第17册第325页，无拟题。《俄藏黑水城文献》未收录。文书现存文字2行，荣新江指出本件文书从内容和性质来看应属于黑水城文书。

参考文献：

荣新江：《〈俄藏敦煌文献〉中的黑水城文献》，收于沈卫荣等主编《黑水城人文与环境研究》，中国人民大学出版社，2007。

录文标点：

（前缺）

1. ▢▢▢▢▢
2. ▢▢正▢▢▢

（后缺）

十四　文书残片

题解：

本件文书俄藏编号ДX19051，收于《俄藏敦煌文献》第17册第326页，无拟题。《俄藏黑水城文献》未收录。文书现存文字 2 行，荣新江指出本件文书从内容和性质来看应属于黑水城文书。

参考文献：

荣新江：《〈俄藏敦煌文献〉中的黑水城文献》，收于沈卫荣等主编《黑水城人文与环境研究》，中国人民大学出版社，2007。

录文标点：

（前缺）

1. ☐☐☐☐☐ 讨吴　□喙 ☐☐☐☐☐
2. ☐☐☐☐☐ □　□交　☐☐☐☐☐

（后缺）

十五　入白衣舍文书残片

题解：

本件文书俄藏编号 Дх19055，收于《俄藏敦煌文献》第 17 册第 328 页，无拟题。《俄藏黑水城文献》未收录。文书现存文字 6 行，荣新江指出本件文书从内容和性质来看应属于黑水城文书。

参考文献：

荣新江：《〈俄藏敦煌文献〉中的黑水城文献》，收于沈卫荣等主编《黑水城人文与环境研究》，中国人民大学出版社，2007。

录文标点：

（前缺）

1. ☐☐☐☐☐ □□□□□ ☐☐☐☐☐
2. ☐☐☐☐☐ 白衣舍除病□ ☐☐☐☐☐
3. ☐☐☐☐☐ 入 白衣舍坐
4. ☐☐☐☐☐ □入白衣舍
5. ☐☐☐☐☐ 入 白衣舍座 ☐☐☐☐☐

6. ☐☐☐☐☐ 入 白衣舍

（后缺）

十六　紫绢等文书残片

题解：

本件文书俄藏编号 ДX19056，收于《俄藏敦煌文献》第 17 册第 328 页，无拟题。《俄藏黑水城文献》未收录。文书现存文字 4 行，荣新江指出本件文书从内容和性质来看应属于黑水城文书。

参考文献：

荣新江：《〈俄藏敦煌文献〉中的黑水城文献》，收于沈卫荣等主编《黑水城人文与环境研究》，中国人民大学出版社，2007。

录文标点：

（前缺）

1.　　壹副☐二两☐☐☐
2.　红缨壹颗金☐☐☐☐
3.　　　紫绢☐☐☐☐
4.　　　☐☐☐☐

（后缺）

十七　文书残片

题解：

本件文书俄藏编号 ДX19057，收于《俄藏敦煌文献》第 17 册第 328 页，无拟题。《俄藏黑水城文献》未收录。文书仅 1 行浓墨大字，荣新江指出本件文书从内容和性质来看应属于黑水城文书。

参考文献：

荣新江：《〈俄藏敦煌文献〉中的黑水城文献》，收于沈卫荣等主编《黑水城人文与环境研究》，中国人民大学出版社，2007。

录文标点：

（前缺）

1. ☐☐惠地☐☐☐．

（后缺）

十八 麦料斛斗文书残片

题解：

本件文书俄藏编号 ДХ19058，收于《俄藏敦煌文献》第 17 册第 329 页，无拟题。《俄藏黑水城文献》未收录。文书现存文字 10 行，前后缺，上残下完，荣新江指出本件文书从内容和性质来看应属于黑水城文书。

参考文献：

荣新江：《〈俄藏敦煌文献〉中的黑水城文献》，收于沈卫荣等主编《黑水城人文与环境研究》，中国人民大学出版社，2007。

录文标点：

（前缺）

1. ☐☐叁斗肆升捌合
2. ☐麦物料☐
3. ☐贰斗捌升陆合
4. ☐贰斤
5. ☐料壹佰壹拾斤陈
6. ☐料壹拾斤
7. ☐贰斗伍升
8. ☐壹拾斤
9. ☐拾伍张
10. ☐☐☐

（后缺）

十九　霍守忠申状为打造镔铁刀事残片

题解：

本件文书俄藏编号 ДХ19060，收于《俄藏敦煌文献》第 17 册第 329 页，无拟题。《俄藏黑水城文献》未收录。文书现存文字 2 行，从内容来看为一申状残件。荣新江指出本件文书从内容和性质来看应属于黑水城文书。

参考文献：

荣新江：《〈俄藏敦煌文献〉中的黑水城文献》，收于沈卫荣等主编《黑水城人文与环境研究》，中国人民大学出版社，2007。

录文标点：

（前缺）

1. ☐霍　守忠　申
2. ☐斤交打造宾①铁刀错☐

（后缺）

二十　将信使□孙义文书残片（一）

题解：

本件文书俄藏编号 ДХ19062，收于《俄藏敦煌文献》第 17 册第 330 页，无拟题。《俄藏黑水城文献》未收录。文书现存文字 6 行，荣新江指出本件文书从内容和性质来看应属于黑水城文书。按，本件文书与同页 ДХ19063 号文书字迹相同，内容相关，应为同件文书残片。

参考文献：

荣新江：《〈俄藏敦煌文献〉中的黑水城文献》，收于沈卫荣等主编《黑水城人文与环境研究》，中国人民大学出版社，2007。

录文标点：

（前缺）

---

① 据文意推断，"宾"字应为"镔"。

1. _____
2. _____ 三月二十四日至
3. _____ 十九日终，准叁石陆□
4. _____ 实□□行
5. _____ □从今年五月二十九日至
6. _____ 三日终，准____ □一日□

（后缺）

二十一　将信使□孙义文书残片（二）

题解：

本件文书俄藏编号 ДX19063，收于《俄藏敦煌文献》第 17 册第 330 页，无拟题。《俄藏黑水城文献》未收录。文书现存文字 7 行，荣新江指出本件文书从内容和性质来看应属于黑水城文书。按，本件文书与同页 ДX19062 号文书字迹相同，内容相关，应为同件文书残片。

参考文献：

荣新江：《〈俄藏敦煌文献〉中的黑水城文献》，收于沈卫荣等主编《黑水城人文与环境研究》，中国人民大学出版社，2007。

录文标点：

（前缺）

1. _____
2. _____ 壹升，计支壹斗八升
3. _____ □各支壹升，计支陆升叁□
4. _____ □贰升
5. _____ 知　　（印章）　　事
6. ____ 年十一月　日将信使□孙义　□

7. 钱□高品请系王（签押）

（后缺）

二十二　古医方残片

题解：

本件文书俄藏编号 ДХ19064，收于《俄藏敦煌文献》第 17 册第 331 页，无拟题。《俄藏黑水城文献》未收录。文书为一医方残片，现存文字 16 行。荣新江指出本件文书从内容和性质来看应属于黑水城文书。

参考文献：

荣新江：《〈俄藏敦煌文献〉中的黑水城文献》，收于沈卫荣等主编《黑水城人文与环境研究》，中国人民大学出版社，2007。

录文标点：

（前缺）

1. 　　　五百　　　　五百　　　　　六百
2. 鹿茸半两　沉香三字①　官桂一两
3. 　　　　　　　　　　　　　　六百
4. 附子一两　肉苁容②二两半　良姜二两
5. 　　　八百四百　　　三百　　　　一贯
6. 川濡子二两　厚朴一两　　木杏半两
7. 　　　　　　　　　　　　　　　　八百
8. 　肉豆蔻一两　　川椒一两　破故纸一两
9. 　　　二百　四贯　三□　　七百　五十　一贯
10. 茴香二两　　桂心半两　　巴戟一两
11. 　　　三百　　　一贯　　　□□　二百
12. 牛膝一两　乌药一两　　五味子一两

---

① 据文意推断，"字"字应为"子"。
② 据文意推断，"容"字应为"蓉"。

13.　　三百　　　　七百

14. 当归一两　荜澄茄三钱半

15. 丁香半两

16.　　二贯

（后缺）

二十三　讹成奴等典物文书残片

题解：

本件文书俄藏编号ДX19065，收于《俄藏敦煌文献》第17册第331页，无拟题。《俄藏黑水城文献》未收录。文书现存文字8行，前后缺，其中第3行、第8行有勾画符号。荣新江指出本件文书从内容和性质来看应属于黑水城文书。

参考文献：

荣新江：《〈俄藏敦煌文献〉中的黑水城文献》，收于沈卫荣等主编《黑水城人文与环境研究》，中国人民大学出版社，2007。

录文标点：

（前缺）

1. □□□□一升

2. □一升，现钱叁百文

3. 计住一斗　　　　入钱二百五十文

4. 讹成奴①五斗　葱一斗　折会了
　　　　　　　　夜和五斗

5. 哆讹常屈二人其

6. 　笔二管，四斗

7. 　典连袋一

---

① "讹成奴"上有勾画符号。

8. 马新①九斗

（后缺）

二十四　面肉文书残片

题解：

本件文书俄藏编号ДX19074，收于《俄藏敦煌文献》第17册第335页，无拟题。《俄藏黑水城文献》未收录。文书现存文字10行，荣新江指出本件文书从内容和性质来看应属于黑水城文书。

参考文献：

荣新江：《〈俄藏敦煌文献〉中的黑水城文献》，收于沈卫荣等主编《黑水城人文与环境研究》，中国人民大学出版社，2007。

录文标点：

（前缺）

1. □□

2. 今月十九日□天

3. 　小饭玖佰陆□□

4. 　　　拾贰两

5. 　　面叁拾贰硕壹

6. 　　肉壹阡伍佰□

7. 　大饭壹阡贰佰

8. 　　　壹

9. 　　面肆

10. 　　□

（后缺）

---

① "马新"上有勾画符号。

二十五　文书残片

题解：

本件文书俄藏编号 ДX19080，收于《俄藏敦煌文献》第 17 册第 338 页，无拟题。《俄藏黑水城文献》未收录。文书现存文字 3 行，荣新江指出本件文书从内容和性质来看应属于黑水城文书。

参考文献：

荣新江：《〈俄藏敦煌文献〉中的黑水城文献》，收于沈卫荣等主编《黑水城人文与环境研究》，中国人民大学出版社，2007。

录文标点：

（前缺）

1. 　　□□
2. 　　陈阿小成旧红□壹副，一钱壹贯叁百伍□□
3. 　　十一月初二日

（后缺）

二十六　文书残片

题解：

本件文书俄藏编号 ДX19082，收于《俄藏敦煌文献》第 17 册第 339 页，无拟题。《俄藏黑水城文献》未收录。文书为正背双面书写，正面现存文字 6 行，背面现存文字 2 行，均前后缺，背面文字方向与正面相反。荣新江指出本件文书从内容和性质来看应属于黑水城文书。

参考文献：

荣新江：《〈俄藏敦煌文献〉中的黑水城文献》，收于沈卫荣等主编《黑水城人文与环境研究》，中国人民大学出版社，2007。

录文标点：

正：

（前缺）

1. ▭▭▭▭▭ 某亲损
2. ▭▭▭▭▭ 有言语下
3. ▭▭▭▭▭ 前有客
4. ▭▭▭ □倾能于此礼无
5. ▭▭▭ □声莫交形
6. ▭▭▭ 翁婆敬事

（后缺）

背：

（前缺）

1. 门前▭▭▭
2. 八十随能▭▭▭

（后缺）

二十七　习字残片

题解：

本件文书俄藏编号ДХ19083，收于《俄藏敦煌文献》第17册第340页，无拟题。《俄藏黑水城文献》未收录。文书为正背双面书写，正面现存文字5行，均为浓墨大字，应为习字，背面为少数民族文字。荣新江指出本件文书从内容和性质来看应属于黑水城文书。

参考文献：

荣新江：《〈俄藏敦煌文献〉中的黑水城文献》，收于沈卫荣等主编《黑水城人文与环境研究》，中国人民大学出版社，2007。

录文标点：

正：

（前缺）

1. ▭▭□乘走□□

2. ☐☐☐迟钝快駃☐☐☐

3. ☐☐☐辇輖轮☐☐☐

4. ☐☐☐☐轴鞅☐☐☐

5. ☐☐☐☐辇☐☐☐

（后缺）

背：

（少数民族文字，录文略）

二十八　文书残片

题解：

本件文书俄藏编号Дх19084，收于《俄藏敦煌文献》第17册第340页，无拟题。《俄藏黑水城文献》未收录。文书共二件残片，每件残存文字1行。荣新江指出本件文书从内容和性质来看应属于黑水城文书。

参考文献：

荣新江：《〈俄藏敦煌文献〉中的黑水城文献》，收于沈卫荣等主编《黑水城人文与环境研究》，中国人民大学出版社，2007。

录文标点：

（一）

（前缺）

1. ☐☐☐☐初二日明六日　依☐☐☐☐

（后缺）

（二）

（前缺）

1. ☐☐☐☐正月一日子☐☐☐

（后缺）

二十九　习抄《千字文》等残片

题解：

本件文书俄藏编号 ДХ19085，收于《俄藏敦煌文献》第 17 册第 341 页，无拟题。《俄藏黑水城文献》未收录。文书为正背双面书写，正面现存文字 16 行，从内容来看为千字文习抄；背面现存文字 12 行，内容为习字。荣新江指出本件文书从内容和性质来看应属于黑水城文书。

参考文献：

荣新江：《〈俄藏敦煌文献〉中的黑水城文献》，收于沈卫荣等主编《黑水城人文与环境研究》，中国人民大学出版社，2007。

录文标点：

正：

（前缺）

1. ＿＿＿＿＿＿＿＿＿＿＿＿＿＿＿＿李奈，菜重
2. ＿＿＿＿＿＿＿＿＿＿＿＿＿＿□龙师火帝，鸟
3. ＿＿＿＿＿＿＿＿＿＿＿＿＿＿衣裳，推位让
4. ＿＿＿＿＿＿＿＿＿伐罪，周发殷汤，坐
5. ＿＿＿＿＿＿＿＿＿爱育黎首，臣伏戎
6. ＿＿＿＿＿＿＿＿＿归王，鸣凤在，① 白驹
7. ＿＿＿＿＿＿＿＿＿及万方，盖此身髪，
8. ＿＿＿＿＿＿＿＿＿＿养，岂敢毁伤，父母
9. ＿＿＿＿＿＿＿＿＿＿□知过必②改，得能莫
10. ＿＿＿＿＿＿＿＿＿＿＿已长，信使可覆，器

---

① 据文意推断，"在"之后脱一"竹"字。
② "过必"原作"必过"旁加倒乙符号，现径改。

11. _____ □诗赞羔羊，景幸①

12. _____ □建名立，形端表政②，

13. _____ 听，祸因恶积，福缘

14. _____ 阴是竞，资父事君，

15. _____ 力，忠则尽命，临深

16. _____ 似兰斯馨，如松之盛

（后缺）

背：

（前缺）

1. 　　　　　　　显③

2. ____ 国国国国国国国国国国

3. ____ 光光光光光光光光光光光光光

4. ____ 奉奉奉奉奉奉师师师师师

5. ____ 龙龙龙龙龙龙龙

6. ____ 龙龙龙龙龙龙

7. ____ 齐齐齐齐齐齐齐齐

8. ____ 痛痛痛痛吕吕□□□

9. ____ 官官官官官官官官官官

10. ____ 黄黄黄黄黄黄黄黄黄黄

11. ____ 藏藏藏藏藏藏藏藏

12. ____ 鸟鸟鸟鸟鸟鸟鸟鸟

（后缺）

---

① 据文意推断，"幸"应为"行"。
② 据文意推断，"政"应为"正"。
③ 此字字体向下。

《英藏黑水城文献》

第 1 册

一　文书残片

题解：

本件文书英藏编号 Or. 12380—0021（K. K. Ⅱ. 0283. s），收于《英藏黑水城文献》第 1 册第 10 页，编者拟题为《汉文文书》，并于第 5 册《叙录》指出：Or. 12380—0021 号文书尺寸为 240×94，经折装，写、印本，白麻纸，厚度中，墨色中，背面有字。本件文书即为背面文字，现存文字 1 行，前后均缺。

录文标点：

（前缺）

1. □□□□□□行□□无一□回大人某

（后缺）

二　文书残片

题解：

本件文书英藏编号 Or. 12380—0094b（K. K.），收于《英藏黑水城文献》第 1 册第 40 页，编者拟题为《汉文文书》，并于第 5 册《叙录》指出：Or. 12380—0094b 号文书 3 纸，残片，写本，背面有汉文文书。本件文书即为背面文字，现存文字 1 行，前后均缺。

录文标点：

（前缺）

1. ▭ 今岁

（后缺）

三　刻本音韵书残页

题解：

本件文书英藏编号 Or. 12380—0530（K. K. Ⅱ. 0243. g），收于《英藏黑水城文献》第 1 册第 197 页，编者拟题为《汉文音义》，并于第 5 册《叙录》指出：音义（汉文），尺寸为 120×135，1 纸，印本。文书现存文字 4 行。

录文标点：

（前缺）

1. 猴　上音弥正作
　　　狲下户钩反

2. 　　替之上古牙反
　　　方经作伽将宜

3. 察　上求癸反
　　　摖也□七

4. 忭 音悟　本 师

（后缺）

第 4 册

一　文书残片

题解：

本件文书英藏编号 Or. 12380—3175b（K. K. 0151），收于《英藏黑水城文献》第 4 册第 31 页，编者拟题为《汉文文书》，并于第 5 册《叙录》指出：草书（汉文），尺寸为 60×140，1 纸，残片，写本，墨色浅。文书现存文字 8 行，前后均缺。

录文标点：

（前缺）

1. ☐☐☐☐ 高曰潜龙河底 ☐
2. ☐☐☐☐ ☐夫君臣庆会 ☐
3. ☐☐☐☐ 仙☐☐☐杭人丰足赵 ☐
4. ☐☐☐☐ 高☐☐☐☐低处 ☐
5. ☐☐☐☐ 一家朝☐☐宪 ☐
6. ☐☐☐☐ 兵☐☐☐蛮 ☐
7. ☐☐☐☐ 不安秦☐米 ☐
8. ☐☐☐☐ ☐贱☐

（后缺）

二　杂物帐簿残片

题解：

本件文书英藏编号 Or.12380—3291（K.K.Ⅱ.0238.1.ⅳ），收于《英藏黑水城文献》第 4 册第 88 页，编者拟题为《汉文杂物账》，并于第 5 册《叙录》指出：杂物账（汉文），尺寸为 132×350，3 纸，残片，写本，背面有字，已缀合，封皮内衬，为汉文记账。文书现存文字 10 行，前后均缺。

录文标点：

（前缺）

1. 　　　　三十日

2. 　　　　初八日

3. 兀嗦吮嗦怛　镰一张，白褐☐

4. 并尚勒麻　　白毛㡓子
5. 天天①遏　　旧毛㡓子一
6. 焦阿苟　　　皂皮靴一
7. 沙州皆　　　黄褐一□
8. 韦吃睹　　　旧毯一
9. 瓦义成　　　黄褐一
10. 鲁纥怛　　 马关头一

（后缺）

三　大麦文书残片

题解：

本件文书英藏编号 Or. 12380—3302RV（K. K. Ⅱ. 0254. c），收于《英藏黑水城文献》第 4 册第 96 页，编者拟题为《汉文账册》，第 5 册《叙录》仅列拟题。文书现存文字 3 行，前后均缺。

录文标点：

（前缺）

1. ＿＿＿＿ □麦三□
2. ＿＿＿＿ □五升，大麦
3. ＿＿＿＿ 斗，与番家

（后缺）

四　兰州军司文书残片

题解：

本件文书英藏编号 Or. 12380—3303（K. K. Ⅱ. 0240. c），收于《英藏黑水城文献》第 4 册第 96 页，编者拟题为《汉文兰州军司官印》，并于第 5

---

① "天"为省文符号，现径改。

册《叙录》指出：兰州军司官印（汉文），尺寸为300×140，1纸单叶，写本，纸质薄。文书现存文字3行，前后均缺。

录文标点：

（前缺）

1. ☐☐☐☐☐☐☐☐州军☐☐☐☐☐☐☐☐☐☐☐☐①
2. ☐☐☐☐☐☐☐☐☐略将☐副都巡检权监☐节☐☐☐☐
3. ☐☐☐☐征事郎兰州军判☐☐都☐☐②

（后缺）

五 刻本音韵书残页

题解：

本件文书英藏编号 Or. 12380—3374（Ⅰ.yav.02），收于《英藏黑水城文献》第4册第135页，编者拟题为《汉文韵书》，并于第5册《叙录》指出：韵书（汉文），尺寸为200×150，1纸，线装样式，馆方纸条称非印本，hara—32，hoto 文件。文书现存文字5行。

录文标点：

（前缺）

1. ☐☐☐☐☐☐册第四十三张
2. 澡罐 上音早/下音贯　结是 一苦加切/又胡卦切 ☐☐☐☐
3. 丈八/也　图样 余亮/切　虚诔 音/志　剩☐ ☐☐☐☐
4. 蔬囿 音右/园也　年稔 如枕/切　得☐ ☐☐☐☐
5. ☐☐☐ 上☐切　刘䚡 胡频切/思也 ☐☐☐☐

（后缺）

---

① 此行文字为墨戳文字。
② 此行文字为墨戳文字。

六　医人文书残片

题解：

本件文书共二件残片，英藏编号 Or.12380—3496（K.K.Ⅱ.0279.bb），收于《英藏黑水城文献》第 4 册第 199 页，编者拟题为《汉文残片》，并于第 5 册《叙录》指出：残片（汉文），尺寸为 100×85，2 纸，残片，写本，纸色深，纸质薄。文书共二件残片，其中残片一现存文字 3 行，残片二现存文字 2 行，均前后缺。

录文标点：

（一）

（前缺）

1. ☐☐☐☐☐陆个☐☐☐☐
2. ☐☐☐☐☐柒段贰拾捌☐
3. ☐☐☐☐☐☐☐☐☐☐☐

（后缺）

（二）

（前缺）

1. ☐☐☐☐☐☐升☐
2. ☐☐☐☐☐字医人玖人全

（后缺）

七　文书残片

题解：

本件文书英藏编号 Or.12380—3536（K.K.Ⅱ.0249.c），收于《英藏黑水城文献》第 4 册第 228 页，编者拟题为《汉文文书》，并于第 5 册《叙录》指出：文书（汉文），尺寸为 190×100，多纸，残片，写本。按，从文书内容来看似与食用米、羊等物数量有关。

录文标点：

（前缺）

1. ☐　　　　　　　　藏☐
2. ☐　　　　　叁 拾 硕☐
3. ☐　　　　　　☐

4. ☐　计二十九日食计粟贰☐
5. ☐　☐升☐知位下：
6. ☐　　　☐殺羊壹拾柒☐
7. 各☐分☐十一日☐去年十月十二日☐
8. ☐　　　　　　　壹伯
9. ☐　　　　　　五升捌
10. ☐　　　　　糜子☐

（后缺）

八　骆驼草料文书残片

题解：

本件文书为英藏 Or. 12380—3536（K. K. II. 0249. c）号文书背面所书，英藏编号 Or. 12380—3536V（K. K. II. 0249. c），收于《英藏黑水城文献》第 4 册第 228 页，编者拟题为《汉文文书》，并于第 5 册《叙录》指出：文书（汉文），尺寸为 190×100，多纸，残片，写本。文书共二件残片，字迹不一，应非同件文书。其中残片一现存文字 2 行，残片二现存文字 3 行，均前后缺。

录文标点：

（一）

（前缺）

1. ☐☐☐☐☐☐☐☐☐☐ ☐州刺史☐ ☐☐☐☐☐☐☐
2. ☐☐☐☐☐☐☐☐☐☐☐ ☐☐ ☐☐☐☐☐☐☐☐

（后缺）

（二）　（前缺）

1. ☐☐☐☐☐☐☐☐☐ 等下骆驼☐☐ ☐☐☐☐☐☐☐
2. ☐☐☐☐☐☐☐☐☐ 每头逐日料准 ☐☐☐☐☐☐
3. ☐☐☐☐☐☐☐☐☐ ☐☐　一日食[①]☐☐☐☐☐

（后缺）

九　文书残片

题解：

本件文书英藏编号 Or. 12380—3632（K. K.），收于《英藏黑水城文献》第 4 册第 290 页，编者拟题为《汉文文书》，并于第 5 册《叙录》指出：文书（汉文），尺寸为 115×65，1 纸，残片，写本，纸质薄。文书现存文字 5 行，前后均缺。

录文标点：

（前缺）

1. ☐☐☐☐☐☐☐☐☐☐☐☐ ☐☐到此
2. ☐☐☐☐☐☐☐☐☐☐☐☐☐☐
3. ☐☐☐☐☐☐☐☐☐☐☐☐☐☐
4. ☐☐☐☐☐☐☐☐ ☐中终☐月
5. 护国☐☐☐☐☐☐☐☐☐☐☐☐

（后缺）

---

① "一日食"三字字头向下。

《斯坦因第三次中亚考古所获汉文文献（非佛经部分）》

第 1 册

一　契约残片

题解：

本件文书英藏编号 Or. 8212/720（K. K. I. 0232ww），收于《斯坦因第三次中亚考古所获汉文文献（非佛经部分）》第 1 册第 205 页，编者拟题为《契约？残片》。本件文书共五件残片，其中残片一、二及四、五还收录于马斯伯乐《斯坦因在中亚细亚第三次探险所获中国古文书考释》第 196 页，其所记文书编号与上书同。文书残损严重，各残片各存文字 1~2 行。

录文标点：

（一）

（前缺）

1. ☐☐☐☐☐☐☐□人孙福☐☐☐☐☐

（后缺）

（二）

（前缺）

1. ☐☐☐☐☐☐☐☐（签押）

2. ☐☐☐☐☐|儿|①达达②☐③

（后缺）

（三）

（前缺）

1. ☐☐☐|☐汜☐☐☐|④

（后缺）

（四）

（前缺）

1. ☐☐☐|☐☐立☐|⑤

（后缺）

（五）

（前缺）

1. ☐☐☐|☐各各⑥

（后缺）

二　文书残片

题解：

本件文书英藏编号 Or. 8212/730 ［K. K. II. 0265（n）］，收于《斯坦因第三次中亚考古所获汉文文献（非佛经部分）》第 1 册第 206 页，编者拟题为《残文书》，并指出第 2～3 行上方有朱印。本文书还收录于马斯伯乐《斯坦因在中亚细亚第三次探险所获中国古文书考释》第 196 页，其所记文书编号与上书同。文书现存文字 5 行，第 2 行字头向下。

---

① "|儿|"，沙知录文作"沈"，现据图版改。
② 第二个"达"字为省文符号，现径改。
③ 此残片马斯伯乐录文作"☐苏远远☐"，现据图版改。
④ 此残片马斯伯乐录文未释录，现据图版补。
⑤ 此残片马斯伯乐录文作"证人"，现据图版改。
⑥ 第二个"各"字为省文符号，现径改。

录文标点：

（前缺）

1. □□

2. □人□骨□赤丹麻①

3. □□□

3. 悉□□□叁石

4. □□　　（签押）

5. □□□　　　（签押）

（后缺）

三 刻本《孙真人千金方》残页

题解：

本件文书英藏编号 Or. 8212/731 ［K. K. II. 0285（b）iv］，收于《斯坦因第三次中亚考古所获汉文文献（非佛经部分）》第 1 册第 206 页，编者拟题为《新雕〈孙真人千金方〉卷十三胸痹第七》。本文书还收录于马斯伯乐《斯坦因在中亚细亚第三次探险所获中国古文书考释》第 197 页，其所记文书编号与上书同。文书为刻本，现存文字 8 行。

录文标点：

（前缺）

1. ＿＿＿阴②弦即胸痹而痛所＿＿＿

2. ＿＿＿胸痹心痛者，以其＿＿＿

3. ＿＿＿也③，胸痹喘息之病。欬唾背④＿＿＿

4. ＿＿＿蒌汤主之。

---

① 此行文字字头向下。马斯伯乐录文仅释录此行文字。
② "阴"，马斯伯乐录文未释读，现据图版补。
③ "也"，马斯伯乐录文未释读，现据图版补。
④ 马斯伯乐于"背"字后推补一"痛"字。

5. ☐ 半斤 生姜肆两 枳壳贰两

6. ☐ 服一升，日三。

7. ☐ □噎塞①，习习②如痒，喉中涩燥，

8. ☐ 叁☐ 半☐

（后缺）

四　习字残片

题解：

本件文书英藏编号 Or. 8212/761 ［K. K. I. 0232（b）］，收于《斯坦因第三次中亚考古所获汉文文献（非佛经部分）》第 1 册第 230 页，编者拟题为《公函程式试笔》。本文书还收录于马斯伯乐《斯坦因在中亚细亚第三次探险所获中国古文书考释》第 208 页，其所记文书编号与上书同。文书现存文字 6 行，为习字。

录文标点：

（前缺）

1. ☐ 相君

2. ☐ 座

3. ☐ 钧座

4. ☐ 章

5. ☐ 参 相君

6. ☐ 钧座③

（后缺）

---

① "塞"，马斯伯乐录文作"寒"，现据图版改。
② 第二个"习"为省文符号，马斯伯乐录文作"人"，现据图版改。
③ 此行文字马斯伯乐录文未释读，现据图版补。

五　文书残片

题解：

本件文书英藏编号 Or. 8212/794 ［K. K. I. 0232（jj）］，收于《斯坦因第三次中亚考古所获汉文文献（非佛经部分）》第 1 册第 275 页，编者拟题为《残片》。本文书还收录于马斯伯乐《斯坦因在中亚细亚第三次探险所获中国古文书考释》第 216 页，其所记文书编号与上书同。文书现存墨笔痕迹，似非文字。

录文标点：

（略）

六　文书残片

题解：

本件文书英藏编号 Or. 8212/794 ［K. K. I. 0232（ii）］，收于《斯坦因第三次中亚考古所获汉文文献（非佛经部分）》第 1 册第 275 页，编者拟题为《残片》。本文书马斯伯乐《斯坦因在中亚细亚第三次探险所获中国古文书考释》未收录，其第 216 页所收录 K. K. I. 0232（ii）号文书与《斯坦因第三次中亚考古所获汉文文献（非佛经部分）》第 274 页所收 K. K. I. 0232（i）号文书内容相同。文书现存文字 2 行。

录文标点：

（前缺）

1. □ 田 ①

2. □□

（后缺）

七　抄本残片

题解：

本件文书英藏编号 Or. 8212/794 ［K. K. I. 0232（oo）］，收于《斯坦因

---

① "田"，沙知录文未释读，现据图版补。

第三次中亚考古所获汉文文献（非佛经部分）》第 1 册第 276 页，编者拟题为《抄本残片》。本文书还收录于马斯伯乐《斯坦因在中亚细亚第三次探险所获中国古文书考释》第 216 页，其所记文书编号与上书同。文书现存文字 2 行，楷体。

录文标点：

（前缺）

1. 中正☐

2. 理密☐

（后缺）

八　文书残片

题解：

本件文书英藏编号 Or. 8212/794［K. K. I. 0232（rr）］，收于《斯坦因第三次中亚考古所获汉文文献（非佛经部分）》第 1 册第 277 页，编者拟题为《颂辞》。本文书还收录于马斯伯乐《斯坦因在中亚细亚第三次探险所获中国古文书考释》第 216 页，其所记文书编号与上书同。文书现存文字 1 行。

录文标点：

（前缺）

1. ☐德政日新☐

（后缺）

九　文书残片

题解：

本件文书英藏编号 Or. 8212/797［K. K. 0118（ww）(a) 2 (a) 3］，收于《斯坦因第三次中亚考古所获汉文文献（非佛经部分）》第 1 册第 280 页，编者拟题为《年月残片》。本文书还收录于马斯伯乐《斯坦因在中亚细亚第三次探险所获中国古文书考释》第 217 页，其所记文书编号与上书同。文书共二件残片，各存文字 1 行。

录文标点：

（一）（a）2

（前缺）

1. ☐年闰五月☐

（后缺）

（二）（a）3

（前缺）

1. ☐七月初二日☐☐

（后缺）

十　文书残片

题解：

本件文书英藏编号 Or.8212/808 ［K.K.0118 (i)］，收于《斯坦因第三次中亚考古所获汉文文献（非佛经部分）》第 1 册第 286 页，编者拟题为《月日残片》。本文书还收录于马斯伯乐《斯坦因在中亚细亚第三次探险所获中国古文书考释》第 219 页，该书将本件文书与《斯坦因第三次中亚考古所获汉文文献（非佛经部分）》第 286 页 Or.8212/808 ［K.K.0118 (k)］、第 287 页 Or.8212/808 ［K.K.0118 (o)］号文书缀合释录，统一编号为 K.K.0118 (e)。文书现存文字 2 行，前后均缺。

录文标点：

（前缺）

1. ☐五月初① ☐

2. 　　☐☐

（后缺）

---

① "初"，沙知录文作"八日"，现据图片版改。

十一 习写残片

题解：

本件文书英藏编号 Or.8212/809 ［正背 K.K.I.0231（a）］，收于《斯坦因第三次中亚考古所获汉文文献（非佛经部分）》第 1 册第 290 页，编者拟题为《杂写》。本文书还收录于马斯伯乐《斯坦因在中亚细亚第三次探险所获中国古文书考释》第 219 页，所记文书编号与上书同。文书为正背双面书写，正面现存文字 3 行，背面现存文字 5 行，从内容来看，似应为习写。

录文标点：

正：

（前缺）

1. 清平县县
2. 乾月 所 转武①
3. 光禄大夫②

（后缺）

背：

1. 还③三毛粮三千
2. 平
3. 北
4. 四 三④
5. 亚中大夫⑤

---

① "所转武"，马斯伯乐录文未释读，现据图版补。
② 此行文字在下方，自左至右书写。另，此行文字马斯伯乐录文未释读，现据图版补。
③ "还"，马斯伯乐录文未释读，现据图版补。
④ 第 2～4 行马斯伯乐录文作"武三扎五"，现据图版改。
⑤ 此行文字在下方，自右至左书写。另，此行文字马斯伯乐录文作"亚甲天天"，现据图版改。

十二　刻本古籍残页

题解：

本件文书英藏编号 Or. 8212/814 ［K. K. II. 0236（aaa）（1 - 5）］，收于《斯坦因第三次中亚考古所获汉文文献（非佛经部分）》第 1 册第 311～313 页，编者拟题为《印本三国志评选（书名未详）》，并于第 333 页指出：文书现存五组残片，其中一含前后二面，内容相连，二亦前后二面，内容相连，分别见《三国志》中华书局标点本第 1 册第 61 页注一及第 81 页注一和第 115 页注四。一末行"服膺之"三字和二首行"之祸"二字为玻璃板边框所遮，未能揭开拍照。三、四内容相连，见上引书第 1 册第 201 页注一。五见上引书第 1 册第 89 页陈寿评。本文书还收录于马斯伯乐《斯坦因在中亚细亚第三次探险所获中国古文书考释》第 220 页，所记文书编号与上书同，该书将文书所缺文字补齐。

录文标点：

（一）

（前）　　　　（前缺）

1.　　　　先王皆
　　　　　三□吏　　①

2.　　　　以孝治天下

3.　　　　慕谅暗寄政冢

（后）

1.　　　　在三之义惇臣子

2.　　　　所以通天地厚

3.　　　　服膺之

（后缺）

---

① "三□吏"，马斯伯乐录文作"三老□"，现据图版改。

(二)

(前)　　　（前缺）

1. ☐☐☐☐之祸☐☐☐☐
2. ☐☐☐发一概之诏可谓☐
3. ☐☐☐孙盛平①明帝

(后)

1. ☐☐☐魏明帝天姿秀出立☐
2. ☐☐☐公受遗辅导帝皆☐
3. ☐☐☐善责②虽犯颜☐

(后缺)

(三)

(前缺)

1. ☐☐☐孙盛评田丰沮③☐
2. ☐☐☐丰沮授之谋虽良④

(四)

1. ☐☐☐用忠良则霸王之
2. ☐☐☐常必☐⑤兹丰知☐
3. ☐☐☐☐☐

(后缺)

(五)

(前缺)

---

① 据文意推断，"平"字应为"评"。
② "责"，马斯伯乐录文作"直"。
③ "沮"，马斯伯乐录文漏录，现据图版补。
④ "良"，马斯伯乐录文作"平"，现据图版改。
⑤ 此字马斯伯乐推补为"由"。

1. ▢▢①以公平之诚▢
2. ▢▢②盛评▢

（后缺）

十三　刻本音韵书残页

题解：

本件文书英藏编号 Or. 8212/815 ［K. K. 0118（ww）（b）］，收于《斯坦因第三次中亚考古所获汉文文献（非佛经部分）》第 1 册第 313 页，编者拟题为《印本字书残片》。文书现存文字 5 行，有双行小字夹注。本文书还收录于马斯伯乐《斯坦因在中亚细亚第三次探险所获中国古文书考释》第 221 页，所记文书编号与上书同。

录文标点：

（前缺）

1. ▢▢窕也▢
2. ▢▢拷考也▢
3. ▢▢揉噪③▢
4. ▢▢揽览▢
5. ▢▢挚至▢

（后缺）

十四　占卜文书残片

题解：

本件文书英藏编号 Or. 8212/817 ［K. K. II. 0277（eee）］，收于《斯坦因

---

① 此字马斯伯乐录文推补为"厉"。
② 此字马斯伯乐录文推补为"孙"。
③ 马斯伯乐录文于"噪"字后衍录一"北"，现据图版改。

第三次中亚考古所获汉文文献（非佛经部分）》第1册第315页，编者拟题为《历书·残钞》，并指出：前4行每句朱点，后4行每干支朱点，5行"十恶"上及右侧朱笔。本文书还收录于马斯伯乐《斯坦因在中亚细亚第三次探险所获中国古文书考释》第223页，所记文书编号与上书同。文书现存文字8行，前后均缺，从内容来看，其似应为占卜文书残片。

录文标点：

（前缺）

1. 六丙乙亥、六丁辛巳、

2. 六戊①丁亥②、六己③癸巳、

3. 六庚己亥、六辛乙巳、

4. 六壬辛亥、六癸丁巳、

5. 　　一④十恶大败

6. 甲辰、乙未，与壬申、丙

7. 申、丁酉，及庚申、戊戌、

8. 己亥，兼辛未、己丑 通

9. □　　　　　　

（后缺）

第 2 册

一　药方残片

题解：

本件文书英藏编号 Or. 8212/1106（K. K. 0117f），收于《斯坦因第三次

---

① "戊"，沙知录文作"戌"，现据图版改。
② "丁亥"原作"亥丁"，旁加倒乙符号，马斯伯乐录文照录，现径改。
③ "己"字为右行补写，现径改。
④ "一"，马斯伯乐录文未释读，现据图版补。

中亚考古所获汉文文献（非佛经部分）》第 2 册第 47 页，编者拟题为《药方》。本文书还收录于郭锋《斯坦因第三次中亚探险所获甘肃新疆出土汉文文书——未经马斯伯乐刊布的部分》第 128 页，所记文书编号与上书同，拟题为《大沉香丸药方》，并列出文书诸要素为：高 24cm，宽 17cm，行书。文书现存文字 4 行，前后均缺。

录文标点：

（前缺）

1. ▢▢

2. 　　　安服一丸细嚼

3. ▢▢　　淡生姜汤下　　空心①

4. 　　大沉香丸

（后缺）

二　文书残片

题解：

本件文书英藏编号 Or.8212/1107（K.K.0117.j），收于《斯坦因第三次中亚考古所获汉文文献（非佛经部分）》第 2 册第 47 页，编者拟题为《残片》。本文书还收录于郭锋《斯坦因第三次中亚探险所获甘肃新疆出土汉文文书——未经马斯伯乐刊布的部分》第 129 页，所记编号与上书同，拟题为《残书札文》，并列出文书诸要素为：高 15cm，宽 4.3cm，草书。文书现存文字 2 行，前后均缺。

录文标点：

（前缺）

1. 右②▢▢▢▢▢

2. 无▢▢▢▢▢

（后缺）

---

① 此两字反写，字头向下，郭锋录文作"心定"，现据图版改。
② "右"，沙知录文未释读，现据图版补。

三 文书残片

题解：

本件文书英藏编号 Or.8212/1108 背（K.K.0117.g），收于《斯坦因第三次中亚考古所获汉文文献（非佛经部分）》第 2 册第 48 页，编者指出此背面残片与 Or.8212/1108（K.K.0117.g）正面不是一纸之正背面，内容亦无关。本文书郭锋《斯坦因第三次中亚探险所获甘肃新疆出土汉文文书——未经马斯伯乐刊布的部分》未收录。文书共二件残片，各存文字 1 行，均前后缺。

录文标点：

（一）

（前缺）

1. ☐☐☐☐☐☐因☐☐飞☐☐☐☐

（后缺）

（二）

（前缺）

1. ☐☐☐☐☐☐☐年①足人☐☐☐☐☐

（后缺）

四 帐簿残片

题解：

本件文书英藏编号 Or.8212/1113 [K.K.0117.z（i）a]，收于《斯坦因第三次中亚考古所获汉文文献（非佛经部分）》第 2 册第 49 页，编者拟题为《残帐》。本文书还收录于郭锋《斯坦因第三次中亚探险所获甘肃新疆出土汉文文书——未经马斯伯乐刊布的部分》第 129 页，所记文书编号与上书同，该书认为其为元代文书，将此文书拟题为《元残账目》，并列出文

---

① "年"，沙知录文作"手"，现据图版改。

书诸要素为：高24cm，宽6.5cm，草书。文书现存文字2行，前后均缺。按，从内容来看，并不能确认其为元代文书残片，故存疑列于此处。

录文标点：

（前缺）

1. _____□僧忍吉一枚
2. _____家奴敏官□载李三壹①枚

（后缺）

五 刻本残片

题解：

本件文书英藏编号Or.8212/1114［K.K.0117.y（i）］，收于《斯坦因第三次中亚考古所获汉文文献（非佛经部分）》第2册第50页，编者拟题为《印本残片》。本文书还收录于郭锋《斯坦因第三次中亚探险所获甘肃新疆出土汉文文书——未经马斯伯乐刊布的部分》第130页，所记文书编号为Or.8212/1114（K.K.0117.y），与上书所记编号异，拟题为《残文》，并列出文书诸要素为：高5cm，宽3.5cm。文书现存文字2行，前后均缺。

录文标点：

（前缺）

1. _____□大道幽□_____
2. _____□□____

（后缺）

六 传文残片

题解：

本件文书英藏编号Or.8212/1117（K.K.0118.d），收于《斯坦因第三

---

① "壹"，沙知未释录，现据郭锋录文补。

次中亚考古所获汉文文献（非佛经部分）》第 2 册第 51 页，编者拟题为《传文残片》。本文书还收录于郭锋《斯坦因第三次中亚探险所获甘肃新疆出土汉文文书——未经马斯伯乐刊布的部分》第 130 页，所记文书编号与上书同，拟题为《某氏传记残文》，并列出文书诸要素为：高 19.5cm，宽 5.5cm，草书。文书现存文字 4 行，前后均缺。

录文标点：

（前缺）

1. □□ ▭

2. 知知而不为 ▭

3. 肃敬前往添①生 ▭

4. 秉性端方，时习殷勤，颇通儒史 ▭

（后缺）

七　文书残片

题解：

本件文书英藏编号 Or. 8212/1118（K. K. 0118. f），收于《斯坦因第三次中亚考古所获汉文文献（非佛经部分）》第 2 册第 51 页，编者拟题为《残片》。本文书还收录于郭锋《斯坦因第三次中亚探险所获甘肃新疆出土汉文文书——未经马斯伯乐刊布的部分》第 131 页，所记文书编号与上书同，拟题为《残文》，只指出其残存草书二字下半截，未释录。

录文标点：

（前缺）

1. ▭▭ □□ ▭

（后缺）

---

① "往添"，沙知录文未释录，现据郭锋录文补。

八　文书残片

题解：

本件文书英藏编号 Or.8212/1119（K.K.0118.h），收于《斯坦因第三次中亚考古所获汉文文献（非佛经部分）》第 2 册第 52 页，编者拟题为《残片》。本文书郭锋《斯坦因第三次中亚探险所获甘肃新疆出土汉文文书——未经马斯伯乐刊布的部分》未收录。文书现存文字 1 行，残损严重。

录文标点：

（前缺）

1. □□□□□

（后缺）

九　书信残片

题解：

本件文书英藏编号 Or.8212/1126（K.K.0118.u），收于《斯坦因第三次中亚考古所获汉文文献（非佛经部分）》第 2 册第 55 页，编者拟题为《家书残片》。本文书还收录于郭锋《斯坦因第三次中亚探险所获甘肃新疆出土汉文文书——未经马斯伯乐刊布的部分》第 132 页，所记文书编号与上书同，拟题为《残信札》，并列出文书诸要素为：高 8.7cm，宽 4cm。文书现存文字 1 行，前后均缺。

录文标点：

（前缺）

1. □□□所①有祖父即

（后缺）

---

① "所"，郭锋录文未释读，今从沙知录文。

十　文书残片

题解：

本件文书英藏编号 Or.8212/1128（K.K.0118.w），收于《斯坦因第三次中亚考古所获汉文文献（非佛经部分）》第 2 册第 55 页，编者拟题为《残片》。本文书郭锋《斯坦因第三次中亚探险所获甘肃新疆出土汉文书——未经马斯伯乐刊布的部分》未收录。文书现存文字 1 行，前后均缺。

录文标点：

（前缺）

1. □ 呈①

（后缺）

十一　文书残片

题解：

本件文书英藏编号 Or.8212/1132（K.K.0118.ii），收于《斯坦因第三次中亚考古所获汉文文献（非佛经部分）》第 2 册第 56 页，编者拟题为《残片》。本文书郭锋《斯坦因第三次中亚探险所获甘肃新疆出土汉文书——未经马斯伯乐刊布的部分》未收录。文书现存文字 2 行，前后均缺。

录文标点：

（前缺）

1. 連
2. □

（后缺）

十二　小梁文书残片

题解：

本件文书英藏编号 Or.8212/1135 ［K.K.0118.ee（i）］，收于《斯坦因第

---

① "呈"，沙知录文未释读，现据图版补。

三次中亚考古所获汉文文献（非佛经部分）》第 2 册第 57 页，编者拟题为《小梁残片》。Or. 8212/1135 号文书共三件残片，郭锋《斯坦因第三次中亚探险所获甘肃新疆出土汉文文书——未经马斯伯乐刊布的部分》第 132~133 页只收录二件残片，所记文书编号与上书同，拟题为《残文二件》，此为 a，并列出文书诸要素为：高 7cm，宽 2.1cm。文书现存文字 2 行，前后均缺。

录文标点：

（前缺）

1. ▢▢▢▢▢ ▢▢ 小梁▢ ▢▢▢▢▢
2. ▢▢▢▢▢ ▢ ▢ ▢▢▢▢▢

（后缺）

十三　文书残片

题解：

本件文书英藏编号 Or. 8212/1135 ［K. K. 0118. ee（ii）］，收于《斯坦因第三次中亚考古所获汉文文献（非佛经部分）》第 2 册第 57 页，编者拟题为《神宝残片》，并指出此文书裱托时反置，所见文字反，今录正。本文书郭锋《斯坦因第三次中亚探险所获甘肃新疆出土汉文文书——未经马斯伯乐刊布的部分》未收录。文书现存文字 1 行，前后均缺。

录文标点：

（前缺）

1. ▢▢▢▢ 神宝

（后缺）

十四　文书残片

题解：

本件文书英藏编号 Or. 8212/1135 ［K. K. 0118. ee（iii）］，收于《斯坦因第三次中亚考古所获汉文文献（非佛经部分）》第 2 册第 58 页，编者拟题为《残片》。Or. 8212/1135 号文书共三件残片，郭锋《斯坦因第三次中亚探险所获甘肃新疆出土汉文文书——未经马斯伯乐刊布的部分》第 132 ~ 133 页只收录二件残片，所记文书编号为 Or. 8212/1135 ［K. K. 0118. ee (i)］，拟题为《残文二件》，此为 b，并列出文书诸要素为：高 6cm，宽 1cm。文书现存文字 1 行，前后均缺。

录文标点：

（前缺）

1. ▢▢▢▢▢□举①白□

（后缺）

十五　墨印

题解：

本件文书英藏编号 Or. 8212/1136（K. K. 0118. hh），收于《斯坦因第三次中亚考古所获汉文文献（非佛经部分）》第 2 册第 58 页，编者拟题为《墨印》。本文书还收录于郭锋《斯坦因第三次中亚探险所获甘肃新疆出土汉文文书——未经马斯伯乐刊布的部分》第 133 页，所记文书编号与上书同，拟题为《私印二方》，并指出本文书为二方印盖于一纸之上，已模糊不清，未释录。

录文标点：

（前缺）

1. （钤墨印两枚，印文不清）

（后缺）

十六　文书残片

题解：

本件文书英藏编号 Or. 8212/1147（K. K. 0118. tt），收于《斯坦因第三

---

① "举"，郭锋录文未释读，今从沙知录文。

次中亚考古所获汉文文献（非佛经部分）》第 2 册第 63 页，编者拟题为《残片》。本文书郭锋《斯坦因第三次中亚探险所获甘肃新疆出土汉文文书——未经马斯伯乐刊布的部分》未收录。文书现存文字 2 行，字迹潦草，不易释读。

录文标点：

（前缺）

1. □□□□□

2. □□□□□

（后缺）

十七　文书残片

题解：

本件文书英藏编号 Or.8212/1156 ［K.K.0119.f（ii）］，收于《斯坦因第三次中亚考古所获汉文文献（非佛经部分）》第 2 册第 79 页，编者拟题为《残片》。本文书还收录于郭锋《斯坦因第三次中亚探险所获甘肃新疆出土汉文文书——未经马斯伯乐刊布的部分》第 136 页，所记文书编号与上书同，拟题为《残文》，并列出文书诸要素为：高 9cm，宽 1.8cm。文书现存文字 1 行，前后均缺。

录文标点：

（前缺）

1. □□□①拭 顶心上□ □□□

（后缺）

十八　大麦文书残片

题解：

本件文书英藏编号 Or.8212/1157 ［K.K.0119.f（iii）］，收于《斯坦因

---

① 此字残，沙知录文作"一"，现存疑。

第三次中亚考古所获汉文文献（非佛经部分）》第 2 册第 80 页，编者拟题为《残片》。本文书还收录于郭锋《斯坦因第三次中亚探险所获甘肃新疆出土汉文文书——未经马斯伯乐刊布的部分》第 136 页，所记文书编号与上书同，拟题为《残账目》，并列出文书诸要素为：高 9cm，宽 4.3cm。文书现存文字 1 行，前后均缺。

录文标点：

（前缺）

1. ⬜⬜⬜ 大麦五斗　无和①⬜⬜⬜

（后缺）

十九　刻本残片

题解：

本件文书英藏编号 Or.8212/1160 ［K.K.0119.j（i）］，收于《斯坦因第三次中亚考古所获汉文文献（非佛经部分）》第 2 册第 80 页，编者拟题为《印本残片》。本文书还收录于郭锋《斯坦因第三次中亚探险所获甘肃新疆出土汉文文书——未经马斯伯乐刊布的部分》第 137 页，所记文书编号与上书同，拟题为《残文》，并列出文书诸要素为：高 3cm，宽 1.9cm。文书现存文字 4 行，前后均缺。

录文标点：

（前缺）

1. 待□②⬜⬜⬜
2. 夫③眼⬜⬜⬜
3. □④空⬜⬜⬜

---

① 郭锋录文将"无和"两字单独录作 1 行，且将"五斗"录作"一小石"，现据图版及沙知录文改。
② 此字沙知疑为"鐼"。
③ "夫"，郭锋录文作"走"，现据图版改。
④ 此字为一省文符号，应与其前一字同。郭锋录文作"空"，误。

4. □□□

（后缺）

二十　诉状残片

题解：

本件文书英藏编号 Or. 8212/1169 ［K. K. 0150. z—z (i)］，收于《斯坦因第三次中亚考古所获汉文文献（非佛经部分）》第 2 册第 85 页，编者拟题为《残片》，并指出此编号文书含二片，z 片在上，z (i) 在下，当年修整时以为二片原是一片，强行缀合，但细审纸缝牙口，实属可疑，二片写字互倒，今分别录正。本文书还收录于郭锋《斯坦因第三次中亚探险所获甘肃新疆出土汉文文书——未经马斯伯乐刊布的部分》第 143 页，该书将此文书作一片处理，所记文书编号为 Or. 8212/1169 （K. K. 0150. z），拟题为《残诉状》，并列出文书诸要素为：高 28cm，宽 5cm。文书共二件残片，各存文字 1 行。

录文标点：

（z）

（前缺）

1. 不□人①□□□

（后缺）

[z (i)]

（前缺）

1.　告状人

（后缺）

二十一　文书残片

题解：

本件文书英藏编号 Or. 8212/1170 （K. K. 0150. n），收于《斯坦因第三次

---

① "不□人"，郭锋录文作"人□不"，现据图版改。另，沙知录文于"人"字旁录一小字"成"，据图版看，其处墨迹应非文字，现改。

中亚考古所获汉文文献（非佛经部分）》第 2 册第 86 页，编者拟题为《天羊残片》。本文书郭锋《斯坦因第三次中亚探险所获甘肃新疆出土汉文文书——未经马斯伯乐刊布的部分》未收录。文书现存文字 2 行，前后均缺。

录文标点：

（前缺）

1. _____ 天 年①
2. _____ □天 算②

（后缺）

二十二　文书残片

题解：

本件文书英藏编号 Or.8212/1174（K.K.0150.t），收于《斯坦因第三次中亚考古所获汉文文献（非佛经部分）》第 2 册第 88 页，编者拟题为《残片》。本文书还收录于郭锋《斯坦因第三次中亚探险所获甘肃新疆出土汉文文书——未经马斯伯乐刊布的部分》第 144 页，所记文书编号为 Or.8212/1174（K.K.0150.i），与上书所记编号异，拟题为《残文》，并列出文书诸要素为：高 12cm，宽 5.3cm。文书现存文字 1 行，前后均缺。

录文标点：

（前缺）

1. _____ 道③道 _____

（后缺）

二十三　文书残片

题解：

本件文书英藏编号 Or.8212/1175（K.K.0150.v），收于《斯坦因第三

---

① "年"，沙知录文疑为"羊"，从图版看似为"年"字。
② "算"，沙知录文疑为"羊"，现据图版改。
③ "道"，郭锋录文未释读，今从沙知录文补。

次中亚考古所获汉文文献（非佛经部分）》第 2 册第 88 页，编者拟题为《残片》。本文书郭锋《斯坦因第三次中亚探险所获甘肃新疆出土汉文文书——未经马斯伯乐刊布的部分》未收录。文书现存文字 3 行，字迹潦草，无法释读。

录文标点：

（前缺）

1. □□□□□□ □□
2. □□□□□□ □
3. □□□□□□

（后缺）

二十四　文书残片

题解：

本件文书英藏编号 Or. 8212/1179（K. K. 0150. z），收于《斯坦因第三次中亚考古所获汉文文献（非佛经部分）》第 2 册第 90 页，编者拟题为《残片》。本文书郭锋《斯坦因第三次中亚探险所获甘肃新疆出土汉文文书——未经马斯伯乐刊布的部分》未收录。文书现存文字 2 行，前后均缺。

录文标点：

（前缺）

1. 曹□□□
2. 曹□□□

（后缺）

二十五　文书残片

题解：

本件文书英藏编号 Or. 8212/1180（K. K. 0150. aa），收于《斯坦因第三次中亚考古所获汉文文献（非佛经部分）》第 2 册第 90 页，编者拟题为

《残文书》。本文书郭锋《斯坦因第三次中亚探险所获甘肃新疆出土汉文文书——未经马斯伯乐刊布的部分》未收录。文书现存文字2行，前后均缺。

录文标点：

（前缺）

1. 令官长□□□□

2. □□□□□□

（后缺）

二十六　文书残片

题解：

本件文书英藏编号 Or. 8212/1181（K. K. 0150），收于《斯坦因第三次中亚考古所获汉文文献（非佛经部分）》第2册第91页，编者拟题为《残片》。本文书郭锋《斯坦因第三次中亚探险所获甘肃新疆出土汉文文书——未经马斯伯乐刊布的部分》未收录。文书墨迹不清，无法释读。

录文标点：

（前缺）

1. □□□□□

（后缺）

二十七　文书残片

题解：

本件文书英藏编号 Or. 8212/1182（K. K. 0150. cc），收于《斯坦因第三次中亚考古所获汉文文献（非佛经部分）》第2册第91页，编者拟题为《残片》。本文书郭锋《斯坦因第三次中亚探险所获甘肃新疆出土汉文文书——未经马斯伯乐刊布的部分》未收录。文书现存1字。

录文标点：

（前缺）

1. 孙☐☐☐☐☐☐☐☐☐☐☐☐☐

（后缺）

二十八　契约残片

题解：

本件文书英藏编号 Or. 8212/1183［K. K. 0150. cc（i）］，收于《斯坦因第三次中亚考古所获汉文文献（非佛经部分）》第 2 册第 92 页，编者拟题为《借据残片》。本文书郭锋《斯坦因第三次中亚探险所获甘肃新疆出土汉文文书——未经马斯伯乐刊布的部分》未收录。文书现存文字 1 行，前后均缺。

录文标点：

（前缺）

1. 立借据☐☐☐☐☐☐☐☐☐

（后缺）

二十九　文书残片

题解：

本件文书英藏编号 Or. 8212/1186（K. K. 0150. gg），收于《斯坦因第三次中亚考古所获汉文文献（非佛经部分）》第 2 册第 93 页，编者拟题为《残片》。本文书还收录于郭锋《斯坦因第三次中亚探险所获甘肃新疆出土汉文文书——未经马斯伯乐刊布的部分》第 144 页，所记文书编号与上书同，拟题为《残文》，并指出其残存草书一行，未载其大小。文书现存文字 1 行，前后均缺。

录文标点：

（前缺）

1. ☐☐☐☐☐☐贰名①☐☐☐☐☐☐☐

（后缺）

---

① "名"，郭锋录文作"各"，现据图版改。

三十　文书残片

题解：

本件文书英藏编号 Or. 8212/1187（K. K. 0150. hh），收于《斯坦因第三次中亚考古所获汉文文献（非佛经部分）》第 2 册第 94 页，编者拟题为《残片》。本文书还收录于郭锋《斯坦因第三次中亚探险所获甘肃新疆出土汉文文书——未经马斯伯乐刊布的部分》第 144 页，所记文书编号与上书同，拟题为《残文》，并指出其残存日期一行，未载其大小。文书现存文字 1 行，前后均缺。

录文标点：

（前缺）

1. ☐廿四日

（后缺）

三十一　文书残片

题解：

本组文书英藏编号 Or. 8212/1189 [K. K. 0150. jj（1—6）]，收于《斯坦因第三次中亚考古所获汉文文献（非佛经部分）》第 2 册第 95 页，编者拟题为《残片一组》，未释读。本文书郭锋《斯坦因第三次中亚探险所获甘肃新疆出土汉文文书——未经马斯伯乐刊布的部分》未收录。本组文书编号为 1—6，但共五件残片，残损严重，其中残片一无文字残留，残片二现存 2 行文字残痕，残片三至五各 1 行文字残痕。

录文标点：

（一）

（无文字残留）

（二）

（前缺）

1. ☐☐　☐

2. 　☐☐

（后缺）

（三）

（前缺）

1. ▢▢▭▭▭

（后缺）

（四）

（前缺）

1. ▭▭▭ 钞壹两

（后缺）

（五）

（前缺）

1. 令▢▢▢▭▭▭

（后缺）

三十二　王柯文书残片

题解：

本件文书英藏编号 Or. 8212/1190（K. K. 0150. kk），收于《斯坦因第三次中亚考古所获汉文文献（非佛经部分）》第 2 册第 95 页，编者拟题为《人名残片》。本文书还收录于郭锋《斯坦因第三次中亚探险所获甘肃新疆出土汉文文书——未经马斯伯乐刊布的部分》第 145 页，所记文书编号与上书同，拟题为《残名簿》，并指出其残存人名一行，未载其大小。

录文标点：

（前缺）

1. ▭▭▭▭ 王柯▢① ▭▭▭

（后缺）

---

① 此疑为签押。

三十三　朱印残片

题解：

本件文书英藏编号 Or. 8212/1192（K. K. 0152. a. b），收于《斯坦因第三次中亚考古所获汉文文献（非佛经部分）》第 2 册第 96 页，编者拟题为《朱印残片》，并指出此号文书含四片，朱印片二，原整理者缀合为一，细审此二片，虽可判为一印，但不能直接缀合，左侧残片无字，存原始登录号，右侧残片存"金塔子"三字。本文书郭锋《斯坦因第三次中亚探险所获甘肃新疆出土汉文文书——未经马斯伯乐刊布的部分》未收录。文书朱印印文不清，现仅释录右侧残片所有文字，印文略。

录文标点：

（前缺）

1. 金塔子□

（后缺）

三十四　拜帖残片

题解：

本件文书英藏编号 Or. 8212/1193（K. K. 0152. f），收于《斯坦因第三次中亚考古所获汉文文献（非佛经部分）》第 2 册第 97 页，编者拟题为《拜帖》。本文书郭锋《斯坦因第三次中亚探险所获甘肃新疆出土汉文文书——未经马斯伯乐刊布的部分》未收录。文书现存文字 2 行，前后均缺。

录文标点：

（前缺）

1. 拜
2. 　　□□　□□□

（后缺）

三十五　文书残片

题解：

本件文书英藏编号 Or. 8212/1195（K. K. 0152. r），收于《斯坦因第三次中亚考古所获汉文文献（非佛经部分）》第 2 册第 98 页，编者拟题为《残片》。本文书郭锋《斯坦因第三次中亚探险所获甘肃新疆出土汉文文书——未经马斯伯乐刊布的部分》未收录。文书现存文字 2 行，字迹潦草。

录文标点：

（前缺）

1. ▢▢▢▢▢□
2. ▢▢▢▢▢□□□□

（后缺）

三十六　贡帖残片

题解：

本件文书英藏编号 Or. 8212/1196（K. K. 0152. p），收于《斯坦因第三次中亚考古所获汉文文献（非佛经部分）》第 2 册第 98 页，编者拟题为《贡帖》。本文书郭锋《斯坦因第三次中亚探险所获甘肃新疆出土汉文文书——未经马斯伯乐刊布的部分》未收录。文书现存文字 2 行，前后均缺。

录文标点：

（前缺）

1. ▢▢▢▢□化谨贡
2. ▢▢□▢▢▢▢▢

（后缺）

三十七　文书残片

题解：

本件文书英藏编号 Or. 8212/1197（K. K. 0152. q），收于《斯坦因第三

次中亚考古所获汉文文献（非佛经部分）》第 2 册第 99 页，编者拟题为《残片》。本文书郭锋《斯坦因第三次中亚探险所获甘肃新疆出土汉文文书——未经马斯伯乐刊布的部分》未收录。文书现存 2 字残痕。

录文标点：

（前缺）

1. □▢▢▢▢
2. □▢▢▢▢

（后缺）

三十八　文书残片

题解：

本件文书英藏编号 Or.8212/1199（K.K.I.0231.k），收于《斯坦因第三次中亚考古所获汉文文献（非佛经部分）》第 2 册第 100 页，编者拟题为《残片》。本文书郭锋《斯坦因第三次中亚探险所获甘肃新疆出土汉文文书——未经马斯伯乐刊布的部分》未收录。文书纸面墨污一片，文字无法识别。

录文标点：

（略）

三十九　习字残片

题解：

本件文书英藏编号 Or.8212/1200（K.K.I.0211.u），收于《斯坦因第三次中亚考古所获汉文文献（非佛经部分）》第 2 册第 100 页，编者拟题为《残片》。本文书郭锋《斯坦因第三次中亚探险所获甘肃新疆出土汉文文书——未经马斯伯乐刊布的部分》未收录。文书现存文字 3 行，从内容来看，似为习字。

录文标点：

（前缺）

1. 占□▭
2. 　占□▭
3. 　占□▭

（后缺）

四十　残片一组

题解：

本件文书英藏编号 Or. 8212/1203 ［K. K. I. 0231.（1—14）］，收于《斯坦因第三次中亚考古所获汉文文献（非佛经部分）》第 2 册第 101～104 页，编者拟题为《残片一组》。本组文书郭锋《斯坦因第三次中亚探险所获甘肃新疆出土汉文文书——未经马斯伯乐刊布的部分》未收录。文书共十四件残片，残损严重，各残片残存文字较少。

录文标点：

（一）

（本残片正背皆有文字，但均墨污一片，不能释读。）

（二）

（前缺）

1. □□▭

（后缺）

（三）

（前缺）

1. ▭□□

（后缺）

（四）

（本残片正背皆有文字，但均墨污一片，不能释读。）

（五）

（前缺）

1. ▭花▭▭

（后缺）

（六）

（前缺）

1. ▭▭□□▭

（后缺）

（七）

（此残片存墨印残痕）

（八）

（前缺）

1. ▭▭□▭

（后缺）

（九）

正：

（前缺）

1. □▭

（后缺）

背：

（前缺）

1. ▭▭任□▭

（后缺）

（十）

（此残片存墨印残痕）

（十一）

（前缺）

1. ▭▭□▭

（后缺）

（十二）

（前缺）

1. ☐☐ ☐☐

（后缺）

（十三）

（前缺）

1. ☐☐员☐☐

（后缺）

（十四）

（前缺）

1. ☐☐☐☐

（后缺）

四十一　文书残片

题解：

本件文书英藏编号 Or. 8212/1204（K. K. I. 0232. kk），收于《斯坦因第三次中亚考古所获汉文文献（非佛经部分）》第 2 册第 104 页，编者拟题为《残片》。本文书郭锋《斯坦因第三次中亚探险所获甘肃新疆出土汉文文书——未经马斯伯乐刊布的部分》未收录。文书现存文字 1 行，墨迹凌乱，不能释读。

录文标点：

（前缺）

1. ☐☐☐☐☐

（后缺）

四十二　文书残片

题解：

本件文书英藏编号 Or. 8212/1205（K. K. I. 0232. m），收于《斯坦因第三次中亚考古所获汉文文献（非佛经部分）》第 2 册第 105 页，编者拟题为

《残片》。本文书郭锋《斯坦因第三次中亚探险所获甘肃新疆出土汉文文书——未经马斯伯乐刊布的部分》未收录。文书现存文字 1 行，前后均缺。

录文标点：

（前缺）

1. ☐☐☐☐☐恩你恩☐☐☐☐☐

（后缺）

四十三　文书残片

题解：

本件文书英藏编号 Or. 8212/1207（K. K. I. ii. 02），收于《斯坦因第三次中亚考古所获汉文文献（非佛经部分）》第 2 册第 106 页，编者拟题为《残片》。本文书郭锋《斯坦因第三次中亚探险所获甘肃新疆出土汉文文书——未经马斯伯乐刊布的部分》未收录。文书为正背双面书写，正面现存文字 2 行，背面现存文字 1 行，均前后缺。

录文标点：

正：

（前缺）

1. ☐☐☐☐☐取具☐☐☐☐
2. ☐☐☐☐☐☐☐☐☐

（后缺）

背：

（前缺）

1. ☐☐☐☐☐☐☐☐

（后缺）

四十四　文书残片

题解：

本件文书英藏编号 Or. 8212/1209（K. K. I. ii. 02aa），收于《斯坦因第

三次中亚考古所获汉文文献（非佛经部分）》第 2 册第 107 页，编者拟题为《残片》。本文书郭锋《斯坦因第三次中亚探险所获甘肃新疆出土汉文文书——未经马斯伯乐刊布的部分》未收录。文书现存文字 1 行，前后均缺。

录文标点：

（前缺）

1. ☐☐☐☐ 今于☐☐☐☐☐

（后缺）

四十五　刻本古籍残页

题解：

本件文书英藏编号 Or. 8212/1216（A）（B）（K. K. II. 233. zzz. iii），收于《斯坦因第三次中亚考古所获汉文文献（非佛经部分）》第 2 册第 109 页，编者拟题为《刻本古籍残页》。本文书郭锋《斯坦因第三次中亚探险所获甘肃新疆出土汉文文书——未经马斯伯乐刊布的部分》未收录。文书共二件残片，残片一现存文字 2 行，残片二现存文字 6 行。

录文标点：

（一）

（前缺）

1. 洗于清☐☐☐☐

2. 年岁次☐☐☐☐

（后缺）

（二）

（前缺）

1. 万灵☐☐☐☐☐

2. 迷妄之沉☐☐☐☐

3. 如影随形由 病 ☐☐

4. 之危脆难▢

5. 归仗敬▢

6. 寿后□▢

（后缺）

四十六　斛斗文书残片

题解：

本件文书英藏编号 Or. 8212/1219 （K. K. II. 0238. I. i），收于《斯坦因第三次中亚考古所获汉文文献（非佛经部分）》第 2 册第 110 页，编者拟题为《残帐》。本文书为正背双面书写，正面内容还收录于郭锋《斯坦因第三次中亚探险所获甘肃新疆出土汉文文书——未经马斯伯乐刊布的部分》第 146 页，所记文书编号与上书同，拟题为《残账目》，并列出文书诸要素为：高 10cm，宽 11.2cm。背面内容《斯坦因第三次中亚探险所获甘肃新疆出土汉文文书——未经马斯伯乐刊布的部分》未收录。文书正面现存文字 1 行，背面现存文字 2 行，均前后缺。

录文标点：

正：

（前缺）

1. ▢共二石八斗五升①

（后缺）

背：

（前缺）

1. ▢□□▢

2. ▢二十▢

（后缺）

---

① 沙知指出文书中"五升"两字左侧朱点，右侧墨点。

四十七　书信残片

题解：

本件文书英藏编号 Or. 8212/1221（K. K. II. 0239. vvv），收于《斯坦因第三次中亚考古所获汉文文献（非佛经部分）》第 2 册第 112 页，编者拟题为《书信》，并指出本件文书由数件残片组成，此数件残片字体纸质相同，内容相关，疑原系一件裂出者，原整理者缀合有误，今分别移录，大片右上方小片残字未录。另，本文书残片一为正背双面书写。本文书还收录于郭锋《斯坦因第三次中亚探险所获甘肃新疆出土汉文文书——未经马斯伯乐刊布的部分》第 147 页，该书指出本文书由两件残片组成，所记文书编号为 Or. 8212/1221a、b，无原始编号，高 19cm，宽 9.5cm，行书，笔体同。

录文标点：

正：

（一）

（前缺）

1. ▢▢▢▢为台择①▢▢▢▢▢▢

2. ▢▢▢▢使唤于 伴②婆▢▢▢

3. ▢▢▢▢住③见主④把 ▢▢▢

4. ▢▢▢▢ ▢儿随 曹⑤京兆尹▢

（后缺）

（二）

（前缺）

---

① "择"，郭锋录文未释读，现据图版补。
② " 伴 "，沙知录文未释读，郭锋录文作"伴"，今从。
③ "住"，沙知录文作"任"，现据图版改。
④ "主"，郭锋录文未释读，现据图版补。
⑤ 郭锋录文于"曹"字前衍录一缺文符号，现据图版改。

1. ☐☐廿四①☐
2. ☐☐台成☐
3. ☐☐☐☐

（后缺）

（三）

（前缺）

1. ☐☐阿☐
2. ☐☐☐☐

（后缺）②

背：

（一）

（前缺）

1. ☐☐☐承替☐☐☐③

（后缺）

四十八　刻本《星宿分野方神州兽附配玄义》残页

题解：

本件文书英藏编号 Or. 8212/1224 ［K. K. II. 0242. q（i）（ii）］，收于《斯坦因第三次中亚考古所获汉文文献（非佛经部分）》第 2 册第 114～115 页，编者拟题为《星宿分野方神州兽附配玄义》。本文书共二件残片，还收录于郭锋《斯坦因第三次中亚探险所获甘肃新疆出土汉文文书——未经马斯伯乐刊布的部分》第 148～151 页，所记文书编号为 Or. 8212/1224a、b ［K. K. II. 0242. g（i）］，与上书所记编号异，拟题为《刻本咏东山乔、木蛟等失名书》《刻本咏心月狐等失名书》，并指出原整理者认为 Or. 8212/1224a

---

① "廿四"，沙知录文作"茭"，郭锋录文作"廿四"，今从。
② 此残片郭锋录文未释读，现据图版补。
③ 此背面文字郭锋录文未释读，现据图版补。

[K. K. Ⅱ. 0242. g（i）]〔即《斯坦因第三次中亚考古所获汉文文献（非佛经部分）》所记 Or. 8212/1224 [K. K. Ⅱ. 0242. q（i）] 号文书〕与 K. K. 0242 号文书可缀合，良质细纹黄纸，刻本；Or. 8212/1224b [K. K. Ⅱ. 0242. g（i）]（即《斯坦因第三次中亚考古所获汉文文献（非佛经部分）》所记 Or. 8212/1224 [K. K. Ⅱ. 0242. q（ii）] 号文书）为3件残片组成，有缺不能拼合，其中（a）高12.3cm，宽22cm、（b）高6cm，宽6cm、（c）高6cm，宽6.4cm，《斯坦因第三次中亚考古所获汉文文献（非佛经部分）》则将其拼合做一件残片释录，现分开释录。

录文标点：

（i）

（前缺）

1. 星☐☐☐☐玄义①☐☐☐☐②
2. 　　东山乔
3. 　角③木蛟☐☐☐☐
4. 能顺时☐唯蛟兴龙旺☐☐
5. 制退则有凶进则聪明仁义☐☐☐☐诈☐
6. 兮④勋显京国滥私兮辱⑤败祖宗失⑥序语卒☐
7. 陋耳返逢时精神☐☐厚鼻隆风云☐
8. 浦⑦幽泉深潭邃洞☐☐明珠锦绮异俗☐
9. 味爽口之食斯为之好⑧霹雳猛火虹霾巨☐

---

① "玄义"，郭锋录文未释读，现据图版补。
② 郭锋指出此行即为"K. K. 0242"号文书，仅存一行。
③ "角"，郭锋录文未释读，现据图版补。
④ "兮"，郭锋录文作"号"，现据图版改。
⑤ "辱"，郭锋录文作"聚"，且其后衍录缺字符号，现据图版改。
⑥ "失"，郭锋录文作"号"，现据图版改。
⑦ "浦"，郭锋录文作"滞"，现据图版改。
⑧ "好"字前郭锋录文衍录一缺字符号，现据图版改。

10. 泥泞□埃大鹏长钩①出世真流难

11. 为之冲大②情前备神③妙后钟然变化

12. 　　　【□□

13. 于五数金论何宫惟宜在铸备戏□

14. 岸□□更成多悲庚午喜路重逢

15. 寅之□□土成象而贵崇火不猛而奚惧

16. 厦之材松桧耸凌云□□竹遇小人时见破

17. 杖得高士每有提携□□水漂柳岸萍梗他④

18. 云山风流客寓作霖济物民谁不敬为⑤雹损

19. 咒诅潜伏悖逆傲伦升举□□仁恕横死

20. 常荣达则在乎遵度途

21. □争慕失实⑥则晴盲困

22. □则怯孺⑦能察三元玄微

23. 　　尾火虎　　箕水□

24. 渺渺迥野蔚蔚茂林

（后缺）

（ii）

（a）

（前缺）

---

① "钩"字前郭锋录文衍录一缺字符号，现据图版改。
② "大"，郭锋录文作"犬"，现据图版改。
③ "神"字前郭锋录文衍录一缺字符号，现据图版改。
④ "他"，郭锋录文作"地"，现据图版改。
⑤ "为"，郭锋录文作"焉"，现据图版改。
⑥ "实"，郭锋录文作"宝"，现据图版改。
⑦ "孺"，沙知指出应为"懦"。

1. 偶而不淫困□□夏健①
2. 风云会合　　岑革
3. □奸立　　细孤动
4. 逢序则所□恭勤失位则
5. 谷浅草□岗獐羊麋
6. 斯则喜穷塬断涧夹
7. 霖霪大雪群豺众鸟
8. 者以强凌弱酒②色过度
9. □或□星③火而行
10. □　□□
11. 食则□□无居　　　　　④
12. 江东步履沙无计⑤
13. 　　　【
14. 落浮⑥沉孜孜而□
15. 得人惊渡水则文
16. 戍苦在踊城逐马得
17. □□富逢鹰捕者
18. □□桂之名更在□
19. 　　心月狐

---

① "健",郭锋录文作"德",现据图版改。
② "酒",郭锋录文作"洒",现据图版改。
③ "星",郭锋录文作"望",现据图版改。
④ 此行文字郭锋录文脱,现据图版补。
⑤ "计",郭锋录文作"试",现据图版改。
⑥ "浮",沙知录文作"乎口",现据图版改。

20. 灵于物者惟貉与狐貉☐
21. 邪害众执剑则清白☐☐
22. 伪私暗奸☐狡①曲退进☐
23. 生惑昼②貉☐霄狐妍淑好☐
24. 穴窟洞稼若☐麦如波浪☐
25. 野烧开荒横流涧童野③☐

（后缺）

（b）

1. ☐☐遭彼☐
2. ☐瀚漫争食☐
3. ☐☐啖蛇☐
4. ☐化貅则出众☐
5. ☐真情

（后缺）

（c）

（前缺）

1. ☐☐窝弓☐
2. ☐狡猊☐为难☐
3. ☐为疾者失势洎④
4. ☐目⑤近则昏盲在
5. ☐☐☐不显折枝则性☐

----

① "狡"，沙知录文未释读，现据图版补。
② "昼"，郭锋录文作"尽"，现据图版改。
③ "野"，郭锋录文作"叟"，现据图版改。
④ "洎"，沙知录文作"自"，现据图版改。
⑤ "目"，郭锋录文作"自"，现据图版改。

6. ☐丁晓林西行路☐
7. ☐望而畏☐

（后缺）

四十九　习字残片

题解：

本件文书英藏编号 Or. 8212/1250（K. K. II. 0248. z），收于《斯坦因第三次中亚考古所获汉文文献（非佛经部分）》第 2 册第 120 页，编者拟题为《习字》。本文书郭锋《斯坦因第三次中亚探险所获甘肃新疆出土汉文文书——未经马斯伯乐刊布的部分》未收录。文书现存文字 2 行。

录文标点：

（前缺）

1. ☐故故故故故故故故☐
2. ☐故故故故故故故故☐

（后缺）

五十　用料文书残片

题解：

本件文书英藏编号 Or. 8212/1251［K. K. II. 0249. j（A—D）］，收于《斯坦因第三次中亚考古所获汉文文献（非佛经部分）》第 2 册第 121～122 页，编者拟题为《文书残片一组》。本文书共四件残片，还收录于郭锋《斯坦因第三次中亚探险所获甘肃新疆出土汉文文书——未经马斯伯乐刊布的部分》第 154 页，编号为 Or. 8212/1251［K. K. II. 0249. b（a—d）］，与上书编号异，拟题为《残为用料事文》，并指出此四件残片为草书，似为同一内容。

录文标点：

（一）① （8.5×4.5cm）

---

① 此残片郭锋所记编号为"d"。

（前缺）

1. ☐☐☐☐☐☐☐☐☐☐☐☐☐
2. ☐☐☐☐☐☐☐今☐洞①☐☐☐☐☐☐

（后缺）

（二）②（6×5.1cm）

（前缺）

1. ☐☐☐☐☐☐☐☐☐散从☐③☐☐☐☐☐
2. ☐☐☐☐☐☐☐☐折

（后缺）

（三）④（6.9×4.9cm）

（前缺）

1. ☐☐☐☐☐☐☐☐☐☐二月☐☐☐☐☐☐
2. ☐☐☐☐☐☐☐☐食☐料贰⑤☐☐☐☐

（后缺）

（四）⑥（10×5.5cm）

（前缺）

1. ☐☐☐☐☐☐☐☐☐小⑦尽☐☐☐☐☐☐
2. ☐☐☐☐☐☐☐☐☐叁斗贰⑧☐☐☐☐☐
3. ☐☐☐☐☐☐☐☐☐☐☐☐务收☐☐☐☐

（后缺）

---

① 此行文字郭锋录文作"今讨个"，现据图版改。
② 此残片郭锋所记编号为"c"。
③ 此字郭锋录文作"中"，据图版不似，现存疑。
④ 此残片郭锋所记编号为"b"。
⑤ "贰"，郭锋录文作"式"，现据图版改。
⑥ 此残片郭锋所记编号为"a"。
⑦ "小"，沙知及郭锋录文均作"不"，现据图版改。
⑧ "叁斗贰"，郭锋录文作"冬☐式"，现据图版改。

五十一　文书残片

题解：

本件文书英藏编号 Or. 8212/1261［K. K. II. 0277. hhh（i）（ii）］，收于《斯坦因第三次中亚考古所获汉文文献（非佛经部分）》第 2 册第 123 页，编者拟题为《残句》。本文书郭锋《斯坦因第三次中亚探险所获甘肃新疆出土汉文文书——未经马斯伯乐刊布的部分》未收录。文书共二件残片，残片一现存文字 2 行，残片二现存文字 1 行。

录文标点：

（一）

（前缺）

1. ▢▢▢▢▢▢▢□□

2. ▢▢▢▢▢|眉|①似水中月

（后缺）

（二）

（前缺）

1. ▢▢▢▢▢身何增减

（后缺）

五十二　祭文残片

题解：

本件文书英藏编号 Or. 8212/1267（K. K. II. 0281. a. xxii），收于《斯坦因第三次中亚考古所获汉文文献（非佛经部分）》第 2 册第 124 页，编者拟题为《〈第二杯〉七言诗残片》。本文书还收录于郭锋《斯坦因第三次中亚探险所获甘肃新疆出土汉文文书——未经马斯伯乐刊布的部分》第 154 页，

---

① "眉"，沙知录文作"看"，现据图版改。

所记文书编号为 Or. 8212/1267（K. K. II. 0281. oxii），与上书所记编号异，拟题为《残俗诗体祭文》，并列出文书诸要素为：高 18.8cm，宽 12.5cm，有朱笔勾点，其中"孝子"两字旁有一朱勾，两"魂"字及"无再面"之"面"字后皆有朱笔点断。

录文标点：

（前缺）

1. 寿□□辞　第二杯
2. 孝子齐将百□□，头边①浇
3. 祭心魂。玛瑙盘中定玉盏，催人哀
4. □□□□魂。只②知一死无再面，更
5. □□□□□思③。在④生恩义何日
6. □□□□□断了踪春祭日

（后缺）

五十三　中药名残片

题解：

本件文书英藏编号 Or. 8212/1268（K. K. II. 0281. a. xxiii），收于《斯坦因第三次中亚考古所获汉文文献（非佛经部分）》第 2 册第 124 页，编者拟题为《中草药名》。本文书还收录于郭锋《斯坦因第三次中亚探险所获甘肃新疆出土汉文文书——未经马斯伯乐刊布的部分》第 155 页，所记文书编号为 Or. 8212/1268（K. K. II. 0281. xiii），与上书所记编号异，未定名，并列出文书诸要素为：高 14cm，宽 4.1cm，残存三字。

录文标点：

（前缺）

---

① "边"，郭锋录文作"透"，现据图版改。
② "只"，郭锋录文作"又"，现据图版改。
③ "思"，沙知录文作"恩"，现据图版改。
④ "在"，郭锋录文作"再"，现据图版改。

1. 车前子

（后缺）

五十四　文书残片

题解：

本件文书英藏编号 Or. 8212/1271（K. K. II. 0283. a. xii），收于《斯坦因第三次中亚考古所获汉文文献（非佛经部分）》第 2 册第 126 页，编者拟题为《文书残片》，并指出文书左上方有朱印半方，右上方有朱笔残迹。本文书郭锋《斯坦因第三次中亚探险所获甘肃新疆出土汉文文书——未经马斯伯乐刊布的部分》未收录。文书现存文字 2 行，前后均缺。

录文标点：

（前缺）

1. ☐望决☐☐☐☐☐
2. 用☐☐☐☐☐

（后缺）

五十五　曹司文书残片

题解：

本件文书英藏编号 Or. 8212/1285（K. K. III. 015. ii），收于《斯坦因第三次中亚考古所获汉文文献（非佛经部分）》第 2 册第 126 页，编者拟题为《头曹司残片》，并指出文书原件反置衬纸上。本文书郭锋《斯坦因第三次中亚探险所获甘肃新疆出土汉文文书——未经马斯伯乐刊布的部分》未收录。文书现存文字 1 行，前后均缺。

录文标点：

（前缺）

1. ☐☐☐☐头曹司☐☐☐☐

（后缺）

五十六　旧衣衫等帐历残片

题解：

本件文书英藏编号 Or.8212/1287［K.K.III.015.L（i—v）］，收于《斯坦因第三次中亚考古所获汉文文献（非佛经部分）》第 2 册第 127～130 页，编者拟题为《旧衣衫等账历残片一组》。本文书共五件残片，还收录于郭锋《斯坦因第三次中亚探险所获甘肃新疆出土汉文文书——未经马斯伯乐刊布的部分》第 156～157 页，所记文书编号与上书同，拟题为《旧白布衫等残账目五件》，并列出文书诸要素为：浅黄纸，草行书，帘纹 1＝8，五件残片为同一内容，皆有橘红色笔夹注于行间或勾勒，为检核所致。

录文标点：

（一）

（前缺）

1. ☐绸袴壹腰①

（后缺）

（二）

（前缺）

1. ☐五月廿四日☐②
2. 　　　旧绿③☐④

（后缺）

（三）（8×14.5cm）

（前缺）

1. 　　　奴　　旧白☐

---

① 此行文字郭锋录文只释录"壹"字，现据图版补。
② 此行文字为朱笔所书。
③ "绿"，郭锋录文作"缘"，现据图版改。
④ 此字残损，郭锋录文作"白"，现存疑。

2. 　　　宋六月廿①□□□

3. 　　　　　□　絓皂花绫□　　

4. 　　　宋五月廿②八日□

5. 　　　　　□　旧白布衫一□　　

6. 　　　宋③六月廿□日□④

7. 　　　□　□□□壹段　（后缺）

（四）（17×8.2cm）　（前缺）

1. 　　　　　　　袜子　壹　　　

2. 　　　　　　　　　　　　

3. 　　　　　旧白褐衫　壹　　

4. 　　　　　　　廿六日

5. 　　　　　旧白褐衫　壹　　

6. 　　　　　月廿九⑤日⑥

7. 　　　　旧黑□连袋　□　　

（后缺）

（五）（15.5×8.5cm）　（前缺）

1. 　　　　　　　　　□⑦　□　　

2. 　　　　　　　　　　

3. 　　　　　　　□壹段⑧　□　

4. 　　　　　　

---

① 此行文字郭锋录文录作"十六日"，现据图版补。
② "廿"，郭锋录文作"十"，现据图版改。
③ "宋"，郭锋录文作"木"，现据图版改。
④ 第2、4、6行均为朱笔所书。
⑤ "九"，郭锋录文作"五"，现据图版改。
⑥ 第2、4、6行均为朱笔所书。
⑦ 此字残损，郭锋录文作"一"，现存疑。
⑧ "段"，郭锋录文作"张"，现据图版改。

5. ☐☐☐☐白绢毡☐襈褉子① ☐☐☐☐

6. ☐☐☐☐月②七日③

7. ☐☐☐☐旧☐☐白毛衫 ☐☐☐

（后缺）

五十七　判官文书残片

题解：

本件文书英藏编号 Or. 8212/1293（A）（B）［K. K. III. 015. q（i）］，收于《斯坦因第三次中亚考古所获汉文文献（非佛经部分）》第 2 册第 131 页，编者拟题为《算判官残片》。按，从本件文书英藏编号来看，应为二件残片，但《斯坦因第三次中亚考古所获汉文文献（非佛经部分）》一书只收录一件图版。本文书郭锋《斯坦因第三次中亚探险所获甘肃新疆出土汉文文书——未经马斯伯乐刊布的部分》未收录。文书现存文字 1 行，前后均缺。

录文标点：

（前缺）

1. ☐☐☐☐☐算判官☐☐☐

（后缺）

五十八　文书残片

题解：

本件文书英藏编号 Or. 8212/1293（C）［K. K. III. 015. q（ii）］，收于《斯坦因第三次中亚考古所获汉文文献（非佛经部分）》第 2 册第 131 页，编者拟题为《残片》。本文书郭锋《斯坦因第三次中亚探险所获甘肃新疆出土汉文文书——未经马斯伯乐刊布的部分》未收录。文书现存文字 1 行，

---

① 此行文字郭锋录文作"绢☐☐☐二"，现据图版改。
② "月"，郭锋录文作"廿"，现据图版改。
③ 第 2、4、6 行均为朱笔所书。

前后均缺。

录文标点：

（前缺）

1. ☐☐☐☐谨☐①☐☐☐☐

（后缺）

五十九 麦斛斗文书残片

题解：

本件文书英藏编号 Or. 8212/1294（A）（B）（K. K. III. 015. s），收于《斯坦因第三次中亚考古所获汉文文献（非佛经部分）》第 2 册第 132 页，编者拟题为《麦账残片》。本文书郭锋《斯坦因第三次中亚探险所获甘肃新疆出土汉文文书——未经马斯伯乐刊布的部分》未收录。文书共二件残片，残片一现存文字 1 行，残片二现存文字 2 行，均前后缺。

录文标点：

（一）

（前缺）

1. ☐☐☐☐☐☐麦☐☐☐

（后缺）

（二） （前缺）

1. ☐☐☐☐☐一☐☐☐☐

2. ☐☐☐☐一斗

（后缺）

六十 文书残片

题解：

本件文书英藏编号 Or. 8212/1294（D）（K. K. III. 015. s），收于《斯坦

---

① 此字残，沙知释录左半"言"字旁。

因第三次中亚考古所获汉文文献（非佛经部分）》第 2 册第 133 页，编者拟题为《残片》。本文书郭锋《斯坦因第三次中亚探险所获甘肃新疆出土汉文文书——未经马斯伯乐刊布的部分》未收录。文书现存文字 2 行，前后均缺。

录文标点：

（前缺）

1. ☐☐☐☐☐☐☐☐☐名通☐士☐☐☐
2. ☐☐☐☐☐☐☐☐暎☐☐☐☐

（后缺）

六十一　刻本古籍残页

题解：

本件文书英藏编号 Or. 8212/1294（E）（K. K. III. 015. s），收于《斯坦因第三次中亚考古所获汉文文献（非佛经部分）》第 2 册第 133 页，编者拟题为《印本残片》。本文书郭锋《斯坦因第三次中亚探险所获甘肃新疆出土汉文文书——未经马斯伯乐刊布的部分》未收录。文书现存文字 4 行。

录文标点：

（前缺）

1. ☐☐☐☐☐☐☐☐☐☐☐
2. ☐☐☐☐☐☐☐憍慢☐☐
3. ☐☐☐☐☐☐☐边☐☐☐
4. ☐☐☐☐☐☐☐☐起☐☐

（后缺）

六十二　白文刻本《论语》残页

题解：

本件文书英藏编号 Or. 8212/1300（K. K. III. 020），收于《斯坦因第三

次中亚考古所获汉文文献（非佛经部分）》第 2 册第 134 页，编者拟题为《白文印本〈论语·颜渊〉残页》。本文书郭锋《斯坦因第三次中亚探险所获甘肃新疆出土汉文文书——未经马斯伯乐刊布的部分》未收录。文书现存文字 8 行，前后均缺。

录文标点：

（前缺）

1. 曰是□□□达也。夫达也者，质□而好义，□□□□□□以下

2. 人在邦必达，在家必达。夫闻也者，色取仁而行远居□□疑在邦

3. 必闻，在家必闻。樊迟从游于舞雩之下，曰：敢问崇德□匿辨

4. 惑？子曰：□哉！问：先事后得，非崇德与？攻其恶，无攻人之恶，非修

5. 匿与？一□之忿，忘其身以及其亲，非惑与？樊迟□仁，子曰：爱人。

6. 问知，子曰：知人。樊迟未达，子曰：举直错诸枉，能使枉者直。樊迟

7. 退见子夏，曰：□也，吾见于□□□□□□□□错诸枉，能使枉

8. 者直，何谓也？□夏曰：富哉！□□□□□□□举□陶不仁

（后缺）

六十三　道书残片（一）

题解：

本件文书英藏编号 Or. 8212/1302（1）（K. K. III. 020. w），收于《斯坦因第三次中亚考古所获汉文文献（非佛经部分）》第 2 册第 134 页，编者拟题为《道书残片》，并指出其与 Or. 8212/1302（2）［K. K. III. 020. w（i）］号文书内容、书法、格式及纸质相似，应原为同件裂出者。本文书还收录于郭锋《斯坦因第三次中亚探险所获甘肃新疆出土汉文文书——未经马斯伯乐刊布的部分》第 158 页，所记文书编号为 Or. 8212/1302（2）［K. K. III. 020. w（ii）］，拟题为《残道教文》，并列出文书诸要素为：褐黄

纸，无帘纹，高 7.1cm，宽 7cm，楷书，并指出其与 Or.8212/1302（1）（K.K.III.020.w［i］）号（即《斯坦因第三次中亚考古所获汉文文献（非佛经部分）》之 Or.8212/1302（2）（K.K.III.020.w［i］号）文书为同件文书。文书现存文字 5 行，前后均缺。

录文标点：

（前缺）

1. □□
2. 鬼竞来①
3. 无有休
4. 鬼②皆悉消灭
5. □如③是

（后缺）

六十四　道书残片（二）

题解：

本件文书英藏编号 Or.8212/1302（2）［K.K.III.020.w（i）］，收于《斯坦因第三次中亚考古所获汉文文献（非佛经部分）》第 2 册第 135 页，编者拟题为《道书残片》，并指出其与 Or.8212/1302（1）（K.K.III.020.w）号文书内容、书法、格式及纸质相似，应原为同件裂出者。本文书还收录于郭锋《斯坦因第三次中亚探险所获甘肃新疆出土汉文文书——未经马斯伯乐刊布的部分》第 158 页，所记文书编号为 Or.8212/1302（1）［K.K.III.020.w（i）］，拟题为《残道教文》，并列出文书诸要素为：褐黄纸，无帘纹，高 8.8cm，宽 6cm，楷书，并指出其与 Or.8212/1302（2）［K.K.III.020.w（ii）］号［即《斯坦因第三次中亚考古所获汉文文献（非佛经部分）》之 Or.8212/1302（1）

---

① "竞来"，郭锋录文作 "不□"，现据图版改。
② "鬼"，郭锋录文未释读，现据图版补。
③ "如"，郭锋录文未释读，现据图版补。

（K. K. Ⅲ. 020. w）号］文书为同件文书。文书现存文字4行，前后均缺。

录文标点：

（前缺）

1. □六畜① ☐

2. 五土地神□ ☐

3. 诸神土尉伏 ☐

4. 方形消影 不② ☐

（后缺）

六十五　刻本古籍残页

题解：

本件文书英藏编号 Or. 8212/1314（K. K. Ⅲ. 021. ss［ⅱ—ⅲ］），收于《斯坦因第三次中亚考古所获汉文文献（非佛经部分）》第2册第135～136页，编者拟题为《印本残片》。本文书郭锋《斯坦因第三次中亚探险所获甘肃新疆出土汉文文书——未经马斯伯乐刊布的部分》未收录。文书共二件残片，残片一现存文字2行，残片二现存文字3行。

录文标点：

（一）

（前缺）

1. ☐ 使黑风吹其 ☐

2. ☐

（后缺）

（二）

（前缺）

---

① 此行文字郭锋录文未释读，现据图版补。

② "不"，郭锋录文未释读，现据图版补。

1. 宝入于大海□
2. □①舫舖飘堕罗
3. 若有乃至

（后缺）

六十六　刻本《历书》残页

题解：

本件文书英藏编号 Or. 8212/1315 正（K. K. III. 022. v），收于《斯坦因第三次中亚考古所获汉文文献（非佛经部分）》第2册第136页，编者拟题为《印本历书残片》，并指出其背面为写经残片，为二次利用。在此只释录正面历书之内容，背面写经不录。本文书郭锋《斯坦因第三次中亚探险所获甘肃新疆出土汉文文书——未经马斯伯乐刊布的部分》未收录。文书现存文字4行，前后均缺。

录文标点：

（前缺）

1. 九月
2. 一日庚午
3. 二日辛未
4. 三日壬②□

（后缺）

六十七　道书残片

题解：

本件文书英藏编号 Or. 8212/1326（K. K. III. 025. [i]），收于《斯坦因第三次中亚考古所获汉文文献（非佛经部分）》第2册第137页，编者拟题为

---

① 此字残，沙知录文释读左半"舟"字旁。
② "壬"字旁书"长星"二字，不知何意。

《道书残片》。本文书郭锋《斯坦因第三次中亚探险所获甘肃新疆出土汉文文书——未经马斯伯乐刊布的部分》未收录。文书现存文字 3 行，前后均缺。

录文标点：

（前缺）

1. ▭▭▭▭□□▭▭
2. ▭▭▭日游月□▭▭
3. ▭▭□龙白虎▭▭

（后缺）

六十八　钱钞文书残片

题解：

本件文书英藏编号 Or. 8212/1330 背（K. K. III. 025. n），收于《斯坦因第三次中亚考古所获汉文文献（非佛经部分）》第 2 册 138 页，为 Or. 8212/1330（K. K. III. 025. n）号背部所书，正面为一经品题签。本文书郭锋《斯坦因第三次中亚探险所获甘肃新疆出土汉文文书——未经马斯伯乐刊布的部分》未收录。文书现存文字 2 行，前后均缺。

录文标点：

（前缺）

1. ▭▭▭▭钱肆伯①□▭▭
2. ▭▭▭□□伯②□▭▭

（后缺）

六十九　文书残片（一）

题解：

本件文书英藏编号 Or. 8212/1330（22）（K. K. III. 025. n），收于《斯坦因

---

① "肆伯"，沙知录文作"张□"，现据图版改。
② "伯"，沙知录文作"日"，现据图版改。

第三次中亚考古所获汉文文献（非佛经部分）》第 2 册第 138 页，编者拟题为《文书残片》，并指出其与 Or. 8212/1330（23）（K. K. III. 025. n）、Or. 8212/1330（24）（K. K. III. 025. n）两件残片字体、墨色、纸质可通，疑为同一件文书裂出。本文书郭锋《斯坦因第三次中亚探险所获甘肃新疆出土汉文文书——未经马斯伯乐刊布的部分》未收录。文书现存文字 1 行，前后均缺。

录文标点：

（前缺）

1. ▭▭▭▭▭□ 领□▭▭▭

（后缺）

七十　文书残片（二）

题解：

本件文书英藏编号 Or. 8212/1330（23）（K. K. III. 025. n），收于《斯坦因第三次中亚考古所获汉文文献（非佛经部分）》第 2 册第 139 页，编者拟题为《文书残片》，并指出其与 Or. 8212/1330（22）（K. K. III. 025. n）、Or. 8212/1330（24）（K. K. III. 025. n）两件残片字体、墨色、纸质可通，疑为同一件文书裂出。本文书郭锋《斯坦因第三次中亚探险所获甘肃新疆出土汉文文书——未经马斯伯乐刊布的部分》未收录。文书现存文字 2 行，前后均缺。

录文标点：

（前缺）

1. ▭▭▭▭▭□▭▭▭
2. ▭▭▭▭▭ 州 检了□▭▭▭

（后缺）

七十一　文书残片（三）

题解：

本件文书英藏编号 Or. 8212/1330（24）（K. K. III. 025. n），收于《斯坦

因第三次中亚考古所获汉文文献（非佛经部分）》第 2 册第 139 页，编者拟题为《文书残片》，并指出其与 Or. 8212/1330（22）（K. K. III. 025. n）、Or. 8212/1330（23）（K. K. III. 025. n）两件残片字体、墨色、纸质可通，疑为同一件文书裂出。本文书郭锋《斯坦因第三次中亚探险所获甘肃新疆出土汉文文书——未经马斯伯乐刊布的部分》未收录。文书现存文字 1 行，前后均缺。

录文标点：

（前缺）

1. ▭▭▭▭▭□醋▭▭▭

（后缺）

七十二　文书残片

题解：

本件文书英藏编号 Or. 8212/1330（25）（K. K. III. 025. n），收于《斯坦因第三次中亚考古所获汉文文献（非佛经部分）》第 2 册第 140 页，编者拟题为《写本及文书残片》。本文书郭锋《斯坦因第三次中亚探险所获甘肃新疆出土汉文文书——未经马斯伯乐刊布的部分》未收录。文书为正背双面书写，正面现存文字 3 行，背面现存文字 2 行。

录文标点：

正：

（前缺）

1. ▭▭▭▭▭▭□▭▭
2. ▭▭▭▭▭□其横□▭
3. ▭▭▭▭▭□□□①▭

（后缺）

---

① 此字残，沙知录文释读其右半为"职"字右半，疑为"识"或"职"。

背：

（前缺）

1. ☐☐☐☐母①八足☐☐☐

2. ☐☐☐☐带②尾领☐☐☐

（后缺）

七十三　书信残片

题解：

本件文书英藏编号 Or. 8212/1334（K. K. IV. 04. g），收于《斯坦因第三次中亚考古所获汉文文献（非佛经部分）》第 2 册第 141 页，编者拟题为《禀帖》。本文书还收录于郭锋《斯坦因第三次中亚探险所获甘肃新疆出土汉文文书——未经马斯伯乐刊布的部分》第 158 页，所记文书编号为 Or. 8212/1334（K. K. IV. 048），该书认为其应为元代文献，拟题为《元残信札文》。该书并列出文书诸要素为：高 10cm，宽 4.6cm。按，文书现存文字 1 行，前后均缺，从内容来看，无法确定其为元代文书，现存疑列于此。

录文标点：

（前缺）

1. 鉴③郡相公　阁下☐☐☐

（后缺）

七十四　《笙歌行》残片

题解：

本件文书英藏编号 Or. 8212/1341（K. K. 0117. d），收于《斯坦因第三次中亚考古所获汉文文献（非佛经部分）》第 2 册第 142 页，编者拟题为

---

① "母"，沙知录文作"世"，现据图版改。
② "带"，沙知录文作"虎"，现据图版改。
③ "鉴"，郭锋录文作"☐☐"，现据图版改。

《笙歌行》，并指出此件文书背面写有相同的内容。本文书还收录于郭锋《斯坦因第三次中亚探险所获甘肃新疆出土汉文文书——未经马斯伯乐刊布的部分》第 159 页，所记文书编号与上书同，拟题为《〈笙歌行〉七言诗残文》，并列出文书诸要素为：良质白纸褪色，高 23.5cm，宽 8cm，行书。文书现存文字 3 行，前后均缺。

录文标点：

（前缺）

1. 槐院①日长宜枕眠

2. 花停②风细可笙歌

3. 笙③歌行　张先生题

（后缺）

七十五　医书残片

题解：

本件文书英藏编号 Or. 8212/1343（K. K. 0121. dd），收于《斯坦因第三次中亚考古所获汉文文献（非佛经部分）》第 2 册第 143 页，编者拟题为《脉法残片》。本文书还收录于郭锋《斯坦因第三次中亚探险所获甘肃新疆出土汉文文书——未经马斯伯乐刊布的部分》第 160 页，所记文书编号与上书同，拟题为《残医书》，并列出文书诸要素为：淡黄褪色白纸，行书。文书现存文字 4 行，前后均缺。

录文标点：

（前缺）

1. ▢▢▢▢▢▢▢津寸脉下不▢▢▢▢▢

2. ▢▢▢▢▢▢尺④脉上不□关▢▢▢▢▢

---

① "槐院"，郭锋录文作"槐隗"，且于其前加以缺字符号，现据图版改。
② "停"字原作"庭"，后于其旁改写为"停"，现径改。郭锋录文作"庭"。
③ "笙"字前原衍一"生"字，现径改。沙知录文照录，但在注释中指出"生"字为衍文。
④ "尺"，郭锋录文作"大"，现据图版改。

3. ☐☐☐ 得寸内九☐☐☐

4. ☐☐☐ 阴得尺内一寸取☐☐

（后缺）

七十六　写本《蒙求》残页

题解：

本件文书英藏编号 Or. 8212/1344（K. K. 0149. a），收于《斯坦因第三次中亚考古所获汉文文献（非佛经部分）》第 2 册第 143 页，编者拟题为《写本〈蒙求〉》，并指出文书中有墨笔句读。本文书还收录于郭锋《斯坦因第三次中亚探险所获甘肃新疆出土汉文文书——未经马斯伯乐刊布的部分》第 160～161 页，所记文书编号为 Or. 8212/1344（K. K. 0149. d），与上书所记编号异，拟题为《〈蒙求〉残页》，并列出文书诸要素为：良白纸褪色，细帘纹 1 = 8，高 18cm，宽 19cm，行书。文书现存文字 12 行。

录文标点：

1. 蒙求

2. 王①戎☐☐，裴楷清通②，孔明卧龙，

3. 吕望飞☐，杨震关西，丁宽易东，

4. ☐☐☐☐，☐☐公忠，匡☐凿壁，

5. ☐☐☐户，郅都苍鹰，宁成乳虎，

6. 四月周嵩狼抗，梁冀拔③扈，郗超髯参，

7. 十四日④伏波标柱，博望寻河⑤，李陵初诗，

8. 　　田横感歌，武仲不休，士衡患多，

---

① "王"，郭锋录文作"子"，现据图版改。
② "通"字旁写一"裴"字。
③ 据文意推断，"拔"字应为"跋"，郭锋录文作"跋"。
④ "四月十四日"，郭锋录文作"四日曹"，现据图版改。
⑤ "河"，郭锋录文作"阿"，现据图版改。

9. 　　桓谭非识①，王商止讹，嵇吕命驾，

10. 　程孔倾盖，剧孟一敌，周处三害，

11. 　胡广补阙，袁安倚②□，黄霸政殊，

12. 　梁集治最③，墨子悲丝，杨朱泣岐。

（后缺）

---

① "识"，郭锋录文作"讦"，现据图版改。
② "倚"，郭锋录文作"绮"，现据图版改。
③ "最"，郭锋录文作"罪"，现据图版改。

《斯坦因第三次中亚探险所获甘肃新疆出土汉文文书——未经马斯伯乐刊布的部分》

一 文书残片

题解：

本件文书英藏编号为 Or. 8212/1158 K K 0119 i，收于《斯坦因第三次中亚探险所获甘肃新疆出土汉文文书——未经马斯伯乐刊布的部分》第 136 页第〈二六八〉件，拟题为《残文》，并列文书诸要素为：高 3cm，宽 2cm。《斯坦因第三次中亚考古所获汉文文献（非佛经部分）》一书未收录该文书图版。文书现存文字 1 行，前后均缺。

录文标点：

（前缺）

1. ▭□弟子□▭

（后缺）

二 文书残片

题解：

本件文书英藏编号为 Or. 8212/1159 K K 0119 i (i)，收于《斯坦因第三次中亚探险所获甘肃新疆出土汉文文书——未经马斯伯乐刊布的部分》第 137 页第〈二六九〉件，拟题为《残文》，并列文书诸要素为：高 2cm，宽

2.4cm。《斯坦因第三次中亚考古所获汉文文献（非佛经部分）》一书未收录该文书图版。文书现存文字1行，前后均缺。

录文标点：

（前缺）

1. 见虽☐

（后缺）

《日本藏西夏文文献》

一　刻本《太平惠民和剂局方》残片

题解：

本件文书《日本藏西夏文文献》编号为西夏文经断简39—39B，收录于下册第328页，编者拟题为《十八契印》，收藏于日本天理大学附属天理图书馆，尺寸为6.2×5.8，其他要素未列出。按，本件文书应为宋陈师文《太平惠民和剂局方》残片。

录文标点：

（前缺）

1. ☐☐☐☐｜必须｜☐☐☐☐
2. ☐☐☐｜非但多少｜☐☐☐
3. ☐☐☐｜□众口尝之，众鼻｜☐☐
4. ☐☐☐｜得｜效此盖是合和｜☐☐
5. ☐☐☐｜□药味多｜☐☐☐☐

（后缺）

研究编

《俄藏黑水城汉文非佛教文献整理与研究》所收西夏文献补释

孙继民　宋　坤

2012年，笔者拙著《俄藏黑水城汉文非佛教文献整理与研究》一书由北京师范大学出版社出版，该书分为整理编和研究编两部分，其中整理编对《俄藏黑水城文献》第1~6册中除《宋西北边境军政文书》以外的非佛教文献进行了文献学整理，主要是释录和校勘文字，包括定名、题解、录文、标点、校记和参考文献等。但是，最近笔者在重新研读其中的西夏汉文文献时，发现对部分文书的性质判定存在错误，个别文字的释录也存在一些问题，故作是文，对其中的失误之处进行补释。

一　第254页TK27P号文书《西夏或元代残契》

本件文书俄藏编号为TK27P，为TK27《金刚般若波罗蜜经》背裱补字纸残片，现已脱落，收于《俄藏黑水城文献》第2册第17页，图版下原拟题为《残片》。第6册《附录·叙录》在TK27《金刚般若波罗蜜经》题解中择录本件文书文字有："半叁条各长〔捌〕尺伍寸"等。考虑到黑水城所出西夏刻本佛经多在西夏后期，而其背面裱补字纸必然更晚，因此拙著中推测此件残契年代当在西夏末或元代，拟题为《西夏或元代残契》。现在看来，这一定名值得讨论，该件文书的性质需要重新加以认识。

从图版看，本件文书三个残片，前两个残片是写本，字迹一致，当出于同一人之手；后一个残片字迹较淡，似是印本宋体字；前两个残片与后一个残片不是同一件文书可以无疑。

其中，残片三上下均残，残存字迹"已顶礼其"清晰可见，但"已"字迹上一字迹较模糊，只有左下角的一撇可见轮廓。其中"已"字《俄藏黑水城汉文非佛教文献整理与研究》一书中原释读为"日"，但现在仔细看来应为"已"字无疑。按，佛经《大方广佛华严经》卷第六十五《入法界品第三十九之六》有"善财见已，顶礼其足"一语，疑残片三即为《大方广佛华严经》卷第六十五《入法界品第三十九之六》"善财见已，顶礼其足"的残句，属于佛经残片。

前两个残片的内容，残片一的1行"寸半叁条各长捌尺伍寸"为《俄藏黑水城文献》原编者所释读的内容，应无问题。第一字"寸"残存该字大部，只缺竖笔的上端，根据下文内容和最终认定可确认该残片属于西夏材植文书①，该字释读为"寸"字亦无问题。残片二的第1行文字"钱口料口拾尺"，《俄藏黑水城文献》原编者未予释读，完全是拙著《俄藏黑水城汉文非佛教文献整理与研究》根据残存笔画而推定的文字，是否可靠笔者也不自信，但有一点可以肯定，二者笔迹一致，同出于一人之手，应属于同一件文书的两个残片。由此看来，本件文书三件文书分属两件文书，残片一、二可拟题为《西夏乾祐年间材植文书残片》，残片三可拟题为刻本《大方广佛华严经》残片。文书正确释文如下：

（一）

（前缺）

1. _____寸半叁条，各长捌尺伍寸_____

2. _____拾尺

---

① 参见孙继民《俄藏黑水城TK27P西夏文佛经背裱补字纸残片性质辨析——西夏乾祐年间材植文书再研究之二》，《西夏学》第十辑，上海古籍出版社，2014。

(后缺)

(二)

(前缺)

1. ☐☐☐☐ 钱 ☐ 料 ☐ 拾 尺 ☐☐

3. ☐☐☐☐ 事 ☐☐☐☐

(后缺)

(三)

(前缺)

1. ☐☐☐☐ 已，顶礼其 ☐☐☐

(后缺)

二　第 256 页 TK49P 号文书《西夏天庆年间裴松寿处典糜麦残契》

本件文书俄藏编号 TK49P，为 TK49《金刚般若波罗蜜经》裱纸，现脱落，共十二件残片，收于《俄藏黑水城文献》第 2 册第 37~38 页。第 6 册《附录·叙录》原拟题《天庆年间裴松寿处典麦契》，并列出文书诸要素为：行楷，墨色有浓淡，同时录有十二件残片若干文字内容。拙著中关于本件文书题解仅根据《附录·叙录》指出本件文书与《俄藏黑水城文献》第 1 册第 335~336 页 TK16《金刚般若波罗蜜经》背部汉文裱纸、马斯伯乐《斯坦因在中亚细亚第三次探险所获中国古文书考释》所收西夏天庆年间典当残契为同组文书，未注意到《英藏黑水城文献》第 3 册第 210 页 Or. 12380—2731（K. K.）、Or. 12380—2732（K. K.），第 211 页 Or. 12380—2733（K. K.）、Or. 12380—2734（K. K.），第 5 册第 87 页 Or. 12380—3771. a. 1（K. K. Ⅱ. 0232. ee）、Or. 12380—3771. 2（K. K. Ⅱ. 0232. ee），第 88 页 Or. 12380—3771. 3（K. K. Ⅱ. 0232. ee）、Or. 12380—3771. 4（K. K. Ⅱ. 0232. ee）等八个编号文书也应为同组文书。另，《俄藏黑水城汉文非佛教文献整理与研究》中关于本件文书残片三第 2 行 "不同□□" 四字、残片六第 2 行 "一" 字、残片八三行文字释读有误，现将本件文书内容重新释录如下：

（一）

（前缺）

1. 天庆六年四月六

2. 裴松寿处取到糜子五斗，加七利，共本利糜子八斗①

（后缺）

（二）

（前缺）

1. 加五利

2. 天庆六年四月十六日立文人胡住儿

3. 裴松寿处取到糜子六斗加五利，共本利

4. 其大麦限至来八月初一日交还。如限日不见交

5. 还之时，每斗倍罚一斗

（后缺）

（三）

（前缺）

1. 五升，其糜子限至来八月初一日交还。如限日不见交

2. 还之时，每一斗倍罚一斗，与松寿麦用，不词②。（签押）

3. 得填还上件本利

（后缺）

---

① 《附录·序录》中补入 "〈五升〉" 两字。
② "不词（签押）"，《俄藏黑水城汉文非佛教文献整理与研究》录文原作 "不同□□"，现据图版改。

《俄藏黑水城汉文非佛教文献整理与研究》所收西夏文献补释 | 343

（四）

（前缺）

1. 天庆十一年五月廿四日立文人夜 利 讹令嵬， 今

2. 将自己旧口马毯二条于裴　　处典到大

3. 麦五 斗 ☐

（后缺）

（五）

（前缺）

1. 嵬名圣由嵬今 ☐

（后缺）

（六）

（前缺）

1. ☐（签押）

2. ☐ 人 ① 次男皆聂☐（签押）

3. 知见人马能嵬（签押）

4. 书文契人张☐☐（签押）

（后缺）

（七）

（前缺）

1. ☐ 领 银 盏 台盏②一副 ☐

2. ☐ 缂绶袄子一领于裴　　处 ☐

3. ☐ 加 四 利 ，本利大麦十六石一斗。其典 ☐

4. ☐ 一日不赎 来时，一任出 卖 ，不词 ☐

---

① "☐ 人 "，《俄藏黑水城汉文非佛教文献整理与研究》录文原作 "一"，现据图版改。
② "盏"，《附录·序录》漏录，现据图版补。

（后缺）

（八）

（前缺）

1. ☐ 字人① 禹 ☐

2. ☐ 字人②者☐ ☐

3. ☐ 人乩尚处③ ☐

（后缺）

（九）

（前缺）

1. ☐ 立文字人曹 ☐

2. ☐ 知见人 ☐

（后缺）

（十）

（前缺）

1. ☐ 麻 ☐

2. ☐ 休（签押）

3. ☐ 禹（签押）

（后缺）

（十一）

（前缺）

1. ☐ 吉遇，今将自己 ☐

2. ☐ 大麦五斗加三利，共 ☐

---

① "字人"，《俄藏黑水城汉文非佛教文献整理与研究》录文未释读，现据图版补。
② "字人"，《俄藏黑水城汉文非佛教文献整理与研究》录文未释读，现据图版补。
③ "人乩尚处"，《俄藏黑水城汉文非佛教文献整理与研究》录文原作"间尚处"，现据图版改。

3. ▭限至来八月初一日▭

（后缺）

（十二）

（前缺）

1. 立文人▭

2. 同立文人▭①

3. 知见人▭

（后缺）

三 第 423 页 TK205 号文书《元宁夏路总管府材植帐》

本件文书俄藏编号 TK205，共五件残片，收于《俄藏黑水城文献》第 4 册第 210 页。文书图版下方原拟题为《宁夏路总管府文书押印》，第 6 册《附录·叙录》则拟题为《宁夏路总管府材植账》，并列出文书诸要素为：元写本；未染麻纸；行楷，墨色浓；共五件残片：（1）高 11.5，宽 6.5，共 1 行大字："七月初五日"，有朱文方印（6×5.6）；（2）高 17，宽 11。共 5 行，行 6 字，首行小字："有人至公审"，第 2 行大字："大了"，余下 3 行字体中等，有"宁夏路总""照给"等字；（3）高 10，宽 6.5。共 2 行，重复写"伍驮""驮"，并有押印 2 枚；其余残片更小，字亦少。拙著中根据《附录·叙录》所列文书要素及文书内容将文书定名为《元宁夏路总管府材植帐》，现在看来此定名有误。按，从图版来看，本件文书五件残片字体不一，内容无关，非同一件文书残片。从内容来看，其中残片一、二、五应为元代公文残片，残片三、四与俄藏 Б61 号文书和 Дx2828 号西夏乾祐二年材植帐文书的书写内容、书写格式和书法风格相似，应该属于西夏乾祐

---

① 文书中第 1、2 行前均有墨笔勾画痕迹。

二年的材植帐文书。另，拙著中残片二第 5 行、残片四背释读有误，正确录文如下：

（一）

（前缺）

1. ☐七月初五日

（后缺）

（二）

（前缺）

1. ☐有人至公审☐
2. ☐大了
3. ☐旨里，宁夏路总☐
4. ☐旨里，宁夏路☐
5. ☐旨照验①

（后缺）

（三）

（前缺）

1. ☐驮（签押）伍驮（签押）伍☐
2. ☐驮

（后缺）

（四）

正：

（前缺）

1. ☐（签押）☐
2. ☐□ （签押）☐

---

① "验"，《附录·叙录》、《俄藏黑水城汉文非佛教文献整理与研究》录文原作"给"，现据图版改。

3. ☐☐☐☐｜伍｜☐☐☐☐

（后缺）

背：

（前缺）

1. ☐☐☐☐｜旨里，亦□①｜☐☐☐

2. ☐☐☐☐｜此总②｜☐☐☐☐

（后缺）

（五）

（前缺）

1. ☐☐☐☐｜☐☐③｜☐☐☐☐

（后缺）

四　第502页TK269号文书《西夏刻本〈西夏光定元年辛未岁（1211）具注历日〉残片》

本件文书俄藏编号TK269，收于《俄藏黑水城文献》第4册第355～357页。第6册《附录·叙录》原拟题为《历书》，并列出文书诸要素为：宋或夏活字印本；原卷轴装，后叠成经折装；未染麻纸，薄；高8.2，宽54.8；共12竖栏；已裂为2段，有佚文；宋体，墨色深浅不匀；首尾缺；上下被裁。《附录·叙录》另指出本件文书与TK297，ИНВ．No.5229、5285、5306、5469、8117诸种历书可比照研究，诸种历书虽各有残缺，但形制与日本横滨金泽文库所藏宋刊《嘉定十二年具注历》相似。本号历书第五格存下半部，第六格、第七格完整，第八格

---

① "亦□"，《俄藏黑水城汉文非佛教文献整理与研究》录文原作"宁夏"，现据图版改。
② "此"，《俄藏黑水城汉文非佛教文献整理与研究》录文未释读；"总"，《俄藏黑水城汉文非佛教文献整理与研究》录文原作"照"，现据图版改。
③ 此残片似是钤印章一枚。

无文字。拙著当中图版二第一行第二格第 3 行释读有误，现将正确录文释录如下：

录文标点：

（前缺）

忌行庆	续世	贺明星	天德舍		官视官	狱缓刑	守日	吠对	留进人	动地
			四十七刻				□五十三刻			
人神足在					人神股在内				气衡	

（以上图版一）

征行运	盖造舍	外伐日	以九空	座至	恶庆□
		小指人神在手			内□人神

（以上图版二）

---

① "盖造舍"，《俄藏黑水城汉文非佛教文献整理与研究》录文原作"盗造龠"，现据图版改。

（以上图版三）

（以上图版四）

（以上图版五）

（后缺）

五　第 511 页 TK295 号文书《西夏残帐》

本件文书俄藏编号 TK295，共 9 件残片，其中汉文残片八件，西夏文草书文献一件，收于《俄藏黑水城文献》第 4 册第 383~384 页。第 6 册《附录·叙录》原拟题为《残片》，并列出文书诸要素为：西夏写本；未染麻纸，细，薄；残片九件；除（4）外皆行书，硬笔，墨色浓。（1）高 8，宽 13，共 6 行，有"刘？的""七斗升""二斗"等字；（2）高 13，宽 7，共 3 行，有"与番家诏下""九月""师父座主"等字；（3）高 12，宽 8.5，共 4 行，有"十二日"等字；（4）高 4.5，宽 4，共 1 行，楷书，墨色浓，有"〔须菩提于〕"等字；（5）高 14，宽 8，共 2 行，有"〔后〕除""伯伍〔拾〕"等字，夹写西夏文行书小字；（6）高 14，宽 8，共 3 行，有勾画，另有"一石三斗更赤卅斤已后一石"等字；（7）高 12.5，宽 3，共 1 行，有"下拽利乙怛倍"等字；（8）高 7，宽 6.5，共 2 行，有"〔伏〕遇"等字；（9）高 10.5，宽 3.5，共 2 行，西夏文草书文献。拙著当中未指出残片四字迹及内容与其余各残片不相关，应为佛经残片，其余残片应为账簿残片。另，拙著中本件文书残片一第 2、5、6 行，残片二第 2 行，残片五第 1 行，残片六第 3 行释读有误，正确录文如下：

（一）

（前缺）

1. ▭▭▭▭▭刘棉的▭▭▭▭

2. ▭▭▭▭除至①▭▭▭▭打▭

3. ▭▭▭七斗升▭▭▭▭▭▭

4. ▭▭▭二斗▭▭▭▭▭▭▭

5. ▭▭▭▭▭▭▭▭▭□糜②▭▭▭

6. ▭▭▭▭▭▭▭张③▭▭▭

（后缺）

---

① "至"，《俄藏黑水城汉文非佛教文献整理与研究》录文原作"下二"，现据图版改。
② "□糜"，《俄藏黑水城汉文非佛教文献整理与研究》录文原作"为李"，现据图版改。
③ "张"，《俄藏黑水城汉文非佛教文献整理与研究》录文原作"事□"，现据图版改。

(二)

(前缺)

1. ＿＿＿＿＿ □良□□与番家诏下九月＿＿＿＿

2. ＿＿＿＿＿ 师父座主＿＿＿＿斗①＿＿＿

3. ＿＿＿＿＿＿＿ 八□＿＿＿＿＿＿＿

(后缺)

(三)

(前缺)

1. ＿＿＿＿＿＿＿＿＿＿□□＿＿＿＿

2. ＿＿＿＿＿＿＿ 十二日＿＿＿＿＿＿

3. ＿＿＿＿＿＿＿ 党只子□＿＿＿＿＿

4. ＿＿＿＿＿＿＿＿ 哥□＿＿＿＿＿＿

(后缺)

(四)

(前缺)

1. ＿＿＿＿＿ 须菩提于＿＿＿＿＿＿

(后缺)

(五)

(前缺)

1. ＿＿＿＿＿ 后除还②＿＿＿＿＿③

2. ＿＿＿＿＿ 伯伍拾＿＿＿趁采＿＿

(后缺)

---

① "斗",《俄藏黑水城汉文非佛教文献整理与研究》录文原作"个",现据图版改。
② "还",《俄藏黑水城汉文非佛教文献整理与研究》录文原作"录",现据图版改。
③ 此两行间夹写西夏文小字。

（六）

（前缺）

1. ▢▢▢▢▢▢▢福▢▢▢▢▢▢▢▢▢

2. ▢▢▢▢▢▢▢僧▢▢▢▢▢▢▢▢

3. ▢▢▢▢▢▢▢福 番 一石三斗 更赤丹▢／已后一石 ▢▢▢▢ ①

（后缺）

（七）

（前缺）

1. ▢▢▢▢▢▢▢▢▢求▢下拽利乙怛倍▢

2. ▢▢▢▢▢▢▢▢▢▢▢▢▢▢▢▢▢ ②

（后缺）

（八）

（前缺）

1. ▢▢▢▢▢▢▢伏 遇二斗 更▢／婆 ▢▢▢▢▢

2. ▢▢▢▢▢▢▢▢▢一斗入▢▢▢▢▢

（后缺）

（九）

（西夏文草书，略）

六　第514页TK297号文书《西夏刻本〈乾祐十三年壬寅岁（1182）具注历日〉残片》

本件文书俄藏编号TK297，收于《俄藏黑水城文献》第4册第385～

---

① "丹▢"，《附录·叙录》及《俄藏黑水城汉文非佛教文献整理与研究》录文原作"卅斤"，现据图版改。

② 据图版残片应为2行，《附录·叙录》言1行，误。

386 页。第 6 册《附录·叙录》原拟题为《历书》，并列出文书诸要素为：宋或夏刻本；原卷轴装，叠成经折装；未染麻纸，薄；宋体，墨色中匀；首尾缺；上下被裁。已裂成 4 段：（1）高 13.8，宽 27.6，共 8 竖栏余；（2）高 12.5，宽 13.3，共 4 竖栏余；（3）高 9.8，宽 2.3，共 1 竖栏；（4）高 12，宽 11.8，共 3 竖栏余。本件文书中，拙著原录文中错误主要是残片一第 5 行第 2、3 格，残片二第 1 行第 2 格、第 2 行第 1 格，残片四第 2 行第 1 格。正确录文如下：

（一）存 8 个整竖栏，2 个半竖栏：

（前缺）

	十八日己丑火关	十七日戊子火开	十六日丁亥土收	十五日丙戌土成
		危	虚	女	牛
	除手甲	归忌	蜜	望	
				辟秦	鸿雁来
	小时 天利黑道	宜祀神祇□道 执储明星明堂 吉日 岁对七圣	不宜论讼 上官 天火 天狱不举	词讼迁居筑 嫁娶开仓肆 勾陈黑道 天魁 重日 劫杀	药导师傅会 四相 宜造宅舍 三合 天府明星司 吉日 岁对小岁后

续表

十一日壬午木定	十二日癸未木执	十三日甲申水破	十四日乙酉水危
心	尾	箕	斗
坎九五			沐浴
公渐			
葬事出兵留． 吉日 岁位 天德合② 月空 天喜 天马 民日 鸣吠 时阴 宥招集贤良纳彩 会亲姻远行移□	吉日 岁位 天恩 枝 玉堂黄道 宜宣政 舍宇和合 交关铺捉①	伐日 不宜临政事主 师旅与修造□变 大耗 天牢黑道 徒	吉日 岁对 小岁 守日 神在 宜葬埋祭神

（后缺）

（二）存3个整竖栏，2个半竖栏：

（前缺）

	□始鸣		大家人③	

---

① "捕捉"，《俄藏黑水城汉文非佛教文献整理与研究》录文原作"铺"，现据图版改。
② "合"，《俄藏黑水城汉文非佛教文献整理与研究》录文原作"食"，现据图版改。
③ "人"，《俄藏黑水城汉文非佛教文献整理与研究》录文未解读，现据图版改。

续表

四月十六日乙酉其夜子初三刻后　艮□①　坤乾②时　寅前	月刑　小时　地火　土府　土符　伐日　兵禁　月厌　不宜兴发军师攻　讨城寨撅凿动土盖屋经络　嫁娶纳亲牧放群畜	吉日　岁后　月德合　六合　兵宝　大明　吉期神在宜修营宅第兴发　土工训卒练兵祀神市估	吉日　岁后　月空　驿马　天后　天巫　大明　兵吉　福德　相日　神在鸣吠　岁德　青龙黄道　七圣　宜训练军师营葬　坟墓安置产室进口经络	天刚　五盗　死神　天吏　天贼　致死　五离

（后缺）

（三）存1个半竖栏：

（前缺）

复日　不宜动土工出远行会宾客　营葬礼兴词讼合交关	

（后缺）

（四）存3个整竖栏，2个半竖栏：

（前缺）

---

① "艮□"，《俄藏黑水城汉文非佛教文献整理与研究》录文原作"□艮"，现据图版改。
② "乾"，《俄藏黑水城汉文非佛教文献整理与研究》录文原作"乾"，现据图版改。

	丙午			
用良巽　丑后　辰后	自四月二十七日丁卯午正三刻廿七种巳得五月之□　宜向西北行　又宜修造西北维　天德在干　月厌 月德在丙　月合在辛　月空在壬　丙辛壬上	吉日　岁后　四相　王日　玉堂　七圣 宜临政上官闭塞孔穴修补垣墉 泥饰宅舍	□岁后小岁位　天恩　月恩　四相生气 □安　夏天德　天岳明星　神在七圣 时阳　宜宣覃恩宥旌拜功勋策试 贤良崇尚师傅祭祀神祇出行牧放	□□导井泉报封银□

（后缺）

七　第 519 页 TK299 号文书《西夏杂物帐残片》

本件文书俄藏编号 TK299，收于《俄藏黑水城文献》第 4 册第 387 页。第 6 册《附录·叙录》原拟题为《杂物帐》，并列出文书诸要素为：西夏写本；未染麻纸，粗，硬；高 12.8，宽 27；大字 13 行，逐日记人名、物品账目；添加小字 8 行，按所付物品在原账目行间加写何月何日"付本人""当日付"等；楷书，墨色浓淡不一，反映多次记载特点；上部被裁，下部残损；人名右侧皆有朱笔勾画。并择录残存人名有：闹奴、孛嵬、〔嵬〕名呱呱、贺遇由、善智、阿黑、〔税〕那征嚷、□花等；物品有：旧连袋一口、

《俄藏黑水城汉文非佛教文献整理与研究》所收西夏文献补释 | 357

连袋、谷子腰谷、黄褐一段、铜瓶一、铃杵□、韦皮二公羼、披毡一领、铛一口等。日期自八月十一日到十月初三日。本文书拙著原录文错误之处主要有二：一是第 8 行漏录一字；二是第 14 行 "公" 字释读有误。现将修改后录文释录如下：

（前缺）

1. ☐
2. 　　　　　九月廿四日付本人
3. ☐　闹奴：　旧连袋一口☐
4. 　　　　　初九日
5. 　　　　　九月十一日 付 ☐
6. ☐　字嵬：　连袋
7. 　　　　　十月初三日付本人
8. ☐ 嵬① 名呱呱②：　谷子腰牔③ ☐
9. 　　　　　限九月十五日，当日付☐
10. ☐　贺遇由：　黄褐一段☐
11. 　　　　　八月 十一 日付本人
12. ☐　善智：　铜瓶一，铃杵 相 ☐
13. 　　　　　九月二十九日付本人
14. ☐　阿黑：　韦皮二张④，羼一☐
15. 　　　　　八月十二日付本人
16. ☐　善智：　披毡一领。

---

① "嵬"，《俄藏黑水城汉文非佛教文献整理与研究》录文未释读，现据图版补。
② 第二个 "呱" 字为省文符号，现径改。
③ "牔"，《附录·叙录》作 "谷"，现据图版改。
④ "张"，《附录·叙录》及《俄藏黑水城汉文非佛教文献整理与研究》录文原作 "公"，现据图版改。

17.　　　　　　　十一日

18.　□□□□□ 税 那征囔：铛一口。

19.　　　　　　　十二日

20.　　　　　　　九月十九日付本人

21.　□□□□□□花：□□□

（后缺）

八　第521页 TK300V 号文书《西夏书启残片》

本件文书俄藏编号 TK300V，为 TK300《愿文等》背面粘贴两汉文残片之一，收于《俄藏黑水城文献》第4册第388页。第6册《附录·叙录》原拟题为《有关黑水人的信札》，并在 TK300《愿文等》题解中附带列出文书诸要素为：高20.7，宽6.7；共3行，行17—19字；楷书，墨色中。本件文书第1行"会"字前一字，拙著录文未释读，现补录如下：

（前缺）

1. □屈你朝中捡①会有黑水人来时，有信实之。
2. □□广多物帛，阿屈同共相逐②，前来不来。不当山
3. 川悠远，云水阻隔，一一修书不及，因人特此面祝。

（后缺）

九　第522页 TK300V 号文书《西夏文书残片》

本件文书俄藏编号 TK300V，为 TK300《愿文等》背面粘贴两汉文残片之二，收于《俄藏黑水城文献》第4册第388页。第6册《附录·叙录》

---

① "捡"，《俄藏黑水城汉文非佛教文献整理与研究》录文未释读，现据图版补。
② 此行标点应点为"□□广多物帛，阿屈同共相逐"，而《附录·叙录》作"人物广多，物帛阿屈，同共相逐"。

《俄藏黑水城汉文非佛教文献整理与研究》所收西夏文献补释 | 359

原拟题为《文书》，并在 TK300《愿文等》题解中附带列出文书诸要素：高 17.4，宽 6.7；共 2 行，行 10 字；楷书，墨色中。该件文书中第 2 行"氏"字前一字，拙著原录文未释读，现补释如下：

（前缺）

1. 夫主李外家的再委，□耗
2. 媛实卧哶①氏呱呱哥等□
3.

（后缺）

十　第 584 页 TK322（1）号文书《西夏抄本〈六十甲子歌〉》

本件文书为俄藏编号 TK322（1）《六十四卦图哥》后面所附抄写内容，收于《俄藏黑水城文献》第 5 册第 79~80 页。拙著中将本文书第 5 行"丑"字误释为"申"，现予以改正：

1. 甲子乙丑海中金，丙寅丁卯炉中火，戊辰己巳
2. 大林木，庚午辛未路旁土，壬申癸酉刀釟金，
3. 甲戌乙亥山头火，丙子丁丑简下水②，戊寅己卯
4. 地头土，庚辰辛巳白腊金，壬午癸未杨柳木，甲
5. 申乙酉井泉水，丙戌丁亥屋上土，戊子己丑③霹雳
6. 火，庚寅辛卯松柏木，壬辰④癸巳长流水，甲午乙未
7. 砂石金，丙申丁酉山下火，戊戌己亥平地木，庚子

（此处题写"六十甲子"四字）

8. 辛丑壁上土，壬寅癸卯金薄金，甲辰乙巳点灯火，

---

① "哶"，《俄藏黑水城汉文非佛教文献整理与研究》录文未释读，现据图版补。
② "简下水"，据《俄藏黑水城文献》第 5 册 A2《六十甲子歌》应为"涧下水"。
③ "丑"，《俄藏黑水城汉文非佛教文献整理与研究》录文原作"申"，现据图版改。
④ "辰"字为另行补入，现径改。

9. 丙午丁未天河水，戊申己酉大泽土，庚戌辛亥钗钏□^①，

10. 壬子癸丑桑柘木，甲寅乙卯大溪水，丙辰丁巳砂中土，

11. 戊午己未天上火，庚申辛酉柘榴木，壬戌癸亥大

12. 海水。

十一　第 662 页 ДX2828 号文书《西夏乾祐二年（1171）付库司文书为材植交纳施行事》

本件文书俄藏编号 ДX2828，收于《俄藏黑水城文献》第 6 册第 150~159 页。第 6 册《附录·叙录》原拟题为《乾祐二年材植账》，图版下方拟题为《乾祐二年宁夏路总管府材植账》，误，因本文书中并未出现宁夏路总管府字样。《附录·叙录》还列出文书诸要素为：西夏写本；未染麻纸，薄；行楷，墨色浓匀；共十八件残片，皆经裁切，互不相连。拙著中对本件文书原定名为《西夏乾祐二年（1171）付库司文书为材植交纳施行事》，现在来看此定名值得商榷，应以《西夏乾祐二年（1171）漫土等入库账簿残片》更为合适。另，拙著中关于本件文书的释录错误主要存在于残片六正、残片八正、残片九正背、残片十二正、残片十三、残片十五，现将修改后录文释录如下：

（一）

（前缺）

1. _____（签押）贰驮（签押）_____

2. _____王勤来漫土_____

3. _____（签押）贰驮（签押）_____

4. _____（签押）贰驮（签押）_____

5. _____傅丑奴漫土□_____

6. _____（签押）贰驮（签押）_____

---

① 据文意推断，此处所缺文字应为"金"。

7. ☐☐☐☐☐（签押）壹驮（签押）☐☐☐☐☐

8. ☐☐☐☐崔那正漫土☐☐☐☐

9. ☐☐☐☐☐（签押）肆驮（签押）☐☐

10. ☐☐☐☐☐（签押）肆驮（签押）☐☐

（后缺）

（说明：此件残片当中，第2行之"王勤来漫土"、第3行之"贰驮"、第5行之"傅丑奴"、第6行之"贰驮"、第8行之"崔那正"、第9行之"肆驮"均为朱笔所书。另，"王勤来"前有一朱笔圈点符号。）

（二）

正：

（前缺）

1. ☐☐☐☐☐

2. ☐☐壹驮☐☐☐

3. ☐☐壹驮☐☐☐

4. 壹驮材☐

5. ☐☐☐

（后缺）

背（在正面第3、4行之间书写）：

1. （签押）依数领☐☐☐

（三）

（前缺）

1. ☐☐☐☐（签押）伍驮（签押）☐☐

2. ☐☐☐☐（签押）伍驮（签押）☐☐

3. ☐☐☐☐傅六斤于☐☐☐

4. ☐☐☐☐（签押）叁驮（签押）☐☐

（后缺）

（四）

（前缺）

1. ☐崔的成漫土☐
2. ☐（签押）叁驮（签押）☐
3. ☐四月初八日
4. ☐孙猪狗于窑☐

（后缺）

（五）

正：

（前缺）

1. ☐犯行
2. ☐　壹驮
3. ☐　　柒伍材贰☐
4. ☐　　寸板贰☐
5. ☐　壹驮
6. ☐　柒伍☐

（后缺）

背（在正面第3、4两行之间书写）：

1. ☐（签押）领讫

（六）

正：

（前缺）

1. ☐壹驮肆片内①　七五☐
2. ☐　四五材壹片，长壹拾☐

---

① "内"，《俄藏黑水城汉文非佛教文献整理与研究》录文未释读，现据图版补。

《俄藏黑水城汉文非佛教文献整理与研究》所收西夏文献补释 | 363

3. ☐☐☐☐ 乾祐二年六月十☐☐☐

4. ☐☐☐ 已① 次使☐

（后缺）

背（在正面第 1 行左侧书写）：

1. ☐☐☐☐ ☐☐ 领讫 ☐☐☐

（七）

（前缺）

1. ☐ 驮 ☐☐☐☐☐

2. 　　拾肆尺

3. 　乾祐二年六月十一日

4. ☐☐使☐（签押）

（八）

正：

（前缺）

1. ☐☐☐☐ 于怀远县割 ☐☐☐

2. ☐☐☐☐ 脚贰只，各重肆伯② ☐

3. ☐☐☐ 仟

4. ☐☐☐ 各长壹拾肆尺

5. ☐☐☐ 长 陆尺阔壹尺

6. ☐☐☐ 月 十四日

（后缺）

背（在正面第 3、4 行之间书写）：

1. ☐☐☐ 收领手承人大杨阿喜 ☐☐☐

---

① "已"，据残存笔画推断应为"已"。
② "伯"，《俄藏黑水城汉文非佛教文献整理与研究》录文未释读，现据图版补。

（九）

正：

（前缺）

1. ☐☐☐陆尺阔壹☐☐☐

2. ☐

3. ☐☐☐长壹拾伍尺

4. ☐☐☐伍寸壹片，长陆尺☐

5. ☐☐☐长壹拾①尺

6. ☐☐☐长陆尺伍寸

7. ☐☐月十五日

8. 　　　（签押）

（后缺）

背（在正面第1、2行之间书写）：

1. 六日领材☐☐☐☐☐三哥②

（十）

（前缺）

1. ☐☐☐年

2. ☐☐☐十六日

3. （签押）

（十一）

（前缺）

1. ☐☐☐埋叁驮

---

① "拾"，《俄藏黑水城汉文非佛教文献整理与研究》录文未释读，现据图版补。
② "哥"，《俄藏黑水城汉文非佛教文献整理与研究》录文原作"奇"，现据图版改。

2. ⬜廿一日

3. ⬜（签押）

（十二）

正：

（前缺）

1. ⬜□片①，长壹拾肆尺⬜

2. ⬜叁尺寸板贰片，各长陆尺⬜

3. ⬜寸。

4. ⬜五材贰片内②，壹片长壹拾⬜

5. ⬜柒③伍尺寸板肆片，各长⬜

6. ⬜□材贰片，各长壹拾肆尺⬜

7. ⬜长伍尺，阔壹尺伍寸

8. ⬜材④贰片各长⬜

（后缺）

背（在正面第4、5行之间书写）：

1. ⬜十五日领材手人白伴狗

（十三）

（前缺）

1. ⬜长壹尺⬜

2. ⬜壹条长壹尺叁⬜

---

① "片"，《俄藏黑水城汉文非佛教文献整理与研究》录文未释读，现据图版补。
② "内"，《俄藏黑水城汉文非佛教文献整理与研究》录文未释读，现据图版补。
③ "柒"，《俄藏黑水城汉文非佛教文献整理与研究》录文未释读，现据图版补。
④ "材"，《俄藏黑水城汉文非佛教文献整理与研究》录文未释读，现据图版补。

3. ☐伍①寸
4. ☐叁寸☐
5. ☐李 贺☐
6. ☐梁 杨☐
7. ☐田（签押）☐
8. ☐

（后缺）

（十四）

（前缺）

1. 般驮到材壹拾贰片，计脚叁只。其所
2. 遣材植至寸②尺丈段条，并已合同。今
3. 领讫，令照会者。
4. 　　乾祐二年五月十九日

（后缺）

（十五）

正：

（前缺）

1. 今有脚户李财☐
2. 解割处般拽材☐
3. ☐四片赴修建☐
4. 去候到③依数究☐
5. 　壹驮
6. 　　柒伍材贰片☐

---

① "伍"，《俄藏黑水城汉文非佛教文献整理与研究》录文未释读，现据图版补。
② "寸"字前原衍一"丈"字，旁加抹毁符号，《附录·叙录》作"处"，现据图版改。
③ "候到"，《俄藏黑水城汉文非佛教文献整理与研究》录文原作"将纳"，现据图版改。

7. 　　　寸板肆片内☐

8. 　　　贰片

9. 　　　壹片长☐

（后缺）

背（在第1、2、3行之间书写）：

1. ☐其所与孟阿永☐

2. 　　　只染☐

（说明：据《附录·叙录》载，此两行文字为朱笔所书。）

（十六）

正：

（前缺）

1. ☐右①脚户李猪儿☐

2. ☐割材板叁驮，各重☐

3. ☐代李库司送纳☐

4. ☐驮，七五材并板计☐

5. ☐七五材贰片内，壹片长☐

6. 　　　长壹拾伍尺

7. ☐材板贰片，各长陆尺☐

8. ☐驮，七五材贰片内，

9. ☐壹片长壹拾五尺

10. ☐肆片☐

（后缺）

背（在正面第2、3行之间书写）：

---

① "右"字残，据图版残存笔画推断应为"右"。

1. ▢（签押）二月十二日领▢

（十七）

（前缺）

1. ▢右①脚家李遇的于▢
2. ▢材植贰驮，各重▢
3. ▢库司送纳前去▢

4. ▢壹驮二囗材▢

（后缺）

（十八）

（前缺）

1. 右请库司依前项两驮
2. 材植交纳施行。乾祐二年
3. 二月十七日

（后缺）

十二　第 673 页 ДX10279 号文书《西夏乾祐二年（1171）付库司文书为材植交纳施行事》

本件文书俄藏编号 ДX10279，收于《俄藏黑水城文献》第 6 册第 163 页。第 6 册《附录·叙录》原拟题为《胶泥土账》，并列出文书诸要素为：西夏写本；未染麻纸；行楷，墨色浓。本件文书共四件残片。其中残片三"拓"字拙著释录有误，现改正如下：

（一）

（前缺）

1. ▢

---

① "右"字残，据图版残存笔画推断应为"右"。

《俄藏黑水城汉文非佛教文献整理与研究》所收西夏文献补释

2. ☐玖驮／伍驮（签押）伍驮☐

3. ☐上①叁丸

4. ☐示般驮塑匠胶☐

5. ☐壹驮（签押）壹驮（签押）壹☐

6. ☐上叁丸

7. ☐□驮胶泥土☐

（后缺）

（二）（前缺）

1. ☐（签押）五驮（签押）☐

（后缺）

（三）

1. ☐孙猪狗大板②☐

2. ☐（签押）五驮（签押）☐

（后缺）

（三）

（前缺）

1. ☐□上叁丸

2. ☐□□纳胶泥土

3. ☐□

（后缺）

（说明：据《附录·叙录》载，残片一第3、6行，残片四第1行之"上叁丸"几字，均为朱笔所书。）

---

① "上"，《附录·叙录》作"正"，但据残片四应为"上"。
② "板"，《俄藏黑水城汉文非佛教文献整理与研究》录文原作"拓"，现据图版改。

十三　第 674 页 ИНВ. No. 307（1）号文书《西夏南边榷场使申银牌安排官状为本府住户酒五斤等博买货物扭算收税事》

本件文书俄藏编号 ИНВ. No. 307（1），收于《俄藏黑水城文献》第 6 册第 279 页。第 6 册《附录·叙录》原拟题为《呈状》，并列出文书诸要素为：西夏写本，系西夏文刻本经折装《大方广佛华严经》卷第二十三封套裱纸，字、纸均与 ИНВ. No. 316 相同。按，《俄藏黑水城文献》有十五件文书属于西夏南边榷场使文书或与南边榷场使文书有关，《英藏黑水城文献》也有两件属于南边榷场使文书，本件即属于南边榷场使文书之一。《附录·叙录》另列出文书诸要素为：未染麻纸；行楷，墨色浓；高 13.2，宽 35；共 14 行，上下裁去，行 14 字。拙著中第 13 行"钱"字释录有误，正确录文应为：

（前缺）

1. ☐

2. ☐高

3. ☐算

   ……………………………………………………

4. ☐　　　　申

5. ☐有本府①住户酒五斤等部☐

6. ☐无违禁，其五斤等元带褐段、毛☐

7. ☐扭算，收上税历，会为印讫，仍将☐

8. ☐发遣，赴

---

① 据相关文书知，"本府"应指"西凉府"，下同，不再另作说明。

9. ☐何，须至申 上者☐
10. ☐伍段，博买川绢价肆拾捌匹半，收☐
11. ☐叁拾赤捌分，准河北绢叁拾叁赤玖寸☐
12. ☐肆匹，生押纱半匹计陆分。
13. ☐壹拾柒匹，连抄壹万伍伯张①，计捌匹☐
14. ☐计壹匹，河北绢贰匹，计肆匹☐

（后缺）

十四 第676页 ИНВ. No.307（2）号文书《西夏南边榷场使申银牌安排官状为镇东住户某等博买货物扭算收税事》

本件文书俄藏编号 ИНВ. No.307（2），收于《俄藏黑水城文献》第6册第279页。第6册《附录·叙录》原拟题为《呈状》，并列出文书诸要素为：西夏写本，系西夏文刻本经折装《大方广佛华严经》卷第二十三封套裱纸，字、纸均与 ИНВ. No.316 相同；未染麻纸；行楷，墨色浓；高13，宽17.5；共9行，上下裁去，行12字；首行单写"申"字。按，《俄藏黑水城文献》有十五件文书属于西夏南边榷场使文书或与南边榷场使文书有关，《英藏黑水城文献》也有两件属于南边榷场使文书，本件即属于南边榷场使文书之一。拙著关于本件录文释录错误有三：一是第2行"头官子"中的"官"为衍文，"镇东"应为"镇夷"，因此拙著原定名中的"镇东"二字也有误，应为"镇夷"；二是第5行"下项"后两字未释读，应为"开坐"；三是第8行"价叁伯"应为"价壹伯"。现将录文修改如下：

（前缺）

---

① "张"，《俄藏黑水城汉文非佛教文献整理与研究》录文原作"钱"，现据图版改。

1. ☐☐☐☐☐使☐☐☐☐申①
2. ☐☐☐☐☐排官头子②：所有镇夷③住户☐☐☐
3. ☐☐☐☐☐依法搜检，并无违禁，其何☐☐
4. ☐☐☐☐☐回货依例扭算，收上税历，会☐☐
5. ☐☐☐☐☐下项开坐④，发遣赴
6. ☐☐☐☐☐照会作何，须至申☐☐
7. ☐☐☐☐☐黄褐伍拾捌段，白褐叁段，毛罗☐
8. ☐☐☐☐☐价壹⑤伯壹拾壹匹，收税川绢☐
9. ☐☐☐☐☐准河北绢贰匹柒赤柒寸☐☐

（后缺）

十五 第677页 ИНВ. No.308号文书《西夏南边榷场使申银牌安排官状为博买货物扭算收税事》

本件文书俄藏编号 ИНВ. No.308，收于《俄藏黑水城文献》第6册第280页。第6册《附录·叙录》原拟题为《收税文书》，并列出文书诸要素为：西夏写本，系西夏文刻本经折装《大方广佛华严经》卷第二十四封套裱纸，字、纸均与 ИНВ. No.313 相同；未染麻纸；高12.8，宽33；多种汉、夏文字纸切割黏结；汉文2段，其一，高12.8，宽10.2；共6行，行10字；其二，高12.8，宽15.6；共7行，行10字；上下均裁去；行楷，墨色浓；首尾缺。按，《俄藏黑水城文献》有十五件文书属于西夏南边榷场使文书或与南边榷场使文书有关，《英藏黑水城文献》也有两件属于南边榷场使

---

① 《附录·叙录》称本文书首行单写"申"字，误，据图版其前还残留一"使"字。
② "头子"，《俄藏黑水城汉文非佛教文献整理与研究》录文原作"头官子"，现据图版改。
③ "夷"，《俄藏黑水城汉文非佛教文献整理与研究》录文原作"东"，现据图版改。
④ "开坐"，《俄藏黑水城汉文非佛教文献整理与研究》录文未释读，现据图版补。
⑤ "壹"，《俄藏黑水城汉文非佛教文献整理与研究》录文原作"叁"，现据图版改。

文书，本件即属于南边榷场使文书之一。拙著中关于本件文书残片一第 1 行"白褐"后三字未释读，残片二第 6 行首字未释读，现补释如下：

（一）

（前缺）

1. _____ □肆拾玖段，白褐 壹段壹①□ _____
2. _____ 绢价玖拾玖匹半，收税川 _____
3. _____ 壹赤叁寸陆分，准河北绢 _____
4. _____ 肆赤陆寸半。
5. _____ 拾捌斤，计壹拾叁匹陆分 _____
6. _____ 斤，计壹拾□匹 _____

（后缺）

（二）

（前缺）

1. _____ 匹，计壹拾叁匹陆分，生姜贰拾伍 _____
2. _____ 拾玖段，白褐陆段，博买川 _____
3. _____ 拾柒匹半，收税川绢壹拾 _____
4. _____ 河北绢壹匹贰拾陆赤贰 _____
5. _____ 柒匹，计壹拾伍匹②肆 _____
6. _____ 贰③拾捌斤，计贰拾伍匹陆 _____
7. _____ 捌 _____

（后缺）

---

① "壹段壹"，《俄藏黑水城汉文非佛教文献整理与研究》录文未释读，现据图版补。
② "匹"字前原衍一"拾"字，旁加抹毁符号，现径改。
③ "贰"，《俄藏黑水城汉文非佛教文献整理与研究》录文未释读，现据图版补。

十六　第 686 页 ИНВ. No. 347 号文书《西夏南边榷场使申银牌安排官状为博买货物扭算收税事》

本件文书俄藏编号 ИНВ. No. 347，收于《俄藏黑水城文献》第 6 册第 282 页。第 6 册《附录·叙录》原拟题为《榷场使兼拘榷西凉府签判文书》，并列出文书诸要素为：西夏写本，系西夏文刻本经折装《大方广佛华严经》卷第十七封套裱纸；未染麻纸；高 12.4，宽 32.5；共 16 行，上下裁去，行 13 字；行楷，墨色浓。按，《俄藏黑水城文献》有十五件文书属于西夏南边榷场使文书或与南边榷场使文书有关，《英藏黑水城文献》也有两件属于南边榷场使文书，本件即属于南边榷场使文书之一。拙著中对此文书释录有误之处为第 11 行"绢"字，现改正如下：

（前缺）

1. ☐匹壹赤柒寸伍分。
2. ☐壹拾陆匹，计叁拾贰匹；小绢子☐
3. ☐匹，计肆匹；小晕缬贰匹，计贰☐
4. ☐叁匹；鹿射箭叁班半，计☐
5. ☐匹，计陆匹。
6. ☐带黄褐肆拾伍段，白褐叁段☐
7. ☐川绢价伍拾柒匹半，收税川☐
8. ☐捌赤，准河北绢壹匹壹拾伍☐
9. ☐计贰匹肆分；笔壹仟伍拾管☐
10. ☐计肆匹捌分；川绢壹拾叁☐
11. ☐匹半，计壹拾叁匹；紫绮①壹☐

---

① "绮"，《俄藏黑水城汉文非佛教文献整理与研究》录文原作"绢"，现据图版改。

12. ☐ 计壹匹贰分；大匙筋壹拾玖 ☐

13. ☐ 壹匹，计贰匹。

14. ☐

15. ☐ 状

16. ☐ 正月 日榷场使兼拘榷西凉府签判 ☐

十七 第 690 页 ИHB. No. 351 号文书《西夏南边榷场使申银牌安排官状为博买货物扭算收税事》

本件文书俄藏编号 ИHB. No. 351，收于《俄藏黑水城文献》第 6 册第 284 页。第 6 册《附录·叙录》原拟题为《文书》，并列出文书诸要素为：西夏写本，系西夏文刻本经折装《大方广佛华严经》卷第三十九封套裱纸；未染麻纸；高 21.5，宽 31；共 11 行，上下裁去，行 14 字；行书，墨色中。按，《俄藏黑水城文献》有十五件文书属于西夏南边榷场使文书或与南边榷场使文书有关，《英藏黑水城文献》也有两件属于南边榷场使文书，本件即属于南边榷场使文书之一。拙著关于本件文书第 4、5、7 行释录有误，现改正如下：

（前缺）

1. ☐ 头子：所有镇夷郡住 ☐

2. ☐ □见将到 粗 ☐ 抄拾贰段，白褐陆段，依法 ☐

3. ☐ 回，并无违禁。其 上件粗褐尽卖，替头 ☐

4. ☐ 回货，依例扭 算 ☐ □价壹伯伍拾① ☐

5. ☐ 柒匹壹拾陆 ☐ 替头准 ☐ ②贰 ☐

---

① "价壹伯伍拾"，《俄藏黑水城汉文非佛教文献整理与研究》录文原作 "税□□□"，现据图版改。

② "准 ☐"，《俄藏黑水城汉文非佛教文献整理与研究》录文原作 " ☐ 准"，现据图版改。

6. ☐ 壹寸贰分半☐ 上税历，会为印讫，仍将☐

7. ☐ 回货一就☐ 下项，发遣①赴☐ 安☐

8. ☐ 所前去，伏乞照会作何，须至申☐

9. 上者：

10. ☐ 絁子伍匹，计☐匹；皂押抄拾匹，计壹☐

11. 皂☐ 陆☐

（后缺）

十八　第 694 页 ИНВ. No. 353 号文书《西夏南边榷场使申银牌安排官状为镇夷郡住户博买货物扭算收税事》

本件文书俄藏编号 ИНВ. No. 353，收于《俄藏黑水城文献》第 6 册第 285 页。第 6 册《附录·叙录》原拟为《呈状》，并列出文书诸要素为：西夏写本，系西夏文刻本经折装《大方广佛华严经》卷第三十六封套裱纸；未染麻纸；高 12.9，宽 34.4；共 8 行，上下裁去，行 11 字；行楷，墨色中；首行单写"申"字。按，《俄藏黑水城文献》有十五件文书属于西夏南边榷场使文书或与南边榷场使文书有关，《英藏黑水城文献》也有两件属于南边榷场使文书，本件即属于南边榷场使文书之一。拙著中本件文书第 4 行释读有误，现改正如下：

（前缺）

1. ☐ 申

2. ☐ 子：所有镇夷郡住户☐

3. ☐ 段、毛罗，依法搜检，并无☐

---

① "发遣"，《俄藏黑水城汉文非佛教文献整理与研究》录文未释读，现据图版补。

4. ☐毛罗尽出卖了绝，替①☐

5. ☐扭算收税上历，会印讫，☐

6. ☐一就发遣赴　　上司☐

7. ☐申　　　　　上者

8. ☐褐肆拾段，白褐肆段，博买川☐

（后缺）

十九　第699页 ИНВ. No. 951 B 号文书
《西夏收支钱帐残卷》

本件文书俄藏编号 ИНВ. No. 951 B，收于《俄藏黑水城文献》第6册第287页。第6册《附录·叙录》原拟题为《账目》，并列出文书诸要素为：西夏写本；未染麻纸；高19，宽19.9；共10行，行12字；有小字注；上部被裁；行书，墨色浓匀；首尾缺；以小字注出各项开支，如"宫下"、"应海席"、"口食"、"布施"、"杂使"、"买物"等。按，本件文书前后均缺，文书第二行"宫下"、"应海席"等处字体较其他为浅，此两处明显为原先预留空格后填写，足证文书曾经先后两次书写。拙著中关于本件文书第9行释读有误，正确录文如下：

（前缺）

1. 收钱四百四十五贯五百文：

2. 　二百贯 宫下，　二百八贯 应海席②，　三十七贯五百文 口食。

3. 支钱三百五十五贯七百九文：

4. 　二贯③六贯 布施，　一百一十八贯三百九文 杂使，

---

① "绝，替"，《俄藏黑水城汉文非佛教文献整理与研究》录文原作"，□替"，现据图版改。

② "席"，杜建录、史金波著《西夏社会文书研究》（上海古籍出版社，2010）一书作"库"，该字图版不清，但从文意推断，似应为"席"，暂作"席"字处理。

③ 据上下钱数相加推断，可知此处的"贯"字应为"百"字。

378 | 考古发现西夏汉文非佛教文献整理与研究

5. 　　三十一贯四百文 买物

6. □□□钱四贯文：

7. 　　一贯八百文 贴油□钱，　　一贯文 贴 馒头 钱，

8. 　　一贯二百文 还酥钱。

9. 残见在①钱：

10.

（后缺）

二十　第 704 页 ИНВ. No. 1158A 号文书
《西夏支钱帐目残卷》

本件文书俄藏编号 ИНВ. No. 1158A，收于《俄藏黑水城文献》第 6 册第 289 页。第 6 册《附录·叙录》原拟题为《账目》，并列出文书诸要素为：西夏写本，系西夏文刻本经折装《大般若波罗蜜多经》卷第十七封套裱纸；未染麻纸，高 26.3，宽 30.5；共 17 行；行书，墨色中；首尾缺，下部裁去；有各种计量文字；背黏其他汉文、西夏文书，有的已剥离。本件文书字迹较淡，经技术处理之后发现拙著中释录错误之处较多，现重现释录如下：

（前缺）

1. 一支钱玖拾 捌 贯陆②　　　　　　　　　　③

2. 　　　□陆④□

3. 　　　　□钱本

---

① "见在"，《俄藏黑水城汉文非佛教文献整理与研究》录文原作"□衣"，现据图版改。
② "玖拾捌贯陆"，《俄藏黑水城汉文非佛教文献整理与研究》录文原作"玖百拾贯肆"，现据图版改。
③ 文书中此处被另一纸裱住，且此处裱纸为倒裱。
④ "陆"，《俄藏黑水城汉文非佛教文献整理与研究》录文原作"肆"，现据图版改。

4. 壹拾伍①贯，计十五□，每日②□□
5. □③钱□□
6. 壹拾④壹贯贰拾文，计十四□，每⑤
7. □佰叁□文钱肆□□
8. 贰拾⑥壹贯陆拾文
9. 贰拾⑦贯壹拾文□分钱，每各⑧陆佰玖拾文
10. 柒佰文，□□合□钱
11. 贰贯玖佰文，酒□□油钱，□壹□
12. 伍佰陆拾文，
13. 壹拾陆贯贰拾文，
14. 玖贯玖佰肆拾文，□□钱，酒
15. □□壹拾柒文
16. 伍佰贰拾文，□□□钱
17. 一支酒钱，伍佰

（后缺）

此文书在第1、2行处另黏接一残片，录文如下：

（前缺）

1. 今□□北酒浆杨□
2. 嵬□

（后缺）

---

① "拾伍"，《俄藏黑水城汉文非佛教文献整理与研究》录文原作"佰"，现据图版改。
② "日"，《俄藏黑水城汉文非佛教文献整理与研究》录文未释读，现据图版补。
③ 此处缺文《俄藏黑水城汉文非佛教文献整理与研究》录文未标注，现据图版补。
④ "拾"，《俄藏黑水城汉文非佛教文献整理与研究》录文原作"佰"，现据图版改。
⑤ "每"，《俄藏黑水城汉文非佛教文献整理与研究》录文未释读，现据图版补。
⑥ "拾"，《俄藏黑水城汉文非佛教文献整理与研究》录文原作"佰"，现据图版改。
⑦ "拾"，《俄藏黑水城汉文非佛教文献整理与研究》录文原作"佰"，现据图版改。
⑧ "每各"，《俄藏黑水城汉文非佛教文献整理与研究》录文未释读，现据图版补。

二十一　第 705 页 ИНВ. No. 1158B 号文书
《西夏申状为油酒浆等支用事》

本件文书俄藏编号 ИНВ. No. 1158B，收于《俄藏黑水城文献》第 6 册第 290 页。第 6 册《附录·叙录》原拟题为《油酒浆等账目》，并列出文书诸要素为：西夏写本，系西夏文刻本经折装《大般若波罗蜜多经》卷第十七封套裱纸；高 15.7，宽 28.4；共 12 行，行 12 字；楷书，墨色偏淡；下部裁去。按，本件文书第 2 行有"开出下项"，背面有"司吏"，应为某申状之残卷，故拙著拟名为《西夏申状为油酒浆等支用事》。其中，第 2、5、7、8、9、10 行释读有误，现改正如下：

正：

（前缺）

1. ▢▢▢▢▢□计叁拾日，□□卖过▢▢▢▢▢
2. ▢▢▢▢▢纳开坐①下项，候②到依例▢▢▢
3. ▢▢▢▢▢纳了，因供油，勿令住滞▢▢
4. ▢▢▢▢▢▢贯捌拾文，
5. ▢▢▢▢▢贯捌伯文，计息③壹仟壹▢▢
6. ▢▢▢▢▢拾伍钱。
7. ▢▢▢▢▢伍贯陆佰文，粗柒伯伍拾贰斤④▢
8. ▢▢▢▢▢玖贯贰伯文，细肆伯贰拾叁斤⑤▢

---

① "坐"，《俄藏黑水城汉文非佛教文献整理与研究》录文原作"出"，现据图版改。
② "候"，《俄藏黑水城汉文非佛教文献整理与研究》录文未释读，现据图版补。
③ "息"，《俄藏黑水城汉文非佛教文献整理与研究》录文未释读，现据图版补。
④ "斤"，《俄藏黑水城汉文非佛教文献整理与研究》录文未释读，现据图版补。
⑤ "斤"，《俄藏黑水城汉文非佛教文献整理与研究》录文未释读，现据图版补。

9. ☐贯捌伯文息钱①

10. ☐伯稠酒糟浆钱②

11. ☐贰拾文

12. ☐☐攞口食

（后缺）

背：

1. 　　　　司吏

2. ☐升头　　　　（签押）

（后缺）

二十二　第706页 ИНВ. No.1237A 号文书《西夏书启残卷（一）》

本件文书俄藏编号 ИНВ. No.1237A，收于《俄藏黑水城文献》第6册第291页。第6册《附录·叙录》原拟题为《书信》，并列出文书诸要素为：西夏写本，系西夏文刻本经折装《大般涅盘经》卷第二十八封套裱纸；未染麻纸；共四件残片，行楷，墨色偏淡。按，从图版来看，本件文书四件残片中，残片一与残片二可拼合，残片三与残片四可拼合。且残片三与残片四图版下方所列文书俄藏编号为 ИНВ. No.1237AV，误。又残片一第1行残存之"聑"字当为本书信撰拟者姓名的一部分。拙著中录文按照残片一与残片二、残片三与残片四拼合后之图版释录。但是残片一与残片二拼合错位1行，现改正如下：

（一）、（二）拼合：

（前缺）

---

① "息钱"，《俄藏黑水城汉文非佛教文献整理与研究》录文未释读，现据图版补。
② "钱"，《俄藏黑水城汉文非佛教文献整理与研究》录文未释读，现据图版补。

1. 聒因蒙

2. 贵书披议事绪，早□□①其 ☐ 送

3. 书已讫，稍得些小□□子细书 ☐ 在□

4. 充书上，候到之时，细详对札目捡取，可

5. 尽数过与裴三奇，不及②

6. 面会之中，

7. 倍加珍重。

8. 不宣。

9. 　　　　　再顿首拜之。

（后缺）

二十三　第 714 页 ИHB. No. 1381B 号文书
《西夏祝遇僧书启》

本件文书俄藏编号 ИHB. No. 1381B，收于《俄藏黑水城文献》第 6 册第 297 页。第 6 册《附录·叙录》原拟题为《书信》，并列出文书诸要素为：西夏写本，系西夏文刻本经折装《大般涅盘经》卷第二百三十二封套裱纸；未染麻纸；高 38.7，宽 39.7；多层纸黏迭；共 15 行，行 24 字；上略裁去；楷书，墨色淡。按，本件文书上部被裁掉，文末署名 "末吏部祝遇僧"，当为本件撰拟者。元卿为其女夫即其婿。拙著中错录之处有二，分别为第 6 行末一字，第 9 行 "其未回还" 之 "未" 字，现改正如下：

1. 遇僧拜启：奉别

2. □换，岁幸倾仰，殊涕洒，惟

---

① "早□□"，《俄藏黑水城汉文非佛教文献整理与研究》录文原作 "二"，现据图版改。

② 《俄藏黑水城汉文非佛教文献整理与研究》中将第 2～5 行 "其 ☐ 送" "子细书 ☐ 在□" "详对札目取，可" "不及" 等残片二内容接于第 1～4 行之后，现据文书内容改正。

3. 前岁集

4. □之重，愚恳冒渎。

5. □□有遇僧女并夫元卿二人往甘地前去，要钱使用，故于向西买

6. _____ 八百五十文，计二十八贯①。

7. □有好处，便令□_____②

8. 西凉府交遇，将元卿本国织青丝绫一匹，银钗子一只，屈贱在

9. 彼府八日， 日还钱回物。其钱③回还未起间，恐彼人下状要其

10. □，或依限还了钱，详其屈贱言行奸巧，非是正直之人，又恐欺

11. 元卿。幸希

12. 慈顾昔故乡末吏之情，稍与元卿　　为主。万幸万感。节届孟

13. □日，　参觐以□

14. 使。至祝不宣。

15.　　　　　　　　　末吏部祝遇僧再拜。

二十四　第715页 иHB. No. 1381C 号文书《西夏马家奴文书》

本件文书俄藏编号 ИHB. No. 1381C，收于《俄藏黑水城文献》第6册第297页。第6册《附录·叙录》原拟题为《马家奴文书》，并列出文书诸要素为：西夏写本，系西夏文刻本经折装《大般涅盘经》卷第二百三十二封套裱纸；未染麻纸；高26.8，宽8；共3行，行12字；行楷，墨色偏淡。拙著中第2行、第4行释录有误，现改正如下：

（前缺）④

---

① "贯"，《俄藏黑水城汉文非佛教文献整理与研究》录文原作"口"，现据图版改。
② 第6行上部及第7行下部被纸裱压。
③ "钱"，《俄藏黑水城汉文非佛教文献整理与研究》录文原作"未"，现据图版改。
④ 《附录·叙录》称文书存3行，但从图版来看，第2行与第3行并未在一行上，且最末一行残字迹《附录·叙录》未计入，所以应为5行。

1. 马家奴
2. 今奉取①□
3. 　　　右奉责状者，元马家□□□□□□
4. 　　　□②元系□□□军子遂□□□□
5. 　　　□□□□□□□□□□

（后缺）

二十五　第 716 页 ИНВ. No. 1867 号文书
《西夏天庆年间杨推官文书残卷》

本件文书俄藏编号 ИНВ. No. 1867，收于《俄藏黑水城文献》第 6 册第 298 页。第 6 册《附录·叙录》原拟题为《天庆年间杨推官文书》，并列出文书诸要素为：西夏写本，系西夏文刻本经折装《大般若波罗蜜多经》卷第二百一十七封套裱纸；未染麻纸；高 12.2，宽 31.4；多层纸黏迭，下部裁去；共 7 行，行 5 字；行书，墨色偏淡。拙著中关于本件文书第 4、6 行释录有误，现改正如下：

（前缺）

1. 　　右□□□□□□③
2. 　　天庆□□□□
3. **杨推官**□□□□
4. 　　十二月初八④□

---

① "取"，《俄藏黑水城汉文非佛教文献整理与研究》录文原作"状"，现据图版改。
② 此字《俄藏黑水城汉文非佛教文献整理与研究》录文原作"奴"，但据图版不似，现存疑。
③ 文书中第 1 行"右□"两字，墨色较淡，《附录·叙录》中未加注意，故曰存 7 行，实际存 8 行。
④ "初八"，《俄藏黑水城汉文非佛教文献整理与研究》录文未释读，现据图版补。

5.　　　　其□□□□
6.　　　　领钱人①□□□□
7.　　　　太上 历 □
8.　　　　天庆□□□□

（后缺）

二十六　第717页 ИНВ. No.2150号文书《西夏天庆元年（1194）三司设立法度等事文书》

本件文书俄藏编号 ИНВ. No.2150，收于《俄藏黑水城文献》第6册第299页，共二件残片，残片一《附录·叙录》原拟题为《三司设立法度文书》；残片二《附录·叙录》原拟题为《违越恒制文书》，并列出文书诸要素为：西夏写本，系西夏文刻本经折装《大般若波罗蜜多经》卷第一百零九封套裱纸；未染麻纸；楷书，墨色偏淡；二件残片文字不能衔接，残片一高7.5，宽31.3；共16行，行10字；下部裁去；残片二高5，宽31.3；共12行，行6字；上下被裁去。按，本件文书二件残片笔迹相同，字体相同，行距相近，且都有"都案案头""案头"等语，因此推断实为一件文书。拙著中释读有误之处为残片一第4、9行，残片二第7、9行，现修正如下：

（一）

1.　 得 司设立法度
2.　一限天庆元年正月内，承□□□□□
3.　　圣旨，三司系管收□□□□
4.　　使所 差 ②□应入权□□□□
5.　　结 绝然 系□□□□□

---

① "领钱人"，《俄藏黑水城汉文非佛教文献整理与研究》录文原作"欠钱"，现据图版改。
② "差"，《俄藏黑水城汉文非佛教文献整理与研究》录文未释读，现据图版补。

6. 　　显迹。又案分司属繁☐
7. 　　阙乏。今中书副提点☐☐
8. 　　历及拊擗差都案☐
9. 　☐之事检会，自六部①☐
10. 呈准
11. 御札子
12. 　　圣旨为见三司法☐
13. 　　汉都案案头司☐
14. 　☐将旧在官吏☐
15. 　　八人虽添，八人见甚☐
16. 　　应在司属等驾☐

（后缺）

（二）

（前缺）

1. ☐　违越恒制☐
2. ☐　书密院案头
3. ☐　补陞则赶
4. ☐　☐求觅从☐
5. ☐　☐处当
6. ☐　☐☐聊取☐
7. ☐　☐行遣②因尔☐
8. ☐　循而道皆☐

---

① "六部"，《俄藏黑水城汉文非佛教文献整理与研究》录文原作"文告"，现据图版改。
② "遣"，《俄藏黑水城汉文非佛教文献整理与研究》录文未释读，现据图版补。

9. ☐业①今后中书☐
10. ☐都案案头时☐
11. ☐司选☐都案☐
12. ☐则

（后缺）

二十七　第 720 页 ИНВ. No. 2208 号文书《西夏乾祐十四年（1183）安排官付三司芭里你令布札为春善文契事》

本件文书俄藏编号 ИНВ. No. 2208，收于《俄藏黑水城文献》第 6 册第 300 页。第 6 册《附录·叙录》原拟题为《乾祐十四年安推官文书》，并列出文书诸要素为：西夏写本，系西夏文刻本经折装《大般若波罗蜜多经》卷第一封套裱纸；未染麻纸；高 24，宽 29.3；多层纸黏迭；共 6 行；行楷，墨色浓匀；前 3 行小字，第 1 行被裁去一半。另，《附录·叙录》指出本件文书天头处黏纸：高 20，宽 5.3；共 3 行，行 15 字；行楷，墨色浓匀；字迹同前。按，《俄藏黑水城文献》所释录"安推官"有误，应为"安排官"，且天头处黏纸文书与安排官文书笔迹一致，应同属一件，可以恢复拼接。拙著中关于本件文书释读错误之处主要是天头处黏帖文书，现改正如下：

（前缺）

1. 　　　拾天内交还钱 肆拾捌贯捌伯文
2. 　　　外，欠钱叁拾叁贯柒伯文②，收索不与，乞
3. 　　　索打算。③

---

① "业"，《俄藏黑水城汉文非佛教文献整理与研究》录文原作"某"，现据图版改。
② "肆拾捌贯捌伯文 外，欠钱叁拾叁贯柒伯文"，《俄藏黑水城汉文非佛教文献整理与研究》录文原作"陆千捌☐捌佰　外欠钱叁千叁☐柒佰文"现据图版改。
③ 此三行文字为天头处裱纸。

（中缺）

4. 　　一　限张①春善乾祐十一年 典到 ▢

5. 　　　　 五 ②文，其钱见有文契，知见人没 尝 ③

6. 　　　　未，收索不与。

7. 　　　右札付三司芭里你令布 ▢

8. 　　准此。乾祐十四年十一月初　日

9. 　安　排　官　　（签押）

二十八　第 723 页 ИНВ. No. 3775 号文书
《西夏光定七年（1217）祭文》

本件文书俄藏编号 ИНВ. No. 3775，收于《俄藏黑水城文献》第 6 册第 302 页。第 6 册《附录·叙录》原拟题为《光定七年祭文》，并列出文书诸要素为：西夏写本；未染麻纸；楷书，墨色淡；已裱，并以双层玻璃护夹；背为女真文；共二件残片，其中残片一高 16.3，宽 14.7，共 9 行；残片二高 16.1，宽 13.1，共 6 行。拙著中释录错误主要有残片一第 1、2、5、6、8、9 行，残片二第 1 行，现改正如下：

（一）（前缺）

1. 更是黑流同由④，内外隔截， 到 ⑤

2. 底 ⑥据▢也。是好▢之旅，祸同贰

3. 紸，诸兽 落还 ，登▢六鹅，▢▢

4. 上▢。且只接对外，兼有所象，他

---

① "张"，《俄藏黑水城汉文非佛教文献整理与研究》录文原作 "公"，现据图版改。
② "五"，《俄藏黑水城汉文非佛教文献整理与研究》录文原作 "为"，现据图版改。
③ "尝"，《俄藏黑水城汉文非佛教文献整理与研究》录文原作 "当"，现据图版改。
④ "由"，《附录·叙录》作 "日"，现据图版改。
⑤ "到"，《俄藏黑水城汉文非佛教文献整理与研究》录文原作 "引"，现据图版改。
⑥ "底"，《俄藏黑水城汉文非佛教文献整理与研究》录文原作 "存"，现据图版改。

5. 处初者，尽□诸分。□□□乃，□□花①□，

6. 哭之晓哥，又□②前哥引。铙钹

7. 引路，催□孝子后随，儿□泪，

8. 六亲儿女痛哀哉。至卜其儿③宅吉

9. 位，哭不哀礼，无容哀④，闻乐不

（后缺）

（二）

（前缺）

1. 六亲⑤偈力于家者，□

2. 灵前中祭畔亡魂，礼酒浇

3. 茶都不闻。头边献下百味

4. 饭，不见亡⑥灵近□食。痛哉！

5. ☐

6. 光定七年七月十六日记

二十九　第748页 ИНВ. No. 7779A 号文书《西夏天盛十五年（1163）王受贷钱契等稿》

本件文书俄藏编号 ИНВ. No. 7779A，收于《俄藏黑水城文献》第 6 册第 321 页。第 6 册《附录·叙录》原拟题为《天盛十五年王受贷钱契等》，并列

---

① "花"，《俄藏黑水城汉文非佛教文献整理与研究》录文原作 "施"，现据图版改。
② "哭之晓哥，又□"，《俄藏黑水城汉文非佛教文献整理与研究》录文原作 "哭之，人口"，现据图版改。
③ "儿"，《俄藏黑水城汉文非佛教文献整理与研究》录文原作 "口"，现据图版改。
④ "无容哀"，《俄藏黑水城汉文非佛教文献整理与研究》录文原作 "化六□□□"，现据图版改。
⑤ "六亲"，《俄藏黑水城汉文非佛教文献整理与研究》录文原作 "只愿"，现据图版改。
⑥ "亡"，《附录·叙录》作 "已"，现据图版改。

出文书诸要素为：西夏写本，系西夏文刻本经折装《种咒孔雀明王经》封套裱纸；共二件残片，各高 9.6，宽 29.7，中约缺半个字；共 12 行；楷书，墨色偏淡。从文书内容来看，此件是内容不同的两件文书合抄件，但两件文书笔迹相同，应为同一人所写，且契尾部分都不完整，因此本件文书不是正式契约的原件，而是草稿或抄本。拙著中第 6 行"交"字释读有误，现改正如下：

（前缺）

1. ☐☐☐将本利钱不见交还之时，一面同☐ ☐☐
2. ☐☐☐物色一任称折，不思出卖前去。
3. ☐☐☐盛癸未十五年正月十六日，立文字人☐☐
4. ☐☐☐今于古齐赵国☐处，取到课钱壹☐☐
5. ☐☐☐贯文，每贯日生利☐，每夜送壹贯☐☐
6. ☐☐☐壹佰叁拾夜满。如差少欠，走①在☐☐
7. ☐☐☐待交还之时，将同取并正契、家资☐☐
8. ☐☐☐一②任充值还数足，不词，恐人☐☐
9. ☐☐☐只此文契为凭。
10. 　　立文字人：王受
11. 　　同立文字人：小受
12. 　　同立文字人：周遇僧

（后缺）

三十　第 749 页 ИНВ. No. 7779A 号
文书《西夏收支钱帐》

本件为俄藏编号 ИНВ. No. 7779A 号文书背面所书，俄藏编号 ИНВ.

---

① "走"，《俄藏黑水城汉文非佛教文献整理与研究》录文原作"交"，现据图版改。
② "一"字前原衍一字，后涂抹，现径改。

No.7779AV，收于《俄藏黑水城文献》第6册第322页。第6册《附录·叙录》原拟题为《收支钱账》，并指出本件文书共6行，楷书，墨色浓。按，本件文书另一面即《西夏天盛十五年（1163）王受贷钱契等稿》，则本件应属西夏时期。拙著中关于本件文书释录错误之处主要是第5、6行有脱文，现改正如下：

（前缺）

1. ☐月十二日收钱贰贯柒伯伍拾文。

2. ☐三日收钱壹贯文。

3. ☐二日支使钱下项：当日捌拾文，同利；

4. 　　贰贯叁伯捌拾文还绢①钱，使☐

5. 　　柒伯伍拾文粮大②麦五斗，添钱肆拾☐

6. 　　肆伯文借过，□③打酒使用。

（后缺）

三十一　第750页 ИHB. No.7779B 号文书《西夏天盛十五年（1163）令胡阿典借钱帐》

本件文书俄藏编号 ИHB. No.7779B，收于《俄藏黑水城文献》第6册第322页。第6册《附录·叙录》原拟题为《天盛十五年令胡阿典借钱账》，并列出文书诸要素为：西夏写本；未染麻纸；共三件残片；楷书，墨色浓。拙著关于本件文书原定名为《西夏天盛十五年（1163）令胡阿典借钱帐》，现在看来应定为《西夏天盛十五年（1163）令胡阿典借钱契残片》更为合适，且其中残片三拙著释录有误，现改正如下：

---

① "绢"字前原衍一字，后涂抹，现径改。
② "大"，《俄藏黑水城汉文非佛教文献整理与研究》录文脱，现据图版补。
③ 此字残，《俄藏黑水城汉文非佛教文献整理与研究》录文脱，现据图版补。

（一）

（前缺）

1. 天盛癸未十五年☐

2. 令胡阿典借☐

3. 天盛癸未十五年十☐

（后缺）

（二）

（前缺）

1. ☐八日收现有钱伍贯文，

2. ☐续经叁贯文，一限收钱肆伯肆拾文。

（后缺）

（三）

（前缺）

1. ☐月十日立文字人①☐（签押）

（后缺）

三十二　第 752 页 ИНВ. No. 7779C 号文书《西夏典地契》

本件文书俄藏编号 ИНВ. No. 7779C，收于《俄藏黑水城文献》第 6 册第 323 页。第 6 册《附录·叙录》原拟题为《典田地文书》，并列出文书诸要素为：西夏写本；未染麻纸；被切割成大小略同的二件残片，各高 9.7，宽 29.8；共 13 行；行书，墨色中。本件文书拙著中第 7、8、9 行释录有误，现改正如下：

---

① "文字人"，《附录·叙录》及《俄藏黑水城汉文非佛教文献整理与研究》录文原作"了"，现据图版改。

《俄藏黑水城汉文非佛教文献整理与研究》所收西夏文献补释

（前缺）

1. 南至□□□□地为界；

2. 西至道□地为界；

3. 北至道罗门地为界。

4. 右前项田地，四至□地，一并□□□□

5. □□。若典已后，或有

6. □下中，系亲□府，仍道诸王□□□

7. 房①亲父伯兄弟，先未已经②□□

8. 未房③分及先□□每书系□□□□

9. 典卖□乱，有□占耽误④来□□

10. 并不干钱主之事，一面典人□□

11. 同典人等代尝所有典田地□□□

12. □钱依数还□与钱主，不词。□□□

13. □承受罪恐人□，恐人无信□□□

（后缺）

综合来看，拙著中所出现的上述错误，大多是因文书图版不清，或是对草书释读有误，而文书定名及性质判定的错误，则主要是因原来对文书内容理解有误，这也反映了笔者研究的心路历程。此次补释，笔者不敢保证所有录文百分之百准确，只能说尽量做到准确，其中如有不妥之处，还请方家批评指正。

（本文为首次刊发）

---

① "房"，《俄藏黑水城汉文非佛教文献整理与研究》录文原作"房"，现据图版改。
② "经"，《俄藏黑水城汉文非佛教文献整理与研究》录文未释读，现据图版补。
③ "房"，《俄藏黑水城汉文非佛教文献整理与研究》录文原作"秀"，现据图版改。
④ "耽误"，《俄藏黑水城汉文非佛教文献整理与研究》录文原作"税粮"，现据图版改。

黑水城文献与中国古代史研究

孙继民

本文的题目黑水城文献与中国古代史研究，实际上要谈论的是黑水城文献的地位与价值问题。关于黑水城文献的地位问题，笔者曾撰有《黑水城文献发现的始年及在近代新材料发现史上的地位》一文①，就黑水城文献在中国近代新材料发现史上的地位发表意见，认为中国近代有五大新发现材料（不包括民间散存的各类契约、谱牒等实用文献，如徽州文书、清水江文书等），即殷墟甲骨文、汉晋简牍、敦煌文书、黑水城文献和内阁大库档案，其中的殷墟甲骨文、汉晋简牍、敦煌文书和内阁大库档案（包括后来陆续出土的扩展文献）四大新发现材料中，甲骨文所对应的朝代主要是殷周时期特别是殷商，简牍文献所对应的朝代主要是战国秦汉三国西晋时期，敦煌文书所对应的朝代是十六国南北朝隋唐五代北宋初期，内阁大库档案所对应的朝代是明清时期；在中国古代传统的王朝体系（即夏商周春秋战国秦汉魏晋南北朝隋唐五代宋辽金元明清）中，以上四大新发现材料所对应的王朝只缺夏代和宋辽金元两大时期，而夏代是否产生文字迄今无法得到考古证实，所以在殷商至明清的王朝体系中缺乏对应新材料的时期实际上只有宋辽金元一段，四大新发现材料所对应的历史时期只在宋辽金元这一段存在缺口；黑水城文献的主体部分是西夏文文献，西夏文之外的汉文部分除了人们

---

① 《中国史研究》2008 年第 4 期。

所熟知的大量西夏、宋、元（包括北元）文献之外，还有数量不等的唐代、辽代、金代、伪齐和清代文书，这些西夏文和汉文文献主体部分所对应的历史时期恰好是宋辽夏金元时期，黑水城文献恰好可以填补近代以来新材料体系中敦煌遗书与内阁大库档案之间的时代空白，从而使近代发现的五大新材料形成上下贯通、时代衔接、与整个中国历史演进脉络相对应的完整的新材料链条，黑水城文献是近代新发现材料链条中不可或缺的环节。笔者因此特别强调，黑水城文献的发现不仅成为近代中国古文献新发现的重要构成，而且填补了敦煌遗书与内阁大库档案之间的时代空白，由此形成了从殷墟甲骨到汉晋木简，再到敦煌遗书，再到黑水城文献直至内阁大库档案，最终使近代发现的五大新材料形成了与整个中国历史演进脉络相对应的近代中国新发现材料的完整系列。

以上笔者说的是黑水城文献在中国近代新材料发现史上的地位，实际上也是在谈黑水城文献对研究中国古代史的资料价值问题。当然，这主要是就黑水城文献与殷墟甲骨文、汉晋简牍、敦煌文书和内阁大库档案等四大新材料相比较，就黑水城文献对整个中国古代史研究的总体价值而言，下面则就黑水城文献对研究宋辽夏金元各朝史的具体价值与文献意义再谈一些自己的认识。

笔者以为，衡量、判定黑水城文献对研究宋辽夏金元时期各个王朝所具有的资料价值和文献意义，应主要把握三个基本要素：一是数量关系要素，二是结构关系要素，三是供求关系要素。所谓数量关系实质就是某类文献的总量，所谓结构关系是某类文献与其他类文献相比较而占总量的比例，所谓供求关系是某类文献相对具体王朝传世文献的稀缺程度以及研究主体对该类文献的需求程度。数量关系体现的是文献的绝对供应量，结构关系体现的是文献的相对供应量，供求关系体现的是文献的有效供应量，这三个量分别代表了文献的绝对值、文献的相对值和文献的有效值。

依据以上三个标准，我们可以就黑水城文献对研究宋辽夏金元各朝史的具体价值与文献意义做如下概括：

第一，西夏文献绝对值最多，相对值最高，有效值最大，在黑水城各个朝代文献中史料价值和文献意义最大。我们知道，黑水城文献号称三大藏地，俄藏、英藏和中藏。俄藏为黑水城文献的最大宗，1963 年戈尔芭切娃和克恰诺夫编《苏联科学院民族研究所藏西夏文写本和刊本考定书目》收录的文献编号是 8090 号，其中西夏文文献占 90%。这 90% 无疑都是西夏文献。除此之外，汉文文献中也有一部分西夏文献。汉文文献的数量，1984 年孟列夫编《黑城出土汉文遗书叙录》收录的是 488 件，中国社会科学院民族研究所、上海古籍出版社、俄罗斯圣彼得堡东方学研究所合作整理的《俄藏黑水城文献》汉文部分共六册收录的文献有 636 个编号。据笔者粗略统计，636 个编号文献中非佛教汉文文献共计 189 件，其中可以断定年代的文献 182 件，其朝代构成为：唐代 1 件、宋代 14 件、西夏 74 件、伪齐 2 件、金代 10 件、元代 80 件、清代 1 件（另有书写刊刻年代存疑文献 7 件，其中宋或夏 2 件、宋或金 1 件、夏或元 4 件），可见元代 80 件最多，西夏 74 件仅次元代。在佛教文献中，西夏最多，达 249 件，是各朝文献中最多的。两者相加，西夏汉文文献共 323 件，超过 636 个总编号的一半，由此可见，俄藏黑水城文献中西夏汉文文献也是最多。总之，在俄藏黑水城文献中，西夏文文献占全部文献的 90%，西夏汉文文献占全部汉文文献超 50%。英藏西夏文献，据谢玉杰《英藏黑水城文献·序言》称：虽然斯坦因在其考古报告中说只有"西夏文写本 1100 件，西夏文印本 300 件"，但"实际上现有英国国家图书馆西夏文献的编号 4000 号以上"。其中的汉文文献《英藏黑水城文献》全 5 册收录 87 件，沙知、吴芳思《斯坦因第三次中亚考古所获汉文文献（非佛经部分）》一书收录黑水城汉文文献 298 件，马斯伯乐《斯坦因在中亚细亚第三次探险的中国古文书考释》收录的 34 件汉文文献沙知书中未收录，郭锋《斯坦因第三次中亚探险所获甘肃新疆出土汉文文书——未经马斯伯乐刊布的部分》一书中所收 6 件文献沙知书中也未收录，如此则英藏黑水城汉文文献共计 425 件。由此看来 4000 多号的英藏黑水城文献，西夏文文献至少应在 3500 号以上，《英藏黑水城文献》也是以西夏文文献为主体。中藏黑水城文献，主体是汉文文献，已经全部刊布于《中国藏黑水城出土汉文文献》，虽然该书《凡例》说文献收录范围包括"宋、辽、夏、金、元时期的纸质汉文文献4213件"，但实际上都属于元代文献。中藏的黑水城西夏文文献数量很少，收录于《中国藏西夏文献》第17卷的内蒙古编，总共60种，其中内蒙古自治区博物馆藏18种，内蒙古自治区文物考古研究所藏38种（一种为汉文刻本），额济纳旗文化馆藏4种。另外陈炳应《黑城新出土的一批元代文书》[①] 一文公布了出土于黑水城的24件文书，并指出甘肃博物馆也收藏有几片西夏文文献残片，但该文只有一件西夏文文献的编号，是则中国藏黑水城西夏文文献编号目前只有61个。以上黑水城文献三大藏地，俄藏西夏文献总数约在7500个编号，英藏西夏文献总数应在3500个编号以上，中藏西夏文献总数约在60个编号，则西夏文献总数近11100个编号，占三大藏地黑水城文献总数16387号（8090＋4000＋4213＋60＋24）的67.7%。至于西夏文献的有效值，在黑水城诸朝文献中也最大，因为西夏文是死文字，西夏传世文献极少，所以西夏汉文文献总数虽不过几百件，但对研究西夏历史极其珍贵。可以这样说，包括西夏文和汉文在内的整个西夏文献都很珍贵，都属于有效值极高的文献。这就是我们称西夏文献在黑水城文献中史料价值最大的原因所在，也是黑水城文献学长期以来被称为西夏学的原因所在。

第二，元代文献绝对值和相对值仅次于西夏文献，有效值既低于西夏文献也略低于金代文献，在黑水城各个朝代文献中史料价值和文献意义总体上居第二位。元代文献的大体分布为：《俄藏黑水城文献》中汉文文献共636个编号，其中元代文献106件；混入《俄藏敦煌文献》中未被《俄藏黑水城文献》收录的黑水城汉文文献共162件，其中可确定为元代的共29件；《英藏黑水城文献》中汉文文献共87件，可以确定为元代文献的计4件；沙知、吴芳思《斯坦因第三次中亚考古所获汉文文献（非佛经部分）》一书中黑水城汉文文献共298件，可以确定为元代文献的计176件；马斯伯乐《斯坦因在中亚细亚第三次探险的中国古文书考释》当中有未被沙知一书收录的黑水城文献共34件，可确定为元代文献的计18件；郭锋《斯坦因第三

---

① 《考古与文物》1983年第1期。

次中亚探险所获甘肃新疆出土汉文文书——未经马斯伯乐刊布的部分》一书有6件文献未被沙知一书收录，但均年代不详；《中国藏黑水城汉文文献》所收录4213件文书均为元代文献；《黑城出土文书（汉文文书卷）》中共有19件文书未见于《中国藏黑水城汉文文献》，均为元代文献；陈炳应《黑城新出土的一批元代文书》一文有5件元代文书未被《中国藏黑水城汉文文献》收录。综上，黑水城出土汉文文献共计5387件，其中元代文献计4570件，占全部汉文文献的85%强。元代文献的有效值不及西夏文献，因为元代传世资料远多于西夏的传世资料；但元代文献的有效值超过宋代文献，因为元代传世资料远不及宋代的传世资料丰富。因此，根据元代文献的绝对值、相对值和有效值，可以得出其价值仅次于西夏和优于宋辽金诸朝的结论。

第三，金代文献绝对值和相对值既难望西夏和元代文献之项背，也不及宋代文献，但由于金代传世文献太少，因此其有效值高于宋代文献，金代文献在黑水城文献中总体上应居第三位。金代文献只存于俄藏黑水城文献而不见于英藏和中藏黑水城文献。《俄藏黑水城文献》第6册《附录·叙录》标注的金代文献共有18个编号，但其中若干编号已被证实不属于金代文献，而被认定为其他朝代的若干编号实际上是金代文献。根据目前笔者掌握的材料，俄藏黑水城文献中至少应有20个编号的金代文献，其中佛教文献有11个编号，非佛教的世俗文献有9个编号。金代文献在数量的绝对值和相对值上都不及宋代文献，但为什么笔者将其重要性列为第三呢？这主要是考虑其有效值远超过宋代文献。我们知道，在宋辽金三朝中，辽金二朝的传世资料与宋朝相比不可同日而语，辽金史的研究倍感资料稀缺，而且辽金二朝除了黑水城文献之外几乎没有新出的纸质文献。因此，黑水城所出的金代文献尽管只有20个编号，但其对金史研究新增资料的文献意义以及其中所反映金代猛安谋克制度、军事编制、文学艺术、宗教文化、社会生活等史料价值，都具有极高的有效值和一定程度适应研究需求的满足度，其对金史研究贡献的资料意义超过宋代文献对宋史研究贡献的资料意义，我们是在考虑了文献的绝对值、文献的相对值和文献的有效值三者综合因素后将其排在第三位的。

第四，宋代文献绝对值和相对值居黑水城文献第三位，但有效值低于金代文献，在黑水城文献中总体地位应居第四。俄藏黑水城宋代文献，非佛教文献共16个编号；佛教文献，共有19个编号，俄藏全部加起来共有35号。英藏黑水城文献中，郭锋判定的宋代文献只有一件，中国藏中无宋代文献，这样看来目前所知宋代文献全部加起来不过36号，占全部黑水城文献的比例只有0.2%。这个比例看起来很低，但实际上篇幅并不小，历史资料的价值也颇大。例如《宋西北边境军政文书》虽然只是一个编号，但该号有109页之多，是两宋之际陕西鄜延路地区（今陕北延安地区）军政活动的原始记录和公文档案，涉及两宋之际政治军事活动、陕西战场宋军的军事建置、陕西驻军司法活动、军人日常生活和管理及宋代文书制度等诸方面内容。笔者曾对这些文献进行研究，申请并获国家社科基金资助，撰著而成《俄藏黑水城所出〈宋西北边境军政文书〉整理与研究》一书，2009年由中华书局出版发行。但是，宋代文书的有效值不及金代文献，因为宋史的存世资料太丰富了，宋史研究对新出资料的渴求度远不及金史研究对新出文献的需求，难怪有些宋史学者断言"没有黑水城文献照样搞宋史"，这也是我们将黑水城宋代文献史料价值排于金代文献之后的原因所在。

第五，辽代、伪齐和唐代、清代文献绝对值和相对值极低，在黑水城文献中总体地位较之金、宋文献又等而次之。日本学者竺沙雅章《关于黑水城出土的辽代刊本》[①] 一文指出《俄藏黑水城文献》第6册第69页刊发的两件佛经刻本残叶是混入俄藏敦煌文献的黑水城文献，认为其是辽代刻本《契丹藏》的残片。金滢坤《〈俄藏敦煌文献〉中的黑城文书考证及相关问题的讨论》[②] 一文指出《俄藏敦煌文献》第17册第332页ДХ19067号文书是辽代文书，应为《辽圣宗统和二年（984）牒及判》。（谢玉杰《英藏黑水城文献·序言》称英藏黑水城文献当中有十多件辽代文献，但实际上为西

---

① 《汲古》第43号，2003。
② 《敦煌学》第24辑，2003。

夏文献，今不采谢说）。伪齐文书在黑水城文献中只有两件，分别收于《俄藏黑水城文献》第6册第286页和第301页。唐代文献两件，一件为英藏，一件为俄藏。清代文献一件，收录于《俄藏黑水城文献》第5册第14页。这几件各朝代零散文献的来源，学者多疑两件唐代文书为混入文献，一件清代文献则已有学者撰文指出为清末年时宪书残叶，也是混入文献。[1] 至于3件辽代文献和2件伪齐文献，属于黑水城的原出文献应没有问题。在黑水城文献中，除了西夏文献和元代文献可以称为大宗文献外，宋代文献和金代文献可以说稍具规模，而辽代、伪齐以及唐、清文献只能说算是零星文献。虽然这些零星文献本身都具有一定或较高的文献价值，也比较珍稀，然而毕竟数量太少，难成规模，所以我们考虑其整体地位应排在黑水城文献之末。

（本文原刊于《西夏研究》2013年第2期，在收入本书时有修改）

---

[1] 刘广瑞：《俄藏黑水城文献〈官员加级录〉年代再证》，《宋史研究论丛》第十辑，河北大学出版社，2009。

俄藏黑水城西夏汉文文献数量构成及经济类文献价值

孙继民

众所周知，俄藏黑水城文献以西夏文文献最多，占全部文献编号的90%以上。因此，西夏文文献受到重视并成为黑水城文献研究的主要领域，以至有时将整个黑水城文献研究概称为"西夏学"，实乃理所当然。现在，随着《俄藏黑水城文献》前6册汉文文献的出版以及相当数量研究论文的发表，人们也逐渐了解到俄藏黑水城文献中同样有相当数量且价值不菲的汉文文献，而且其中还有一部分属于西夏时期的文献。但是，西夏汉文文献数量究竟有多少，特别是其中的世俗文献数量、构成以及价值如何，这一点却不为人们所详。所以，弄清俄藏黑水城西夏汉文文献数量特别是其中的世俗文献数量、构成以及价值很有必要。

关于俄藏黑水城西夏汉文文献的数量及构成，笔者曾对《俄藏黑水城文献》第6册后附的《叙录》所认定的西夏文献做过粗略统计：《俄藏黑水城文献》第1册至第6册共认定西夏汉文文献312件，另有疑似西夏汉文文献15件（均为历书或是佛教文献，暂未确定年代，或是西夏文献，或是宋元文献）。但据学界已有研究结果统计，《俄藏黑水城文献》第1~6册共计收录西夏汉文文献323件，其中佛教文献249件，世俗文献74件。在佛教文献中，佛经类文献最多，共160件，涉及31种佛经（在31种佛经中，数量最多的是《金刚般若波罗蜜经》，共3种版本，47件；其次是《大方广佛华严经》，共6种版本，27件；再次是《妙法莲华经》，共18件）。除佛经之外，另有陀罗尼、心咒类文书12件；仪轨类文书37件；注、疏、论类文书32件；佛教版画6件；禅宗文献2件。

在世俗文献74件中，其类别构成大致是政务类5件，经济类34件，军事类1件，律刑类4件，书籍类5件，医药类2件，占卜类6件，书信类10件，祭文1件，历书类6件。就数量而言，最多的是经济类文书，共34件。这34件经济类文书的构成、编号、拟名如下：①

属于《天庆年间裴松寿处典糜麦契》的两件，其一是TK16V（孟黑录19，第一册335~336页），其二是TK49P（第二册37页）；属于《账目》之一的三件，其一是TK27P（孟黑录59，第二册17页），其二是TK39V(2)（孟黑录49，第二册26页），其三是TK295（孟黑录336，第四册383页）；属于《账目》之二的一件，即ИHB.No.951B（第六册287页）；属于《账目》之三的一件，即ИHB.No.1158A（第六册289页）；属于《油酒浆等账目》的一件，即ИHB.No.1158B（第六册289页）；属于《杂物帐》的一件，即TK299（孟黑录337，第四册387页）；属于《乾祐二年材植帐》的四件，其一是TK27P（孟黑录59，第二册第17页），其二是TK205（孟黑录361，第四册第210页），② 其三是B61（孟黑录335，第六册60页），其四是Дx2828（孟黑录333，第六册150~159页）；属于《胶泥土帐》的一件，即Дx10279（孟黑录334，第六册163页）；属于"榷场使文书"的十三件，其编号和原编者拟名分别是ИHB.No.307《呈状》、ИHB.No.308《收税文书》、ИHB.No.313《收姜椒绢等文书》、ИHB.No.315《文书》、ИHB.No.316《呈状》、ИHB.No.347《榷场使兼拘榷西凉府签判文书》、ИHB.No.348《天庆二年呈状》、ИHB.No.348V《呈状》、ИHB.No.351《文书》、ИHB.No.352A《呈状》、ИHB.No.352B《榷场使文书》、

---

① 本文主要依据《俄藏黑水城文献》第6册《附录·叙录》所载内容及学界已有研究成果统计。本文所说的件与《附录·叙录》中的编号并不完全相同，本文将同一编号下不同内容的文书归入了不同种类，因此，本文所说的件数要多于《附录·叙录》中的编号数。

② TK27P及TK205号文书《附录·叙录》原认定为元代文书，但据文书书写格式及内容分析，其中含有乾祐年间材植帐残片。

ИНВ. No. 353《呈状》、ИНВ. No. 354《南边榷场使呈状》等十三件（见第六册 279～286 页）；属于《某月初十日赵猪狗捍纱文书》一件，即 ИНВ. No. 7465V（第六册 321 页）；属于《天盛十五年王受贷钱契》的一件，即 ИНВ. No. 7779A（第六册 321 页）；属于《天盛十五年令胡阿典借钱帐》的一件，即 ИНВ. No. 7779B（第六册 322 页）；属于《典田地文书》的一件，即 ИНВ. No. 7779C（第六册 323 页）；属于《贷钱契》的一件，即 ИНВ. No. 7779E（第六册 325 页）；属于《裴没哩埋等物帐》的一件，即 ИНВ. No. 8026（第六册 325 页）；属于《乾祐十四年安排官文书》一件（安排官，原编者作"安推官"，误，今据文书图版改。），即 ИНВ. No. 2208（第六册 300 页）。

通过以上统计数字可见，在俄藏黑水城西夏汉文文献总数 323 件中，佛教文献 249 件，世俗文献 74 件，世俗文献占全部西夏汉文文献的 22.91%；在全部世俗文献 74 件中，经济类文献 34 件，政务类、军事类等非经济类文献 40 件，经济类文献占全部西夏汉文文献的比例是 10% 强，占全部世俗类文献比例是 46% 强。①

西夏汉文经济类文献具有很高的史料价值。我们知道，与浩如烟海的宋代史料相比，西夏的传世史料少之又少，不啻九牛一毛，可以称得上西夏历史的原始资料或曰成系列的直接资料只有《宋史·夏国传》。应该说晚清以来有关西夏文献的发现和整理，特别是黑水城文献的发现，极大地改变了西夏文献奇缺的局面，西夏文献由资料奇缺一举而变为史料繁富。但是，也应该看到，近代以来新发现的西夏文献虽然数量非常庞大，然而其中的文种结构、内容结构严重失衡。在文种结构上，西夏文文献远远超过汉文文献，以《俄藏黑水城文献》为例，上海古籍出版社计划出版 30 册，但汉文部分只有 6 册，其余全部是西夏文和其他文字，西夏文和其他文种文献占全部文献的比例是 80%。在内容结构上，佛教内容的文献占绝大多数，以俄藏黑水

---

① 本文原刊发之时，本书仍在整理过程之中，未详细对文书写刻年代进行详细分析甄别，在收入本书时，本文对相关资料进行了订正，故本文此处统计数据与原刊不同。

城文献的编号论,俄藏黑水城文献的全部编号是 8090 号,其中 90% 以上是西夏文,而据史金波先生统计,西夏文文献中约有 1500 件是社会文书,佛教内容无疑占绝对多数。又如上述,在俄藏黑水城西夏汉文文献总数 323 件中,佛教文献 249 件,世俗文献 74 件,佛教文献占全部西夏汉文文献的比例约为 77%,也是佛教内容占绝对多数。这种西夏文献文种结构、内容结构的偏重失衡,对于西夏文语言文字的研究和西夏佛教的宗教学研究而言当然是得天独厚,天赐良机,但是对于多数领域的学科和多数学者而言无形中形成了诸多障碍,不能不说有诸多限制。例如西夏文文献,对于多数学者无疑存在利用和阅读的天然障碍,诚如李伟国先生所说:"黑水城文献以西夏文为主,尽管经过几代学者的努力,西夏文这种本已消亡的历史文字已经被基本解读,但毕竟能熟练掌握西夏文的学者至今为止还是不多。"① 又如佛教文献,尽管对于气象万千的社会经济和历史文化也能给以部分地、侧面地、间接地反映一些,但毕竟无法满足基本的研究需要。所以说,黑水城文献的发现虽然改变了西夏文献奇缺的局面,但文种结构、内容结构的偏重失衡仍然是制约西夏文献满足西夏历史文化研究需要程度的瓶颈因素。

"物以稀为贵"。由于上述显而易见的原因,西夏汉文文献特别是其中的世俗文献,对于研究西夏历史文化和社会经济的作用和价值也就不言而喻了。史金波先生说过:"黑水城出土的社会文书,无论是汉文、还是西夏文文书,都具有重要学术价值。而汉文文书不需经过翻译便可使用,文字上少有障碍,因此学界使用面更宽,其价值的开发,效益的发挥有更广阔的空间。"② 因此任何一件汉文文献,即使是残篇断简也都具有重要价值(当然,这并不否定其价值也有高下优劣之分),都可以在一定程度上弥补现存西夏汉文史料的不足。

在西夏汉文世俗文献中,经济类文献的价值尤其突出,因此也格外受到专家们的重视,有些受到关注的文书甚至被有关专家反复研究。例如《天庆

---

① 李伟国:《俄藏黑水城文献·前言》,《俄藏黑水城文献》第 1 册,上海古籍出版社,1996,第 9 页。
② 史金波:《创建黑水城出土文献研究新的里程碑》,《河北学刊》2007 年第 4 期。

年间裴松寿处典糜麦契》，前后有多位专家撰写专文，陈国灿先生于《中国史研究》1980 年 1 期上发表了《西夏天庆间典当残契的复原》一文，早在 1980 年就将藏于英国、刊布于敦煌学资料中的西夏天庆间典当残契进行了复原，并考证研究了西夏黑水城地区的典当情况。以后，陈炳应先生的《西夏文物研究》①一书又在陈国灿先生的基础上，再一次整理文书录文，并从民族问题、经济问题、契约格式和时间三个方面对这些文书进行了研究。陈静则在《文物春秋》2008 年第 6 期发表了《黑水城所出〈天庆年间裴松寿处典麦契〉考释》一文。再如《西夏天盛十五年贷钱契》，史金波先生《西夏社会》一书曾对这件文书进行过研究②，杜建录先生《黑城出土的几件汉文西夏文书考释》③又对这件文书进行了研究，笔者也于《宋史研究论丛》第九辑（河北大学出版社 2008 年 11 月）发表过《〈西夏天盛十五年（1163）王受贷钱契等〉考释》一文。又如"南边榷场使"一组文书，史金波先生的研究论著就曾经涉及，日本学者佐藤贵保氏首先发表研究专文《ロシア蔵カラホト出土西夏文〈大方広仏華厳経〉経帙文書の研究——西夏榷場使関連漢文文書群を中心に》，杨富学、陈爱峰在《中国史研究》2009 年第 2 期发表了《黑水城出土夏金榷场贸易文书研究》一文，河北师范大学 2009 年研究生许会玲则专门以《黑水城所出 17 件西夏榷场文书考释》为题撰写了硕士学位论文。这说明，在黑水城文献研究领域，对西夏汉文经济类文献的关注度极高。

西夏汉文经济类文献的价值是多方面的，但笔者以为大略而言可归纳为以下三个主要方面：

第一，提供了许多研究西夏经济制度、经济活动方式、经济生活内容的直接材料。例如有关西夏"南边榷场使"的 17 件文书④就直接反映了西夏

---

① 宁夏人民出版社，1985。
② 史金波：《西夏社会》，上海人民出版社，2007，第 193 页。
③ 杜建录：《黑城出土的几件汉文西夏文书考释》，《中国史研究》2008 年第 4 期，第 116～121 页。
④ 《俄藏黑水城文献》中有 13 件直接属于"南边榷场使"文书，有两件与"南边榷场使"文书有关。另外，许会玲的硕士论文发现在《英藏黑水城文献》中有两个"南边榷场使"的残件。所以，与"南边榷场使"有关的文书共有 17 件。

边境贸易、进出口贸易制度、榷场使管理制度和文书制度等。对于"南边榷场使",史金波先生认为或许转运司的转运使是"榷场使"之西夏文称谓,南院转运司或为南边榷场使司。杨富学则认为"南边榷场使"应为卓啰转运司,应设于卓啰和南(今甘肃永登县南庄浪河南岸)一带,文书反映的是西夏与金朝的边境贸易以及金朝从事的南宋与西夏的中转贸易。由佐藤贵保首先复原,许会玲又加以补充的南边榷场使书式显示,南边榷场使兼拘榷西凉府签判,南边榷场使需要向(银牌)安排官进行请示汇报。这无异于揭示了西夏外贸制度的榷场设置、管理制度以及文书制度等重要内容。再如《天庆年间裴松寿处典糜麦契》《西夏天盛十五年贷钱契》等文书,反映了民间借贷的内容、方式、书式、种类、计息等内容,几种《账目》《油酒浆等账目》《杂物帐》《乾祐二年材植帐》《胶泥土帐》《裴没哩埋等物帐》等文书所反映的经济活动的记账和记录方式,都是反映西夏时期官方和民间经济活动方式、经济生活内容的重要材料,非常珍贵。

第二,提供了一部分研究政治、军事、文化、社会等非经济领域诸问题的旁证材料。西夏汉文经济类文献尽管是以经济等民生内容为主,但也自然而然地要涉及同时代相关的非经济等内容,这些内容对于研究相关的政治、军事、文化、社会等内容虽然不能起到直接材料的作用,但旁证的意义未可小觑。例如《西夏天盛十五年贷钱契》中有"立文字人"某某于"齐赵国□(王)处取到课钱壹"等内容,笔者曾对其中的"齐赵国□(王)"发生兴趣,经过研究之后认为这里的"齐赵国□(王)"与《俄藏黑水城文献》第3册所收TK124号《金刚般若波罗蜜经》末西夏天盛十九年施经发愿文尾题最后一句话"天盛十九年五月日太师、上公、总领军国重事、秦晋国王谨愿"中的"秦晋国王"类似,都属于双国爵封的封号,并由此推测:"在'多与宋同'的西夏官制结构中,也有一部分与宋不同的官制成分,这些与宋不同的官制成分就至少包括了封爵制度;西夏官制在主要摹仿宋制的同时也兼采部分辽、金特别是辽代制度。"在这里,《西夏天盛十五年贷钱契》中的"齐赵国□(王)"等语虽然不能作为研究西夏爵封制度的直接资料,但作为旁证却无可置疑。

第三，提出了一系列新的研究课题。这些课题至少包括两个方面：一是在已经进行过专门研究的文献中，仍然有一些领域、课题和问题有待于继续挖掘；二是未进行过专门研究或涉及过研究的文献更值得进行开掘。属于前者的情况可以南边榷场使文书为例，虽然有多位学者已经对南边榷场使文书进行过研究，但其中仍然有一些问题值得探讨。如南边榷场使文书书式显示，所有商户在进入榷场交易时，都要对"元带"物品进行"依法搜检"，以确定有无违禁品；各自所携带的商品出卖之后，"博买"到的"回货"，都要"依例扭算收（上）税历，会（为）印讫"。这里涉及了西夏外贸制度中的"元带"物品检查制度、进口货物的"扭算"制度、税收的登记制度等，这些问题就笔者管见所及，都属于没有深入研究的问题，这无疑值得继续挖掘。属于后者的情况可以"安排官文书"为例。"安排官文书"目前尚无专文研究，但"安排官"一名见于榷场文书，根据其涉及的内容以及"安排官文书"的内容，可以判断出安排官具有管理财计的职能，"安排官文书"应属于财计文书。因此，对这样的文书进行专门研究，必然会加深对西夏经济和社会的认识。这样的文献毫无疑问值得进行开掘。

总而言之，西夏汉文文献非常珍贵，是黑水城文献中比较便于解读和利用，且具有重要价值的史料，可以相信随着黑水城文献研究的深入，其价值必将被越来越多的学者所认识，得到学术界的关注和使用。

（本文原刊于《民族研究》2010 年第 3 期）

南边榷场使文书所见西夏出口商品边检制度试探

孙继民

《俄藏黑水城文献》第 6 册收录的 15 件西夏榷场使汉文文书，编号和编者原拟名分别是 ИНВ. No. 307《呈状》（2-1）、ИНВ. No. 307《呈状》（2-2）、ИНВ. No. 308《收税文书》、ИНВ. No. 313《收姜椒绢等文书》、ИНВ. No. 315《文书》（2-1）、ИНВ. No. 315《文书》（2-2）、ИНВ. No. 316《呈状》、ИНВ. No. 347《榷场使兼拘榷西凉府签判文书》、ИНВ. No. 348《天庆三年呈状》、ИНВ. No. 348V《呈状》、ИНВ. No. 351《文书》、ИНВ. No. 352A《呈状》、ИНВ. No. 352B《榷场使文书》、ИНВ. No. 353《呈状》、ИНВ. No. 354《南边榷场使呈状》。这 15 件文书分别拆自《大方广佛华严经》的 11 个经帙，由编者给以不同的定名，但均属同一佛经《大方广佛华严经》，其来源一致并具有相关性，属于同一组文书应无疑问。这组文书最先引起日本学者佐藤贵保先生的注意，他在 2006 年出版的《東トルキスタン出土"胡語文書"の綜合調査》一书发表了《ロシア藏カラホト出土西夏文〈大方広仏華厳経〉経帙文書の研究——西夏榷場使関連漢文文書群を中心に》一文[1]，对以上 15 件文书中的 12 件进行了释读、整理和研究。此后，史金波先生《西

---

[1] 参见佐藤贵保《ロシア藏カラホト出土西夏文〈大方廣佛華嚴經〉經帙文書の研究——西夏榷場使關連漢文文書群を中心に》，《東トルキスタン出土"胡語文書"の綜合調査》，2006，第 61~76 页。

南边榷场使文书所见西夏出口商品边检制度试探

夏社会》一书也对榷场使文书有所涉猎。① 2009 年，杨富学、陈爱峰先生又在佐藤氏论文和史氏所论的基础上，发表了《黑水城出土夏金榷场贸易文书研究》一文②，对上述 15 件文书进行了更深一步的探讨。之后，杜建录先生在《中国经济史研究》2010 年第 1 期也发表了《黑城出土西夏榷场文书考释》一文。最近，笔者在《历史研究》2011 年第 4 期发表了《西夏汉文"南边榷场使文书"再研究》一文，在以上几位先生研究的基础上，又对文书书式、性质、价值等问题进行了再研究。由于篇幅的限制，拙文有些问题无法展开，只好省略。现在，笔者拟对上文已经有所涉及但尚未展开的出口商品的边检问题进行一些论述，希望大家指正。

为了便于说明，我们现将上文补充复原的西夏南边榷场使文书书式迻录如下（该书式是在佐藤贵保先生复原的基础上补充而成，详见拙文）：

南边榷场使　　申
　　准　（银牌）安排官头子，所有｛地名｝住户｛人名｝（等部），（将到｛物品名｝or……）依法搜检，并无违禁。其（｛人名｝元带 or 上件）（物品名），尽（出）卖（了绝），替头博买到回货，依例扭算收（上）税历，会（为）印记，仍将（博买）回货，（开坐下项 or 下项开坐），（一就）发遣赴银牌安排官所前去。伏乞照会作何，须至申上者。

　　住户姓名：元带｛物品名｝｛数量｝，博买川绢价｛数量｝，
　　　　　　　收税川绢｛数量｝，准河北绢｛数量｝。
　　｛物品名｝｛数量｝计｛数量｝　　｛物品名｝｛数量｝计｛数量｝
　　｛物品名｝｛数量｝计｛数量｝　　｛物品名｝｛数量｝计｛数量｝
　　（以下类推）
　　住户姓名：元带｛物品名｝｛数量｝，博买川绢价｛数量｝，

---

① 史金波：《西夏社会》，上海人民出版社，2007，第 154 页。
② 《中国史研究》2009 年第 2 期。

收税川绢｛数量｝，准河北绢｛数量｝。

｛物品名｝｛数量｝计｛数量｝　　｛物品名｝｛数量｝计｛数量｝

｛物品名｝｛数量｝计｛数量｝　　｛物品名｝｛数量｝计｛数量｝

（以下类推）

右谨具申

银牌安排官所。谨状。

年号年月日榷场使兼拘榷西凉府签判（押字）｛人名｝

由文书可见，进入西夏南边榷场的所有"住户"亦即商户携带的出口物品需要"依法搜检"，如"无违禁"方许"出卖了绝"。笔者在《西夏汉文"南边榷场使文书"再研究》[①] 一文中曾经总结概括了西夏榷场贸易活动的管理方式，指出西夏榷场贸易至少应有住户资质申请制、货物无禁检验制、交易替头代理制和回货扭算报告制四项内容，并指出"货物无禁检验制"是指进入榷场出口商品都要进行是否违禁品的查验程序，必须保证榷场出口商品不存在违禁物品。西夏榷场的货物无禁检验制的内容应该包括禁止出口商品的范围、检验的方法和对违禁的惩罚。有关西夏禁止出口商品的范围，传世史籍未见详载，但黑水城出土的西夏文《天盛改旧新定律令》有所反映，

　　－诸人不允去敌界卖钱，及匠人铸钱，毁钱等。假各违律时，一百至三百钱徒三个月，五百钱以上至一缗徒六个月，二缗徒一年，三缗徒二年，四缗徒三年，五缗徒四年，六缗徒五年，七缗徒六年，八缗徒八年，九缗徒十年，十缗徒十二年，十缗以上一律绞杀，从犯依次当各减一等。

　　－诸人由水上运钱，到敌界买卖时，渡船主、掌检警口者等罪，按卖敕禁畜物状法判断以外，其余人知闻。受贿则与盗分他人物相同，未

---

① 《历史研究》2011 年第 4 期。

受贿当与不举告等各种罪状相同。①

"诸人不允去敌界卖钱,及匠人铸钱,毁钱等"、"诸人由水上运钱,到敌界买卖时,渡船主、掌检警口者等罪,按卖敕禁畜物状法判断以外,其余人知闻",说明西夏禁止钱币出境。因为钱币属于金属制品,因此估计一般金属制品都在禁止之列。这或许可以从同时期南宋有关禁止金属制品出境的禁令中得到间接证实。如《宋会要辑稿·刑法》二《禁金出关》载淳熙元年(1174)五月十五日"盱眙军守臣言:'铜钱、金银并军须违禁之物,不许透漏过界,法令甚严。本军系与泗州对境,逐时客旅过淮博易,射利之徒殊不知畏。且本军与泗州以淮河中流为界,渡船既已离岸,无由败获。今欲自客旅往渡口正路本军西门外立为禁约地分,遇有违犯之人,分别轻重断遣,庶几有所畏惮。今条画如后:-照应榷场逐时发客过淮博易,系经由本军西门出入,今欲每遇榷场发客,令搜检官先就西门搜检,如无藏带金银、铜钱并违禁之物,方得通放。若客人经由西门搜检之后,于西门外未至淮河渡口搜获藏带金银、铜钱者,欲将犯人比附越州城未过减一等断遣,仍将搜获到金银、铜钱、物货尽数充赏。-今欲于淮河渡口筑土墙、置门户以为禁约地分。如客旅或诸色人藏带金银、铜钱辄过所置墙门,虽未上船或已上船而未离岸,即与已过界事体无异,欲并依已出界法断罪,犯人应有钱物尽数给与搜获之人充赏。'从之"。② 宋朝禁止铜钱、金银并军需之物出境,其精神完全适用于先后与宋并峙的辽、金、元诸朝,当然也应适用于西夏。西夏禁止出境商品除了钱币之外也应有其他金属制品。

西夏对出境商品违禁的惩罚,《天盛改旧新定律令》也有所反映,除了上述引文之外,《敕禁门》还见到如下几条材料也有关:

> 向他国使人及商人等已出者出卖敕禁物时,其中属大食、西州国等

---

① 史金波、聂鸿音、白滨译注《天盛改旧新定律令》,法律出版社,2000,第287页。
② (清)徐松辑《宋会要辑稿·刑法》2之162~163,中华书局,1957,第6577页。

为使人、商人，已卖敕禁物，已过敌界，则按去敌界卖敕禁物法判断。已起行，他人捕举告者当减一等，未起行则当减二等，举告赏亦按已起行、未起行得举告赏法获得。大食、西州国等使人、商人，是客人给予罚罪，按不等已给价□当还给。此外其余国使人、商人来者，买物已转交，则与已过敌界同样判断。若按买卖法价格已言定，物现未转交者，当比未起行罪减一等。

大食、西州国等买卖者，骑驮载时死亡，及所卖物甚多，驮不足，说需守护用弓箭时，当告局分处，按前文所载法比较，当买多少，不归时此方所需粮食当允许卖，起行则所需粮食多少当取，不允超额运走。若违律无有谕文，随意买卖，超额运走时，按卖敕禁法判断。

卖敕禁物时，正副统军、总制、州府使副行将、刺史、监军、同判、习判、承旨、参谋、敕马、军察、州主、城守、通判、边检校、行监，其以下都案、案头、司吏大小管事人出卖敕禁物时，当比其余人罪加二等，亦可加至死刑。前述大小管事应降职以外，若有官大不应降职位，亦应获死罪及三种长期徒刑，则当将位依次降低一等。犯徒二年至徒六年一次罪者，不降职则不减位。犯二次罪时，徒一年以下者不需减位，徒一年以上则当减位。

到敌界去卖敕禁品时，任警口者知晓，贪赃而徇情，使去卖敕禁，放出时，使与有罪人相等。贪赃多，则与枉法贪赃罪比，按其重者判断。若已卖敕禁闻见、无有贪赃徇情，迟误不捕时，当比从犯减一等。若无贪赃徇情，全未闻见，为失误，监察已明时，应获死罪，军溜、检头监等一律徒六个月，检提点于敌界巡境等人徒三个月，检人十三杖。卖者应获三种长期徒刑，则于前述罪上减一等，应获短期徒刑者再减一等。

刺史、监军司局分大小、地方巡检等捕得已卖敕禁者而枉法释之，或问时转换其罪情，受贿徇情等，一律依第九卷上枉法加罪之罪状法判断。若受贿多则当计其枉法赃量，从重者判断。

他人知已卖敕禁而不捕告时，视其有无受贿徇情，依知盗有无受贿

第三卷上罪状判断。①

如果说《天盛改旧新定律令》对有关西夏禁止出口商品的范围和对出境商品违禁的惩罚还有所涉及的话，那么对西夏榷场的货物无禁检验制的核心内容检验方法则毫无记载，我们只能借助于宋朝方面的材料而对西夏的出口商品边检制度推测一二。《宋会要辑稿·职官》五一《国信使》记载有南宋时期出境人员接受搜检违禁物品的资料：

> （宁宗庆元元年［1195］）六月二十九日，臣僚言："铜钱透漏，法禁不行。今朝廷见议两淮铁钱，未有成说，虽铁钱不得过江而铜钱过淮常自若也。每岁使人出疆，一行随从颇众，谁不将带铜钱而往，不知几年于此矣。此而不禁，法令何繇可行！欲乞自今次遣使，重立罪赏，互相觉察，委自使、副纠举，不得容情隐庇。如有犯者，不问是何名色人，必行无赦。若所遣三节人从过界，并无铜钱与彼交易，亦使知本朝法制加严，不同曩日，诚立国之所先。乞赐处分。"诏令户、刑部检坐见行条法指挥，申严行下。今后使、副到盱眙军，临期责令排军，将三节官属、人从随行衣笼逐一搜检，有无将带铜钱，具申使、副。其排军衣笼却令都辖检察，如有违戾，依法施行。②

所谓"国信使"通常是指宋朝与辽、金、元等朝交聘活动中的出使大臣，有时也包括随行人员，上段引文中的国信使则指南宋宁宗时期出使金朝的大臣及其人员。引文中的盱眙军在今江苏盱眙，南宋绍兴十二年，"盱眙军置榷场官监，与北商博易，淮西、京西、陕西榷场亦如之"，"二十九年，存盱眙军榷场，余并罢"。③ 这里曾经长期是宋金商品贸易的交易场所和宋金两国交聘人员出入的重要边关。所谓"三节人从"应是指宋金交聘中的

---

① 《天盛改旧新定律令》，第284~286页。
② 《宋会要辑稿·职官》51之40~41，第3556页。
③ （元）脱脱：《宋史》卷186《食货志八》中华书局，1977，第4565页。

接伴使、馆伴使、送伴使、国信使及其随从。所谓"铜钱透漏"是指宋朝时期出现的宋钱币流出境外的现象。由此可见，上述引文说的是南宋为了避免铜钱外流金境而对出使金朝的交聘人员所携带货物进行检查，看国信使出境时随从人员是否夹带铜钱的情况。检查方法是出境人员至盱眙军后，随从人员要排列成队，亦即"排军"，将随从人员和"随行衣笼逐一搜检"，将是否携带铜钱报告给大使和副使。自检完毕，再由边检人员搜检一遍，亦即"都辖检察"。可见，这里的搜检包括自检和边检两个程序。这应是宋朝对出境人员及其随行物品进行搜检的通常方法，其精神也应适用于宋金榷场贸易中出口商品的验关和边检的场合。

《宋会要辑稿·职官》四四《市舶司》就记载有南宋时期负责对金交易榷场盱眙军榷场的搜检方法，称：

> （淳熙十五年［1188］）十一月二十二日，知盱眙军葛挟言："臣僚奏陈发客过淮关防更夜之弊，奉旨令葛挟日下措置闻奏。契勘本军与北界泗州对境，设置榷场，每遇客人上场通货，已自互相结甲，五人每一保，榷场书填甲帖，付保头收管。榷场又开到（应为'开列'）申数客人单名物货件段，牒付淮河渡，本渡凭公牒辨验甲帖真伪，同榷场主管官并本军所差官当面逐一点名，搜检随身并应干行货，若无夹带禁物，方得过淮。其渡口搜检官下合干人并渡载棹梢各与来往客人相熟，自是不容夹带外来奸细作过之人。本军前后措置关防非不严备，止缘冬间日暮向短，客人过淮不许经宿商议交易，彼此图利，难便圆就，是致迟延，有至夜晚日分。今措置令榷场每两日一次发运，每场不得过五百人。遇放客日，须管侵晨装发给由，淮河渡众官搜检通放，至日未没前向载尽数过淮。如有般未了物货，于次日装发。及再行传语泗州，已从本军措置。所有沟堑，才候来年春暖，即便开撩。"从之。①

---

① 《宋会要辑稿·职官》44之32～33，第3379～3380页。

这是宋孝宗时期知盱眙军葛掞向南宋朝廷报告在盱眙军榷场及其淮河渡渡口采取更严格边检措施的情况。从葛掞报告所述看："臣僚奏陈发客过淮关防更夜之弊，奉旨令葛掞日下措置闻奏"，说明朝廷大臣有人奏陈盱眙军榷场存在出境客商"过淮关防更夜之弊"，因此朝廷下达"旨令"要求葛掞提出应对措施，葛掞于是受命提出了"日下措置"的报告。从葛掞提出的报告看，当时盱眙军榷场的整个验关和边检程序分为两个环节，第一个环节是榷场内的申报，第二个环节是淮河渡渡口的边检。第一个环节榷场内申报，其程序有三：一是"每遇客人上场通货，已自互相结甲，五人每（疑'每'当为'为'）一保"，即从事交易的出境客商进入榷场后须五人为一保，并推出保头一人；二是"榷场书填甲帖，付保头收管"，即由榷场填写"甲帖"（应是类似报表的文书），交付"保头收管"。这里由榷场负责的"甲帖"应是在客商申报货物的基础上填写而成（下句"榷场又开列申数客人单名物货件段"一语可证），然后交付保头收执；三是"榷场又开列申数客人单名物货件段，牒付淮河渡"，即由榷场将开列客商申报姓名、货物数量等内容的文书牒付给边关"淮河渡"。第二个环节淮河渡渡口的边检，其要点有四：一是在渡口要"凭公牒辨验甲帖真伪"，即渡口所持榷场发来的"公牒"与客商所执的"甲帖"相一致方为有效；二是"同榷场主管官并本军所差官当面逐一点名"，即检查方由榷场主管官员与知盱眙所派遣的官员同时执行检验任务，与客商当面逐一点名查验；三是"搜检随身并应干行货"，即对客商的检查既要"搜检随身"，也要搜检"应干行货（出口商品）"，既搜身又查货；四是"若无夹带禁物，方得过淮"，确信没有携带违禁物品之后才放行乘船渡淮。由此可见，盱眙军榷场包括淮河渡渡口的边检有着一套严格的制度规定和运行程序。《宋会要辑稿补编·补遗·互市》记载有乾道元年（1165）七月三日淮南东路盱眙军榷场言："据客人薛太贩到沙鱼皮三百二十五个到场通货，虑是违禁之物，元降指挥不曾该载。缘可以推裹马鞍、装饰刀剑，系堪造军器之物，理宜禁止。"诏："今后客人贩沙鱼皮过界，依贩犬马皮等断罪，仍申明行下。"[①] 这

---

① （清）徐松辑《宋会要辑稿补编》，中华书局，1988，第662页。

可以作为盱眙军榷场执行边检验关职能并查出违禁物品的一个具体实例。当然，盱眙军淮河渡渡口的边检由榷场主管官员与盱眙军派遣的官员同时负责搜检，也许并不具有普遍性，① 但榷场边检有着一套严格的制度规定和运行程序则无疑问。

以上我们列举的宋代榷场的边检材料，也许并不能完全说明金代的情况，也不能完全说明西夏的情况，但西夏榷场边检的主要程序、形式和方法应该类似于宋朝，或者说宋朝的榷场边检制度的具体材料至少有助于我们对西夏榷场边检制度的思索与理解。

(本文原刊于《薪火相传——史金波先生70寿辰西夏学国际学术研讨会论文集》，中国社会科学出版社，2012。)

---

① 《宋会要辑稿·食货》38之44（第5488页）载：宋光宗绍熙五年（1194）四月十九日"户部言：'盱眙军申：淮河榷场发客，本军专一关防透漏之弊，已措置给牌分地分，不得互相逾越外，内主管官只合在大门下勾销搜检。缘当来依安丰军花靥镇例，今尚仍前逾越地分，即与今来约束事体不同。本部照得安丰军榷场系在管下，离军约三十里，止有巡检一员，别无官属，搜检之责，专在主管官。今来盱眙榷场系在城内，至渡口不及半里，搜检既有职官兵官、监渡使臣，互相关防，无不备也，则安丰军体例委难引用。'从之"。可证当时安丰军花靥镇的边检只由榷场的主管官一方负责，与盱眙军的榷场主管官与盱眙军派遣官两方负责截然不同。

从黑水城文献看西夏榷场管理体制

陈瑞青

黑水城文献中收录有西夏南边榷场使文书17件，其中俄藏15件①，英藏2件。西夏史料本就短缺，这17件南边榷场使文书是深入研究西夏榷场制度最直接、最原始的材料。自西夏榷场使文书公布之后，国内外学者对这批文献进行了深入解读，中国学者史金波、杨富学、杜建录、李华瑞、孙继民，日本学者佐藤贵保等都做过深入的研究。就目前已有的研究成果而言，孙继民先生的《西夏汉文"南边榷场使文书"再研究》（以下简称《再研究》）一文对西夏榷场管理制度涉及最多、研究最为深入，该文指出这批西夏榷场文书反映了西夏外贸统计制度和扭算制度、外贸管理体制和管理方式等。《再研究》一文根据文书和书式将西夏榷场管理制度概括为住户资质申请制、货物无禁检验制、交易替头代理制和回货扭算报告制四项内容。② 由于《再研究》一文是对西夏南边榷场使文书的综合性研究，对文书反映的榷场管理制度进行了提炼概括，除对上述四项制度中的"边检"制度进行过深入、细致的探讨外③，所涉及的其他三项西夏榷场管理制度，均未展开

---

① 在俄藏15件西夏榷场使文书中，确切涉及西夏南边榷场使的文书只有13件。ИНВ. No.348号文书为正、背双面书写，内容均为申三司状残尾，这两件文书与其他13件榷场使文书之关系尚待进一步考察。
② 孙继民、许会玲：《西夏汉文"南边榷场使文书"再研究》，《历史研究》2011年第4期。
③ 孙继民：《南边榷场使文书所见西夏出口商品边检制度试探》，《薪火相传——史金波先生70寿辰西夏学国际学术研讨会论文集》，中国社会科学出版社，2012，第71~78页。

论述,这为进一步开掘西夏榷场使文书留有空间。故笔者不揣浅陋,利用西夏榷场使文书,结合典籍材料试对西夏榷场的管理体制进行粗浅的研究,不当之处,敬请方家指正。

关于西夏榷场管理制度中的住户资质申请制,主要是指从事外贸的住户均需要从西夏有关管理部门申请获得从事外贸的资格。《再研究》一文认为商户从事外贸之前必须首先获得由银牌安排官颁发的"头子"。在南边榷场使文书中涉及"头子"的文书有多件,其中较为完整的是俄藏ИНВ. No. 354号文书,现将这件文书迻录如下:

（前缺）

1. 南边榷场使　　　申
2. 准　　安排官头子:所有
3. 段,依法搜检,并无违禁
4. 尽卖,替头博买到回货
5. 印讫,仍将所博买回货一就
6. 上司前去,伏乞照会作何,
7. 者:
8. 张师

（后缺）

关于"头子"的性质,《再研究》一文已经有详细的考察,在此不多赘述。应当指出的是,除"头子"外,西夏南边榷场使文书中还出现了另一种公文体裁——"凭由"。涉及"凭由"的文书是俄藏ИНВ. No. 316号文书,现将这件文书迻录如下:

（前缺）

1. □　　　　申
2. □所有本府住户席知
3. □彼出彼出,赍前去□
4. □□前来者,任准凭由□

5. ☐并无违禁,其智觉等☐

6. ☐到回货,依例扭算收税☐

7. ☐回货开坐下项,一就发☐

8. ☐乞照会作何,须至申☐

9. ☐柒①段,博买川绢价玖拾肆匹,收税☐

10. ☐贰拾伍赤陆寸,准河北绢壹匹壹拾肆☐

11. ☐姜叁伯柒拾斤,计柒拾肆匹☐

12. ☐壹拾贰斤,计肆匹☐

(后缺)

在这件文书中,榷场管理人员依据银牌安排官颁发给商户的"凭由"检验商户是否有在榷场进行贸易的资质和有无携带违禁货物。"凭由"作为公文名称,最早出现在唐代。唐穆宗时期颁布的《禁乘驿官格外征马诏》称:"如闻官驿递马,死损转多,欲令提举所由,悉又推注中使。邮驿称不见券,则随所索尽供。既无凭由,岂有定数,方将革弊,贵在息词。自今已后,中使乘递,如不见券,及券外索马,所由辄不得供。"② 这里的"凭由"显然是中使骑乘官驿递马的凭证。五代时期,凭由这种文书的使用范围逐渐扩大,据《旧五代史》称:"应有客户元佃系省庄田、桑土、舍宇,便赐逐户,充为永业,仍仰县司给予凭由。"③ 后周将租佃给客户的系省庄田、桑土、舍宇等作为永业,并由县司颁发"凭由"作为凭据,因此凭由在五代时期已经具有官方凭据的作用。与此同时,凭由还被用作僧人出家的凭证,"应合剃头受戒人等,逐处闻奏,候敕下委祠部给付凭由,方得剃头受戒"。④ 宋

---

① 孙继民等:《俄藏黑水城汉文非佛教文献整理与研究》一书(北京师范大学出版社,2012,第686页)将此字释录为"壹",现据图版改。
② 《全唐文》卷65《禁乘驿官格外征马诏》,中华书局,1982,第692页。
③ (宋)薛居正:《旧五代史》卷112《周书·太祖本纪三》,中华书局,1976,第1488页。
④ 《全唐文》卷125《毁私建寺院禁私度僧尼诏》,第1255页。

代"凭由"使用的范围更加广泛,北宋在内侍省置"合同凭由司",三司也设置了"凭由司"作为子司,"凡传宣取库物,令内臣自赍合同凭由送逐处已,乃缴奏下三司出破帖"。① 内臣只有持有合同凭由司出具的凭由,并得到三司审批后,方可于诸库支取钱物。不仅如此,"凭由"这种文书还普遍应用于州县的税收、和买、抽丁、任官等领域,如绍兴二十六(1156)闰十月十三日,两浙路转运副使李邦献言:"人户合纳夏税,乞令州县将人户名下正绢若干、和买若干出给凭由,散付人户收执,永远照应输纳。如人户物业有进退,合分明开具改给,不得暗有增敷。"② 宋代各种类型的"凭由",归纳起来主要用于财务与身份的证明。宋代在榷货务中也使用"凭由"这种公文,开宝三年(970)八月,宋廷诏建安军榷货务:"应博易自今客旅将到金、银、钱、物等折博茶货及诸般物色,并止于扬州纳下,给付客旅博买色件数目凭由,令就建安军请领,令监榷务、职方郎中边珝赴扬州,与本州岛同共于城内起置榷货务。其同监、殿直郑光表即止在建安军监当管勾务货兼权知军务事,每有客旅折博,据数仰边珝出给凭由,给付客旅将赴建安军请领。仍仰郑光表见本务公凭验认色数,便仰逐旋支给,不得邀难停滞商旅。"③ 宋代的榷货务隶属于左藏库,"掌折博斛斗、金帛之属"④。尽管榷货务和榷场在职能上有着明显的区别,但在货物的交易流程上却有诸多相似之处。榷货务颁发给商人凭由,作为监榷务验认客商买卖货物种类、数量的凭证。这类性质的"凭由"显然是和西夏南边榷场使文书中出现的"凭由"相类似,都具有照验客商货物的职能。

通过上述分析,不难发现在西夏榷场中存在"头子"和"凭由"两种文体,这两种文体都应当是安排官颁发给商户的执照。同时通过文书中依据"头子"和"凭由"作为榷场检验商户是否携带违禁物品的做法,我们可以

---

① (宋)李焘:《续资治通鉴长编》卷113"明道二年(1033)十月辛丑",中华书局,1985,第2638页。
② (清)徐松辑《宋会要辑稿·食货》10之6,中华书局,1957,第4980页。
③ 《宋会要辑稿·食货》36之1,第5432页。
④ (元)脱脱:《宋史》卷165《职官志五》,中华书局,1977,第3908页。

大致推断"头子"和"凭由"的内容应当包含商户姓名、元带货物的品种及其数量等要素。

关于西夏榷场的货物检验制度，除《再研究》一文外，孙继民先生在《南边榷场使文书所见西夏出口商品边检制度试探》一文中有详细的论述。① 西夏对于违禁物品有着严格的检查制度。《天盛律令》卷七《敕禁门》载："向他国使人及商人等已出者出卖敕禁物时，其中属大食、西州国等为使人、商人，已卖敕禁物，已过敌界，则按去敌界卖敕禁物法判断。已起行，他人捕举告者当减一等，未起行则当减二等，举告赏亦按已起行、未起行得举告赏法获得。大食、西州国等使人、商人，是客人给予罚罪，按不等已给价□当还给。此外其余国使人、商人来者，买物已转交，则与已过敌界同样判断。若按买卖法价格已言定，物现未转交者，当比未起行罪减一等。"② 同时对于出卖违禁物品的官员，进行严格的处罚，"正副统军、总制、州府使副行将、刺史、监军、同判、习判、承旨、参谋、敕马、军察、州主、城守、通判、边检校、行监，其以下都案、案头、司吏大小管事人出卖敕禁物时，当比其余人罪加二等，亦可加至死刑"。③ 在榷场贸易中检查有无违禁物品是宋、夏、金各国的通例，如南宋盱眙军榷场"每遇客人上场通货，已自互相结甲，五人每一保，榷场书填甲帖，付保头收管。榷场又开到申数客人单名物货件段，牒付淮河渡，本渡凭公牒辨验甲帖真伪，同榷场主管官并本军所差官当面逐一点名搜检随身并应干行货，若无夹带禁物，方得过淮"。④ 关于负责榷场搜检的人员，《宋会要辑稿》也有记载：绍熙五年（1194）四月十九日，户部言："盱眙军申：淮河榷场发客，本军专一关防透漏之弊，已措置给牌分地分不得互相逾越外，内主管官只合在大门下勾销搜检。缘当来系依安丰军花靥镇例，今尚仍前逾越地分，即与今来约束事体

---

① 孙继民：《南边榷场使文书所见西夏出口商品边检制度试探》，《薪火相传——史金波先生70寿辰西夏学国际学术研讨会论文集》，第71~78页。
② 史金波、聂鸿音、白滨译注《天盛改旧新定律令》，法律出版社，2000，第284页。
③ 《天盛改旧新定律令》，第285页。
④ 《宋会要辑稿·职官》44之32，第3379页。

不同。本部照得安丰军榷场系在管下，离军约三十里，止有巡检一员，别无官属，搜检之责，专在主管官。今来盱眙榷场系在城内，至渡口不及半里，搜检既有职官兵官、监渡使臣，互相关防，无不备至，则安丰军体例委难引用。"① 这表明在宋代榷场中，主要由巡检负责检验商人物品。由于花靥镇榷场距离安丰军约三十里，故只设巡检一人负责搜检任务，而盱眙军设置在城内且距渡口不及半里，所以主管官员除巡检之外，另有职官兵官和监渡使臣。盱眙军榷场搜检人员的增设，与榷场位置在城内有直接关系，应当属于特例。西夏榷场和宋代一样也是由巡检担任搜检人员。根据《天盛律令·敕禁门》记载，西夏时期的敕禁卖品大致有"人、马、披、甲、牛、骆驼"，战具包括"弓箭、枪剑、刀、铁连枷、马鞍、装箭袋、金、银、种种铁柄、披甲、编连碎段"，其他杂物"毡𦩻、粮食、骡、驴、钱、牛、骆驼、马皮"。② 对于这些敕禁卖品除立法禁止外，捕捉业已出现的非法买卖敕禁卖品的人或物成为巡检的一个重要职责，"出卖敕禁品，已造意未起行及已起行心已悔等，已告职管司巡检等处"。③ 从这条规定可以看出，"职管司巡检"是捕捉出卖敕禁品的主要组织机构，这类巡检既有大小、地方巡检校，也有边检校、检提点、检人等。④

俄藏 ИНВ. No.352A 号文书涉及西夏榷场贸易替头问题，现将该文书迻录如下：

（前缺）

1. ☐☐☐☐☐   申

2. ☐☐☐☐☐ 本府住户☐米☐☐☐

3. ☐☐☐☐☐ ☐，并无违禁☐☐☐

4. ☐☐☐☐☐ 替头博买到回货☐☐☐

---

① 《宋会要辑稿·食货》38 之 44，第 5488 页。
② 《天盛改旧新定律令》，第 284 页。
③ 《天盛改旧新定律令》，第 287 页。
④ 李华瑞：《西夏巡检简论》，《中国史研究》2006 年第 1 期。

5. ☐☐☐☐☐印讫,仍将□□等回☐☐☐☐

6. ☐☐☐☐☐上司前去,伏☐☐☐☐☐

7. ☐☐☐☐☐段,白褐☐☐☐☐

8. ☐☐☐☐☐博买川绢价叁拾☐☐

9. ☐☐☐☐川绢壹匹贰拾赤捌寸,准☐

10. ☐☐☐☐贰拾捌赤肆寸贰分半☐☐☐

11. ☐☐☐☐贰仟,计伍匹☐☐☐☐

(后缺)

《再研究》一文认为:"所谓交易替头代理制,是说西夏的进出口货物并非由从事外贸的商户直接与对方进行交易,而是由专职的中介人——替头居中交易。"① "替头",在宋代榷场中称"牙人"。宋代榷货务都茶场曾有这样的规定:"客人般贩茶盐到住卖处,欲用牙人货卖者,合依已立定系籍等三('等三'疑作'第三')等户充牙人交易,如愿不用牙人,自与铺户和议出卖,或情愿委托熟分之人作牙人引领出卖者,即合依政和四年十二月二十四日朝旨,听从客便。"② 这说明在榷货务茶叶交易中商人可以使用牙人,也可以不使用牙人,一切交易"听从客便"。上述记载是宋代榷货务中,牙人只是部分参与交易的情况。但在榷场贸易中,为杜绝私自交易,一般均由牙人充当代理人。如宋代就规定:"秦熙河岷州、通远军五市易务,募博买牙人,引致蕃货赴市易务中卖,如敢私市,许人告,每估钱一千,官给赏钱二千。如此则招来远人,可以牢笼遗利,资助边计。"③ 这说明在北宋榷场中已经开始不允许私自交易,必须由官方认可的中间商对贸易进行代理。南宋绍兴十二年(1142),军器监主簿、直秘阁知盱眙军沈该上书论措置榷场之法:"商人赍百千以下者,十人为保,留其货之半在场,以其半赴泗州榷场博易。俟得北物,复易其半以往,大商悉拘之,以待北价之来。两

---

① 孙继民、许会玲:《西夏汉文"南边榷场使文书"再研究》,《历史研究》2011年第4期。
② 《宋会要辑稿·食货》32之29,第5372页。
③ 《续资治通鉴长编》卷299"神宗元丰二年(1079)七月庚辰",第7272页。

边商人各处一廊,以货呈主管官,牙人往来评议,毋得相见。每交易千钱,各收五厘息钱入官。"①南宋时期的盱眙军榷场贸易中,交易双方各处一廊,不得见面,全凭牙人对货物进行评议。这样做的目的一方面是杜绝商人私自交易,影响朝廷税收;另一方面则是出于军事安全考虑,防止对方商人打探军情。西夏榷场中"替头"与宋代榷场中"牙人"在职能、性质等方面都是极其相类似的。

《再研究》一文已经指出,所谓回货扭算报告制,就是所有进口货物商品入关后,都要登记在册,估算价值,形成书面报告,最后加盖公章,亦即"依例扭算收(上)税历,会(为)印讫"。西夏南边榷场使文书中的"替头"根据客商交易情况,将交易物品折算成绢,并将各位客商交易数额登记在册,同时加盖印章,以作为税务机构收税的依据。文书中有"替头博买到回货"一语,"回货"是指西夏商户的进口商品。从这句话可以判断,西夏榷场收税的数额是以商户进口商品的数量作为依据的。由于"替头"是夏金榷场贸易的直接参与者,熟悉双方交易的情况,因此由"替头"提供西夏商户进口商品的种类、数量并逐一折算成绢帛,形成书面报告。"替头"的书面报告是税务部门形成"税历"的主要依据。榷场使会专门委派官员对商户的"回货",对照"税历"进行勘验。在宋代榷场中就有这样的记载:"客人自泗州易到回货,令尽数于场安顿,本军选差监官一员看验收税,关报榷场出给关引付客人,赍执沿路税场照验,与免一半税钱。如官司奉行违戾,许客旅陈诉,具申朝廷。其官吏请给,于本场收到息钱内支给,公吏并行重禄。"②监官在看验完客商"回货"后,对客商进行收税,并将税收情况报告给榷场,再由榷场出具税收证明性质的"关引",作为沿路税场的照验凭证。客商只有得到榷场开具的关引,才能将"回货"进行出售。高宗绍兴十二年(1142)十二月二十日,户部言:"主管淮东盱眙榷场曹泳札子:客人于本场博买到北货,从本场出给关子,从便前去货卖,仍兑

---

① (宋)李心传:《建炎以来系年要录》卷145"绍兴十二年(1142)五月乙巳",上海古籍出版社,2008,第三册,第26页。
② 《宋会要辑稿·食货》38之38,第5485页。

(兑,当作'免')半税。其经由税务既收税后,更不契勘有无本场关引,及阙(阙,疑作'关')引内同与不同,即便放行措置。欲将本场关引从提领司印给,排立字号,付本场置历消破,旬具支破数目、客人姓名、物货名件,申提领司照会点检。傥或本场开具不同,及于关引内影带数目,许经由税务径申提领司根究,将本场官吏重赐行遣。如或经由州县税务点检得有客旅将带北货无本场关引,及关引内数目不同,不即根究,容纵放行,致有透漏,其税务官吏并乞依透漏私茶盐法科罪。仍却许本场觉察,庶几有以关防。"① 宋代榷场中的"关引"应当包含"支破数目、客人姓名、物货名件"等内容,是提领司点检客商交税情况的重要依据。而且从上面的记载可以看出,宋代榷场中的"关引"采取旬报制度。西夏榷场中是否也采用"关引"作为税收依据,尚待进一步考察。

在文书中还提到了"扭算"一词,在大多数情况下,商户的进口商品价质都要扭算为川绢计价,即以"川绢"作为一般等价物。如俄藏 ИНВ. No. 313 号文书中提到"瓷碗壹伯对,计伍匹"、"墨陆伯锭,计三匹"等。从黑水城出土的榷场贸易文书看,双方贸易所涉及的物品之种类是相当多的。其中以丝毛织品居多,有粗褐、黄褐、白褐、白缨、绢、小绢(子)、中绢、川绢、河北绢、紫绮、紫押、纱、大纱、生押纱、粗押纱、小绫、中罗缬、(小)晕缬、小絁缬、川缬等,食用品有生姜、干姜、椒、蜜、茶、米等,书写用品笔、墨、连抄(纸)等,归结起来说都是些生活日用品。② 这些名目繁多的进口日用品不但名称各异,同时数量不等,因此榷场在商户收税时,必然先将这些物品折算成统一的"一般等价物"。

对于"准河北绢"是"替头"佣金的观点,笔者持不同意见。关于文书中出现的"博买川绢价"、"收税川绢"和"准河北绢",《再研究》一文有精辟的论述,该文指出:"'博买川绢价'就是购买进口商品的总货值,'收税川绢'就是对进口货物征收的关税,川绢在这里起着本位币的作用。"同时认为

---

① 《宋会要辑稿·食货》38 之 37,第 5485 页。
② 杨富学、陈爱峰:《黑水城出土夏金榷场贸易文书研究》,《中国史研究》2009 年第 2 期。

"准河北绢"是"每个'住户'应付替头的佣金额（或付给金朝方面的费用）或是收税川绢的换算值"。关于《再研究》一文对于"博买川绢价"和"收税川绢"的性质笔者不持异议，但对"准河北绢"是替头佣金的提法表示怀疑。

在俄藏ИНВ.No.316号文书中对上述提到的"博买川绢价"、"收税川绢"和"准河北绢"都有所涉及，对于理解三种绢的不同地位大有裨益，现将这件文书迻录如下：

（前缺）

1. ☐☐☐☐ 申
2. ☐☐☐☐ 所有本府住户席知 ☐☐
3. ☐☐☐☐ 彼出彼出，赍前去 ☐
4. ☐☐☐☐ ☐前来者，任准凭由 ☐
5. ☐☐☐☐ 并无违禁，其智觉等 ☐
6. ☐☐☐☐ 到回货，依例扭算收税 ☐
7. ☐☐☐☐ 回货开坐下项，一就发 ☐
8. ☐☐☐☐ 乞照会作何，须至申

9. ☐☐☐ 柒段，博买川绢价玖拾肆匹，收税 ☐☐☐
10. ☐☐☐ 贰拾伍赤陆寸，准河北绢壹匹壹拾肆 ☐
11. ☐☐☐ 姜叁伯柒拾斤，计柒拾肆匹 ☐
12. ☐☐☐☐ 壹拾贰斤，计肆匹 ☐

（后缺）

在这件文书的第9行有"博买川绢价玖拾肆匹"，第10行有"准河北绢壹匹壹拾肆赤"，两个资料基本完整。收税川绢一项数字有残缺，只剩"贰拾伍赤陆寸"等字。前缺资料应是若干匹，按照两匹川绢相当一匹河北绢的比例，这里所缺匹数应该是"贰匹"，完整的资料应是"贰匹贰拾伍赤陆寸"。则收税川绢与准河北绢之比是"贰匹贰拾伍赤陆寸"比"壹匹壹拾肆赤"，两者之比接近 2 比 1。又如俄藏 ИНВ. No. 352A 号文书第 8 行 "博买川绢价叁拾叁",第 9 行 "川绢壹匹贰拾赤捌寸","准 ☐ 贰拾捌赤肆寸贰分半",则此件收税川绢与准河北绢之比是 "壹匹贰拾赤捌寸" 比 "贰拾捌赤肆寸贰分半",两者之比也是接近 2 比 1。这两件文书所反映的情况说明,收税川绢与准河北绢之间的比例关系是比较固定的。一般而言,"河北绢" 的价值比 "川绢" 要大,如《续资治通鉴长编》卷五一六 "元符二年(1099)闰九月" 条引邵伯温题贾炎家传后云:"治平之末……川绢二千一匹,河北山东绢差贵三二百。"① 其中提到河北、山东所出产的绢要比川绢每匹要贵二三百钱。在俄藏 ИНВ. No. 307(1)号文书中出现了 "河北绢贰匹计肆匹",前面已经提及,西夏南边榷场是以川绢作为一般等价物的,"河北绢贰匹计肆匹" 亦即 "河北绢贰匹计川绢肆匹"。由此可知,川绢与河北绢之间的比价是 "2 比 1",也就是说上述两件文书中出现的 "收税川绢" 与 "准河北绢" 在数量上是相等的。如果按照《再研究》一文的说法,则 "替头" 所得佣金与榷场的税收收入相同,替头佣金似嫌过高。虽然在西夏史籍中没有关于替头佣金的记载,但在宋代榷场中,明确提到榷场的税收及其分配问题。《宋会要辑稿·食货》中提到:"旧制:总领兼提领官,知军兼措置官,通判兼提点官,榷场置主管官二员、押发官二员,主管官系朝廷差注,押发官从措置官辟差。其客人贩到物货,令主管官斟量依市直估价通放过淮。每贯收息钱二百、牙钱二十、脚钱四文。牙钱以十分为率,九分官收,一分均给牙人;其脚钱尽数支散脚户。"② 这说明在南宋榷场中税收包括息钱、牙钱和脚钱三项内容。这里的牙钱,就是指官府给榷场中牙人的佣金。而且这条材料明确指出 "牙钱以十分为率,九分官收,一分均给牙人",由此可以看出在宋代榷场中官收钱与牙钱之间的分成比例为 9 比 1。通过对比宋代榷场牙人的收入,我们基本上可以排除 "准河北绢" 是 "替头" 佣金的说法。倒是《再研究》一文中提到的 "准河北绢" 是收税川绢的换算值的说法更加确切。

---

① 《续资治通鉴长编》卷 516 "元符二年闰九月甲戌",第 12269 页。
② 《宋会要辑稿·食货》38 之 39,第 5486 页。

应当注意的是，在西夏南边榷场使文书中，总计部分称"准河北绢"，而在分计部分则直接称"河北绢"，这说明"准"字带有特殊的含义。通过西夏榷场使文书，我们可以看到，西夏榷场中进口货物总值以及税收，都没有直接用本国货币或一般等价物，而是使用了第三国南宋出产的川绢作为一般等价物。对于这一现象，李华瑞先生在《西夏社会文书补释》一文曾进行过分析，认为南宋出产的川绢对于夏金两国来说是第三方的带有价值尺度的商品。同时指出："文书所记收税常有'准河北绢'云云，恰好说明河北绢生产地在金朝，以河北绢为主计价，对西夏来说意味着在由双方商定规则的榷场贸易中失去一方'自主权'之嫌，故以'准'字作为参考系数。"①李先生"准河北绢"是"收税川绢"参照系数的看法是对《再研究》一文"准河北绢"是收税川绢的换算值之说的进一步深化，具有极高的参考价值。西夏榷场没有直接使用本国货币或一般等价物作为商品结算和税收的价值尺度，而使用了南宋的川绢，体现了西夏在和金朝的贸易中刻意回避使用金朝的"河北绢"作为结算单位的史实，以确保西夏榷场贸易的"自主权"。但是在西夏榷场中使用了"川绢"，并不意味着西夏榷场贸易具有完全的自主权。西夏榷场使文书中"川绢"、"河北绢"的并现，恰恰从一个侧面反映出西夏榷场贸易的"自主权"是受限制的，或者说是不充分的。造成这种局面的主要原因在于宋、夏、金时期，"钱帛"并行作为货币或价值尺度已经成为普遍现象，在榷场贸易中用绢帛进行结算也是当时的通例，而西夏坐拥西北之地多产毛毡而绝少生产丝织品，这就使西夏在对外贸易时不得不采用宋、金两国的丝织品作为结算单位。而为寻求在夏金贸易中的平等地位，被迫使用第三国一般等价物进行结算，体现了西夏商品经济的相对滞后。

通过上述分析我们不难发现，西夏榷场管理制度已经相当完备，同时和宋代榷场相比有诸多相似之处。尽管西夏史籍中关于西夏榷场管理制度的记载寥寥，但通过分析黑水城出土的西夏南边榷场使文书，我们可以大致总结出西夏榷场管理制度的特点以及和宋、金榷场之间的内在联系。在西夏榷场

---

① 李华瑞：《西夏社会文书补释》，《西夏学》第八辑，上海古籍出版社，2011。

中由银牌安排官颁发给商户的经商执照分为两种：一种是头子，一种是凭由。在以往的研究论著中没有对"凭由"这种文体予以充分的重视，通过分析我们知道，凭由和头子在性质上没有太大区别，同时都具有照验商户货物的功能。商户只有得到西夏银牌安排官颁发的凭由或头子，才能取得在榷场中经商的权利，这充分说明商户的贸易权是通过提前申请的。关于西夏榷场中货物检验制度，主要是榷场检验商户是否携带、出售西夏政府规定的违禁物品，这一措施是通过榷场中各类巡检完成的。关于回货扭算报告制，就是所有进口货物商品入关后，都要登记在册，估算价值，形成书面报告，最后加盖公章，对进口商品进行登记、扭算的目的主要是便于榷场征税。在西夏榷场中的所有进口商品，都是统一扭算成"川绢"作为价值尺度的。关于交易替头代理制，是指西夏榷场中进出口货物并非由从事外贸的商户直接与对方进行交易，而是由专职的中介人——替头居中交易的。西夏榷场中的"替头"和宋代榷场中的"牙人"在职能上有相似性。榷场通过"替头"代理夏金商户之间的贸易，以达到垄断经营权、确保税收的目的。同时我们还应当看到，西夏榷场使文书中的"准河北绢"并不是榷场给"替头"的佣金，而是西夏榷场中"收税川绢"的参照系数。西夏榷场中无论使用的是"川绢"还是"河北绢"，都是西夏榷场贸易"自主权"受限制的一种表现。

（本文原刊于《宁夏社会科学》2014年第1期，在收入本书时有修改）

黑水城所出《西夏榷场使文书》所见川绢、河北绢问题补释

宋 坤

自黑水城文献出版以来，引起了学界广泛关注，尤其是其中的西夏汉文社会文书，更因其独特的文献和史料价值，格外受到专家们的重视，有些受到关注的文书甚至被有关专家反复研究。其中以十余件《西夏榷场使文书》最为突出，目前学界已有多篇研究论述。① 黑水城所出《西夏榷场使文书》为汉文文书，共计17件，其中《俄藏黑水城文献》第6册收录15件②，《英藏黑水城文献》第4册收录2件③，均拆自西夏文刻本《大方广佛华严经》经帙。对这17件文书，学界在文书校录、书式复原、形成年代、内容性质、价值意义等方面，都做了很好的释读和研究。笔者在研读已有成果过程中受益良多，但觉其中关于川绢及河北绢问题仍有余意可发，可对已有成果略作补充，故作是文，不当之处，敬请方家批评指正。

---

① 参见佐藤贵保《ロシア藏カラホト出土西夏文〈大方広仏華厳経〉経帙文書の研究——西夏榷場使関連漢文文書群を中心に》，《東トルキスタン出土"胡語文書"の綜合調査》，2006，第61~76页；史金波：《西夏社会》，上海人民出版社，2007，第154页；杨富学、陈爱峰：《黑水城出土夏金榷场贸易文书研究》，《中国史研究》2009年第2期；杜建录：《黑城出土西夏榷场文书考释》，《中国经济史研究》2010年第1期；孙继民、许会玲：《西夏汉文"南边榷场使"再研究》，《历史研究》2011年第4期；许会玲、孙继民：《西夏榷场使文书所见西夏尺度关系研究》，《西夏研究》2011年第2期；李华瑞：《西夏社会文书补释》，《西夏学》2011年第8辑。
② 《俄藏黑水城文献》，上海古籍出版社，2000，第6册第279~286页。
③ 《英藏黑水城文献》，上海古籍出版社，2005，第4册第295、315页。

为说明方便，现将文书中涉及"川绢"及"河北绢"的记载摘录如下：

俄藏编号 ИНВ. No. 307（1）号文书：

10. ＿＿＿＿＿伍段，博买川绢价肆拾捌匹半，收＿＿＿＿＿

11. ＿＿＿＿＿叁拾赤捌分，准河北绢叁拾叁赤玖寸＿＿＿

（中略）

14. ＿＿＿＿＿计壹匹，河北绢贰匹，计肆匹＿＿＿＿＿

俄藏编号 ИНВ. No. 307（2）号文书：

8. ＿＿＿＿＿价叁伯壹拾壹匹，收税川绢＿＿＿＿＿

9. ＿＿＿＿＿准河北绢贰匹柒赤柒寸＿＿＿＿＿

俄藏编号 ИНВ. No. 308 号文书：

（一）

2. ＿＿＿＿＿绢价玖拾玖匹半，收税川＿＿＿＿＿

3. ＿＿＿＿＿壹赤三寸陆分，准河北绢＿＿＿＿＿

4. ＿＿＿＿＿肆赤陆寸半。

（二）

2. ＿＿＿＿＿拾玖段，白褐陆段，博买川＿＿＿＿＿

3. ＿＿＿＿＿拾柒匹半，收税川绢壹拾＿＿＿＿＿

4. ＿＿＿＿＿河北绢壹匹贰拾陆赤贰＿＿＿＿＿

俄藏编号 ИНВ. No. 313 号文书：

7. ＿＿＿＿＿黄褐壹拾陆段，博买川绢价贰＿＿＿＿＿

8. ＿＿＿＿＿壹匹壹赤玖寸贰分，准河北绢＿＿＿＿＿

（中略）

14. ＿＿＿＿＿收税川绢叁匹叁拾赤柒寸贰分＿＿＿＿＿

15. ＿＿＿＿＿柒匹；小绢子壹匹，计壹匹叁分；小䌷＿＿

16. ＿＿＿＿＿瓷碗壹伯对，计伍匹；河北绢玖匹，计壹拾捌＿＿

俄藏编号 ИНВ. No. 315（1）号文书：

10.　　　　税②绢壹☐

11.　　　　　绢柒☐

12.　　　　川绢壹伯叁拾柒☐

（中略）

16.　　　　河北绢陆匹，计壹拾☐

（中略）

20.　　　　　河北绢☐

21.　　　　　拾玖☐

俄藏编号 ИНВ. No. 315（3）号文书：

4.　☐捌段，白褐壹段，博买到川

5.　☐绢贰拾陆赤贰寸半。

俄藏编号 ИНВ. No. 316 号文书：

9.　☐柒段，博买川绢价玖拾肆匹，收税☐

10.　☐贰拾伍赤陆寸，准河北绢壹匹壹拾肆☐

俄藏编号 ИНВ. No. 347 号文书：

7.　☐川绢价伍拾柒匹半，收税川☐

8.　☐捌赤，准河北绢壹匹壹拾伍☐

俄藏编号 ИНВ. No. 351 号文书：

4.　☐回货，依例扭算☐税☐☐☐

5.　☐柒匹壹拾陆☐替头准☐☐贰☐

6.　☐壹寸贰分半☐上税历，会为印讫，仍将☐

俄藏编号 ИНВ. No. 352A 号文书：

8.　☐博买川绢价叁拾☐

9.　☐川绢壹匹贰拾赤捌寸，准☐

10. ☐貳拾捌赤肆寸貳分半☐

英藏编号 Or12380 – 3638b（K. K. Ⅱ. 0253. bb. ii）号文书：

5. 段，白褐贰段，博买川☐

6. 捌分，准河北绢壹匹柒☐

对于文书中的"川绢"，杨富学先生曾指出："我们不能将文书中'博买川绢价'简单地理解为买到多少川绢，而应该理解为购买货物折合成川绢价值是多少，也不能将'收税川绢'理解为收税的实物就是川绢。这里的川绢具有价值尺度的功能，而非用于交换的商品。"① 这个看法正确指出了西夏榷场交易实行的是实物货币结算制。而对于其中的"准河北绢"，李华瑞先生则认为西夏榷场交易的结算活动实行的是宋代川绢和金代河北绢两种实物货币并用，而以川绢为主的双货币结算制，而"文书所记收税常有'准河北绢'云云，恰好说明河北绢生产地在金朝。以河北绢为主计价，对西夏来说意味着在由双方商定规则的榷场贸易中失去一方'自主权'之嫌，故以'准'字作为参考系数"②。即"准河北绢"指的是西夏对榷场货物"收税川绢"与"河北绢"的换算关系。在此，笔者想简单探讨一下这批文书中所见之川绢和河北绢之间的兑换比率问题。

杨富学先生曾据 ИНВ. No. 307（1）号文书"河北绢贰匹，计肆匹……"及 ИНВ. No. 313 号文书"河北绢玖匹，计壹拾捌☐"等语，推断出川绢与河北绢之比值应为 2∶1。③ 但此比值与"税川绢"和"准河北绢"比值并不相同。

为叙述方便，现将文书当中所涉及之"税川绢"及"准河北绢"数列表如下：

---

① 杨富学、陈爱峰：《黑水城出土夏金榷场贸易文书研究》，《中国史研究》2009 年第 2 期。
② 李华瑞：《西夏社会文书补释》，《西夏学》第八辑，上海古籍出版社，2011，第 229 页。
③ 杨富学、陈爱峰：《黑水城出土夏金榷场贸易文书研究》，《中国史研究》2009 年第 2 期。

编号	307 (2—1)	307 (2—2)	308 (1)	308 (2)	313	316	347	352A
税川绢	□30 尺 8 分		□1 尺 3 寸 6 分	1□	1 匹 1 尺 9 寸 2 分	□25 尺 6 寸	□8 尺	1 匹 20 尺 8 寸
准河北绢	33 尺 9 寸□	2 匹 7 尺 7 寸□	□4 尺 6 寸半	1 匹 26 尺 2□		1 匹 14 尺□	1 匹 15 尺□	□28 尺 4 寸 2 分半

孙继民师与许会玲曾据文书当中之"博买川绢价"、"税川绢"及"准河北绢"三数，推断出西夏匹与尺之间之换算关系为 1 匹 = 35 尺，并进而将"准河北绢"数所缺文字补齐。① 其补齐后资料为：

编号	307 (2—1)	307 (2—2)	308 (1)	308 (2)	313	316	347	352A
准河北绢	33 尺 9 寸 5 分	2 匹 7 尺 7 寸	1 匹 3 尺 4 寸 6 分	1 匹 26 尺 2 寸 5 分		1 匹 14 尺 6 寸 1 分	1 匹 15 尺 3 寸 1 分	□28 尺 4 寸 2 分半

照此推补结果，如若"税川绢"与"准河北绢"两者比值为 2∶1 的话，则"税川绢"数应为：

编号	307 (2—1)	307 (2—2)	308 (1)	308 (2)	313	316	347	352A
税川绢数	1 匹 32 尺 9 寸	4 匹 15 尺 4 寸	3 匹 34 尺 3 寸	3 匹 17 尺 5 寸		2 匹 29 尺 2 寸 2 分	2 匹 30 尺 6 寸 2 分	

将此结果与文书现存"税川绢"数对比可见，无一重合，故可知"税川绢"与"准河北绢"之兑换比率与榷场交易中"川绢"与"河北绢"之兑换比率并不相同。从现存资料来看，"税川绢"与"准河北绢"之兑换比率应略低于 2∶1，大约为 1.9∶1。② 由此可见，西夏榷场中对于川绢与河北

---

① 许会玲、孙继民：《西夏榷场使文书所见西夏尺度关系研究》，《西夏研究》2011 年第 2 期。
② 文书残缺资料过甚，此数值为据现存文字大概估算。

绢之兑换存在两种比率：在市场交易中，两者比率为 2∶1；而在收税之时，官方所定两者比率则约为 1.9∶1。如此，西夏榷场收税之时，川绢价格略高于其市场价格。之所以如此，应与西夏榷场贸易以川绢作为主要价值尺度有关，提高川绢价格，更有利于增加税收。

  杜建录先生曾指出宋朝川蜀出产的"川绢"和宋、金河北路出产的"河北绢"，因西夏与宋、金的贸易关系，都是西夏境内非常流行的丝织品。① 之所以选择川绢作为其主要价值尺度，则当与"川绢"作为一般等价物在陕右地区长期流通有关。《宋会要辑稿》载："（神宗熙宁三年）十二月二十七日，群牧判官王晦言：'乞自今原、渭州、德顺军买马使臣任内，每年共添置马一万匹。如使臣买及年额，乞优与酬奖。所少马价，乞下买马司擘划及支川绢，或朝廷支拨银绢应副。勘会原、渭州、德顺军三处，三年买一万七千一百匹。'诏：'今后添买及三万匹，以十分为率，买及六分七厘，与转一官；余三分三厘，均为三等，每增一等，更减一年磨勘。令三司岁支䌷绢四万匹，与成都府、梓州、利州三路见支䌷绢六万匹，共十万匹，与陕西卖盐钱相兼买马。'"② 可见早在熙宁三年（1070）北宋即以川绢作为支付手段在陕右地区市马。金朝建立以后，"川绢"在陕右地区作为价值尺度的作用进一步加强。《金史》卷九十二《毛硕传》载："天德二年，（毛硕）充陕西路转运使。硕以陕右边荒，种艺不过麻、粟、荞麦，赋入甚薄，市井交易惟川绢、干姜，商贾不通，酒税之入耗减，请视汴京、燕京例给交钞通行。"③ 由此可见，金朝天德二年（1150）之前，川绢已成为陕右地区贸易活动之结算货币。李华瑞先生就曾从金朝建立之后，夏金榷场交易的陕右地区以川绢和干姜为贸易结算本位货币；西夏境内缺少铸造钱币所需的铜铁原料，虽可以自铸钱，但数量有限，流通有限，难以作为"国际"间贸易认可的价值尺度；宋金时期虽然纺织品种类繁多，但川绢和河北绢属上好品种，为西夏人所喜好；宋金时期官府

---

① 杜建录：《黑城出土西夏榷场文书考释》，《中国经济史研究》2010 年第 1 期。
② （清）徐松辑《宋会要辑稿》兵 22 之 7，中华书局，1957，第 7147 页。
③ （元）脱脱等：《金史》卷 92《毛硕传》，中华书局，1975，第 2034 页。

利用国家权力,通过虚估绢价获取更大收益份额等四个方面分析了西夏选择"川绢"作为贸易结算的本位货币的原因。① 笔者以为李先生所言甚是,唯其提到"金夏时期,西夏与南宋疆界不相连,宋夏之间的直接贸易已不可能,川绢在西夏的地位更应高于此前与北宋对峙时代。而金朝由于重视河北绢的生产,在与南宋的贸易中以其价格低廉而具有优势"。则与文书所示河北绢价高于川绢价不符,故笔者拟就宋金时期川绢与河北绢价格对比变动问题试做探讨。

宋代盛产丝绢的主要有河北、四川、两浙三地,其中以河北绢最负盛名,有"河北衣被天下"之誉。② 宋人赵希鹄曾评价说:"河北绢一等,故无背、面;江南绢则经粗而纬细,有背、面。"③ 北宋宫廷用绢也多用河北绢,《续资治通鉴长编》卷三〇〇载:"三司乞下河北路,岁市小绫二万匹,以备禁中须索及包子、春冬衣等。从之。初,岁下河北市小绫二万六千一百八十匹,至是用不足,增其数。"④ 朝廷在涉及用河北、京东两地绢帛互相替代时则规定:"如阙河北绢,以京东绢代支之类,今后须是本等实阙,方合以次等支遣。"⑤ 契丹人也极喜用河北绢,因"河北东路民富蚕桑"而称之为"绫绢州"。⑥ 邢铁先生曾疑北宋时契丹索要的绢帛(即"澶渊之盟"所定年二十万匹等)可能也是首先由河北转运司具体负责从本地筹集。⑦ 金人则更为喜爱河北绢,迫宋纳绢时只要河北绢而不要江浙绢,如靖康元年(1126)"金人索绢一千万匹,朝廷如数应副,皆内藏元丰、大观库,河北积岁贡赋为之扫地,如浙绢悉以轻疏退回"。⑧

---

① 李华瑞:《西夏社会文书补释》,《西夏学》第八辑,第 228~229 页。
② (元)脱脱等:《宋史》卷 179《食货下一》,中华书局,1977,第 4362 页。
③ (宋)赵希鹄:《洞天清禄集》,清嘉庆四年读画斋丛书本(丁集)。
④ (宋)李焘:《续资治通鉴长编》卷 300"元丰二年十月癸卯",中华书局,1990,第 7309 页。
⑤ 《宋会要辑稿》食货 64 之 28,第 6113 页。
⑥ 《宋史》卷 299《张洞传》,第 9934 页。
⑦ 邢铁:《宋代河北的丝织业》,《河北学刊》1990 年第 5 期。
⑧ (宋)徐梦莘:《三朝北盟汇编》卷 72"靖康元年十二月十五日",上海古籍出版社,1987,第 545 页。

因河北绢质量较好，北宋时期河北绢价格要高于川绢，《续资治通鉴长编》卷五一六"元符二年（1099）闰九月甲戌"条云："至元丰四年……漕司差属官一员在京师，以朝廷岁赐户部钱收钞，长安以至诸路州县商贾通，物价尚平。川绢二千一匹，河北、山东绢差贵三二百，他物准此。"① 由此可知，元丰四年（1081）时，川绢与河北绢之比值大约为1.15∶1。

南宋绍兴年间，为增加税收，政府往往虚估绢值，造成绢价波动极大。如《建炎以来系年要录》卷四六"绍兴元年八月丁亥"条载："诏诸路折帛钱，昨每匹三千，虑高下不等，若一概立定，有亏公私。自来年令诸路漕司各估实直申省，听候指挥约折。时诸路绢直才二千，所折高，民多倍费。"② 即绍兴元年（1131）年，其诸路时值绢价与北宋元丰时期大体相当，约为每匹2000文，而官方估价则为每匹3000文。到绍兴三年（1133），一道诏书里在谈到以绢价定赃时透露："目今绢价不下四五贯。"③ 绢价急剧增长。绍兴年间，川绢价格也变动极大。绍兴二十六年（1157），"左朝散大夫景篯言：四川绢直一匹不及五千，而官估取十千，他物之估，率皆称是"。④ 可见，绍兴二十六年川绢市场价应为每匹不到5000文，而官方估价则高出一倍。绍兴二十七年（1158），权尚书刑部侍郎张构奏言："又如枉法二十匹绞，计铜钱六十贯，铁钱一百二十贯。若受钱引一百二十道，便以一百二十贯计罪，市价止计九十六贯，比之铜钱止是四十八贯，少一十二贯，亦处以死。"⑤ 则此时，川绢大约每匹铜钱3000文，但朝廷计赃标准往往要低于物品实际价格，故此时之川绢市场价格应高于每匹3000文。由此可见，相对于北宋时期，南宋绍兴年间川绢价格大幅提升。

具体到西夏榷场文书当中，杨富学先生曾指出，这批文书应为大庆三年

---

① 《续资治通鉴长编》卷516"元符二年（1099）闰九月甲戌"，第12269页。
② （宋）李心传：《建炎以来系年要录》卷46"绍兴元年八月丁亥"，中华书局，1956，第835页。
③ 《宋会要辑稿》刑法3之6，第6580页。
④ 《建炎以来系年要录》卷174"绍兴二十六年八月辛卯"条，第2869页。
⑤ 《宋会要辑稿》刑法3之8，第6581页。

(1142)西夏南边榷场使处理夏金贸易事务文书。① 大庆三年当南宋绍兴十二年。由文书可见,此时陕右地区,川绢价值仍低于河北绢,两者比值为2∶1。相对北宋元丰年间,河北绢价格也有大幅增长。

到南宋乾道年间,金朝绢价大幅下降。如乾道元年(1165)年,右正言程叔达说道:"今一缣之直,在市不过三数千。"② 即南宋每匹绢价为3000余文。乾道三年(1167),右谏议大夫陈良祐言:"(江浙)常年用钱四贯可纳一匹,今增为六贯。"③ 即官方计价江南地区每匹绢为6000文。而乾道六年(1170)年,金国境内相州"好绢每匹二贯五百文,丝每两百五十文(并六十陌)"。④ 即相州优质绢每匹2500文(六十陌),合计1500文足钱,远低于南宋绢价。李华瑞先生也正是据此得出金河北绢价格低于川绢价格之结论。这种现象应与金朝钱荒严重,造成钱重物轻有关。朱熹曾言:"铜钱过彼极有利,六七百文可得好绢一匹。"⑤ 漆侠、乔幼梅即曾指出"金正是利用绢价低廉的优势来吸引南宋铜钱的"。⑥ 但绢价过低,造成了金朝绢匹大量出口,引起了金朝政府注意。如宋金榷场交易中,泰和六年(1206),尚书省奏:"茶,饮食之余,非必用之物。比岁上下竞啜,农民尤甚,市井茶肆相属。商旅多以丝绢易茶,岁费不下百万,是以有用之物而易无用之物也。若不禁,恐耗财弥甚。"⑦ 泰定八年(1208)朝中言事者更提出:"茶乃宋土草芽,而易中国丝绵锦绢有益之物,不可也。国家之盐货出于卤水,岁取不竭,可令易茶"之主张。⑧ 而在金夏榷场贸易中,更曾因为限制绢匹之输出而罢榷场。《金史》卷一三四《西夏传》载:大定十二年(1172):"上(金世宗)谓宰臣曰:'夏国以珠玉易我丝帛,是以无用易我

---

① 杨富学、陈爱峰:《黑水城出土夏金榷场贸易文书研究》,《中国史研究》2009年第2期。
② 《宋会要辑稿》食货38之22,第5477页。
③ 《宋会要辑稿》食货70之59,第6400页。
④ (宋)楼钥:《北行日录》,知不足斋丛书本(23)。
⑤ (宋)黎靖德编、王星贤点校《朱子语类》,中华书局,1985,第2722页。
⑥ 漆侠、乔幼梅:《中国经济通史·辽夏金经济卷》,经济日报出版社,1998,第459页。
⑦ 《金史》卷49《食货四》,第1108页。
⑧ 《金史》卷49《食货四》,第1109页。

有用也。'乃减罢保安、兰州榷场。"① 由此可见,金朝对绢匹出口问题极为看重。

综上所述,通过文书我们可以看出,在西夏大庆年间,榷场交易中川绢与河北绢有两个兑换比率,一是市场交易中两者兑换比率为2∶1,而官方收税时两者比率约为1.9∶1。而通过考察史料可见,宋金时期,河北绢与川绢价格对比波动情况应为,北宋时期直到南宋绍兴年间,河北绢价格一直高于川绢,而到乾道年间之后,金朝绢价大幅降低,其绢价大幅低于南宋绢价。

(本文原刊于《宁夏社会科学》2014年第2期)

---

① 《金史》卷134《西夏传》,第2870页。

俄藏黑水城 TK205 号文书年代性质辨析

——西夏乾祐年间材植文书再研究之一

孙继民

《俄藏黑水城文献》收录有几件有关材植的文书，分别是俄藏编号 TK205 号文书、Б61 号文书和 ДХ2828 号文书。其中，TK205 号文书见于《俄藏黑水城文献》第 4 册第 210 页，第 6 册《附录·叙录》原拟题为《宁夏路总管府材植账》，文书图版下方则拟题为《宁夏路总管府文书押印》；Б61 号文书见于《俄藏黑水城文献》第 6 册第 60 页，《附录·叙录》原拟题为《乾祐二年材植账》；ДХ2828 号文书见于《俄藏黑水城文献》第 6 册第 150~159 页，《附录·叙录》原拟题为《乾祐二年材植帐》，图版下方拟题为《乾祐二年宁夏路总管府材植帐》，误，因本文书中并未出现宁夏路总管府字样。以上三个编号的文书，Б61 号文书和 ДХ2828 号文书已有学者进行研究，分别是杜建录《西夏乾祐二年材料文书考释》[①]、张多勇等《西夏乾祐二年（1171）黑水城般驮、脚户运输文契——汉文文书与西夏交通运输》[②] 两文，TK205 号文书则除了笔者《俄藏黑水城汉文非佛教文献整理与研究》[③] 一书进行过全部录文外尚未见专文研究。这三个编号的文书如编者所拟题，的确都涉及西夏乾祐年间的材植等内容，但杜建录、张多勇等论文

---

① 杜建录：《西夏乾祐二年材料文书考释》，《宁夏社会科学》2007 年第 2 期。
② 张多勇、李并成、戴晓刚：《西夏乾祐二年（1171）黑水城般驮、脚户运输文契——汉文文书与西夏交通运输》，《敦煌研究》2012 年第 2 期。
③ 孙继民等：《俄藏黑水城汉文非佛教文献整理与研究》，北京师范大学出版社，2012，第 423~424 页。

之所以专门研究 B61 号文书和 ДX2828 号文书而不及 TK205 号文书，笔者推测是因为 TK205 号文书诸残片中混入了元代内容而导致了对其年代判断的疑惑而予以回避。考虑到三个编号的文书的确有高度相似性，而 TK205 号文书又确实混入了元代文书的内容，因此有必要就 TK205 号文书性质和年代判断进行专门辨析。下面，我们在吸收杜建录、张多勇等先生论文对 B61 号文书和 ДX2828 号文书录文的基础上，对包括 TK205 号文书在内的三个编号文书进行再辨析、再转录，以为下一步研究奠定文本基础。

TK205 号文书情况，《附录·叙录》有介绍，称："元写本，未染麻纸，共五件残片，行楷，墨色浓。(1) 高 11.5，宽 6.5，共 1 行大字：'七月初五日'，有朱文方印（6×5.6）；(2) 高 17，宽 11，共 5 行，行 6 字，首行小字：'有人至公审'，第 2 行大字：'大了'，余下 3 行字体中等，有'宁夏路总''照给'等字； (3) 高 10，宽 6.5，共 2 行，重复写'伍驮''驮'，并有押印 2 枚。其余残片更小，字亦少，不再详述。"根据该件图版和上述介绍，可将五个残片录文如下：

残片一：

（前缺）

1. ☐☐☐☐七月初五日

（后缺）

残片二：

（前缺）

1. ☐☐☐☐有人至公审☐☐☐
2. ☐☐☐☐大了
3. ☐☐☐☐旨里，宁夏路总☐☐
4. ☐☐☐☐旨里，宁夏路☐
5. ☐☐☐☐旨照验[①]

[①] "验"，《附录·叙录》及笔者《俄藏黑水城汉文非佛教文献整理与研究》一书原录文作"给"，误，现改正。

（后缺）

残片三：

（前缺）

1. ☐ 驮（签押）伍驮（签押）伍☐

2. ☐ 驮

（后缺）

残片四：

正面：（前缺）

1. ☐ （签押）☐

2. ☐ □　（签押）☐

3. ☐ 伍☐

（后缺）

背面：（前缺）

1. ☐ 旨里，亦□①☐

2. ☐ 此 总②☐

（后缺）

残片五：

（前缺）

1. ☐ □□③☐

（后缺）

以上五个残片，分别各自独立，它们来自何处具体地点，或出自何种物品（黑水城文书有的残片出自佛经封套），其间有何联系，为什么原藏单位和《附录·叙录》将此五个残片编为TK205号，均不详。

---

① "亦□"，笔者《俄藏黑水城汉文非佛教文献整理与研究》一书原录文作"宁夏"，误，现改正。

② "总"，笔者《俄藏黑水城汉文非佛教文献整理与研究》一书 原录文作"照"，误，现改正。

③ 文书中此残片似是钤印印章一枚。

TK205 号文书残片一

TK205 号文书残片二

TK205 号文书残片三

TK205 号文书残片四（正）

TK205 号文书残片四（背）　　　　　　TK205 号文书残片五

  从五个残片的情况看，残片一只残留 1 行文字"七月初五日"，据《附录·叙录》此行有朱文方印（6×5.6）一枚，可惜的是印文不详；残片二残留有 5 行文字，分别是第 1 行"有人至公审"，第 2 行"大了"，第 3 行"旨里，宁夏路总"，第 4 行"旨里，宁夏路"，第 5 行"旨照验"等字；残片三只有 2 行文字，其中第 1 行有两处押署符号，残存的文字则有"驮"、"伍驮"、"伍"等字，第 2 行只残存一"驮"字；残片四是双面文书，正面残存 3 行，其中前两行是押署符号，第 3 行残存一"伍"字。背面文书残存 2 行文字，第 1 行是"旨里亦"，第 2 行是"此总"二字；残片五没有完整的文字，只有残笔画和残印章。

  以上残文书保留的信息实在有限，以至对《俄藏黑水城文献》编者判断其性质和年代带来很大困难，甚至出现了自相矛盾的判断。例如《附录·叙录》将此件拟题为《宁夏路总管府材植账》，而第 4 册第 210 页在收录此件图版时则拟题为《宁夏路总管府文书押印》。一称"材植账"，一称"文书押印"，反映了编者对此件文书性质的判断举棋不定和前后不一。

  《俄藏黑水城文献》编者对文书性质的判断为什么前后不一？笔者推测可能有如下原因：

第一，编者将此件文书定性为"材植账"，可能是考虑到了残片三、残片四的书写内容、书写格式和书法风格与黑水城所出西夏汉文的材植账文书相似或相近。如前所述，《俄藏黑水城文献》第 6 册收录有西夏材植账文书两件，分别为 B61 号文书和 Дх2828 号文书。B61 号文书拟题为《乾祐二年材植账》，Дх2828 号文书拟题同为《乾祐二年材植帐》①。为了便于比对和说明，下面各摘录 B61 号文书和 Дх2828 号文书部分内容如下：

B61 号文书残片一：

（前缺）

1. 三月廿五日领 到
2. 孙猪苟□□
3. （签押）陆驮（签押）
4. （签押）柒驮（签押）

（后缺）

Дх2828 号文书残片三

（前缺）

1. （签押）伍驮（签押）
2. （签押）伍驮（签押）
3. 傅六斤于□
4. （签押）叁驮（签押）

（后缺）

从图版和录文可见，TK205 号文书残片三、残片四的书写内容、书写格式和书法风格与 B61 号文书和 Дх2828 号文书很接近或者说很相似，应是同一人书写。因为 B61 号文书和 Дх2828 号文书的性质很明确，均与"材植"有关，所以编者将 B61 号文书和 Дх2828 号文书归类为"材植"文书，拟题

---

① 文书图版下方拟题为《乾祐二年宁夏路总管府材植帐》，误。

446 | 考古发现西夏汉文非佛教文献整理与研究

ДX2828 号文书残片三

B61 号文书残片一

为《乾祐二年材植账》。由此笔者推测,《俄藏黑水城文献》编者将 TK205 号文书的性质定为"材植"文书可能与此有关。

第二,编者在将 TK205 号文书定性为"材植账"同时,又在第 4 册第 210 页图版将此件拟题为《宁夏路总管府文书押印》,回避了"材植账"的判断,这固然反映了作者对此件文书定名的不一致,可能也反映了编者对此件文书定性为"材植账"的疑惑。从文书图版和录文可见,TK205 号文书并未出现"材植"一语，定性为"材植账"应该主要是比照 B61 号文书和 ДХ2828 号文书格式和内容而来，而 B61 号文书和 ДХ2828 号文书断代非常明确，因为文书中多处出现有西夏"乾祐二年"的年号，可以确认为西夏文书无疑。但是，TK205 号文书三处出现有"旨里，宁夏路总"、"旨里，宁夏路"和"旨里，亦"，而"旨里"等语显然是元代公文的开头语"皇帝圣旨里"的残存，"宁夏路"作为政区名始见于元代而不见于西夏时期，所以，编者将此件的时期断为"元写本"可能即缘于此。

由此可见，《俄藏黑水城文献》编者对 TK205 号文书定性的不一致，或者说断为"材植账"和"宁夏路总管府文书押印"各有其一定道理。那么，一会儿说是西夏的"材植账"（尽管未明言），一会儿说元代"宁夏路总管府文书"，这种自相矛盾应该如何解释呢？究竟是西夏文书呢还是元代文书呢？

笔者认为：TK205 号文书五个残片实际上并非同一件文书，亦非同一时代文书，对其年代和性质需要做具体分析：

第一，TK205 号文书残片一的年代可以推断为元代文书。如图版和录文所显示，残片一只有一行文字"七月初五日"，应为一公文残尾的年代落款，这本身不足以判断其年代，但是据编者《附录·叙录》介绍，此行有朱文方印（6×5.6）一枚，据笔者对现有西夏汉文文书的了解，目前所见公文类如西夏南边榷场使文书、安排官文书等，均未见使用朱文印章，只有墨笔押字，因此，笔者倾向认为残片一应非西夏公文，而是元代公文残片。

第二，TK205 号文书残片二的年代，如上所述，因为出现有元代公文开头语"皇帝圣旨里"的残存，可以判断为元代宁夏路的文书。但是需要说明，该残片内容从图版看应由两部分构成，1 行的"有人至公审"笔迹与其他四行不同，应是一次书写，似为一公文残语。而 3 行至 5 行笔迹相似，应是二次书写，且 3 行的"旨里，宁夏路总"和 4 行的"旨里，宁夏路"两行作为元代公文开头语"皇帝圣旨里，宁夏总管府"排在一起，说明它们不可能各是独立的公文，只能是习字书写。该残片为元代两次书写的文书应该无疑。

第三，TK205 号文书残片三的年代，如上所述，因为与 B61 号和

Дx2828 号西夏乾祐二年材植账文书的书写内容、书写格式和书法风格相似，应该属于西夏乾祐二年的材植账文书。此不赘论。

第四，TK205 号文书残片四的年代，其正面的书写内容和书法风格，应该类似于残片三，其年代和性质似是西夏材植账文书，但因保存信息太少而无确证。其背面内容"旨里，亦"因为属于元代公文开头语"皇帝圣旨里"的残存，而且其书写格式与正面的内容形成 90 度的直角，可以判断正反两面为先后两次书写，即正面可能是一次书写，年代似是西夏时期，背面可能是二次书写，年代可以断定为元代。

第五，TK205 号文书残片五的年代，因为没有完整的文字，不好做出直接的判断。但是从图版看，该残片的残字似与黑水城所出元代公文的落款年代的用字风格相似，且与残字交织在一起的颜色较浅的笔画似是公文印章的残迹，也与元代公文的用印形式和风格相似，因此，笔者推测也应是元代公文的残片。

总而言之，TK205 号文书五件残片的年代和性质不能一概而论，应做具体分析，既有西夏文书的残片，也有元代文书的残片；西夏文书的残片应属于西夏的材植账，元代的文书则既有公文残片，也有习字残片。这就是我们对 TK205 号文书年代和性质所做判断的基本把握。

（本文为"黑水城民族文献学术研讨会"会议论文，石家庄，2013）

俄藏黑水城 TK27P 西夏文佛经背裱补字纸残片性质辨析

——西夏乾祐年间材植文书再研究之二

孙继民

《俄藏黑水城文献》第 2 册第 17 页上栏图版刊有三张纸条,为俄藏编号 TK27 西夏文刻本《金刚般若波罗蜜经》背裱补字纸残片,现已脱落,俄藏编号为 TK27P,图版下原拟题为《残片》。第 6 册《附录·叙录》在 TK27《金刚般若波罗蜜经》题解中择录本件文书文字有"半三条各长〔捌〕尺伍寸"等。考虑到黑水城所出西夏刻本佛经多在西夏后期,而其背面裱补字纸必然更晚,因此拙著《俄藏黑水城汉文非佛教文献整理与研究》推测此件残契年代当在西夏末或元代,拟题为《西夏或元代残契》[①]。现在看来,这一定名值得讨论,该件文书的性质需要重新加以认识。

首先将该文书三张图版重新录文如下:

(一)

(前缺)

1. ▭▭寸半叁条,各长捌尺伍寸▭▭

2. ▭▭▭▭▭▭▭▭▭▭拾尺

(后缺)

---

① 孙继民等:《俄藏黑水城汉文非佛教文献整理与研究》,北京师范大学出版社,2012,上册第 254 页。

（二）

（前缺）

1. ☐☐☐ 钱 ☐ 料 ☐ 拾 尺 ☐☐☐☐

3. ☐☐☐ 事 ☐☐☐☐☐☐☐

（后缺）

（三）

（前缺）

1. ☐☐☐☐ 已，顶礼其 ☐☐☐

（后缺）

从图版看，以上三个残片，前两个残片是写本，字迹一致，当出于同一人之手；后一个残片字迹较淡，似是印本宋体字；前两个残片与后一个残片不是同一件可以无疑。

后一个残片上下均残，残存字迹"已顶礼其"清晰可见，但"已"上一字迹较模糊，只有左下角的一撇可见轮廓。按佛经《大方广佛华严经》卷第六十五《入法界品第三十九之六》有"善财见已，顶礼其足"一语，疑后一残片即为《大方广佛华严经》卷第六十五《入法界品第三十九之六》"善财见已，顶礼其足"的残句，属于佛经残片。

前两个残片的内容，残片一的 1 行"半叁条各长捌尺伍寸"为《俄藏黑水城文献》原编者所释读的内容，应无问题。前一字"寸"残存该字大部，只缺竖笔的上端，根据下文内容和最终认定可确认该残片属于西夏材植文书（理由详后），该字释读为"寸"字亦无问题。残片二的 1 行文字"钱□料□拾尺"，《俄藏黑水城文献》原编者未予释读，完全是拙著《俄藏黑水城汉文非佛教文献整理与研究》根据残存笔画而推定的文字，是否可靠笔者也不自信，但有一点可以肯定，二者笔迹一致，同出于一人之手，应属于同一件文书的两个残片。

前两个残片的内容和性质，笔者在《俄藏黑水城汉文非佛教文献整理与研究》一书原拟为"西夏或元代残契"，现在看来年代排除元代、定在西夏应无疑问，性质定为"残契"则应该进行修正。从现存的内容看，"寸半叁条各长捌尺伍寸"等字完全不见西夏契约文书的套语，也不存在西夏契约文书的格式，可以肯定不是西夏契约文书。那么，它是什么性质的文书呢？笔者推断它应为西夏乾祐年间材植文书的残片，这可以通过与已知的西夏乾祐年间的材植文书进行比较来得出结论。

已知的西夏乾祐年间材植类文书（包括胶泥土等文书）共三个编号几十个残片，其中可以分为两大类：公文类和账簿类。账簿类材植文书与我们所要研究的主旨无关，下面仅将有关的公文类材植文书列出几件如下：

ДX2828 号残片（六）

正：

（前缺）

1. _____ 壹驮肆片内　七五_____

2. ☐ 四五材壹片，长壹拾☐

3. ☐ 乾祐二年六月十☐

4. ☐ 已[①]次使口

（后缺）

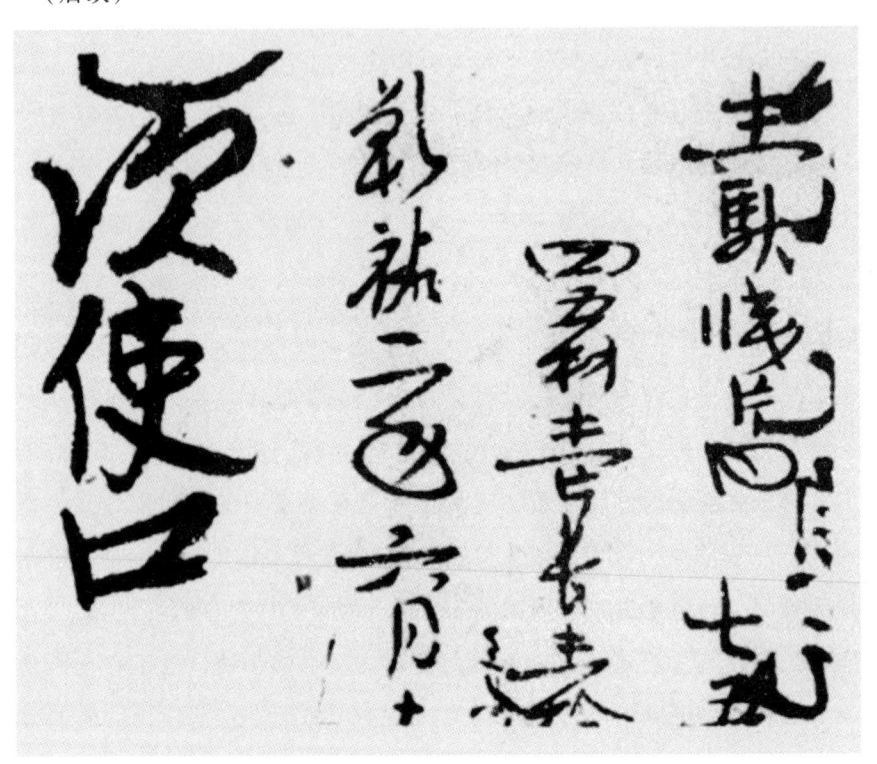

ДX2828 号残片（九）

正：

（前缺）

1. ☐ 陆尺阔壹☐

---

① "已"字残，杜建录《西夏乾祐二年材料文书考释》（《宁夏社会科学》2007 年第 2 期）一文作"一"，张多勇、李并成、戴晓刚《西夏乾祐二年（1171）黑水城般驮、脚户运输文契——汉文文书与西夏交通运输》（《敦煌研究》2012 年第 2 期）一文作"已"，据文书残存笔画推断应为"已"。

2. ☐
3. ☐长壹拾伍尺
4. ☐伍寸，壹片长陆尺☐

5. ☐各长壹拾尺。
6. ☐长陆尺伍寸。
7. ☐月十五日
8. （签押）

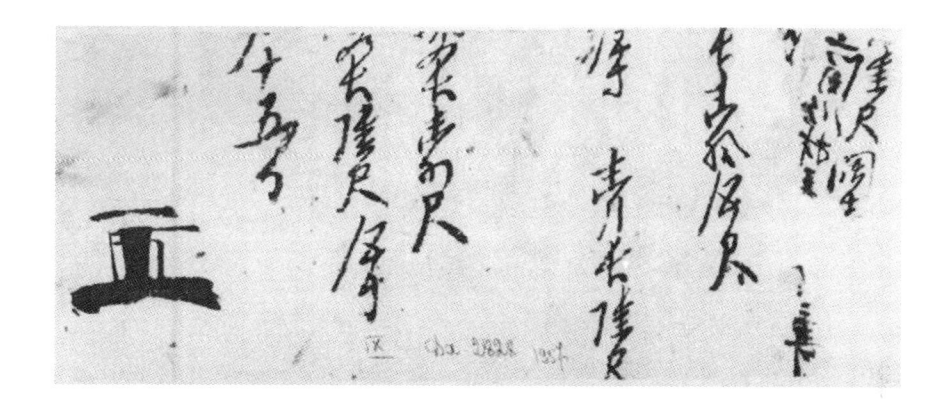

ДX2828号残片（十二）

正：

（前缺）

1. ☐□□片，长壹拾肆尺☐
2. ☐叁尺寸板贰片，各长陆尺☐
3. ☐寸。
4. ☐五材贰片内，壹片长壹拾☐
5. ☐柒伍尺寸板肆片，各长☐

6. ▭▭▭▭▭▭□材贰片，各长壹拾肆尺▭▭

7. ▭▭▭▭▭长伍尺，阔壹尺伍寸

8. ▭▭▭▭▭▭▭材贰片各长▭▭▭▭

（后缺）

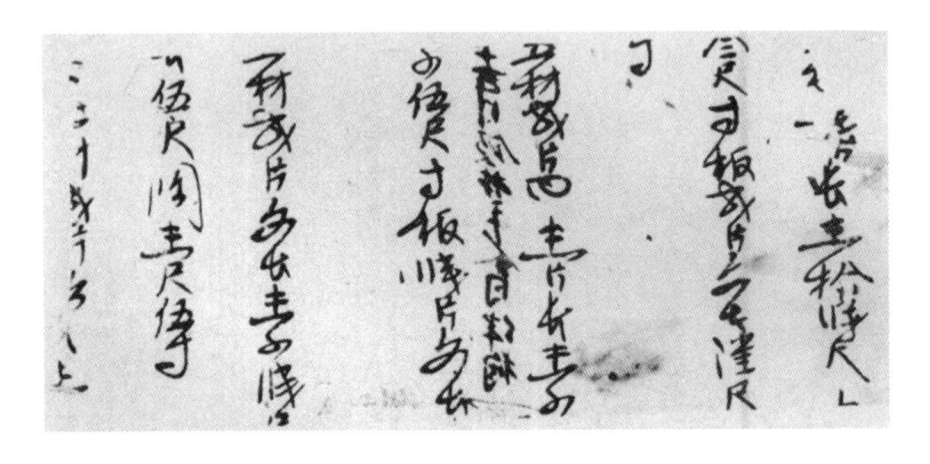

将 TK27P 前两个残片的图版与 ДX2828 号残片（六）、ДX2828 号残片（九）和 ДX2828 号残片（十二）图版进行比较，不难看出二者笔迹完全一致，行文用语也比较一致，由此可见二者内容性质完全相同不容置疑，TK27P 前两个残片属于西夏乾祐年间材植文书同样不容置疑。这就是我们修正原来认为 TK27P 前两个残片是"西夏或元代残契"的原因所在。故此，西夏材植文书的公文类残片数量又可以在已经确认 19 件的基础上再增加 1 件（一块残片正反均有文字的按一件计算），达到 20 件的总数。

（本文原刊于《西夏学》第十辑，上海古籍出版社，2014）

宁夏宏佛塔所出幡带汉文题记考释

孙继民

一

1989~1990年，宁夏文物管理委员会在修复贺兰县濒临倒塌的宏佛塔时，发现了大量的西夏佛画、泥塑佛像、西夏文佛经雕版残块、琉璃建筑残件等西夏文物。其中有一条绢质幡带，据清理简报介绍：幡带长225厘米、宽23.5厘米；黄色绢，双层制成；正面从上至下墨书"□戎州张义堡第壹佰柒指挥第壹社赵仲本家人等同启心愿自办清财施幡壹合谨奉献上"37字，书法遒劲有力。① 对于此幡带的情况，清理简报只有文字介绍而未刊图版。2006年出版的《西夏学》第一辑刊登有王效军《宁夏博物馆藏西夏文献概述》一文，文中除有上述幡带的文字介绍外，并附有幡带图版。不过，幡带的尺寸，王效军一文与清理简报有所不同，称幡带通长284厘米，通宽41.6厘米，画长236厘米，画宽23.5厘米。2005年甘肃人民出版社、敦煌文艺出版社出版的《中国藏西夏文献》一书第18册第271页再次收录本件幡带，拟题为《贺兰县宏佛塔汉文发愿幡带》，所载尺寸与文字释录与《宁夏贺兰县宏佛塔清理简报》一文同。

---

① 宁夏回族自治区文物管理委员会办公室、贺兰县文化局：《宁夏贺兰县宏佛塔清理简报》，《文物》1991年第8期。

宏佛塔所出幡带汉文题记是一件非常重要的西夏史料，但迄今未见专文研究，故笔者试加诠释如下。

首先，需要确认幡带汉文题记的句读。关于汉文题记的内容，清理简报和王效军均已指出文字数量是 37 字，但未加标点。笔者以为古文句读是内容考释以求正解的前提，幡带汉文题记同样如此，因此试做如下标点：

□戎州张义堡第壹佰柒指挥第壹社赵仲，本家人等，同启心愿，自办清财，施幡壹合。谨奉献上。

以上标点，最容易产生混淆的是"赵仲"一名，其既可以理解作单名"赵仲"，也可以理解作双名"赵仲本"。但从图版看，幡带题记"仲"字明显小于上下文，符合古人书写名讳字体略小的习惯，施幡主人姓名为"赵仲"可以无疑。

其次，可以补充幡带题记的缺文。清理简报和王效军对幡带题记内容的录文完全一致，都是首缺 1 字，以下录 36 字，其中第 2 字"戎"加方括号作残字，推测全部字数是 37 字。从图版看，清理简报和王效军有关录文和字数统计均无问题，第 2 字"戎"的判读亦属正确，但关键是首缺 1 字为何，清理简报和王效军均未给出答案。笔者以为，幡带题记的首字缺文应为"镇"，这可以从以下两个方面得到证实。

第一，从幡带题记涉及的历史时期的行政地理制度推测，"□戎州"应当是"镇戎州"。从幡带图版看，题记文字只有一行，幡带的右上角残缺，题记上端所缺文字最多一字，因此，"戎州"之前的缺文只有一字。根据"戎州"之下文字是"张义堡第壹佰柒指挥第壹社"，涉及有关行政军事建制及其隶属，可以推断上端缺字也必然是有关行政建制的内容。换言之，"□戎州"必然是一个带"戎"字的双名州。依据这个判断，我们就可以从西夏时期（包括与西夏王朝存续时间有交叉的辽、宋、金、元诸朝）带"戎"字的双名州中找到答案。

辽宋金夏元时期，见之于各史地理志带"戎"字的双名州只有《金史》卷二六《地理下》凤翔路所属的"镇戎州"：

镇戎州，下，刺史。本镇戎军，大定二十二年为州，二十七年来属。户一万四百四十七。县二、堡三、寨八：

东山（本东山寨）。

三川（本三川寨）。堡三（彭阳、乾兴、开远）。寨八（天圣、飞泉、熙宁、灵平、通峡、荡羌、九羊、张义）。①

据上所引，金代的镇戎州下辖有东山、三川两县，彭阳、乾兴、开远三堡和天圣、飞泉、熙宁、灵平、通峡、荡羌、九羊、张义八寨。这里值得注意的是"张义寨"一名。我们知道，宋辽夏金时期，作为边境军事设施的堡、寨，二者之间经常易名，这里的"张义寨"实际上长期称为"张义堡"。②镇戎州作为双名州缀有"戎"字，并且下辖"张义堡"，恰与幡带题记中的"囗戎州张义堡"相合，因此可以推断"囗戎州"应为"镇戎州"。

第二，幡带题记首字的残迹也接近于"镇"字笔画的残笔。从幡带图版看，虽然题记首字只剩下左下角，但笔画残笔为"金"字旁左下部的结构依然清晰，该部首为金字旁并无疑问。所以，这也有助于幡带题记首字为"镇"的推断。

基于以上两点，我们可以得出如下结论：宏佛塔所出黄绢幡带题记首字缺文为"镇"，幡带题记的完整内容应是："镇戎州张义堡第壹佰柒指挥第壹社赵仲，本家人等，同启心愿，自办清财，施幡壹合。谨奉献上。"

二

幡带题记没有年代落款，其具体时间已经无法确知，但可以根据史籍和

---

① （元）脱脱等：《金史》卷26《地理下》，中华书局，1975，第646~647页。
② 例如《金史》卷65《斡者传附子璋》记璋与宋将吴璘曾经"战于张义堡遂沙山下"（第1550页），《金史》卷79《张中孚传》称传主"其先自安定徙居张义堡"（第1787页），均作"堡"。又，镇戎州本为北宋时期的镇戎军，镇戎军即下辖有张义堡，《中国历史地图集》第6册《北宋秦凤路地图》所标张义堡方位即金张义寨所在（中国地图出版社，1982，第20~21页），可证宋金时期的张义寨、张义堡实即异名同地。

同塔所出其他文物推测出大概的时间范围。首先，对于幡带题记时间的上限，可以从《金史》卷二六《地理下》的相关记载得知。《金史·地理下》称镇戎州"本镇戎军，大定二十二年为州"。大定是金世宗年号，大定二十二年相当于宋孝宗淳熙九年，即公元 1182 年。大定二十二年镇戎军改为镇戎州，毫无疑问，这应是幡带题记时间的上限。①

其次，对于幡带题记时间的下限，可以根据幡带同塔所出其他文物间接推知。如上所述，宏佛塔的建造时间，清理者已经推定为西夏时期。我们在此基础上可以将具体时段进一步缩小。我们知道，西夏正式建国于 1038 年，灭亡于 1227 年，这一时段相当于宋仁宗景祐五年至宋理宗宝庆三年。据清理简报，在宏佛塔塔身砖砌层中发现有宋代钱币，且全部为宋代钱币，其中年代最晚的为 1094 年铸造的绍圣元宝。绍圣是宋哲宗年号，既然塔身砖砌层有绍圣元宝的钱币，那么就宏佛塔的建造时间而言可以初步推定是在宋哲宗绍圣元年（1094）以后，幡带题记的时间上限也必然是在 1094 年以后。又据清理简报，与幡带题记同出于塔心室槽室的文物还有西夏文献《番汉合时掌中珠》残页，为西夏骨勒茂才编印的《番汉合时掌中珠》第 4 页第 6 栏残页。② 按，《番汉合时掌中珠》前有编者骨勒茂才的序，序末落款是"乾祐庚戌二十一年"。③ 乾祐为西夏仁宗仁孝的年号，乾祐二十一年相当于南宋光宗绍熙元年，即公元 1190 年。因此，宏佛塔的建造时间又可以进一步推定在西夏仁宗仁孝乾祐二十一年（1190）以后至 1227 年西夏为元朝灭亡之前。宏佛塔建造的时间也应是幡带题记时间的下限。

幡带题记的上限时间比较明确，即大定二十二年（1182），而下限时间比较模糊，即 1190 年至 1227 年之间宏佛塔建造的时间。不过，我们根据绢

---

① 按照《金史》卷 26《地理下》所记，镇戎州设置于金大定二十二年和宋淳熙九年，即公元 1182 年。《三朝北盟会编》卷 24 所引有张棣《金虏图经》，其中记载金代军改州十六处，其中即有镇戎州。《金史》卷 43《萧贡传》称传主"大定二十二年进士，调镇戎州判官"（第 2320 页），也可证此年镇戎州由军改州。

② 王效军：《宁夏博物馆藏西夏文献概述》附有此页文书整理后的图版。从图版看，此页文献版心部分完整，只有天头地脚稍残。

③ 张竹梅：《西夏语音研究》，宁夏人民出版社，2004，第 323 页。

质幡带在宏佛塔塔心室的位置还可以再将1190年至1227年这一模糊时段再稍微明确一下。据宏佛塔清理者介绍，塔心室槽室在有限的空间内，放置着大量彩塑泥像残块、西夏文木雕残版及朽残的绢质彩绘佛画、经书残页、木雕残件等。其中佛画、经书残页等堆放于泥像残块上部，西夏文木雕版散置于整个槽室内。绢质幡带在槽室内置于何处，清理者没有交代，推测应与佛画一样堆放于泥像残块上部。如果此判断不误，绢质幡带应与佛画等一样，是建造者特别加意放置的，有可能是专门为了建造宏佛塔而赶制的。这就意味着幡带题记的时间有可能是与宏佛塔建造同时或稍早于宏佛塔的建造。考虑到这一因素，似可将幡带题记的形成时间排在西夏仁宗仁孝乾祐二十一年（1190）前后或再早一些时候。总而言之，幡带题记的时间应早于或略微早于宏佛塔建造的时间，其时段可定在金大定二十二年（1182）和西夏乾祐二十一年（1190）之间或前后。

三

解决了幡带题记缺文和形成时间，下一个最需要解决的就是如何理解"镇戎州张义堡"的朝代归属问题。如上所述，在西夏及与西夏有关的宋代、辽代和金代诸国中，设置过镇戎州的只有金代，因此，幡带题记的归属为金代应无疑问。但是，幡带出自今宁夏贺兰县的宏佛塔的槽室，宁夏贺兰县位于今银川之北，而银川又是西夏的国都所在，属于西夏的腹地。这就提出了一个问题，为什么在西夏腹地今贺兰县的宏佛塔出现了金代属地镇戎州的幡带？

要回答这一问题，笔者以为仍然需要从了解幡带在宏佛塔宗教活动中的作用开始。从题记内容可知，幡带是镇戎州张义堡赵仲率领家人为了"同启心愿"而自办清财施舍的，他祈愿的具体内容不得而知，但从"谨奉献上"语气的凝重肃穆和该幡出自宏佛塔的特定环境，可以隐约感觉到施主的施幡与一次隆重的佛教法事活动有关。由此只能这样推测，赵仲在宏佛塔的"施幡壹合"是他从金代镇戎州张义堡专程赶赴属于西夏的今贺兰县而进行的宗教活动。

历史事实也证明，在当时的金夏关系中，也存在进行这样类似上述宗教和文化活动的气氛和条件。我们知道，北宋时期，在宋辽夏三角关系中，西夏实行联辽抗宋战略，称臣于辽朝。辽和北宋相继灭亡之后，金取代辽的地位而称霸于蒙古高原和北中国，在今内蒙古、陕西、宁夏和青海等地与西夏邻接，西夏除了在初期一度援辽抗金外，很快就调整策略，转而臣属于金。从12世纪初金朝兴起至1227年西夏灭亡，金夏两朝在百余年交往中，总的来说双方关系比较和睦，和平交往超过兵戎相见的时间。《金史》卷一三四《外国上·夏国传》即称：

> 自天会议和，八十余年与夏人未尝有兵革之事。及贞祐之初，小有侵掠，以至构难十年不解，一胜一负精锐皆尽，而两国俱弊。①

不过，以上所称"八十余年与夏人未尝有兵革之事"，是就总体情况而言，实际上早在贞祐之前双方就已经不时发生一些零星冲突。例如，《金史·夏国传》称明昌二年（1191）以后，"顷之，夏人肆牧于镇戎之境，逻卒逐之，夏人执逻卒而去。边将阿鲁带率兵诘之，夏厢官吴明契、信陵都、卜祥、徐余立等伏兵三千于涧中，阿鲁带口中流矢而死，取其弓甲而去。诏索杀阿鲁带者，夏人处以徒刑，诏索之不已，夏人乃杀明契等"。再如大安三年（1211），"是时金兵败绩于会河堡，夏人乘其兵败侵略边境，而通使如故"。又如崇庆元年（1212）三月，西夏人"攻葭州"，至宁元年（1213）六月，西夏人又"攻保安州"。② 这些战争和冲突都发生贞祐元年（1213）之前。只是这些战争和冲突规模较小，时间较短，都在双方控制范围之内，双方是边冲突边交往，没有影响到两国关系大局。

由以上金夏两国的关系看，双方的战争主要发生在金贞祐年间（1213～

---

① 《金史》卷134《外国上·夏国传》，第2876页。
② 《金史》卷134《外国上·夏国传》，第2871页。

1217）及以后，在此之前的只有明昌二年（1191）至至宁元年（1213）六月之间的零星冲突。如前所述，宏佛塔所出幡带题记的上限时间是大定二十二年（1182），下限时段是西夏乾祐二十一年（1190）之间或前后。由此可见，在幡带题记形成的时间段之内，恰好也是金夏两国正常交往边境和睦的时期（个别年份除外）。这可以证实当时金夏两国的正常关系为幡带题记所反映的金夏民间宗教交流提供了基本保障，金夏之间的民间存在着进行宗教交流的气氛和条件。

在金夏关系中，以往人们比较熟知两者之间存在着密切的政治关系和经济关系，像政治方面册封朝贡的宗藩关系，经济方面互通有无的榷场贸易等，都屡屡见于史籍。但是，像民间宗教交流活动的情况却鲜为人知，幡带题记无疑为了解金夏民间之间的宗教活动以至文化交流提供了新的实证材料。这也堪称幡带题记资料价值第一个方面的可贵之处。

四

幡带题记资料价值第二个方面的可贵之处是提供了金代边境地区地方武装力量体制构成的具体资料。从幡带题记可知，施主赵仲属于"镇戎州张义堡第壹佰柒指挥第壹社"。虽然仅仅是简单的一句话，却反映了金代边境地区地方武装力量体制中镇戎州、张义堡、第壹佰柒指挥、第壹社四个实体之间的相互关系，尤其难能可贵。这四个实体之间的相互关系，笔者以为有三点值得注意：一是张义堡的名称改易问题，二是镇戎州张义堡与第壹佰柒指挥的关系问题，三是镇戎州张义堡第壹佰柒指挥与第壹社的关系问题。

关于张义堡的名称改易。张义堡，《金史·地理下》作张义寨[1]，而幡带题记作"张义堡"。考《宋史》卷八七《地理三·陕西》镇戎军下有"张义堡"[2]，《金史》卷六《世宗纪》大定二年（1162）七月"陕西都统璋

---

[1] 《金史》卷26《地理下》称镇戎州辖二县、三堡、八寨，三堡分别是彭阳、干兴、开远。八寨分别是天圣、飞泉、熙宁、灵平、通峡、荡羌、九羊、张义。

[2] （元）脱脱等：《宋史》卷87《地理三》，中华书局，1977，第2158页。

败宋将吴璘于张义堡"①，则张义堡由宋入金之前仍名为堡。《金史·地理下》所记各类政区军区地名大多反映的是金末时期的状况②，因此推测，幡带题记所作"镇戎州张义堡"应是大定二十二年（1182）镇戎军升为镇戎州不久之后的建置，当是沿袭宋代原来的建制名称。张义堡改称张义寨似在金世宗大定末年或金末时期。幡带题记告诉我们，张义堡在金代曾经有过改称张义寨的变化。

关于镇戎州张义堡与第壹佰柒指挥的关系。我们知道，题记中的镇戎州属于金代的边州，张义堡属于镇戎州的一个堡寨，第壹佰柒指挥则是金代边军的一级军事编制。镇戎州和张义堡比较而言，虽然前者属于行政区划，后者属于国防要塞，有着政区建置与军事建置的性质差别，但两者有一个共通之处，即均为固定一地不可移动的地理单元，也就是说都是地名。而第壹佰柒指挥作为一级军事编制单位的实体，却是按序号而非地名命名（意味着该指挥未必固定一地），这与镇戎州、张义堡的命名迥然不同。这表明，驻防镇戎州张义堡的金代边军是第壹佰柒指挥，第壹佰柒指挥既排序第壹佰柒，则显然其排序不以张义堡为范围，甚至也不以镇戎州为范围。③ 镇戎州既属于金凤翔路，第壹佰柒指挥的序号很可能是以凤翔路为范围的排序，第壹佰柒指挥应属于凤翔路的边军序列。换言之，镇戎州张义堡与第壹佰柒指挥的关系是：镇戎州张义堡是第壹佰柒指挥的驻地，第壹佰柒指挥应是驻于镇戎州张义堡、统属于金代凤翔路（军区）的边军。题记提供了史籍所不明确的金代边军序列中边州

---

① 《金史》卷6《世宗纪》，第128页。
② 如《金史》卷24《地理上》总序称金进入中原之后，"军十有六"，"后复尽升军为州"（第550页）。《金史·地理志》的政区序列也的确没有"军"的建置，可证《金史·地理志》的政区序列反映的是金末的情况。
③ 《金史》卷44《兵志》称："凡州府所募射粮军、牢城军，每五百人为一指挥使司，设使，分为四都，都设左右什将及承局押官。其军数若有余或不足，则与近者合置，不可合者以三百人或二百人亦设指挥使，若百人则止设军使，百人以上立为都，不及百人止设什将及承局管押官各一员。"（第1002~1003页）可见金代的指挥编制员额多者五百人，少者一百人，假设镇戎州范围的指挥均为一百人的编制，则壹佰柒个指挥也至少应有10700名军人。镇戎一州显然不会有如此之多的指挥以及兵员。

堡寨与指挥关系的新材料。

关于镇戎州张义堡第壹佰柒指挥与第壹社的关系。首先，笔者认为这里的"第壹社"应与金代西北地区广泛存在的弓箭手有关。金代西北地区广泛存在作为乡兵的弓箭手，这在史籍和考古出土文献中屡屡见及。例如《金史》卷一四《宣宗纪上》贞祐三年（1215）九月枢密院上言就说："陕西、河东世袭蕃部巡检，昨与世袭猛安谋克例罢其俸。今边事方急，宜仍给之，庶获其用。又西边弓箭手有才武出众，获功未推赏者，令宣抚司核实以闻。"①《俄藏黑水城文献》第 6 册第 310～314 页刊登有一件被编者拟题为《西北诸地马步军编册》的文书，该文书有"洮州界"、"巩州第四部将"、"通祐堡"等语，知是金代西北边境地区的文书。该件文书篇 15 行称有"弓箭手六十三（人）"，20 行有"弓箭手"三字，以下数字残缺，22 行有"弓箭手五百三十三人"，45 行、46 行有"并弓箭手（中缺）六十七人"，77 行有"蒲皋，马军弓箭手六十三人"。② 由此可见金代西北地区广泛存在着弓箭手。③ 又，《金史》卷九二《卢庸传》称贞祐三年（1215）传主陈便宜曰："自鄜延至积石，虽多沟坂，无长河大山为之屏蔽，恃弓箭手以御侮，其人皆刚猛善斗，熟于地利，夏人畏之。"④ 这里所说的"鄜延"指今以延安为中心的陕北地区，"积石"即积石州，在今青海的循化撒拉族自治县，金代自鄜延至积石的沿边地区毫无疑问包括了位于今宁夏南部固原地区的镇戎州。镇戎州也存在弓箭手自不待言。⑤

其次，金代西北地区的弓箭手应是承自宋代。《金史》卷一二八《循吏·赵鉴传》称传主在伪齐时期曾蒙"刘豫召见，迁直秘阁、提举泾原路弓箭手、兼提点本路刑狱公事，诫之曰：'边将多不法，可痛绳之。'"⑥ 可

---

① 《金史》卷 14《宣宗上》，第 312 页。
② 《俄藏黑水城文献》第 6 册，上海古籍出版社，2000，第 310～314 页。
③ 王曾瑜：《金朝军制》，河北大学出版社，2004，第 78～79 页。
④ 《金史》卷 92《卢庸传》，第 2042 页。
⑤ 《金史》卷 12《章宗纪》泰和五年（1205）八月："罢临洮、德顺、秦、巩新置弓箭手。"（第 272 页）这里说的仅仅是罢废新置的弓箭手，并未言尽罢弓箭手。《卢庸传》所称"恃弓箭手以御侮"可以证实贞祐三年（1215）弓箭手仍大量存在。
⑥ 《金史》卷 128《循吏·赵鉴传》，第 2767 页。

见伪齐时期作为西北地区的泾原路存在弓箭手。而伪齐时期的弓箭手又必然承自宋代。《宋史》卷一九〇《兵四·乡兵一》河东陕西弓箭手条称："景德二年，镇戎军曹玮言：'有边民应募为弓箭手者，请给以闲田，蠲其徭赋，有警，可参正兵为前锋，而官无资粮戎械之费。'诏曰：'人给田二顷，出甲士一人，及三顷者出战马一匹。设堡戍，列部伍，补指挥使以下，据兵有功劳者，亦补军都指挥使，置巡检以统之。'其后，鄜延、环庆、泾原并河东州军亦各募置。"① 说明镇戎军（即金镇戎州的前称）是宋代陕西地区最早设置弓箭手的地区。金代镇戎州的弓箭手显然与宋代、伪齐镇戎军的弓箭手一脉相承。

再次，"第壹社"的"社"之名应源自宋代的"弓箭社"。关于宋代的弓箭社，较早的记载见于《续资治通鉴长编》卷二一七"神宗熙宁三年（1070）十一月乙卯"条称引知定州滕甫语："今河北州县近山谷处，民间各有弓箭社及猎射等户，习惯便利，与夷人无异。乞下本道州县，令募诸色公人及城郭、乡村百姓有武勇愿学弓箭者为社，每年春，长吏就其射处劝诱阅试之。缓急虽不可调发，亦足以为捍御。从之。"② 弓箭社不仅在河北地区曾经广泛存在③，而且至少在河东地区亦然。宋赵善璙《自警编》卷七即称："太原土风喜射，故民间有弓箭社。"现在的《金史》虽不见"弓箭社"一名，但考虑到幡带题记中赵仲所在的"第壹社"隶属于军事编制的第壹佰柒指挥，因此，其"第壹社"的"社"显然属于军事性质，因此推测其"社"应属于"弓箭社"，至少属于军事类的武社。④

基于以上三点认识，可见镇戎州张义堡第壹佰柒指挥之下统辖有若干弓

---

① 《宋史》卷190《兵四·乡兵》，第4712页。
② （宋）李焘：《续资治通鉴长编》卷217"熙宁三年十一月乙卯"，中华书局，1979，第5285页。
③ 据苏轼《乞增修弓箭社条约状》，元祐八年（1093）时，仅定、保两州就有"弓箭社五百八十八社，共计三万一千四百一十一人"，约占该地总人口的七分之一。
④ 《梦粱录》卷19《社会》称："有射弓踏弩社，皆能攀弓射弩，武艺精熟，射放娴习，方可入社。"这里的射弓踏弩社即属于类似于弓箭社的武社。

箭社或类似弓箭社的武社，而这正是幡带题记对金代边境地区地方武装力量体制构成，特别是边军指挥一级编制情况提供的史籍所不见的新材料。由此益见幡带题记对研究金代军事制度的珍贵资料价值。

（本文原刊于《西夏研究》2010年第1期，后收入《中国多文字时代的历史文献研究》，社会科学文献出版社，2010）

俄藏黑水城西夏光定十三年杀人状再探

杜立晖

《俄藏黑水城文献》第 6 册第 160~161 页收录一件西夏汉文文书,编号及原拟题为:"ДХ2957 10280 光定十三年千户刘寨杀了人口状"(以下简称《杀人状》)。第 6 册《附录·叙录》中指出本件文书为"西夏写本;白麻纸,粗;高 20.3,宽 41;共 18 行,行 13 字;楷书,墨色淡;以'……死人姓名开坐下项'起,计'刘千户本户下杀了一口'、'杨青士户下驱/二口'、'祁师子户下杀了四口'、'王望喜户下杀了一口',共杀了八口,并列出死者姓名、性别、年龄,有的注了对应西夏字;末 5 行有'杀了人口见见尸首。/右谨具申/闻谨状。/光定十三十月初四日(1223.10.29,神宗在位)杀了人口/千户刘寨 状'等字"。① 关于此件文书的研究文章,除史金波先生在《西夏时期的黑水城社会》② 一文以及杜建录先生在《黑城出土的几件汉文西夏文书考释》③ 中有所涉及外,其他专论尚未见及。此文书作为一件难得一见的汉夏双语文书,对于研究西夏末期社会下层民众的身份地位以及西夏官制等内容,具有弥足珍贵的史料价值,因此笔者试对此件文书再作粗浅的探讨。

---

① 《俄藏黑水城文献》第 6 册《附录·叙录》,上海古籍出版社,2000,第 48 页。
② 史金波:《西夏时期的黑水城社会》,收入《黑水城人文与环境研究:黑水城人文与环境国际学术讨论会论文集》,中国人民大学出版社,2007。
③ 杜建录:《黑城出土的几件汉文西夏文书考释》,《中国史研究》2008 年第 4 期。

一

关于文书的录文，史先生、杜先生在其文中并未详细说明，为方便研究，笔者按敦煌吐鲁番文书的整理规则并依图版格式对文书进行了录文，现将文书录文迻录如下，并作适当说明：

（前缺）

1. ☐☐☐☐☐☐☐☐☐☐☐☐死人姓名，开
2. 　坐下项：
3. 　刘千户本户下，杀了一口，名刘胜①。
4. 　o杨青士户下，驱虏二口：
5. 　男子名☐②哥，年十岁；
6. 　女子名☐③☐，年十一岁。
7. 祁师子户下，杀了四口：
8. 　祁师子杀了；
9. 　祁赛兑④杀了；
10. 　祁伴☐⑤杀了，
11. 　妙吉杀了一口，名女丁⑥。
12. 王望喜⑦户下，杀了一口：
13. 　王望喜杀了。
14. 杀了人口，见见尸首。
15. 右谨具申

---

① "胜"字旁注西夏文字一个。
② 此字旁注西夏文一个。
③ 此字旁注西夏文一个。
④ "赛兑"两字旁各注西夏文一个。
⑤ "伴☐"两字旁各注西夏文一个。
⑥ "女"字旁注西夏文一个。
⑦ "王望喜"三字旁各注西夏文一个。

16. 闻，谨状。

17. 光定十三十月初四日，杀了人口，

18.　　　　　　千户刘寨　　　状。

从录文可见，《杀人状》除前部残缺外，其他部分基本保存完整，大多数文字能够识读，但也有几处文字由于文书年代久远已漫漶不清无法辨认。文书现存18行，第14行中"见见尸首"一语，第一个"见"应同"现"，"见见尸首"应当是现有尸首为证之意。另外，通过图版可见，在文书所载的诸多人名的右侧均有字号很小的西夏文字，且笔迹、墨色与汉字不同，如在第3行"刘胜"右侧有西夏文字一个；第9行"祁赛兑"右侧有西夏文字两个等。为了弄清这些西夏文字，笔者业师孙继民先生特意请教了深谙西夏文的梁松涛先生，据梁先生云："3行有一字，有三个义项：1. 艮也（卦象），2. 矿也（矿物），3. 耿也；9行有2字，第一字有5个义项：1. 算也数也，2. 历也，3. 卜也，4. 娄也，5 姣也；11行1字，有2个义项：1. 吕也，族姓也，2. 驴也。"① 除了这几个西夏文字可以识读外，其他已无法看清。这几处能识读的西夏文字，其文意应当与对应的人名有关。杜建录先生也说："呈状中的人名均旁注西夏文草书，可能是汉文的西夏语注音，这在以前发现的西夏文献中不多见，反映了夏金边界地区蕃汉杂居以及西夏文在社会生活中的使用情况。"② 姑且不管文书是否为"蕃汉杂居"的写照，但可以肯定，此件文书属于双语文书。从文书中双语的存在可以证实，在西夏时期汉文、西夏文字都是通行的书面语。文书的人名旁边除了所见的西夏文字外，还有几行曾被作过特别的标记，如第4行"杨青士"前有小圆圈一个，第10行的左侧都有明显的划痕。从以上汉字右侧的西夏文字和汉字旁边的划痕等标记可知，本件文书至少经过了两次书写，第一次是用汉文书写的文书原件。另外，从文书第18行"千户刘寨　　状"可知，《杀人状》的书写和呈送人都是刘寨。因此说，文书的第一次书写应当是由千户刘寨完成

---

① 笔者能够了解到这些西夏文字的含义承蒙梁松涛先生帮助，在此表示谢意。
② 杜建录：《黑城出土的几件汉文西夏文书考释》，《中国史研究》2008年第4期。

的。对《杀人状》进行的第二次书写，应当是上面所提的西夏文和划痕等。可以推测，对文书的第二次书写很有可能是对于文书所涉及人员有关情况的核实，而文书的第二次书写则应是千户刘寨呈送的上级所为，但刘寨的上级是谁，尚不得而知。此件文书的 18 行"光定十三十月初四日"应当是本件文书呈送的确切时间。"光定"是西夏神宗遵顼的年号，文书的最后落款时间为"光定十三"，因此可以确认，这件文书是神宗在位时期的文书无疑。但在文书的落款中却少写了"年"字，这既有可能是"刘寨"的疏忽所致，也有可能是由于文书为公文草稿使然。根据黑水城所出西夏文书看，多数正式公文均有签押，但此件文书却没有，因此笔者推测，此文书为公文草稿的可能性很大。

二

关于本件文书的意义，史金波先生认为此文书反映出西夏末期黑水城社会的混乱，下层庶民生活的困苦以及人民的生命已无保证的事实。[①] 杜建录先生则认为本件文书是夏金战争的真实写照。笔者以为，本件文书虽然残损比较严重，但其价值还是颇高。除了史金波先生、杜建录先生所言的意义外，本文书对于西夏末期社会下层民众的身份地位，以及西夏官制特点等内容的反映，都极具史料价值。

文书第 4 行载："o 杨青士户下，驱虏二口"，然后 5、6 行录两名"驱虏"的性别、姓名、年龄等。由于文书此处残损，笔者无法断定这两名"驱虏"的姓名，但他们的性别和年龄是清楚的，其中一名为男性，十岁；另一名为女性，十一岁。据本件文书结尾处所云"杀了人口状"，同时据 3 行"刘千户，本户下，杀了一口名刘胜"、7 行"祁师子户下，杀了四口"等可知，4 行中在"驱虏"前应当少写了"杀了"二字。关于"驱虏"为

[①] 史金波：《西夏时期的黑水城社会》，收入《黑水城人文与环境研究：黑水城人文与环境国际学术讨论会论文集》，中国人民大学出版社，2007。

何意,笔者遍检古代相关史料,但所寻未果。史金波先生认为:"所谓'驱虏'可能就是使军和奴仆。"① 虽然史册不见"驱虏"的记载,但与之相关的一些记载却有很多,如金、元时期曾经出现过"驱丁"。据《金史》卷四四《兵志》载:"诏河北、山东等路所签军,有父兄俱已充甲军,子弟又为阿里喜,恐其家更无丁男,有误农种,与免一丁,以驱丁充阿里喜,无驱丁者于本猛安谋克内验富强有驱丁者签充。"② 据《元史》卷七《世祖纪四》载:"甲申,敕诸路军户驱丁,除至元七年前从良入民籍者当差,余虽从良,并令助本户军力。"③ 另外还有关于"驱口"的记载,《南村辍耕录》卷十七载:"如今蒙古色目人之臧获,男曰奴,女曰婢,总曰驱口……刑律私宰牛马杖一百驱死驱口比常人减死一等杖一百七所以视奴婢与马牛无异。"④ 此外,还有关于"驱奴"的记载,《金史》卷一三三《移剌窝斡传》云:"内外官员郎君群牧直撒百姓人家驱奴、宫籍监人等,并放为良,亦从所愿处收系,与免三年差役。"⑤ 西夏王朝与金、元所处的时代大体相当,因此在金、元时期存在的"驱丁""驱口""驱奴"等人的身份特征对于研究西夏的"驱虏"有很重要的参考价值。从以上"驱丁""驱口""驱奴"的记载可知,这些人员的身份应当接近于奴隶,或者有的直接就是奴隶。而西夏文书《杀人状》中的"驱虏",其"驱"字的含义应当与上文提到的"驱口"等中的"驱"字意义相同或相近。因此史金波先生将其解释为"奴仆"应当是很准确的。但其中的"虏"字为何意呢?"虏",其原始词性是动词,有俘获、掳掠之意,如清桂馥在《说文解字义证》中谈道:"《说文》'虏,获也,从毋从力',《一切经音义》十五'虏,获取也,战而俘获也'。《玉篇》'虏,获也,战获俘也'。"⑥ 后来,"虏"字出现了名词化的

---

① 史金波:《西夏时期的黑水城社会》,收入《黑水城人文与环境研究:黑水城人文与环境国际学术讨论会论文集》,中国人民大学出版社,2007。
② (元)脱脱:《金史》卷44《兵志》,中华书局,1975,第994页。
③ (明)宋濂:《元史》卷7《世祖纪四》,中华书局,1976,第141页。
④ (元)陶宗仪:《南村辍耕录》卷17《奴婢》,文化艺术出版社,1998,第238页。
⑤ 《金史》卷133《移剌窝斡传》,第2852页。
⑥ (清)桂馥:《说文解字义证》,齐鲁书社,1987,第594页。

倾向，如司马贞对《史记》卷一一一《卫将军骠骑列传》所作索引云："青本奴虏，忽升戎行。"① 文书中出现的"驱虏"一词中的"虏"字不可能是动词，其很可能和"奴虏"的"虏"字意义相近。因此，"驱虏"应当具有"奴仆"之意，也有可能是作"奴仆"的俘虏。另外，从本件文书所载的两名"驱虏"的年龄看，他们虽属未成年的孩子，但已具有了"驱虏"的身份，因此可以推测，在西夏时期的"驱虏"身份应当具有继承性。这一点和金元时期的"驱口"等非常相似，因此说，把"驱虏"理解成"奴仆"是讲得通的。但据上文有关"驱口"等的记录可知，将"驱虏"解释为"使军"尚缺依据。

"驱虏"既然和"奴仆"相类，这就表明了在"杨青士户下"这两个人的身份地位非常低下，已接近于奴隶。本件文书成文时间是在光定十三年（1223），即西夏灭亡前的第四年，这说明即便是在西夏末期，其奴隶制的残余仍然存在。西夏史研究前辈吴天墀先生曾言：

> 继迁、德明统治时期，在夏宋沿边邻接地区，人口贩卖的流行，逃亡夏境的军民多被奴畜，这些事实也足以证明西夏社会即使进入封建阶段后，也还有奴隶制的严重遗留或其局部的发展。②

通过《杀人状》文书中有关"驱虏"的记载可知，吴天墀先生的观点是正确的，且为此提供了实证新材料。

《杀人状》另一个重要价值是文书中关于西夏"千户"的记载。文书中共出现"千户"两次，即第3行的"刘千户"和第18行的"千户刘寨"。从文书的内容看，这两个"千户"应当是指同一个人，即"刘寨"。文书的署名既然是"千户刘寨"，那就可以肯定，此处之"千户"不可能是刘寨的赏赐户口数，而应当是刘寨的官职。笔者遍阅西夏史料，却没有发现相关的记载。仅从

---

① （汉）司马迁：《史记》卷111《卫将军骠骑列传》，中华书局，1963，第2947页。
② 吴天墀：《西夏史稿》，四川人民出版社，1980，第160页。

这一点看，文书《杀人状》有关西夏"千户"的记载无疑具有重要的文献学意义。它表明了在西夏时期，夏王朝曾经有过"千户"的设置，这可以补文献记载的缺漏，这在西夏汉文资料奇缺的今天无疑具有很高的史料价值。

那么，在西夏"千户"一职到底是一个怎样的性质呢？西夏在官制上基本上是沿用宋朝的体制。如西夏的中央官制，西夏学专家李范文先生在《西夏通史》中转引《西夏纪》卷六的记载称："其制多与宋同。"① 而关于西夏的地方行政机构，李范文先生认为："根据汉文史书的记载，基本上沿用了唐、宋中原地方行政建置的府、州（郡）、军、县等制度。"② 从中央到地方，西夏的官职名称大体上与宋朝的没什么两样。下面暂举几例，如西夏中央的最高机关由：中书、枢密、三司组成，中书的属官有侍郎、散骑常侍、舍人、司谏等；枢密掌兵权与宋同，其属官有枢密、同知、副使、承制等；三司沿袭宋三司而设，其属官主要有正使、副使、盐铁使、度支使等。而地方官的设置如承旨、都案、同判、案头、刺史等等。③ 在军事上，西夏则仿效宋朝的"厢"、"军"建制，在全国建立了"左右厢十二监军司"。其中在监军司中"设都统军、副统军、监军使一员，以贵族豪右领其职，余指挥使、教练使、左右侍禁官数十，不分番汉悉任之"。④ 在西夏按宋朝的政治、军事体制所建立的官制系统中未见"千户"一职，这很可能是与宋朝的官制中没有"千户"的设置有关。因此笔者推测，文书《杀人状》中所载的"千户"一职应当不属于西夏仿照宋朝的政治、军事体制所建立的官制系统，"千户"应当属于另外的官制体系。

在西夏的军事体制中有一种特别的规定，而这一规定是与宋朝的军事体制不同，《宋史》卷四八六《夏国传下》载：

其民一家号一帐，男年登十五为丁，率二丁取正军一人。每负赡一

---

① 李范文：《西夏通史》，人民出版社、宁夏人民出版社，2005，第381页。
② 《西夏通史》，第403页。
③ 《西夏通史》，第381~406页。
④ （清）吴广成撰、龚世俊等校证《西夏书事校证》卷12，甘肃人民出版社，1995，第142页。

人为一抄。负赡者，随军杂役也。四丁为两抄，余号空丁。原隶正军者，得射他丁为负赡，无则许射正军之疲弱者为之。故壮者皆习战斗，而得正军为多。①

研究金史的专家张博泉先生在谈到这段记载时曾说："这里的正军与负赡都是从民户的丁男中签征的，与女真同。正军是习战斗的壮者，负赡是疲弱者，正军之疲弱者也许射为负赡。负赡是疲弱者的非正式的士卒。这种从丁男中签征的负赡也不是奴仆，相当于女真猛安谋克中的阿里喜。"② 而关于金代女真"猛安谋克"制中的各级官号记载是这样的：

（金朝）其官名则以九曜二十八宿为号曰：谙版孛极列（大官人，谙版孛极列改作安班贝勒），孛极列（官人，孛极列改作贝勒），其职曰：忒母（万户，忒母改作图们），萌报（千户，萌报改作明安），毛可（百人长，毛可改作穆昆），蒲里偃（牌子头，蒲里偃改作富埒晖），勃极列（改作贝勒）者统官也。③

由此可见金代猛安谋克系统中的各级官号有忒母（万户）、萌报（千户）、毛可（百人长）、蒲里偃（牌子头），亦即万户、猛安（千户）、谋克（百人长）、蒲里衍构成了猛安谋克的职官系统。换言之，金代猛安谋克完整的编制是由万户、猛安（千户）、谋克（百人长）、蒲里衍构成的。此外，《金史》卷四四《兵志》亦载：（海陵王天德）三年，以元帅府为枢密院，罢万户之官，诏曰："太祖开创，因时制宜，材堪统众授之万户，其次千户及谋克……"④ 在金代的猛安谋克制中，"千户"就指"猛安"。《金史》卷

---

① （元）脱脱等：《宋史》卷486《夏国传下》，中华书局，1977，第14029页。
② 张博泉：《金史论稿》，吉林文史出版社，1986，第267页。
③ （宋）徐梦莘：《三朝北盟会编》卷3"重和二年正月十日丁巳"，上海古籍出版社，1987，第18页。
④ 《金史》卷44《兵志》，第1003页。

四四《兵志》云:"谋克之副曰蒲里衍,士卒之副从曰阿里喜。"① 此处所言的"士卒"即指"正军"。可以说,在金代的猛安谋克制中,"正军、阿里喜"之上就是"谋克",而"谋克"之上是"猛安"即"千户"。金代的"猛安谋克"既是政治制度,又是军事制度。虽然金代在政治、军事上都存在仿宋官制,但其"猛安谋克"制则不属于仿宋官制的体系。

西夏与金朝曾长期共存,这两个王朝在很多方面有诸多相似之处。比如,西夏与金朝都是由少数民族建立的政权,西夏为党项族建立,金为女真人建立,他们又同是被蒙古军灭亡;西夏与金朝相互接壤且交往密切,他们之间既有贸易往来,又有相互的交聘活动和不断的战争,他们在官制上又都曾仿效宋朝官制建立起自己的官制系统等。因此,很难排除西夏与金之间在政治、军事制度上存在相互影响、相互借鉴的可能。既然金朝的"千户"(猛安)不属于仿宋官制体系,而西夏的"千户"也不属于其仿宋政治军事体制,且西夏的军事制度中又存在如同金"猛安谋克制"中与"正军与阿里喜"相类的"正军与负赡"的设置,因此笔者作一大胆的推测,在西夏的官制体系中亦可能存在如同金代的"猛安谋克"制的体制,且西夏的"千户"一职应当属于这一体系。

另外,杜建录先生在《黑城出土的几件汉文西夏文书考释》一文中亦言:呈状人的"千户"一职在其他夏、汉文献没有出现过,值得重视。"千户"本是女真"猛安谋克"制下的一种军职……呈状反映出西夏后期在金朝的影响下,也设置了"千户"一职。同时杜建录先生为求稳妥还补充道:"当然,也有可能是金朝的'千户',被西夏俘获或主动投奔西夏后,继续任'千户'一职。"② 笔者认为杜先生关于"千户"第二种假设存在的可能性较小。因为,假如此"千户"果为金职,那么,千户刘寨降夏后很难依然保持原有的官职。因此,笔者以为,西夏存在类似"猛安谋克"制度的可能性较大。

(本文为首次刊发)

---

① 《金史》卷44《兵志》,第992页。
② 杜建录:《黑城出土的几件汉文西夏文书考释》,《中国史研究》2008年第4期,第116页。

关于两件黑水城西夏汉文文书的初步研究

杜立晖

《俄藏黑水城文献》第6册第299页，收录有编号为俄 ИНВ. No. 2150A 与俄 ИНВ. No. 2150B 的文书两件，《俄藏黑水城文献》第6册《附录·序录》将俄 ИНВ. No. 2150A 号文书拟题为"三司设立法度文书"，将俄 ИНВ. No. 2150B 号文书拟题为"违越恒制文书"，对于这两件文书的具体情况，《附录·序录》载道：

  西夏写本，西夏文刻本经折装《大般若波罗蜜多经》卷第一百零九封套裱纸，共二件残片，文字不能连接。楷书，墨色偏淡。

  A. 三司设立法度文书。高7.5，宽31.3。共16行，行10字。下部裁去。有"天庆元年（1194，仁宗在位）正月""圣旨三司系管收""分司属繁""中书副提点""检会""御札子""汉都案案头司"等字，可见西夏职司系统严密。

  B. 违越恒制文书。高5，宽31.3。共12行，行6字。上下被裁去。有"书密院案头""都案""司选"等字。

  背为习字，（A）背上方先写大字"吉宜入新年呈上了"，下各写习写2行小字。（B）背无大字。每小字习写4行，所习写字分别为：年、宝马、扶等。①

---

① 《俄藏黑水城文献》第6册《附录·叙录》，上海古籍出版社，2000，第62页。

通过以上可知,这两件文书均为"西夏写本",为"西夏文刻本经折装《大般若波罗蜜多经》卷第一百零九封套裱纸",且其中编号为俄 ИНВ. No. 2150A 的文书有明确的纪年,即西夏"天庆元年(1194,仁宗在位)正月",因此,可以确切地认为,这两件文书为西夏汉文文书无疑。关于这两件西夏汉文文书,至今尚无专论,因此笔者拟就这两件文书的有关问题试作粗浅的探讨。

一

从《俄藏黑水城文献》第 6 册所载图版可见,由于裱糊经卷的原因,这两件文书残损严重,处于上部的俄 ИНВ. No. 2150A 号文书下残,后缺;处于下部的俄 ИНВ. No. 2150B 号文书不仅上下残缺,前后残缺,且文书中部亦有文字漫漶不清,关于这两件文书文本信息的情况说明如下:

首先,《俄藏黑水城文献》编者将俄 ИНВ. No. 2150A 号文书第 1 行识读为"三司设立法度"等字,且据此将此件文书拟题为"三司设立法度文书",值得商榷。本件文书第 1 行的第 1 个字漫漶不清,能看清者仅文字的"两横",若仅仅通过正常的方法识读,且根据下文的"三司"二字判断,文书第 1 行很容易识读为"三司设立法度"等文字。通过图版可见,背面的俄 ИНВ. No. 2150V 习字文书要比俄 ИНВ. No. 2150A 号文书清晰一些,将俄 ИНВ. No. 2150V 习字文书背对光影后发现,俄 ИНВ. No. 2150A 号文书的第 1 行第 1 个字很明显为"得"字,俄 ИНВ. No. 2150A 图版仅存的"两横",实为"得"字中间的两横,因此需将《俄藏黑水城文献》编者识读的录文加以改正。由于识读得不够准确,《俄藏黑水城文献》编者所拟定的文书名称"三司设立法度文书"显然也需作进一步探讨。

其次,俄 ИНВ. No. 2150A 号文书第 13 行,《俄藏黑水城文献》第 6 册《附录·序录》中识读出"汉都案案头司"等字,根据《天盛改旧新定律令》汉文译本第九卷《行狱杖门》记载:"一 诸司承旨、习判、都案、案头、司吏、都监、小监等不许于司中行大杖。违律时，有官罚马一，庶人十三杖"①，"一 等都监及小监、局分都案、案头、司吏等"② 等记载推知，文书第 13 行"汉都案案头司"之后所缺文字应为"吏"。

再次，俄 ИНВ. No. 2150A 号文书第 2 行第一字，为一长横。根据《天盛改旧新定律令》汉文译本《前言》介绍，"西夏《天盛律令》原书有严谨的书写格式：每条第一字为西夏文'一'字，顶格书写"③，而本件文书的第 2 行亦是长写的"一"字，可见，本件文书虽然是汉文文书，但其书写格式是符合西夏《天盛律令》等成文法的规定的。同时，这一长写的"一"字，并非为西夏人所首创，"这种横道，在唐宋文书中属于书写符号，其表示上一事项的结束和下一事项的开始，可称之为'事项符号'"。④ 因此可知，在文书制度上，西夏文书的书写范式很明显有对唐宋文书"事项符号"的继承。

再次，对于俄 ИНВ. No. 2150A 号文书第 1 行之"司"字需稍做说明。通过文书第 1 行"得司设立法度"一语可知，此处之"司"字当为一级官署名称。"司"作为一级官署名称至少在隋唐时期就已出现，但历朝"司"的地位不同，名称不一。据《中国历史大辞典》所载：司"多用为六部之下的一级机构，隋至元称司，明清称清吏司……宋、金之尚书省、元之中书省亦设左、右司，分管六部之事。尚有属于独立的中央机构者，如金、元之大司农司，明清之布政使司；有属于地方机构者……有属于军事指挥机构者……有属于负责具体事务之机构者……"⑤ 但不管是"司"为六部所属，还是具有其他功能，在隋唐至明清时期，"司"的前面均需冠以具体的名称，如"三司"、"左司"、"右司"、"巡检司"、"布政使司"等。但在西夏官制当中，"司"作为一级官署名称，其含义却远比中原王朝官制中的

---

① 史金波、聂鸿音、白滨译注《天盛改旧新定律令》，法律出版社，2000，第 225 页。
② 《天盛改旧新定律令》，第 233 页。
③ 《天盛改旧新定律令》，第 7 页。
④ 孙继民、杜立晖：《俄藏黑水城所出一件金代军事文书再探》，《中国史研究》2007 年第 4 期，第 134 页。
⑤ 中国历史大辞典编纂委员会：《中国历史大辞典》，上海辞书出版社，2000，第 890 页。

"司"要广泛得多。据《天盛改旧新定律令》汉文译本卷十《司序行文门》记载：

> 上、次、中、下、末五品司大小、高低依条下所列实行：
>
> 上司：中书、枢密
>
> 次等司：殿前司、御史、中兴府、三司、僧人功德司、出家功德司、大都督府、皇城司、宣徽、内宿司、道士功德司、合门司、御庖厨司、瓯匣司、西凉府、扶夷州、中府州。
>
> 中等司：大恒历司、都转运司、陈告司、都磨勘司、审刑司、群牧司、农田司、受纳司、边中监军司、前内侍司、磨勘军案殿前司上管、鸣沙军、卜算院、养贤务、资善务、回夷务、医人院、华阳县、治源县、五原县、京师工院、虎控军、威地军、大通军、宣威军、圣容提举。
>
> 下等司：行宫司、择人司、南院行宫三司、马院司、西院经治司、沙州经治司、定远县、怀远县、临河县、保静县、灵武郡、甘州城司、永昌城、开边城三种工院（北院、南院、肃州）、边中转运司（沙州、黑水、官黑山、卓罗、南院、西院、肃州、瓜州、大都督府、寺庙山）、地边城司（□□、真武县、西宁、孤山、魅拒、末监、胜全、边净、信同、应建、争止、龙州、远摄、银州、和乐、年晋城、定功城、卫边城、富清县、河西县、安持寨）。
>
> 末等司：刻字司、造房司、制药司、织绢院、番汉乐人院、作首饰院、铁工院、木工院、纸工院、砖瓦院、出车院、绥远寨、西明寨、常威寨、镇国寨、定国寨、凉州、宣德堡、安远堡、夏州、绥州。①

从中可以看出，在西夏职官体系中，"司"可以分为五类，其包含了从中枢机构的"中书"、"枢密"，到中央职能司，再到地方县级单位等。凡是

---

① 《天盛改旧新定律令》，第 362~364 页。

具有行政或军事管理职能的机构统统纳入"司"的范畴，统称为"司"。因此说，在西夏职官体系中的"司"，其包含的内容极为丰富，远远超出了中原王朝"司"的职能范围。在西夏职官体系中的"司"也有很大一部分显然是借鉴于宋朝等，如"三司"、"殿前司"等，但将所有职能部门统称为"司"却是西夏的创造。因此，从"司"字可见西夏职官体系对宋朝官制的继承和创新。

基于以上认识，可以认为，俄 ИНВ. No. 2150A 号文书第 1 行之"司"字，其内涵应当是非常丰富的，这一"司"应当既包括下文中的"三司"，也包括"中书"等在内。

再次，根据文书图版和录文判断，俄 ИНВ. No. 2150A 号文书与俄 ИНВ. No. 2150B 号文书实为同一件文书。据图版可见，这两件文书分居于同纸的上下两方，它们的字迹、墨色相同，各行文字间的距离相近，因此可以初步判断它们属于同一件文书。另外，根据文书的文本信息可知，在俄 ИНВ. No. 2150A 号文书中有"都案"、"案头"、"中书"等语，在俄 ИНВ. No. 2150B 号文书中亦有"都案"、"案头"、"中书"等语，且俄 ИНВ. No. 2150A 号文书第 1 行云："得司设立法度"，而俄 ИНВ. No. 2150B 号文书第 1 行云："违越恒制"，即违反了永恒的制度，这与各司设立法度相呼应，因此可以确信，这两件文书实属同一件文书。可能是由于裱糊的原因使它们连接处的文字残损，由于文字残损严重，对于这两件文书如何具体拼合还有待进一步的研究。

最后，为下文研究方便现将两件文书按照敦煌吐鲁番文书的整理格式，初步复原如下：

1. 得司设立法度
2. 一限天庆元年正月内，承□□□□□
3. 　圣旨，三司系管收□□□□□
4. 　使所差□应入权□□□□□
5. 　结绝然系□□□□□□□

6. 显迹。又案分司属繁☐
7. 阙乏。今中书副提点☐☐
8. 历及拊擗差都案☐
9. ☐之事检会，自六部☐
10. 呈准
11. 御札子
12. 圣旨为见三司法☐
13. 汉都案案头司☐
14. ☐将旧在官吏☐
15. 八人虽添，八人见甚☐
16. 应在司属等驾☐

（中缺）

17. ☐☐违越恒制☐
18. ☐☐书密院案头☐
19. ☐☐补陛则赶☐
20. ☐☐☐求觅从☐
21. ☐☐☐处当☐
22. ☐☐☐☐聊取☐
23. ☐☐☐行遣因尔☐
24. ☐☐循而道皆☐
25. ☐☐业今后中书☐
26. ☐☐都案案头时☐
27. ☐☐司选☐都案☐
28. ☐☐则

（后缺）

二

由于文书残损严重,要想细致的了解文书的相关信息,还原文书的内容并进行准确的定名,还是具有相当的难度,现在仅能通过文书残存的文字做出初步的判定。

文书第1行"得司设立法度"即阐明,文书所有内容应依照有关"司"一级部门设立的法律制度来进行,而第2行"一限天庆元年正月内"表明的则是完成此项任务的时间限度。但通过文书第17行所载:"违越恒制"推测,文书涉及的事项在执行中,却往往违反了法度的规定,以至于中央为此事下达了"御札子"。所谓"札子",孙继民先生考证道:

> 唐宋时期"札子"文体盛行,但公文中作为下行文的"札子"却是宋代兴起。宋初徐度《却扫编》卷上记载宋太祖时:"唐之政令虽出于中书门下,然宰相治事之地别号曰政事堂,犹今之都堂也。故号令四方,其所下书曰'堂帖'。国初犹因此制,赵韩王(普)在中书,权任颇专,故当时以谓堂帖势力重于敕命,寻有诏禁止。其后中书指挥事,凡不降敕者曰'札子',犹堂帖也。"引文中的"赵韩王"即宋太祖宰相赵普。这是宋初"札子"作为下行文开始兴起的情况。以后,"札子"行用范围渐广,监司行文州县以及下属也多用札子,如上文引用的鄜延路经略安抚使的札子即是其中之一。札子作为下行文首先开始于宋朝,那么,西夏公文中使用札子文体也必然来源于宋朝无疑。《宋史》卷四八六《夏国传下》称西夏,"设官之制,多与宋同。朝贺之仪,杂用唐、宋而乐之器与曲则唐也。"既然西夏的官制"多与宋同",与官制密切相关的公文制度也必然相当程度上取则于宋代。①

---

① 孙继民:《西夏汉文乾祐十四年安排官文书考释及意义》,《江汉论坛》2010年第10期。

但在西夏汉文文书中"札子"往往是以"札付"的形式出现，如《俄藏黑水城文献》第 6 册第 300 页所载 ИНВ. No. 2208 号安排官文书：

（前缺）

1. 　　　　拾天内交还钱 肆拾捌贯捌伯文
2. 　　　　外，欠钱叁拾叁贯柒伯文①，收索不与，乞
3. 　　　　索打算。②

（中缺）

4. 　一 限张春善乾祐十一年 典到
5. 　　　　 五 文，其钱见有文契，知见人没 尝
6. 　　　　未，收索不与。
7. 　　　　右札付三司芭里你令布
8. 　　　　准此。乾祐十四年十一月初　日
9. **安 排 官**　（签押）

"札付"的本义是指"下达札子"，属于使动词，但这一用语久而久之变成了名词③，"札付"往往成为"札子"的代名词，而以"札子"原型出现在文书中却比较稀见。该文书第 11 行不仅出现了"札子"之名称，且为"御札子"，而"御"为天子的专用语，因此可以看出，本文书所涉及的内容又是根据皇帝批示的"御札子"执行的。

文书具体内容为何？从文书第 3 行所云："圣旨，三司系管收"一语推测，此句似在说明三司的管理范畴；第 12 行提到："圣旨为见三司法"，似可推知，文书内容与三司有关；第 13 行："汉都案、案头、司 吏 "，第 14 行："将旧在官吏"，第 15 行："八人虽添，八人见甚"，似在说明，旧有官

---

① " 肆拾捌贯捌伯文 外，欠钱叁拾叁贯柒伯文"，《附录·叙录》作"〔陆仟捌？捌佰？外欠钱叁仟叁？柒佰文"现据图版改。

② 此三行文字为天头处裱纸。

③ 孙继民：《西夏汉文乾祐十四年安排官文书考释及意义》，《江汉论坛》2010 年第 10 期。

吏的去留问题；文书第 18 行 "书密院案头"，则表明文书又与枢密院有关；第 25 行 "某今后中书" 一语表明，文书内容也与中书相关；第 26 行 "都案、案头时"，第 27 行 "司选□都案" 表明，文书内容与选充 "都案、案头" 相关。第 27 行 "司" 字前文字残缺，因此无法判断此处之 "司" 是指 "三司"，还是 "诸司"，或其前并未有其他限定符语。根据文书第 1 行 "得司设立法度"，及文书下文中涉及的 "三司"、"中书"、"枢密" 等机构在西夏官制中均可称为 "司" 这一现象，笔者倾向于认为，此处之 "司" 前为 "诸" 字，或未有其他定语。而文书第 20 行中又有 "求觅" 一词，基于以上认识，笔者以为，本件文书的内容应当与选充 "都案、案头" 等官吏有关，在选充 "都案、案头" 时，涉及了三司、中书、枢密等机构。

三

本件文书涉及西夏职官体系中的诸多内容，《俄藏黑水城文献》第 6 册《附录·叙录》亦言，通过文书残存文字 "可见西夏职司系统严密"。下面就文书涉及的有关西夏官制问题试做探讨。

首先，文书涉及了 "三司"。对于西夏 "三司" 的情况，孙继民先生亦有过考证，其云：

> 关于西夏的三司，《宋史·夏国传》称元昊袭封之后，"其官分文武班，曰中书，曰枢密曰三司，曰御史台，曰开封府，曰翊卫司，曰官计司，曰受纳司，曰农田司，曰群牧司，曰飞龙院，曰磨勘司，曰文思院，曰蕃学，曰汉学"。其中枢机构建置有中书、枢密、三司和御史台三司似是模仿宋朝相当于 "计省" 的 "三司" 但从《天盛改旧新定律令》的汉文译本内容看西夏的三司至少有两类，一类可能属于中枢机构，类似宋代总掌全国财计的 "三司"，另一类可能属于地方性的机构。例如第九章《行狱杖门》有 "铁索、铁锁、与无等京师令三司为之、边中令其处罚贪中为之。"第十章《司序行文门》所列次等司有三

司。这里的三司无疑属于中枢机构。又如第二十章《罪则不同门》"有所遣行，经略使局分司所在处三司所属有罚贿，则当于其中予之。若无，则于所属地方内三司、群牧司所属之官畜、谷、钱、物中如数出予，当明之而行登录"。这里的三司无疑属于地方性的机构。

总而言之，从上引以及《天盛改旧新定律令》所记内容可以判断，西夏"三司"为一机构名称，有中枢机构与地方机构之别，但无论是中枢机构还是地方机构，三司执掌都与财计有关。①

孙先生指出，在西夏官制中，"三司"具有中央与地方之别，但无论属于中央还是地方，"三司"都与财政管理有关。本件文书所涉及的"三司"与"中书"、"枢密"同时出现，因此可以判断，此处之"三司"当属于中枢之"三司"。

其次，文书涉及的"中书副提点"问题。文书第7行载有："今中书副提点"等字，无疑"中书副提点"是西夏的一类官职。众所周知，西夏的官制多仿宋制，如《西夏书事》卷十一载：

元昊自先世并吞西土三十余年，聚中国所赐资财无算，外倚契丹为援，异谋日甚。升兴州为府，改名"兴庆"，广宫城，营殿宇，其名号悉仿中国所传故事。羌俗，以帐族盛大者为长官，亦止有蕃落使、防御使、都押牙、指挥使之职。至是，始立文武班：曰中书，曰枢密，曰三司，曰御史台，曰开封府，曰翊卫司，曰官计司，曰受纳司，曰农田司，曰群牧司，曰飞龙苑，曰磨勘司，曰文思院。其制多与宋同。②

以上可见，西夏官制多采宋制，而文书中出现的"中书副提点"一职，亦当为仿宋制所设。宋代曾设立过"中书提点五房公事"一职，此职又或

---

① 孙继民：《西夏汉文乾祐十四年安排官文书考释及意义》，《江汉论坛》2010年第10期。
② （清）吴广成撰，龚世俊等校证《西夏书事校证》卷11，甘肃文化出版社，1995，第133页。

称为"中书提点五房堂后官"或"中书提点五房"等。如《宋史》卷一五三《舆服志五》载:"至和元年,诏:中书提点五房公事,自今虽无出身,亦听佩鱼。"① 《续资治通鉴长编》卷九十六载:"天禧四年,诏中书、枢密院,自今内臣传旨处分公事,并须覆奏,令中书提点五房堂后官、枢密院承旨而下,自今月十三日后,从宰臣、枢密使赴资善堂祗候。"② 由此可见,西夏官制中出现的"中书副提点"当是仿宋之"中书提点五房公事"一职所设。西夏虽然模仿宋制,但并不因循,文书中所涉"中书副提点"一职的名称,在宋代并未见及,且除文书反映出西夏中书中设有"中书副提点"外,在西夏的地方上,还设立了许多名称不同的"提点"。如《天盛改旧新定律令》卷四《边地巡检门》记载:"一 边地巡检、队提点、夜禁主管等,局分检沿口当常巡检。"③ 这里提及了"队提点"。同书卷十《司序行文门》载:"一 司等中以外:官提点、执飞禽提点、秘书监、京师工院为官治者、番汉大院。"④ 这里又有"官提点"、"执飞禽提点"等,这些"提点"也是宋代所没有的。因此,通过"中书副提点"一职可以看出,西夏官制在模仿宋制的同时又体现出创新和发展的特色。

另外,文书中出现的"中书副提点"一职还具有重要的补史功能。既然文书中涉及了"中书副提点",则可以断定,西夏定然存在"中书提点"一职,但此官制为目前史料所不载。如《天盛改旧新定律令》卷十《司序行文门》记载了西夏上品中书中有六大主事官,即智足、业全、义观、习能、副、同,另外还有承旨六人。⑤ 此职之下,为都案。据同卷同门载:"一 等诸司遣都案次第:一种中书七"⑥,都案之下,则为案头,"中书四十二、枢密四十八"⑦,而案头之下则为司吏、使人、都监等官。从此体系中

---

① (元)脱脱:《宋史》卷153《舆服志五》,中华书局,1977,第3568页。
② (宋)李焘:《续资治通鉴长编》卷96"天禧四年十二月乙酉",中华书局,1985,第2228页。
③ 《天盛改旧新定律令》,第207页。
④ 《天盛改旧新定律会》,第264页。
⑤ 《天盛改旧新定律令》,第266页。
⑥ 《天盛改旧新定律令》,第372页。
⑦ 《天盛改旧新定律令》,第374页。

并未见得"中书提点"一职。因此说，本件文书起到了补充《天盛改旧新定律令》等文献关于西夏中书官制体系记载的作用。

最后关于文书涉及的"汉都案、案头、司吏"问题。在西夏官制体系中，都案、案头等均为各司的主要官吏，在《天盛改旧新定律令》《番汉合时掌中珠》中均有详细记载。都案、案头、司吏，均为各司中的文职人员。如《天盛改旧新定律令》卷九《事过问典迟门》载："一 案头、司吏校文书者，当于外为手记。倘若其不合于文书而住滞，则校文书者依法判断。"①"一 诸司判写文书者，承旨、习判、都案等认真判写，于判写上落日期"②等。在选任都案、案头、司吏时，也往往以文化水平和处事能力为重要标准。如《天盛改旧新定律令》卷十《司序行文门》："一 中书、枢密、经略使、次中下末等司都案者，遣干练、晓文字、懂法律、善解之人。"③另外，作为军队中的案头、司吏等还具有继承性的特点。如《天盛改旧新定律令》卷六《抄分合除籍门》载："辅主强，正军未长大，当以之代为正军，待彼长成，助本人当掌职。其案头、司吏之儿子长门不识文字，则当以本抄中幼门节亲通晓文字者承袭案头、司吏抄官。"④虽然我们通过史料可以了解到都案、案头、司吏的大体情况，但对于本件文中涉及的"汉都案、案头、司吏"，史料中却没有明确的记载。因此，文书关于"汉都案、案头、司吏"的记载又进一步展现出本件文书的重要文献学价值。

另外，文书中"汉都案、案头、司吏"的记载对于研究西夏官制还具有重要意义。《西夏书事》卷十一对于西夏官制有所记载：

> 自中书、枢密、宰相、御史大夫、侍中、太尉以下，命蕃、汉人分为之。而其专授蕃职有宁令，有谟宁令，有丁卢，有丁弩，有素赍，有

---

① 《天盛改旧新定律令》，第231页。
② 《天盛改旧新定律令》，第232页。
③ 《天盛改旧新定律令》，第376页。
④ 《天盛改旧新定律令》，第261页。

祖儒，有吕则，有枢铭，皆以藩号名之。①

《宋史》卷四八五《夏国传上》亦载道：

> 自中书令、宰相、枢使、大夫、侍中、太尉以下，皆分命蕃汉人为之。②

从以上得知，西夏的职官在"中书、枢密、宰相、御史大夫、侍中、太尉"等职官之下，实行的是蕃人、汉人分制的制度。本件文书中出现了"汉都案、案头、司吏"等职表明，在西夏官制中应当还存在一类"蕃都案、案头、司吏"。同时，李蔚先生在《简明西夏史》中即指出西夏的官制是"一套官制，一个系统，而不存在两套官制，两个系统"③、"蕃官与汉官本是一套职官两种名称"。④ 李范文先生在《西夏通史》中亦指出："《宋史·夏国传上》记载的，李元昊建国初任命中央官吏有'皆分命蕃汉人为之'，是在一整套官制系统中进行的，并不意味着有另外一套'蕃官系统'。"⑤ 通过本件文书中"汉都案、案头、司吏"的记载可见，作为汉人官吏，无论是他们所任职官的名称，还是他们所任职官的排列顺序，均符合《天盛改旧新定律令》的有关规定，因此可以认为，独立的"汉官系统"并不存在。既然独立的"汉官系统"并不存在，那么就可推知，独立的"蕃官系统"亦不存在。因此说，文书中关于"汉都案、案头、司吏"的记载，又证实了李蔚先生、李范文先生对于西夏官制体系判断的正确性。

（本文为首次刊发）

---

① 《西夏书事校证》，第133页。
② 《宋史》卷485《夏国传上》，第13993页。
③ 李蔚：《简明西夏史》，人民出版社，1997，第99页。
④ 《简明西夏史》，第100页。
⑤ 李范文：《西夏通史》，宁夏人民出版社，2005，第402页。

附　　录

闽宁村西夏墓墓主蠡测

赵生泉

1995年,银川市文物管理处在贺兰山东麓的永宁县闽宁村发现了一处墓地,并初步确定为西夏墓地。1999年,因修建水渠,部分墓葬遭到破坏。2000年初,不法分子盗掘了其中一座,文物考古工作者知道后,于当年及次年夏开展发掘工作,共清理8座墓葬,4处碑亭。其中M7及B2、3、4发现有字碑石数百块。通过三、四号碑亭T12:4"(野)利公讳"、T12:5"郎张陟撰"、二号碑亭B2:178残碑"大夏故中……/臣闻野利"等残碑提供的信息,有关专家判断这是西夏野利氏的家族墓地。又据M7:29残碑左侧最后一列"……四海……/……时天禧……"及三、四号碑亭T27:5"武皇",推测时代为西夏建国前后,即李德明时代到李谅祚时期。但因碑石残缺过甚,又曾经过盗扰,难以缀合,所以未能做进一步研究。

一 M7

M7前有碑亭(B1),出土无文字残碑。[1]《闽宁村西夏墓地》称墓室内扰土中出土残碑11块,均有字。[2] 然《中国藏西夏文献》第18册录

---

[1] 宁夏文物考古研究所:《闽宁村西夏墓地》,科学出版社,2004,第79页。
[2] 《闽宁村西夏墓地》,第62~66页。

13 块，或系后来又整理出者。墓中曾出土 9 件铁甲片①，表明墓主生前为武将②。

据 M7:29 残碑左侧最后一列有文字"……四海……/……时天禧……"可知此碑作于天禧年间（1017~1021）。天禧为北宋真宗年号，当时党项占领宁夏平原仅十余年，党项大首领李德明（981~1032）已与宋讲和，并接受北宋册封，奉宋"正朔"，所以此碑使用北宋年号纪年并不奇怪。又，天禧四年（1020）改怀远镇为兴州，自灵州徙都之。③《宋史》卷八《真宗纪三》谓乾兴元年（1022）春正月辛未朔始改元，则 M7 或许是天禧四年、五年间下葬。

M7:24 原释："……□……/……四年□……/……恋绝莫□……/……府直欲……/……帝治……"然第三行首尾二字及第五行末字均不确，应为："……□……/……四年□……/……悬绝莫 能 ……/……府直欲……/……帝 崩 ……"《宋史》卷四八五《夏国传上》载咸平四年（1001）至景德元年（1004）正月间事曰：

四年，麟府副部署曹璨率熟户兵邀继迁辎重于柳拨川，杀获甚众。九月，来攻破定州、怀远县及堡静、永州，清远军监军段义叛，城遂陷。五年三月，继迁大集蕃部，攻陷灵州，以为西平府。六年春，遂都于灵州，诏遣张崇贵、王涉议和，割河西银、夏等五州与之。六月，复以二万骑围麟州，诏金明巡检李继周击之。围未解，麟州部署请济师，真宗阅地图曰："麟州依险，三面孤绝，戮力可守，但城中乏水可忧耳。"乃遣兵走援。继迁果据水砦，薄城已五日，知州卫居宝出奇兵突战，缒勇士城下，城上鼓噪，矢石如注，杀伤万余人，继迁乃拔去，遂率众攻西蕃，取西凉府，都首领潘罗支伪降，继迁受之不疑。罗支遽集

---

① 《闽宁村西夏墓地》，第 60~61 页。
② 《闽宁村西夏墓地》，第 143 页。
③ 罗福苌、罗福颐集注，彭向前补注《宋史夏国传集注》，宁夏人民出版社，2004，第 84 页。

六谷蕃部及者龙族合击之，继迁大败，中流矢。八月，复聚兵浦洛河，声言攻环州，诏张凝等分兵以待之。景德元年正月二日卒，年四十二，子德明立。①

与碑文对照，"四年"，即"攻破定州、怀远县及堡静、永州，清远军监军段义叛，城遂陷"；②"悬绝莫能"，指灵州之陷；"府直欲"，系改灵州为西平府并迁都，或攻克凉州后欲乘势抚平西蕃，故受潘罗支伪降而"不疑"等事；"帝崩"，乃凉州中伏受箭伤而死之事。所有这些战事，墓主都在军中，是李继迁得力助手。准此，此处可断句为："……□……/……四年□……/……悬绝，莫能……/……府。直欲……/……帝崩……"

又，M7：22 原释："……州……/……定西……/……祀……/……□……"次行"祀"之次前缀画为"一"，殆"天"字，故为："……州……/……定西……/……祀天……/……□□……"《宋史》卷八七《地理志三》载秦州成纪县有堡寨曰定西、小定西③，又谓兰州、巩州（原通远军）先后辖定西城，乃元丰四年（1081）以兰州西使城改，五年又改定西城为通远军，而以汝遮堡为定西城，属通远军。④碑既立于天禧间，不应与兰、巩二州之定西城有关，而史书未言天禧前西夏有攻略秦州定西寨事，则"定西"在此未必是指地名。愚意"西"下落"凉"字，即略定西凉府之意。《宋史》卷四八五《夏国传上》载元昊于宝元元年（1038）十月称帝后，"遣潘七布、昌里马乞点兵集蓬子山，自诣西凉府祠神"⑤。开国之初，即远赴西凉（今甘肃武威）"祠神"，可见西凉府对党项一族具有某种特殊意义。当地至今流传的关于李继迁出生的神话，也可以视为这种意义

---

① （元）脱脱：《宋史》卷485《夏国传上》，中华书局，1977，第13988页。
② 《宋史》卷6《真宗纪一》载咸平四年"冬十月，曹璨以番兵邀李继迁辎重于唐龙镇"（第116页）或柳拨川之役。
③ 《宋史》卷87《地理志三》，第2155页。
④ 《宋史》卷87《地理志三》，第2165~2166页。
⑤ 《宋史》卷485《夏国传上》，第13995页。

的表现之一。

　　墓主身份的判定，可由 M 7 : 26 略见端倪。此块残碑原释"……利……/……全齐……/……元……"然"利"之下字上部似"八"，为"公"之残顶，第三行"元"上亦残存字边，不可识，故可补为"……利 公 ……/……全齐……/……□元……"其中"利公"乃"野利公"之残，则碑主为野利氏。这一点，与发掘者的推测一致。此外，M 7 : 21 为篆书，应为碑额，《闽宁村西夏墓地》未释，审图片似" 功勋 "或" 功勤 "，以下字存左半，底部似为"土"，故以后者较妥。《后汉书》卷六五《段颎传》："时窦太后临朝，下诏曰：'先零东羌历载为患，颎前陈状，欲必埽灭。涉履霜雪，兼行晨夜，身当矢石，感厉吏士。曾未浃日，凶丑奔破，连尸积俘，掠获无算。洗雪百年之逋负，以慰忠将之亡魂。功用显著，朕甚嘉之。须东羌尽定，当并录功勤。今且赐颎钱二十万，以家一人为郎中。'敕中藏府调金钱彩物，增助军费，拜颎破羌将军。"① 《北齐书》卷五〇《恩幸传》："高阿那肱，善无人也。其父市贵，从高祖起义。那肱为库典，从征讨，以功勤擢为武卫将军。"② 均就军功起言，与墓中出土的铁甲片堪为表里。再加上 M7 的墓道"呈上窄下宽状"，合乎隋唐埋葬思想。③ 其他墓则反之或上下宽度一致，足见墓主人是与李继迁年、辈相仿的野利氏成员。④

　　此外，M7 : 23 存单字"武"，很容易被理解为"武帝"或"武皇"之省。但据《宋史》卷四八五《夏国传上》，大中祥符五年（1012），德明追上继迁尊号曰"应运法天神智仁圣至道广德孝光皇帝"⑤；元昊追谥曰"神武"，庙号太祖，墓号裕陵。此墓既葬于天禧年间，即德明在位时期，不应出现带"武"的谥号。

---

① （南朝宋）范晔：《后汉书》卷 65《段颎传》，中华书局，1965，第 2149 页。
② （南）李百药：《北齐书》卷 50《恩幸传》，中华书局，1972，第 690 页。
③ 《闽宁村西夏墓地》，第 145 页。
④ 《闽宁村西夏墓地》，第 142 页。
⑤ 《宋史》卷 485《夏国传上》，第 13989 页。

二 M1 三、四号碑亭

《闽宁村西夏墓地》称三、四号碑亭大小残石有 212 块，《中国藏西夏文献》第 18 册著录 202 块。

有若干篆书碑额，可缀合。如 T11、T12 各一残碑（上：N42·001 [T12]，202~190；下：N42·001 [T11]，202~186），可拼为"国"字。又 N42·001 [T12]（202~188）为"夏"之上半，故知此"国"非爵位用字，可作为立国后之证据。

又如 N42·001 [T11]（202~183），"功"之右半；N42·001 [T12]（202~189），"事"？"某某部院事"之意；N42·001 [T31]（202~197、198、199、201、202），似可缀为"大"。至于 T10：2、T11：1、T12：11、T12：14、T12：26、T25：1、T27：4（T37，202~158，与之颇近）、T28：1、T30：3、T32：4、T33、T37：4 等较工整，刻画精细，似为一件。其他尚可甄别。

T11 出土一碑额残块（N42·001 [T6]，202~178），9.5×15.5，残存篆字"铭"之左下角，"颂"之左半及右半左下角，连读即"铭颂"二字，可与 T10：1、T12：28 之楷书"颂并序"比观。又，图片表明 T10：1、T12：28 是碑版右侧边缘，说明 M1 前至少有二碑，风格一方劲（如 T12：28、T12：2），一瘦挺（如 T10：1、T11：11）。余者较粗糙。

根据这些残碑，可以得出如此判断：

第一，墓主为野利氏家族成员，生前是西夏重臣。

T12：4 残碑："……（野）利公讳……/我朝结……" T12：5 曰 "……郎张陟撰/……材每……" 表明此碑是张陟为某位野利氏大臣而作。《宋史》卷四八五谓元昊称帝前"以嵬名守全、张陟、张绛、杨廓、徐敏宗、张文显辈主谋议，以钟鼎臣典文书，以成逋、克成赏、都卧、如定、多多马宝、惟吉主兵马，野利仁荣主蕃学"。① 说明张陟是元昊的重臣。此外，

---

① 《宋史》卷 485《夏国传上》，第 13994 页。

明《嘉靖宁夏新志》卷八著录汉文大庆三年（1038）《大夏国葬舍利碣铭》即张陟奉敕撰，而署衔曰"右仆射兼中书侍郎平章事"，① 与残碑署衔吻合。若非朝廷重臣，不可能请得动张陟来撰写碑文。

T9：1 原释："……鱼丽……/……朝……"应为"……□鱼丽□……/……朝……"《诗经·小雅》有《鱼丽》之章，凡六章，三章四句，三章二句，《毛诗》以为"美万物盛多，能备礼也"。《后汉书》卷七四下《刘表传赞》谓表"鱼俪汉舳"②。《北史》卷二《魏本纪第二》载：和平三年十二月乙卯"制战阵之法十有余条，因大傩曜兵，有飞龙腾蛇鱼丽之变，以示威武"。③ 皆状其武力之盛。在此当大致不出此意，而表示西夏朝堂人才鼎盛，故应在建国以后，与碑额残石中的"夏""国"隐然相应。

第二，墓主以武功立身，又有才学。

T27：6 原释"……□额……"据图片应为"……㯟额……"㯟音lí，《尔雅·释言》："㯟，漉也。"郝懿行义疏："漉者，渗也。"《说文》："㯟，顺流也。"即渗流，下渗意。在此当指血、汗满额，寓墓主人作战勇猛，不辞劳苦之意。

T11：1 为"……文字……/……于典……/……之才……"④ "典"下之字残泐，但有两点隐然可辨，似"籍"之"竹"头，联言即《宋史》卷四八五《夏国传上》所谓元昊"晓浮图学，通蕃汉文字，案上置法律，常携野战歌、太乙金鉴诀"⑤ 之意，即墓主精通多种文字，饱读典籍，见识不凡。其中"文字"未必与创制西夏文有关。总之，此段文字是对墓主人的赞美，很可能是所谓"铭"。

第三，墓主的死亡有隐情。

---

① 是碑久佚，文载《嘉靖宁夏新志》卷八。罗福颐《西夏文存》定在天庆三年（1196），牛达生谓为"大庆"之误。
② 《后汉书》卷74下《刘表传赞》，第2425页。
③ （唐）李延寿：《北史》卷2《魏本纪第二》，中华书局，1974，第72页。
④ 原释："……文字……/……于典……/……才……"，据图片改。
⑤ 《宋史》卷485《夏国传上》，第13992页。

T27∶4 原释："……也……/……车载樠……"樠，音 mán，木名，《汉书》卷九六下《乌孙传》称其国"山多松樠"①，颜师古注："樠，木名，其心似松，音武元反。"《左传·庄公四年》谓楚武王将伐隋，出发前对夫人邓曼说："余心荡。"邓曼预感到"王禄尽矣"，但又认为："若师徒无亏，王薨于行，国之福也。"于是，"王遂行，卒于樠木之下"②。"载樠"用此典以寓墓主之死亡。

T12∶14 原释："……陈□……"应为："……陈馀……"陈馀（？~前204），大梁（今河南开封）人，与张耳为刎颈之交，秦末俱佐陈胜部将武臣据赵地。武臣死后，二人拥立赵歇为王，旋因巨鹿之围反目。项羽分封诸侯王时，封张耳为赵王，而仅封陈馀为侯，馀不平，乃联合齐王田荣击走张耳，复立赵歇，自为代王。韩信平定魏地后，与张耳攻赵，败陈馀于井陉，后斩之于泜水之上。《史记》卷八九《张耳陈馀列传论》：

> 太史公曰：张耳、陈馀，世传所称贤者；其宾客厮役，莫非天下俊桀，所居国无不取卿相者。然张耳、陈馀始居约时，相然信以死，岂顾问哉。及据国争权，卒相灭亡，何乡者相慕用之诚，后相倍之戾也！岂非以势利交哉？名誉虽高，宾客虽盛，所由殆与太伯、延陵季子异矣。③

碑文用此典，殆寓朋友相交而无令终之意。

《宋史》卷四八五《夏国传上》载庆历元年（1041）二月，"元昊乃归塞门砦主高延德，因乞和，知延州范仲淹为书陈祸福以喻之。元昊使其亲信野利旺荣复书，语犹嫚"。④《续资治通鉴长编》卷一六二"庆历八年正月"

---

① （汉）班固：《汉书》卷96下《乌孙传》，中华书局，1964，第3901页。
② 顾馨、徐明点校《春秋左传》，辽宁教育出版社，1997，第29页。
③ （汉）司马迁：《史记》卷89《张耳陈馀列传论》，中华书局，1963，第2586页。
④ 《宋史》卷485《夏国传上》，第13998页。

记元昊之卒后，记其妻室曰：

> 五曰野利氏，遇乞从女也，颀长，有智谋，曩霄畏之，戴金起云冠，令他人不得冠。生三子，曰宁明，喜方术，从道士路修篁学辟谷谷，气忤而死。次宁令哥，曩霄以貌类己，特爱之，以为太子。次薛埋，蚤死。后复纳没移皆山女，营天都山以居之。野利之族宣言，吾女嫁二十年，止故居，而得没移女，乃为修内。曩霄怒。会有告遇乞兄弟谋以宁令哥娶妇之夕作乱，曩霄遂族遇乞、刚浪崚、城逋等三家。既而野利氏诉，我兄弟无罪见杀，曩霄悔恨，下令访遗口，得遇乞妻阊于三香家。后与之私通，野利氏觉之，不忍诛，遇乞妻乃出为尼，号没藏大师。①

按，"刚浪崚"当即"旺荣"之音译。数十年亲信，一朝被戮，而且是灭家之屠，与张耳陈馀有过之而无不及。就此而言，M1 埋葬的应该是野利氏遇乞、刚浪崚、城逋三人中的一员。

又，T27:5，原释"……武皇……"应为："……□位……/……武皇……。"《宋史》卷四八五《夏国传上》载继迁死后，"元昊追谥曰'神武'，庙号太祖，墓号裕陵"②。李元昊死后，"谥曰武烈皇帝，庙号景宗，墓号太陵"。③ 此处的"武皇"，应系元昊谥号之省称，残文之意当为新皇帝即位，褒扬先帝旧臣，故为立碑云云，故此墓当葬于谅祚时。④ 考虑到元昊、没藏讹庞重视番礼、番文，元昊之 3 号陵亦无汉文碑，但谅祚喜汉礼，所以立碑应在谅祚剿灭讹庞势力，真正掌权之后。此后，秉常时汉、番礼曾有反复，乾顺时汉礼渐重，6 号陵的陪葬墓 161 号的汉文残碑风格与 M1 残碑相近，似乎后来又曾在此立碑。

---

① （宋）李焘：《续资治通鉴长编》卷 162 "庆历八年正月辛未"，中华书局，1985，第 3901 页。
② 《宋史》卷 485《夏国传上》，第 13989 页。
③ 《宋史》卷 485《夏国传上》，第 14000 页。
④ 《闽宁村西夏墓地》，第 142 页。

三 M14 二号碑亭

M14 在墓地西北角，与其他墓关系较疏远，且未发掘。《闽宁村西夏墓地》称 14 件，《中国藏西夏文献》第 18 册著录 16 块，且风格异于其他 14 件（或一号碑亭所出，而讹入者？）。书法极工整，有颜风，似西夏后期所为。碑石残损颇重，1 字以上者仅 10 件①，但有两件可据文意断为正文后面的韵文《铭》：

其一，B2：104，原释："土昆/口失承天"应为："口/口土昆/柱失承天。""承天"，即承奉天意，《易·坤》："至哉坤元，万物资生，乃顺承天。"在此指墓主行为合乎臣子之节，其死亡对国家、君王而言，是重大损失。准此，"土昆"当作"口土昆仑"，意为墓主是国家柱石。

其二，B2：141，称："……惟贤或/……口……"② 第二行"口"字号略小，疑为"修"。断句应在"贤"后。

M14 二号碑亭 B2：178 为碑石右上角残块，存 4 列 12 字，曰"大夏故中……/臣闻野利……/能制永……/雠侣③……"第三行第三字"永"不通，且伸向左下方的斜笔亦与"永"有异，当系"衣"之讹；第四行存"雠"下一字左上一笔向左下斜掠，右侧上方为"口"，故拟为"侣"。第一行应系碑名，第二行为碑文之始。开篇径称"臣闻"，表明碑文所述为往昔之事，应系若干年后追立之碑。

首行第四字"中"应为官名之首字。《宋史》卷四八五《夏国传上》载元昊立国前"其官分文武班，曰中书，曰枢密，曰三司，曰御史台，曰开封府，曰翊卫司，曰官计司，曰受纳司，曰农田司，曰群牧司，曰飞龙院，曰磨勘司，曰文思院，曰蕃学，曰汉学。自中书令、宰相、枢使、大夫、侍中、

---

① 《闽宁村西夏墓地》，第 105 页。
② 《闽宁村西夏墓地》释"……惟贤口……""或"据图片释出，"口"字号略小。《闽宁村西夏墓地》第 105～106 页。
③ 《闽宁村西夏墓地》第 105 页末行作"口雠"，据图片改。

太尉已下，皆分命蕃汉人为之"①。中书长官有中书令、中书侍郎等。

第三行第三字"衣"，当即"制衣冠"之意。《白虎通义》卷九"衣裳"条：

> 圣人所以制衣服何？以为絺绤蔽形，表德劝善，别尊卑也。所以名为衣裳何？衣者，隐也；裳者，障也，所以隐形自障闭也。《易》曰："黄帝尧舜，垂衣裳而天下治。"何以知上为衣下为裳？以其先言衣也。《诗》曰："褰裳涉溱。"所以合为下也。《弟子职》言"抠衣而降也"。名为衣何？上兼下也。②

可见衣冠制度在古代具有政治含义。《后汉书》卷八九《南匈奴传论》称汉朝为南匈奴"制衣裳，备文物，加玺绂之绶，正单于之名"，边塞因之"晏然矣"③，亦不出此意。《宋史》卷四八五《夏国传上》载元昊继承父位以后，设立文武官司：

> 文资则幞头、靴笏、紫衣、绯衣；武职则冠金帖起云镂冠、银帖间金镂冠、黑漆冠，衣紫旋襕，金涂银束带，垂蹀躞，佩解结锥、短刀、弓矢韣，马乘鲵皮鞍，垂红缨，打跨钹拂。便服则紫皂地绣盘球子花旋襕，束带。民庶青绿，以别贵贱。④

《宋史》卷四八五《夏国传上》又载其宝元二年（1039）上宋表曰：

> 臣偶以狂斐，制小蕃文字，改大汉衣冠。衣冠既就，文字既行，礼

---

① 《宋史》卷485《夏国传上》，第13993页。
② （汉）班固：《白虎通义》卷9《衣裳》，《万有文库》第二集，商务印书馆，1937，第363~364页。
③ 《后汉书》卷89《南匈奴传论》，第2997页。
④ 《宋史》卷485《夏国传上》，第13993页。

乐既张，器用既备，吐蕃、塔塔、张掖、交河，莫不从伏。①

自得之情，溢于言表，可见西夏举国对创制文字，定制衣冠等措施的看重。总之，西夏立国以前，在衣冠制度方面已有所建设。然史料止于记事，而此残碑则表明某位野利姓大臣于此起了一定作用。

第四行存"雠侣"两字，"雠"之本义为"校对文字"，但亦通"仇"，又有同等、应对意，与"侣"联言指君臣无间，合作愉快。

B2：148，《闽宁村西夏墓地》未收，《中国藏西夏文献》第 18 册载图片，可释："册拜□。"所谓"册"，即册命；"拜"，即授予更高的官爵。《宋史》卷四八六《夏国传下》：

（绍兴）三十二年，夏国移置中书、枢密于内门外。大禁奢侈。始封制蕃字师野利仁荣为广惠王。②

《西夏书事》卷十六称仁荣为"野利后疏族"，而 M14 与其他墓，特别是 M1 关系疏远，符合其"疏族"身份，故墓主可定为野利仁荣，则其应为仁孝时所立，宜乎其工整也。准此，"册拜"殆为"册"为广惠王而"拜"为制蕃（番）字师之意。

（本文为首次刊发）

---

① 《宋史》卷 485《夏国传上》，第 13995 页。
② 《宋史》卷 486《夏国传下》，第 14025 页。

天祝县出土西夏文"首领印"质疑

赵生泉

《甘肃省博物馆文物精品图集》（下文简称《图集》）著录一方"西夏文'首领'铜印"，相关说明文字如下：

> 印高 3.1 厘米，印宽 5.3 厘米，印面近方形，圆角。印文为西夏文九迭篆两个字，阳文，汉译为"首领"二字。印背左右两边各刻一行西夏文行书，右边一行 5 个字，汉译为"应天龙兔年"，是颁印的时间。左边一行 7 个字，汉译为"首领居地乙乙居"，是司印者的官职、姓名。印纽上端有一个西夏字，汉译为"上"字。这方首领印，为研究西夏历史有重要意义。①

这些情况，与黎大祥先生 2009 年 7 月 8 日的博客基本一致，但黎文又说它是 20 世纪 80 年代在天祝藏族自治县出土，并认为右背款应读为"应天龙，兔年"，都是《图集》所没有的。所谓"应天龙"，黎文认为是襄宗安全"为了消除弑君篡位的罪名"，标榜自己是"真龙天子"的自命；"兔年"即卯年，亦即应天丁卯年。据此，此印为西夏第七位皇帝襄宗安全应

---

① 甘肃省博物馆编，俄军主编《甘肃省博物馆文物精品图集》，三秦出版社，2006，第 257 页。

天丁卯二年（1207）物。①

果真如此，此印的价值自不待言。但遗憾的是，它有问题。

其一，西夏文"首领"都是阴文（白文），二字，上下排列；此印却是阳文（朱文），而且不大像是上下排列的二字。最致命的是，同样收藏在甘肃省博物馆的一方北元宣光二年（1372）"中书右司都事厅印"铜印②，内容、结构与它完全相同。那么，二印是否一物？据著录，北元印高6.4厘米、宽6.4厘米、厚1.5厘米，重640克，印背自右至左凿汉文款三行："中书右司都事所印""宣光二年五月日""中书礼部造"③，与所谓"西夏文'首领'铜印"不同，足见二者并非一物。

其二，与黑水城所出俄 ИНВ. No. 4196 西夏文《应天丙寅元年军抄人马装备帐》（图1-1，《俄藏黑水城文献》第13册196页下）、俄 ИНВ. No. 4201 西夏文《应天己巳四年军抄人马装备帐》（图1-2，《俄藏黑水城文献》第13册201页上）尾部西夏文年款对比之后，可以发现印款首字是"天"，而文书的"天"排在第二位。西夏文一般是"主语—宾语—谓语"结构，但文书既然没有前置，就说明作为年号的"应天"，其语序和汉语相同。与此同时，所谓"应"不仅位置不同，而且写法也不一样，表明背款的释读存在问题。检《西夏官印汇考》80右背款"天庆八年"的"天庆"二字（表2），与所谓"应天"几乎没有差别，则年号应释为桓宗之"天庆"，而非襄宗之"应天"。至于接下来的"龙""兔"二字，"兔"固然没有问题，"龙"却更接近"乙"或"己"，且西夏文十二生肖都可以用为相应的干支，"兔"即"卯"，则年款应为天庆卯年。西夏天庆（1194~1206）共13年，其间仅有一卯年，即二年乙卯（1195），则右款应释"天庆乙卯年"。仅此一点，即可断定该印背款内容与印文不一致。

---

① 黎大祥：《天祝发现的西夏首领印》，http：//blog. sina. com. cn/s/blog_ 60ba0cb30100dzq0. html。
② 乔今同：《元代的铜印》，《文物》1981年第11期；罗福颐：《史印新证举隅》，《故宫博物院院刊》1982年第1期；陈炳应：《北元中书右司都事厅印考略》，《西北史地》1985年第2期；照那斯图、薛磊：《元国书官印汇释》206号，辽宁民族出版社，2011，第38页。
③ 乔今同：《元代的铜印》，《文物》1981年第11期。

其三，元代八思巴文官印都是朱文，宽边，"背部都用汉字刻年款"①，即在背面镌汉字释文及年代、机构，未见用西夏文镌刻背款者。《元史》卷二〇二《释老传·八思巴传》载至元六年（1269）颁行八思巴字于天下之诏称："自今以往，凡有玺书颁降者，并用蒙古新字，仍各以其国字副之。"② 准此，发往党项人聚居区的"玺书"，除用八思巴文书写外，还要配上西夏文本。那么，"中书右司都事厅印"的使用者是否有可能是党项人，所以才用西夏文镌刻背款？答案是否定的。首先，"玺书"即加盖官印的文书，并非官印本身；其次，据《元史》卷八五《百官志一》中书右司条，"右司都事"为正七品官③，虽然品级不高，但毕竟是面向全国的中央机构，其印鉴不可能选知者甚少的西夏文配为印款；再次，官印代表相关官署及使用者的体面与威严，丝毫马虎不得，况且即使在北元时期，"中书右司都事厅印"也有6.4厘米见方，而此印只有5.3厘米，类似规格的元印，大多属基层驿站，④ 不可能为中央机构所用。

总之，印面、印背的使用不同文字，而且内容不对应，尺寸也不合乎相关规制，足以表明此印是仿造之物。但可以肯定的是，此印印文绝非生造，而是摹自北元"中书右司都事厅印"。问题是，仿造制作者是怎样把这两种文字"捏合"到一起的呢？

从技术角度来说，仿制印章的依据不外实物、钤本、图片三种。但若为实物，则尺寸不应缩小，背款也不应有误，故可排除之。至于钤本和图片，则可由北元印的发现、发表略窥端倪。1967年，甘肃省博物馆征集到北元"中书右司都事厅印"，经照那斯图、蔡美彪先生审定后，乔今同在《文物》1981年第11期发文介绍，然仅配发钤本，无背款图片，且误释"厅"为"所"。稍后，罗福颐、陈炳应先生先后在《故宫博物院院刊》《西北史地》撰文，不仅纠正了乔文之误，而且对有关职官做了细密考证。唯因未配任何

---

① 罗福颐：《古玺印概论》，文物出版社，1981，第88页。
② （明）宋濂：《元史》卷202《八思巴传》，中华书局，1976，第4518页。
③ 《元史》卷85《百官志一》，第2123页。
④ 《元国书官印汇释》801～809号，第261～268页。

图片,所在刊物也流传不广,所以影响有限,为作伪者的"发挥"留下了极大的空间。就此而言,虽然不能断然排除曾有钤印本流传到社会上的可能,但仿制者的依据更有可能是《文物》1981年第11期公布的图片,而且并未认真阅读,甚至根本就没有见过乔文,更不要说相关文章了。

图片刊发3个月后,罗福颐、李范文的《西夏官印汇考》于1982年2月由宁夏人民出版社公开出版,首次记录了学术界对西夏文"首领"的释读。非常巧合的是,此印背款13字中,不论释读正确的"年""首领""上""兔",还是有问题的年款、人名,都能在《西夏官印汇考》中找到相近或相似的字形(表2),这说明作伪者曾受到《西夏官印汇考》的启发。

从印章形制、规格角度来看,制作者的初衷应该是西夏印,但因不熟悉历史,或追求新奇,而在西夏式的印坯上根据北元"中书右司都事厅印"的图片仿造印文,而背款诸字,则袭自《西夏官印汇考》。

表1

西夏文"首领"印	水平翻转后的西夏文"首领"印	北元"中书右司都事厅印"

表2

右款	应天龙兔年	应天	汇80"天庆八年"右1-2				
		龙	汇68"酩哲乙山"左3	汇69"己卯十一年"右1	汇74"辛嵬乙六-加口"左款3	汇58"韦乙戍"左2	汇56"戊辰五年"右2摹
		兔	汇70"卯"右2				
		年					
钮款		上					
左款	首领居地乙乙居	首领					
		居	汇16"菩底成"左1	汇17"尼每尚没"左2 摹	汇26"表堂盈没"左2	汇42"嵬阿娱"左3	

续表

左款	地	汇65"天盛六年"右3	汇15"药帝哇移－口"左2	3201：地、狄。	
	乙乙	汇66"天盛戌年"右3			
	居	汇31"屈庞药尚"左1			

说明：表中"汇"字指罗福颐、李范文《西夏官印汇考》，宁夏人民出版社，1982。

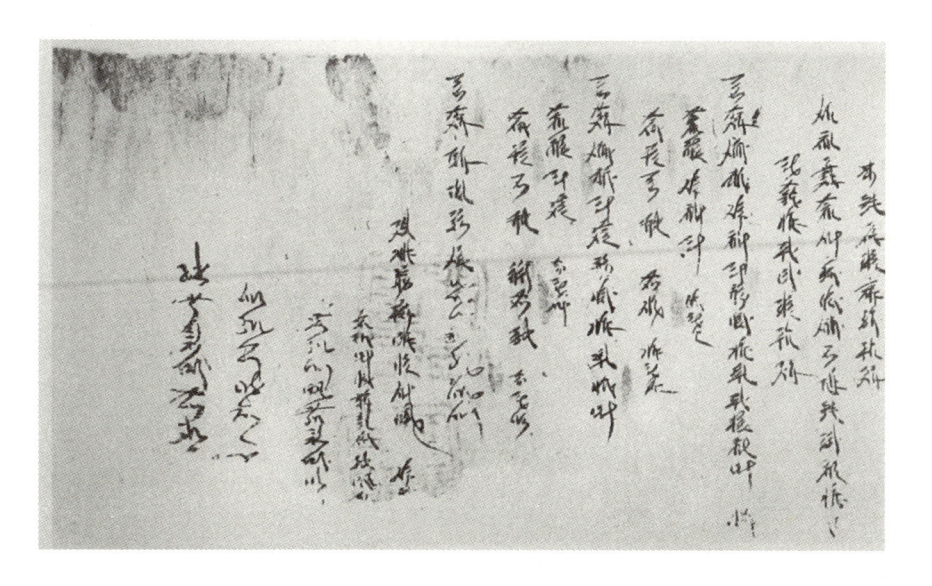

图1　《应天丙寅元年军抄人马装备帐》，
图片引自《俄藏黑水城文献》，第196页

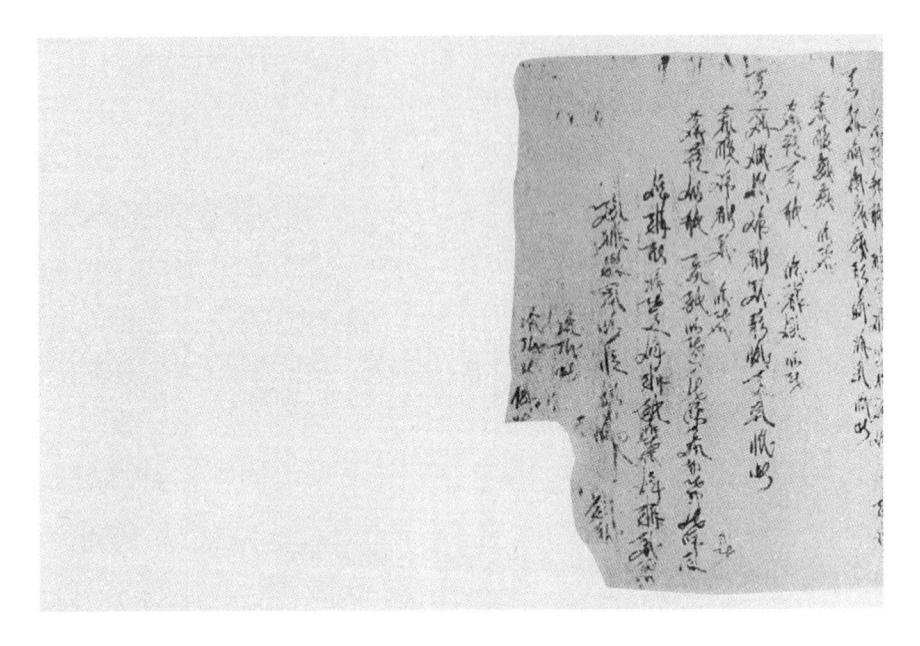

图 2 《应天己巳四年军抄人马装备帐》，
图片引自《俄藏黑水城文献》第 13 册第 201 页。

（本文为首次刊发）

元代西夏遗民踪迹的新发现

——元《重修鹿泉神应庙碑》考释

孙继民　宋　坤

承蒙鹿泉市矿山综合管理办主任张辰国先生帮助，笔者于 2008 年初在河北省鹿泉市得见一通重出的元代石碑——"重修鹿泉神应庙碑"，并承鹿泉市原档案局副局长张禄云先生美意，惠赠我们一套碑阳碑阴拓片。该碑高 190 厘米，宽 82 厘米，厚 24 厘米。碑阳 24 行文字，满行 36 字，碑阴文字分为上下两部分，上半部分 19 行，下半部分 24 行。为研究方便，现将碑文迻录如下：

碑阳文字：

1. 重修鹿泉神应庙碑
2. 　　　　　　　　真定路获鹿县前儒学教谕王得义撰
3. 　　　　　　　　进义副尉大名路清河县主簿丁士常书
4. 　　　　　　　　真定路获鹿县太行书院山长高健题额
5. 古井陉口两山屹立相峙，界获鹿仅一舍，中有庙曰"胡神"。其庙貌神容，岁月绵邈，颓圮坦夷，惟
6. 址尚在，里人岁时犹祀焉。至正乙未夏四月十又七日，成君益善承务来尹是邑，莅政甫两月，
7. 时值旱暵，成侯乃捐俸金、备香楮，躬率士庶，诞展诚悃，致祷于祠址。其侯之诚，有感于神之灵，

8. 不三日雨大作，使枯者荣、槁者生，山川生润而民心大悦，是侯之诚感而遂通者然也！厥后累

9. 祷累应，而侯之诚愈坚。于是仰瞻神宇，四顾寥廓无依，惟唐、宋、金故碑可考，乃得神之所自出。

10. 由汉将韩信将破赵兵，历此道乏军井，信乃遣卒求河于川，还报无有，信斩之，如是者再。复遣

11. 胡姓者往视之，胡乃曰："前二者复命俱陷刑，吾岂蹈覆辙而速祸耶？"因矫指向有水。信师进，见

12. 二白鹿跑地而泉出，珠迸镜开，溶漾东逝，若蜿蜒赴壑，因得济信师，由是人神之而庙焉。侯阅

13. 碑讫，思答神贶，遂召庙之故主东胡神里耿青之玄孙义臣、元臣至而谕之曰："昔伊祖好义，割

14. 地创庙，嘉名载石。今庙毁址在，神虽有灵，庙像不设，又何以使人起敬耶？尔年方妙，克享祖业，

15. 宁不复念尔祖乎？汝当克承先志。"义臣、元臣乃徐曰："志存有日，但家事不果，我侯有命，敢不是

16. 从？"遂共割财，鸠工积木，厥庙告成，绘像俨然，翚飞轮焕，为之一新。功讫，侯谓耿曰："唐、宋、金之碑

17. 着感通之效，昭纪神功，其来邈焉。迨及我

18. 元，神之功贶灵异感通乎民者可征也。讵无石刻以垂于远代乎？"于是求予记之。辞不已。予谓

19. 神之灵固不可掩者，当其济汉师成功业，昭赫于千百载之上，今成侯之诚，又能感通于千百

20. 载之下，可谓灵也已。然非神以不能体成侯之治，非成侯则不能彰神之灵，神也侯也，诚千载

21. 一遇也，予乐为之记。因铭曰：

22. 国家将兴　必有祯祥　龟书马图　立世纲常　在天明命　百灵来王　嬴秦失□

23. 干戈斯张　白鹿跑泉　汉世乃昌　惟神有灵　甘醴腾浆　济师亿万　血食一方

24. 岁当乙未　赤地亢阳　成侯输诚　榖应雨旸　既飨既格　乃威乃扬　抱椟苍苍

25. 鹿水汤汤　永典□祀　休福无疆

26. 　　　大　元　至　正　丁　酉　春二月　　日立

碑阴上半部分录文：

1. 　　　维大元至正十五年岁次乙未四
2. 　　　月丁巳乙朔越二十一日丁丑，承务
3. 　　　郎、真定路获鹿县尹兼管本县诸
4. 　　　军奥鲁劝农事成益善躬率僚佐、
5. 　　　乡耆人等，谨以清酌庶馐之奠，致
6. 　　　祭于
7. 　　　鹿泉神神位前。
8. 呜呼！有感而应，应而遂通者，神也！有仪必行，
9. 行而及物者，诚也！岁登乙未，时当首夏，雨旸
10. □□而二麦将槁，秋种未下而赤地炽然。川
11. 枯□竭，林木生烟，俾民人悴然无托而凄凄
12. 于垄亩之上，是其天时之失会而人事之所
13. 干欤？民实无辜，何其乘此昭昭也！惟
14. 神有灵，在汉世而济□万师。会在我
15. 朝，宁无灵咒懿泽以惠及其生民乎！于□敢
16. 伸薄奠，以祈
17. 神休。鉴兹在兹，歆飨所祀，

18. 伏惟

19. 尚飨。

碑阴下半部分录文：

1. 　　　　　　　　　　　督工　　□士林
2. 　　　　　起盖神门　张进
3. 　　　　　起盖神祠　耿义臣　耿元臣
4. 　　　　　　　　郄秀　李喜　毕成
5. 　　　　　　　□海　□□　郄□　耿弼
6. 土门耆老　尹□　郄肃　曹若刚　王守休
7. 　　　□□　张祠　张瑞　苏□　芦荣甫
8. 　　　王惟贞　程允　王庸　王用　□聚
9. 　　□城耆老　杨荣祖　盖仲宁　周恭良　盖仲信　张
玉书
10. 　　冯彬　戎钦祖　□□新　许光□　□毅　卢钦祖
　　　郭荣祖　□中　程中　武宁　曹彬
11. 　　张士柔　张思恭　□或　王□　赵禹　李思荣
　　　丁宁　高耀　□荣祖　□中　秦廉
12. 　　　　周□　王良弼　赵廉　□棣　李庸
13. 　　　司吏　　　　　　　　慰司吏田亨亮
14. 　　　　□□　张进德　□□　仕荣义　李□恭
15. 　　　真定路获鹿县　儒学教谕　元安
16. 　　　真　定　路　获　鹿　县　典　史　焦璘
17. 　　　真　定　路　获　鹿　县　□　　焦毕民

18.　　真　定　路　获　鹿　县　尉　　　李□武

19.　进 义 副　尉　真　定　路　获　鹿　县　主　簿 买 □

20. 承 务 郎　真　定　路　获　鹿　县　尹　兼　管　本　县 诸 军　奥　鲁　劝　农　事　　成益善

21. 承 事　郎　真　定　路　获　鹿　县　达　鲁　花　赤　兼　管　本　县　诸　军　奥　鲁　劝　农　事 伯 颜

22. □　仕　郎　岭　南　广　□　□　政　廉　访　司　知　事　宝童

23. □　书　省　检　校　□　书　吏　　　　　贾有忠

24. □　书　省　委　官　□　本　县　驿　唐兀氏　文舜卿

以上《重修鹿泉神应庙碑》亦见载于《(光绪)获鹿县志》卷一《地理上》和清人沈涛所撰之《常山贞石志》卷二四，但《(光绪)获鹿县志》只录有碑阳文字而缺录铭文及年款，且未作任何说明。① 《常山贞石志》中虽录有碑阳和碑阴上半部分之"求雨祭文"，却无下半部分之人名题衔。② 本文碑阳文字的录文主要参照拓片迻录，缺文和漫漶处则据《常山贞石志》补充。二者的字词差异，例如碑阳第 13 行之"东胡神里耿青之玄孙义臣、元臣"，"玄孙"《常山贞石志》作"元孙"，"元"字当系沈涛为清人为避清圣祖康熙"玄烨"名讳而改。又如碑阴上半部分第 17 行之"鉴兹在兹"，《常山贞石志》作"鉴兹在诚"，今一律以拓片文字为准。

从碑文可见，《重修鹿泉神应庙碑》由三部分构成，碑阳 24 行文字为重修碑记，碑阴上半部 19 行文字为鹿泉县尹成益善的求雨祭文，下半部 23 行文字为修复神应庙的组织者和捐资人的姓名或官衔的题记。毫无疑问，碑阳的重修碑记为该碑刻的主体内容，碑阴文字则为附属内容。据碑阳，该碑立于"大元至正丁酉春二月"，即元顺帝至正十七年（1357），而碑阴的祭

---

① 《中国地方志集成·河北府县志辑》第 4 册《(光绪)获鹿县志》卷一《地理上》，江苏古籍出版社、上海书店、巴蜀书社，2006，第 48 页。
② 《石刻史料新编（第一辑）》第 18 册《常山贞石志》卷 24，台湾新文丰出版公司，1982，第 13598~13600 页。

文则是至正十五年（1355）四月获鹿县尹兼管本县诸军奥鲁劝农事成益善求雨时所写。祭文成于立碑之前而刻于碑阴，说明是立碑时作为附属文字增刻的。

据碑阳文字所述，神应庙重修碑记由真定路获鹿县前儒学教谕王得义撰文，进义副尉大名路清河县主簿丁士常书丹，真定路获鹿县太行书院山长高健题额，主要记述了"鹿泉"得名的传说及重修神应庙之缘由。碑阴上半部的祭文主要记述了成益善祭雨的时间、地点、缘由和祷辞等，应是获鹿县尹兼管本县诸军奥鲁劝农事成益善于至正十五年（1355）四月祭雨时所作。碑阴下半部分的题记包括了鹿泉县官员、僚佐、乡耆等的姓名及官衔，应是神应庙重修完工立碑时所刻。

《重修鹿泉神应庙碑》和祭文虽然见载于《（光绪）获鹿县志》或《常山贞石志》，却不见于近年新出《全元文》，仅此一点就足以说明它对元史研究的资料价值。至于碑阴从未见于著录的题记，其资料价值更是不言而喻。因此，本文拟主要对碑阴题记的内容进行初步考释。

碑阴题记共24行，大体可分为四部分。第一部分为1～5行，据1行"督工□士林"、2行"起盖神门张进"和3行"起盖神祠耿义臣"，可知是盖庙督工和负责建造神门、神祠的工匠题名。第二部分是6～11行。6行"土门耆老"的"土门"，为获鹿村名兼古地名，位于今鹿泉市区之西，是唐代土门关所在。7行的"□城耆老"的"城"之前一字已经漫漶难识，据上下文推测应为"在"，即"在城耆老"，指获鹿县城的耆老。由此可见第二部分6～11行诸人应为神应庙碑所在的土门村和获鹿县城的乡绅、耆老题名。第三部分是12～21行，为获鹿县的司吏、官员题名，其中12～14行为获鹿县衙的"司吏"，15～21行是获鹿县衙的各级官员，依次是获鹿县儒学教谕元安、县典史焦璘、县□焦毕民、县尉李□武、县主簿买□、县尹兼管本县诸军奥鲁劝农事成益善、县达鲁花赤兼管本县诸军奥鲁劝农事伯颜等。第四部分是22～24行，为获鹿县以外的官员题名，其中第22行"岭南广□□政廉访司知事"应为"岭南广西肃政廉访司知事"。① 23 行和 24 行的"□书省"应为"中书省"。元代尚书省时立时废，存在时间不长，至正年间未见有尚省的设置，且真定路在元代属腹里地区，直隶中书省管辖。因此，"□书省"为"中书省"可以无疑。另外，22 行的"检校□书吏"所缺字可以推补为"所"。《元史》卷九一《百官志七》载："各省（行中书省）属官：检校所，检校一员，从七品；书吏二人。"②《元典章》卷一五《户部一·禄廪》载："行中书省：检校二员，各钞四十两；检校所书吏二名，各钞一十二两，米一石。"③ 行中书省是由中书省派出机构发展而来，在机构组织上，仿中书省④，因此可知贾有忠官职是中书省检校所书吏。

  以上碑阴题记的价值是多方面的。例如县级的职官方面，《元史》卷九一《百官志七·诸县》记载是："上县，秩从六品。达鲁花赤一员，尹一员，丞一员，簿一员，尉一员，典史二员。中县，秩正七品。不置丞，余悉如上县之制。下县，秩从七品，置官如中县，民少事简之地，则以簿兼尉，后又别置尉。尉主捕盗之事，别有印。典史一员。巡检司，秩九品，巡检一员。"⑤ 获鹿县属中县⑥，其官员设置应是"不置丞，余悉如上县之制"，即应该是"达鲁花赤一员，尹一员，簿一员，尉一员，典史二员"。但从题记看，获鹿县衙各级官员（不包括儒学教谕）的设置却是县典史焦璘、县□焦毕民、县尉李□武、县主簿买□、县尹兼管本县诸军奥鲁劝农事成益善、县达鲁花赤兼管本县诸军奥鲁劝农事颜，典史只有一员，而非《元史·百官志》所说的二员；"县簿"的全称是"县主簿"；而且"县□焦毕

---

① （明）宋濂：《元史》卷 86《百官志二》载："肃政廉访司，国初立提刑按察司四道……（至元）二十八年，改按察司曰肃政廉访……（至元）三十年，增海北海南道，其后遂定为二十二道"（中华书局，1976，第 2180 页）。二十二道中的"江南十道"有"岭南广西道，静江府置司"。
② 《元史》卷 91《百官志七》，第 2308 页。
③ 佚名：《大元圣政国朝典章》（简称《元典章》）卷 15《户部一·禄廪》，中国广播电视出版社，1998，第 577 页。
④ 张金铣：《元代地方行政制度研究》，安徽大学出版社，2001，第 156 页。
⑤ 《元史》卷 91《百官志七》，第 2318 页。
⑥ 见《元史》卷 58《地理志一》"中书省真定路条"，第 1356 页。

民"所缺字只有一字的空间，推测只能是"丞"字，则获鹿县有县丞一官的设置。碑阴题记至少证明元代县级职官设置的官称和员额与《元史·百官志》不尽一致。再如岭南广西肃政廉访司知事宝童活动踪迹方面，获鹿县所在的真定路属于元代的腹里，因此就监察区而言应归属于燕南河南道肃政廉访司的范围，但我们从碑阴题记看到的却是"岭南广西肃政廉访司知事宝童"列衔于获鹿县达鲁花赤伯颜之后。我们知道，元代的岭南广西肃政廉访司的治所在静江府（治今广西桂林），与获鹿县并无关系，为什么岭南广西肃政廉访司知事宝童会出现在获鹿县呢？笔者推测，造成这种情况的原因不外乎两个，一是宝童或与获鹿县有故乡私谊而偶然出现，二是宝童或许因公出差而莅临或路过获鹿。① 无论属于哪种情况，碑阴题记都反映了元顺帝至正十七年（1357）二月岭南广西肃政廉访司知事宝童曾经在获鹿进行过活动。又如站赤官的归属问题，《元史》卷一一〇《兵志四·站赤》称："其官有驿令，有提领，又置脱脱禾孙于关会之地，以司辨诘，皆总之于通政院及中书兵部。"② 元代站赤官员的归属在通政院与中书兵部之间屡有变化，但《元史》卷一一〇《兵志四·站赤》所记站赤归属的变化仅止于延祐七年（1320），称："四月，诏蒙古、汉人站，依世祖旧制，悉归之通政院。"以后情况则付阙如。碑阴题记则透露了获鹿县驿在至正十七年（1357）归属于中书省兵部的某些信息，第 23 行的衔名应是"中书省检校所书吏贾有忠"，第 24 行应是"中书省委官□本县驿唐兀氏文舜卿"。贾有忠作为中书省的人员列名碑阴题记，主管获鹿县驿的文舜卿是由"中书省委官"，尽管碑阴题记没有明言但实际反映了获鹿县驿在至正十七年（1357）归属于中书省兵部的事实，表明延祐七年（1320）确定的站赤归属于通政院的体制至少在至正十七年（1357）又一度发生变化。还有获鹿驿

---

① 题记中的宝童似是蒙古或契丹人名。《元史》中名宝童者凡四人：一是曾任济宁兵马指挥使的宝童，分别见于卷 42《顺帝本纪五》和 45《顺帝本纪八》；二是只儿哈忽之子，见于卷 43《顺帝本纪六》；三是耶律朱哥之子，见于卷 149《耶律秃花传附传》；四是纳速剌丁之子，见于卷 194《纳速剌丁传》。题记中的宝童似与以上四人无关。
② 《元史》卷 110《兵志四》，第 2583 页。

站官的地位问题，碑阴题记显示其实际地位相当高。碑阴题记人名是按照由卑到尊的顺序排列（这一点与唐宋时期一致），先是工匠，其次乡绅，最后官员。关于县府官员的尊卑，我们可以由其俸禄略窥一二。《元典章》卷一五《户部·禄廪》条载："中县：达鲁花赤，钞十八两，田四顷；县尹，与花赤同……主簿，钞十三两，田二顷；县尉，钞十二两，田二顷；典史，钞七两，米七斗；司吏，钞六两，米六斗。"① 县尹和达鲁花赤虽然俸禄相同，但杨维桢在《送旌德县监亦邻真公秩满序》中谈到元代县的设官情况时曾说："国朝监官郡邑，咸设达鲁花赤，于官属为最长。其次有令、有丞、有簿、有尉。"② 碑阴题记排名与此相同。但是22~24行的宝童、贾有忠、文舜卿三人的官职均低于第21行之获鹿县达鲁花赤伯颜。按《元史·百官志》，伯颜应为正七品官员，而肃政廉访司知事为正八品官员。③ 中书省检校所书吏未明官品，但《元史》卷八五《百官志一》载："（中书省）检校官四员，正七品……书吏六人，大德三年置。"④ 而上文所引材料提到行中书省检校所书吏俸禄远少于检校，所以中书省检校所书吏其官职应低于正七品。另由《元史》卷一一〇《兵志四》条："（延祐）五年十月，中书兵部言：'各站设置提领，止受部札，行九品印，职专车马之役……'"⑤ 可知文舜卿的官职也应低于伯颜。而此三人的排序却位于最末三行，这固然是由于他们三人属于路级或中书省官员，为表示尊重而然，却也表明他们的地位较高。并且在宝童、贾有忠、文舜卿三人之中，文舜卿又位列最后，更可见处于最尊，驿站官的实际地位之高不言而喻。

但是，碑阴题记最重要的价值却是对西夏遗民在获鹿活动情况的反映，为研究元代西夏遗民的分布和活动踪迹提供了新的史料。从碑阴题记可见，

---

① 《元典章》卷15《户部·禄廪》，第579页。
② （元）杨维桢：《东维子集》卷4《送旌德县监亦邻真公秩满序》，四部丛刊初编本，商务印书馆，1929，第8页。
③ 《元史》卷86《百官志二》，第2181页。
④ 《元史》卷85《百官志一》，第2125页。
⑤ 《元史》卷110《兵志四》，第2591页。

24 行亦即最后一行的内容有"唐兀氏文舜卿"一语,这里出现的唐兀氏即元代对西夏遗民的称谓①,说明文舜卿是以中书省委官和色目人西夏人的双重身份来主管获鹿县驿的。就笔者所见,获鹿县有关元代西夏遗民的最早记载是在致和年间(1328)。《(光绪)获鹿县志》卷十《名宦列传·县令》条载:

> 元　致和　唐兀君　镇原州人,初迁承务郎来监正定获鹿县,知民疾苦,叹曰:"旱蝗之厄,天实为之,赋役之横,岂非长民者之责乎?"于是务德政以化强暴,贷逋赋以集流亡,节浮费以丰委积。方春勤耕,延见父老诸子弟,慰以孝弟力田,众为感动。见学斋颓蔽,力为增葺,尊礼师儒,聚徒讲授,文化翕然。遇岁旱祷之辄雨,邑人以为诚感。有遗爱碑存。②

此"唐兀君"应为西夏遗民无疑,但其祖籍为镇原州,只是来获鹿任职,去职时间及是否有后人存留获鹿县,我们都不得而知。鹿泉神应庙碑题记中的"唐兀氏文舜卿"既云"中书省委官",那么,他是来自中书省所在的大都呢,还是来自所任职县驿的获鹿县呢?应该说两种可能都有。碑阴题记称文舜卿是"□书省委官□本县驿","委官"后一字已缺,但根据上下文应是"领"、"管"之类的字词。如前所引《元史》卷一一〇《兵志四·站赤》,元代驿站主要由"提领"和"驿令"管理,而碑阴题记"委官"与"本县驿"之间的缺文只有一字的空间,推知缺文绝非"提领"或"驿令"等字,因此可知这里的"委官"不是正式官号而是临时差遣。元代以"委官"形式临时差遣的并不鲜见,如《元史》卷一四《世祖纪十四》至元二十三年(1286)四月:"南京户寡盗息,不必置省。其宣慰司如所请;

---

① 关于"唐兀"一词的来源及确切含义,学者们持论不一,但其是对西夏遗民的称呼,则为各位学者的共识。详见白滨《元代唐兀氏与西夏遗民》,收于何广博主编《述善集研究论集》,甘肃人民出版社,2001,第157~179页。
② 《(光绪)获鹿县志》卷10《名宦列传·县令》,第223~224页。

济南乃胜纳合儿分地，太原乃阿只吉分地，其令各位委官一人同治之"①；卷一七《世祖纪十七》至元二十九年（1292）七月："庚辰，敕云南省拟所辖州县官如福建、二广例，省、台委官铨选以姓名闻，随给授宣敕"②；同卷三十年五月"诏委官与行省官阅核蛮夷军民官"③；卷一八《成宗纪一》元贞元年（1295）七月："有儒吏兼通者，各路举之，廉访司每道岁贡二人，省、台委官立法考试，中程者用之"④；卷二〇《成宗纪三》大德六年（1302）二月："以京师民乏食，命省、台委官计口验实，以钞十一万七千一百余锭赈之"⑤；卷四一《顺帝纪四》至正八年（1348）三月："壬寅，土番盗起，有司请不拘资级，委官讨之"⑥；卷六五《河渠志二》："请移文孟州、河内、武陟县委官讲议。"⑦ 以上所举"委官"的事例多数是指差自中书省的官员，后两例则显然非差自中书省，因此，不能排除文舜卿作为"委官"差自中书省的可能。但是，我们更倾向于他差自获鹿县的可能性。这是因为按照制度规定，元代腹里地区的驿站站官本应从本站站户当中选取。《元史》卷一一〇《兵志四·站赤》载：

> （至元）七年正月，省部官定议："各路总（管）府在城驿，设官二员，于见役人员内选用；州县驿，设头目二名，如见役人即是相应站户，就令依上任事，不系站户，则就本站马户内别行选用……"⑧

另《元典章》卷9《吏部三·选取站官事理》载：

> 至元二十三年九月　中书省准御史台呈：江南诸路新附站官不晓喂

---

① 《元史》卷14《世祖纪十四》，第288页。
② 《元史》卷17《世祖纪十七》，第365页。
③ 《元史》卷17《世祖纪十七》，第372页。
④ 《元史》卷18《成宗纪一》，第395页。
⑤ 《元史》卷20《成宗纪三》，第440页。
⑥ 《元史》卷41《顺帝纪四》，第881页。
⑦ 《元史》卷65《河渠志二》，第1628页。
⑧ 《元史》卷110《兵志四·站赤》，第2585页。

养马匹，本省议拟于有根脚、曾历仕入流品北人内选取提领官一员，每月给俸一十两，二周岁为满，无过，于巡检内任用。副使本处站户内选差一员，常川勾当，就当本户身役。请定夺。

都省议得每站设提领、副使各一员，提领一员于惯曾勾当北人内选取，受行省札付，勾当三周岁为满，若有成效无过犯者，依验受行省付身例，别定夺委用。副使于本处站户上户内选知官事，为众推服者一名，受通政院札付，常川勾当，咨请依上施行。①

《整治站官事理》载：

皇庆元年七月江西行省准　中书省咨来咨：站户内选保站官，本欲优恤站户，诚为美意。却缘站赤之设，通设（涉）朝廷政令、远方边关事情，不为不重。广海极边新附地面，相离本省三千余里，即与腹里事体不同，若比于站户内选取，岂惟不谙站赤事务，倘有机密公事，中间恐非所宜。莫若于色目、北人内选用相应相参勾当，似为长便，咨请回示……兵部呈：照得江西等省咨，站户内选保站赤，江南、腹里事体不同，倘有边关军情、机密事务，恐非所宜。依此参详，合咨各省，照勘各站驿令，若有急缺或不设去处，于相应人内铨注提领一名，相参勾当。如蒙准呈，照会相应具呈照详得此

都省咨请依上施行②

以上所引《元史·兵志·站赤》所谓各路总管府在城驿"设官二员，于见役人员内选用"，应是说由现役人员（应主要由现役的站户人员充当）内选用；州县驿"设头目二名，如见役人即是相应站户，就令依上任事，不系站户，则就本站马户内别行选用"则分两种情况，如果现役人员是相

---

① 《元典章》卷9《吏部三·选取站官事理》，第367页。
② 《元典章》卷9《吏部三·整治站官事理》，第368~369页。

应站户就依旧任用，如果非相应站户则另从本站马户内选用。可见这里所说站赤官主要来自站户。《元典章》两条材料所提到的因为江南新附地面人员不谙养马和不熟悉站赤事情，"江南、腹里事体不同"，故而反对从当地站户当中选取提领，建议在"惯于勾当"的北人或色目人中选取。这也反证出在北方地区，"提领"和"驿令"应都是在站户当中选取。

元代站户主要指承担驿站负担的人员，他们另立户籍，至元元年（1264）之后由路总管府达鲁花赤和总管亲自提调，但其居住地点应是在驿站所在之地。原因如下：首先，元代签发站户有一定的标准，《永乐大典》中记："北方诸站，则验孳畜之多者应之；南方诸站，则验田亩签之"①，由此元代站户应多为驿站当地住户。其次，《元史》卷五《世祖纪二》载："（至元元年八月）诸站户限田四顷免税，供驿马及祗应，命各路总管府兼领其事。"②又《元典章》卷三六《兵部三·站户别投户事》："大德二年正月，通政院准上都通政院咨：据桓州至昌平土路达鲁花赤申，照得各站额设车正贴人户，有近上富实有丁力站户，避重逐轻，或弟或兄，擅自将本户分房家口一面投向诸王位下隐占，或投充人匠、校尉等户，不肯当站，止（只）靠见役人户应当……。"③由上引几条材料可知，站户有田地、家口、庄宅，更可证站户为驿站当地人口。既然站赤官原则上由站户中择取，因此就不能排除文舜卿的"委官"是从站户中临时委派以待正式任命的。这便是我们认为文舜卿差自获鹿县可能性更大的原因所在。

无论文舜卿是来自中书省所在的大都还是差自获鹿县，这对于我们认识元代西夏遗民在河北地区的活动和分布都具有积极的学术意义。我们知道，西夏在亡国后，一部分西夏遗民留居河西故地，另有一部分遗民则迁居内地。"而徙入内地的西夏人则构成了元代唐兀氏的主要部分。"④这部分迁入

---

① 《永乐大典》卷19416《站赤一》，中华书局，1994，第7189页。
② 《元史》卷5《世祖纪二》，第98页。
③ 《元典章》卷36《兵部三·站户别投户事》，第1368页。
④ 白滨：《元代唐兀氏与西夏遗民》，收于何广博主编《述善集研究论集》，甘肃人民出版社，2001，第157~179页。

内地的西夏遗民，据学者们研究主要分布于现在的河北、内蒙古、山西、河南、山东、安徽、江浙、四川等地区，另外"湖广、云贵、福建等地区也都留下了西夏遗民唐兀人为官与活动的记载"①。在这些地区当中，河北是西夏人迁入比较集中之地。关于河北地区的西夏遗民资料较为丰富的当数保定市，元刘岳申《瑞芝堂记》载："（保定张讷）族出西夏，家居保定，扬名中外，历官省台。"②另保定莲花池公园内保存有《大元敕赐故顺天路达鲁花赤河西老索神道碑铭》记述了老索家族四代人一百多年的经历。而市北郊韩庄西寺遗址上出土的明朝弘治十五年（1502）所建西夏文经幢，说明至迟到明代中叶河北保定地区仍有西夏遗民活动。③另外，见于记载的河北西夏遗民还有姚燧《牧庵集》卷一九"忠节李公神道碑"所载之大名路达鲁花赤为西夏沙洲李氏家族唐兀昔里钤部及其后人。④郑绍宗、王静如先生在《保定出土明代西夏文石幢》中曾提到，罗福成藏有定州佛像腹内所出的西夏文雕版佛经残片，认为是明清时期刊印。⑤若果如此，则定州曾存在过西夏遗民也未可知。而此鹿泉神应庙碑阴题记则说明，元代的河北地区除上述大名、保定、定州（有可能）等地有西夏后裔生活外，在获鹿县也有一支西夏遗民存在或至少在这一带进行驿站管理经营等活动，这为我们了解元代西夏遗民在河北地区的分布和活动踪迹，提供了新的认识。

西夏遗民迁入中原地区后，在与汉人的杂居中逐渐汉化，其西夏姓氏纷纷改为汉姓，例如安徽地区最负盛名的西夏遗民余阙一族，即将其西夏姓氏改为了汉姓"余"姓。又如，河南濮阳的西夏遗民则改姓为"杨"。此外，见于汤开建先生《元代西夏人物表》⑥和保定明代西夏文石经幢所记的西夏遗民姓氏中，属于汉姓的有李、祝、韩、高、刘、师、常、王、孟、倪、

---

① 同上白滨文。
② （元）刘岳申：《瑞芝堂记》，李修生主编《全元文》第21册，江苏古籍出版社，2001，第574页。
③ 史金波、白滨：《明代西夏文经卷和石幢初探》，《考古学报》1977年第1期。
④ （元）姚燧：《牧庵集》卷19《资德大夫云南行中书省右丞赠秉忠执德威远功臣开府仪同三司太师上柱国魏国公谥忠节李公神道碑》，人民出版社，2011，第301页。
⑤ 白滨编《西夏史论文集》，宁夏人民出版社，1984，第567页。
⑥ 何广博主编《述善集研究论集》，甘肃人民出版社，2001，第266~295页。

张、杨、吴、周、黄、鲁、史、何、夏、罗、梁、叶等。但获鹿碑阴题记出现的"文"姓却为首见。西夏遗民后来至少有一部分后来改为"文"姓，这是获鹿碑阴题记给我们提供的又一个新认识，也是新材料魅力的又一个具体体现。

（本文原刊于《宁夏社会科学》2011年第2期）

元代唐兀人李爱鲁墓志考释

朱建路　刘　佳

河北省大名县石刻艺术博物馆收藏元代李爱鲁墓志一方，墓志长71厘米，宽58厘米，厚16厘米，青石质，系1990年3月出土于大名县旧治乡陈庄村。[①] 李爱鲁是元代迁居大名的西夏人唐兀昔里氏家族后裔，《元史》有传。唐兀昔里氏家族昔里钤部降蒙以后，由怯薛身份获得世袭大名达鲁花赤的特权。关于大名昔里氏家族的史料主要有《元史》卷一二二《昔里钤部传》附《爱鲁传》[②]，王恽《秋涧集》卷五十一《大元故大名路宣差李公神道碑铭并序》[③]，程钜夫《雪楼集》卷二十五《魏国公先世述》[④]，姚燧《牧庵集》卷十九《忠节李公神道碑》[⑤]，《正德大名府志》卷十《元大名达鲁花赤昔李公墓志铭》《元礼仪院判昔李公墓志铭》[⑥]。其中关于墓志主人爱鲁记载最详细的要数《牧庵集》中的《忠节李公神道碑》。本文将以新出李爱鲁墓志为中心，与这些史料相互对勘，围绕大名昔里氏家族人物关系进行

---

① 朱献东、陈振山编《大名石刻选》卷6《元李毅敏墓志》，线装书局，2011，第521页。
② （明）宋濂：《元史》卷122，中华书局，1976，第3011~3013页。
③ （元）王恽：《秋涧先生大全集》卷51《大元故大名路宣差李公神道碑铭并序》，《元人文集珍本丛刊》第二册，台湾新文丰出版公司，1985，第113页。
④ （元）程钜夫：《程雪楼文集》卷25《魏国公先世述》，《元代珍本文集汇刊》本，1970，第970页。
⑤ （元）姚燧：《姚燧集》卷19《资德大夫云南行中书省右丞赠秉忠执德威远功臣开府仪同三司太师上柱国魏国公谥忠节李公神道碑》，人民文学出版社，2011，第301页。
⑥ 《正德大名府志》卷10《元大名达鲁花赤昔李公墓志铭》《元礼仪院判昔李公墓志铭》《天一阁藏明代方志选刊本》，上海书店，1981。

一些考证。为研究方便,兹将墓志录文如下:

1. 大元故资善大夫、云南行尚书省右丞、赠银青荣禄大夫、平章政事毅敏李公墓志

2. 公讳爱鲁,其先沙陀贵种,唐末之乱,余裔流寓陇右,远祖后徙酒泉郡之沙洲,遂□□□□

3. 曾王父府君西夏省官兼判枢密院事,显祖府君官肃州钤部,谱牒散失,名讳无□□□□

4. 府君讳益立山,调沙洲钤部。

5. 天兵次炖煌,与国同归我

6. 太祖皇帝,帝异其材,俾充其部断事官。庚寅秋征阿思,擢千夫长。甲辰后,屡

7. 诏充天下断事官者七年。辛亥,

8. 宪宗皇帝以勋旧锡金虎符,充大名路达鲁花赤。显妣夫人田氏、白氏,生三子,长即公也,生于

9. 壬辰三月五日,天质英伟、才识明敏,己未袭世爵,佩虎符,充大名路达鲁花赤。中统建元,

10. 主上优宠,以前职佩虎符。至元五年,从

11. 云南王征金齿等国,锡虎符,授金齿国安抚使。七年改充中庆路达鲁花赤兼管诸军事。十

12. 四年升广南西道左右两江宣抚使兼招讨使。十六年迁云南诸路宣慰使、副都元帅。十七

13. 年进拜中奉大夫、参知政事行云南等路中书省。十九年升资善大夫、中书左丞行云南等

14. 路中书省。二十四年正月升中书右丞行云南诸路中书省,二月改云南诸路行尚书省右

15. 丞,随从

16. 镇南王深入交趾,冒炎瘴遘疾,以其年六月十有八日薨,享年

五十有八。

17. 上闻之震悼，特赠银青荣禄大夫、平章政事，以太常考行谥毅敏公，仍遣次子衔

18. 命驰驲护柩北还，以二十九年二月二十有七日葬之大名县台头里之先茔，礼也。夫人王

19. 氏，娶金紫光禄大夫、提点太医王公之女，德性淑慎，严恪而和，善女工，尽妇道，家事所助

20. 者多，先公十四年薨，今祔焉。弟二人，曰罗合，终于大名行军万户，曰小铃部，代公前职，佩虎

21. 符，充大名路达鲁花赤。子男三人，长曰教化，幼警悟，好问学，志豪迈，十三年袭爵，拜嘉议大

22. 夫、充大名路达鲁花赤。十五年升正议大夫、佩虎符、充大名路达鲁花赤兼新附军万户，二十年以职让其弟万奴，还宿卫于

23. 春宫。二十年以职拜中奉大夫、江淮等处行中书省参知政事。二十四年改江淮等处行尚书

24. 省参知政事。二十六年升资善大夫、江淮等处行尚书省左丞。二十七年升资德大夫、江淮

25. 等处行尚书省右丞。次曰帖木儿，素雅重，孝友忠厚，贤而有文，宣授敦武校尉、固镇铁冶提

26. 举。二十六年迁承直郎、签淮西道提刑按察司事。是年升太中大夫、签四川行尚书省。二十

27. 八年升嘉议大夫、汉中道肃政廉访使。二十九年改签江淮等处行中书省。次曰忽都答儿，

28. 未仕。侄一人，曰万奴，气质清峻，洞达时务，入侍

29. 中朝。二十年拜中顺大夫，充大名路达鲁花赤，代兄前职。二十四年升少中大夫，余如故。女

30. 三人，长适忽都虎宣慰次子，次适也先不花平章次子，次尚幼。孙三人，曰阿丁、曰黑厮、曰元

31. 元。女孙四人，俱幼。顾公为社稷重臣，殊勋异政胡可殚举，必详之史笔，表之墓碑，用诏来世。

32. 签省嘉议公按朱文公志石，例命大名路教授王彧直叙其始末云。

33. 资德大夫江淮等处行尚书省右丞、孝子教化志

元代唐兀昔里氏家族世袭大名路达鲁花赤，李爱鲁属于这个家族。关于"昔里"的含义，学者有不同意见。汤开建先生指出：唐末沙陀酋长朱邪赤心被唐朝赐姓李，昔里氏家族原为沙陀贵族，所以从赐姓李。唐末朝廷赐姓党项首领拓跋思恭李氏，所以西夏先祖也姓李。入夏后，昔里氏家族在西夏为官，西夏皇族为大李，昔里氏家族为小李，"昔里"意为"小李"之意。① 现据墓志，昔里氏家族爱鲁姓李，印证了此说的正确。

墓志第3行"曾王父府君西夏省官兼判枢密院事，显祖府君肃州钤部，谱牒散失，名讳无□□□□"，似乎肃州钤部因谱牒散失名讳无考，实际上名讳并未散失。《魏国公先世述》载："家世河西，高、曾以上，仕于国中，位丞弼者七世。曾大父答加沙，为其国必吉，必吉者，犹宰相也，今赠效忠翊运保德功臣、开府仪同三司、太傅、柱国，追封魏国公，赐谥康懿；夫人梁氏，追封魏国夫人。实生昔李钤部，是为贞献公。钤部者，河西军职也。"② 肃州钤部即是答加沙。

墓志第6行说益立山"庚寅秋征阿思，擢千夫长"。阿思即阿速，原是居于北高加索的伊朗人，信仰希腊东正教，后移居到捷尔宾特伏尔加河口，与拜占庭、谷儿只（今格鲁吉亚）、斡罗思关系密切。元太祖十六年（1221），速不台等率军自高加索逾太和岭北上，大败阿速等部联军。太宗十一年（1239）蒙哥率师围攻阿速蔑怯思城。三月，征服此部。宪宗三年（1253）派人括阿速户口，七年又派遣达鲁花赤驻守。阿速人迁往中原者多

---

① 汤开建：《〈大元肃州路也可达鲁花赤世袭之碑〉补释》，《中国史研究》1983年第4期。
② 《程雪楼文集》卷25《魏国公先世述》，第971页。

从军。世祖至元九年（1272）组成阿速拔都军攻宋。武宗时设立左右阿速两卫。①

墓志第 18 行记爱鲁去世后，"葬之大名县台头里之先茔"。其实唐兀昔里氏家族祖茔在肃州。《李爱鲁神道碑》记载李益立山去世后"传护车，返葬肃州，祔其先茔"。但又"别封虚墓大名，以便岁祠"。这里之所以将大名县台头里称为先茔，是因为这里有李益立山的虚墓，其实李爱鲁才是唐兀昔里氏家族第一位真正葬在大名的先人。

据《李爱鲁墓志》，至元五年（1268）李爱鲁随从云南王征金齿等国，其弟小钤部"代兄前职"袭位大名路达鲁花赤。至元十三年（1276）李爱鲁之子教化"袭爵，拜嘉议大夫、充大名路达鲁花赤"。小钤部至元十三年被罢免大名路达鲁花赤，原因在于其在任内胡作非为，受到御史姚天福的弹劾。② 至元十三年正月，"大名路达鲁花赤小钤部坐奸赃伏诛，没其家"③。小钤部被处死后，教化袭爵充大名路达鲁花赤。

关于万奴与爱鲁的关系，史籍记载也有分歧。《秋涧集》《牧庵集》《雪楼集》《元史氏族表》记载其为爱鲁之侄；屠寄《蒙兀儿史记》卷四十七和柯劭忞《新元史》卷一三一均认为万奴为爱鲁之侄、小钤部之子。《正德大名府志》卷十《元大名达鲁花赤昔李公墓志铭》记其为爱鲁之子，汤开建《元代西夏人物表》据此认为万奴为爱鲁之子④；其《增订〈元代西夏人物表〉》修正了上述说法，据《雪楼集》卷二十五《魏国公先世述》认为万奴为爱鲁之侄、小钤部之子。⑤ 张沛之《元代色目人家族及其文化倾向研究》第三章《元代唐兀昔里氏家族研究》认为万奴为爱鲁之侄，与爱鲁之

---

① 《中国历史大辞典·辽夏金元史卷》，上海辞书出版社，1986，第 256 页"阿速"条。
② 胡聘之辑《山右石刻丛编》（《石刻史料新编》第 1 辑，第 21 册），台湾新文丰出版公司，1982，第 15729 页。
③ 《元史》卷 9《世祖本纪六》，第 177 页。
④ 汤开建：《元代西夏人物表》，收于何广博主编《述善集研究论集》，甘肃人民出版社，2001，第 271 页。
⑤ 汤开建：《增订〈元代西夏人物表〉》，《暨南史学》第二辑，暨南大学出版社，2003，第 198 页。

子为同宗兄弟。① 王颋考证了史料记载的歧义后分析认为："万奴"的身份，或许是过继给"爱鲁"作子的堂侄。过继的进行，应该早于"骨都歹"之生，后于"帖木儿"之卒。② 现据李爱鲁墓志明确记载李爱鲁有"子三人"、"侄一人，曰万奴"，可见《秋涧集》《牧庵集》的记载及《元史氏族表》与张沛之的分析是正确的，万奴为爱鲁之侄。可能并不存在过继之事，史料的歧义可能由撰碑者对唐兀昔里氏家族不太了解所致。

墓志还为我们提供了唐兀昔里氏家族后裔的新史料。大名唐兀昔里氏家族自李益立山为第一代始，到李爱鲁、罗合、小铃部为第二代，教化、帖木儿、忽都答儿、万奴为第三代、第四代的资料缺乏，仅据《正德大名府志》卷十《元大名达鲁花赤昔李公墓志铭》知道万奴有子野速普化、《牧庵集》卷十九《李爱鲁神道碑》知道爱鲁长孙曾任中庆路达鲁花赤，但名讳无考。今据墓志得知其第四代有爱鲁之孙三人，"曰阿丁、曰黑厮、曰元元"，其中阿丁即曾任中庆路达鲁花赤的爱鲁长孙。需要指出的是，阿丁、黑厮、元元可能为小名，其名称仍缺乏史料可考。

据墓志李爱鲁有"女三人，长适忽都虎宣慰次子，次适也先不花平章次子，次尚幼"。忽都虎宣慰为蒙古大将绍古儿之孙。绍古儿，麦里吉台氏，曾同太祖成吉思汗同饮班朱尼河之水，后授洺磁等路都达鲁花赤。绍古儿死后其子拜都袭职，拜都死后，其子忽都虎袭职。忽都虎"从世祖渡江，攻鄂，还镇恩州。中统三年（1262），从征李璮有功，寻命修立邳州城，领兵镇两淮。至元十一年（1274），从丞相伯颜渡江，有战功。又从参政董文炳沿海出征，还，镇嘉兴，行安抚事。十二年（1275）加昭勇大将军，职如故。十四年（1277），授嘉兴路总管府达鲁花赤，寻升镇国上将军、黄州路宣慰使，寻罢黄州宣慰司，复旧任。十六年（1279），改授浙西道宣慰使，加招讨使，仍镇国上将军，奉诏征占城，以其国降表、贡物入见，帝嘉之，厚加赏赉。二十四年（1287），从征交趾，明年还师，授邳州万户府万

---

① 张沛之：《元代色目人家族及其文化倾向研究》，天津古籍出版社，2009，第 93 页。
② 王颋：《元代大名路达鲁花赤唐兀人昔李氏世系考》，《北方民族大学学报》2009 年第 1 期。

户。三十年（1293），没于军"①。

《元史》中有"也先不花"数人，墓志中的"也先不花平章"可能是蒙古怯列氏也先不花。也先不花的叔祖怯烈哥等兄弟四人曾率部属归附成吉思汗。也先不花的父亲字鲁欢"幼事睿宗，入宿卫。宪宗即位，与蒙哥撒儿密赞谋议，拜中书右丞相，遂专国政。赐真定之束鹿为其食邑。至元元年，以党附阿里不哥论罪伏诛"。字鲁欢死后，也先不花"世其职，为必阇赤长。裕宗封燕王，世祖命也先不花为之傅，且谓之曰：'也先不花，吾旧臣子孙，端方明信，闲习典故，尔每事问之，必不使尔为不善也。'"至元二十三年（1286），也先不花拜上柱国、光禄大夫、云南诸路行中书省平章政事。"时阿郎、可马丁诸种僰夷为变，讨平之。遂立登云等路、府、州、县六十余所，得户二十余万，官其酋长，定其贡税，边境以宁。"② 可能是因李爱鲁与也先不花同在云南为官，所以才把女儿嫁给也先不花的儿子。

依据《李爱鲁神道碑》爱鲁长女适同知台州路事巴约特，次女适浙东右丞、宣慰元帅阿尔丹。但《牧庵集》今常见的有《四库全书》本及"武英殿聚珍板书"本，为清代馆臣自《永乐大典》中辑出。清代在编修《四库全书》时用清代的蒙古语读音去改译元代的蒙古人、地名，造成张冠李戴的混乱。今人编辑点校《姚燧集》③ 以《四部丛刊》影印《武英殿聚珍板书》本为底本，参校其他早期总集等元代史籍收录文章。因版本限制对《姚燧集》中一些人名、地名并未改正。王颋先生用未经篡改的传记资料来校勘《李爱鲁神道碑》，考证李爱鲁的两个女婿分别为"伯牙吾台"与"阿剌脱因"。④ 忽都虎是否有子曾任台州路同知，因《元史》记载简略无考。《元史》记也先不花有子四人：秃鲁、答思、怯烈、按摊。"按摊，事成宗，袭长宿卫，有旨给七乘传，使往侍其父也先不花于湖广。诸道宪司以按摊孝行闻，拜中奉大夫、海北海南道宣慰使、都元帅。海康与安南、占城诸夷接

---

① 《元史》卷 123《绍古儿传》，第 3025 页。
② 《元史》卷 134《也先不花传》，第 3266~3267 页。
③ 姚燧著、查洪德编辑点校《姚燧集》，人民文学出版社，2011。
④ 王颋：《元代大名路达鲁花赤唐兀人昔李氏世系考》，《北方民族大学学报》2009 年第 1 期。

境,海岛生黎叛服不常,按摊威望素着,夷人帖服,生黎王高等二十余洞,皆愿输贡税。在镇期年,以省亲辞去。至大二年,拜资德大夫、中书右丞、行浙东道宣慰使司都元帅。未几,奔父丧于武昌,以哀毁致疾卒。天历二年,赠秉义效忠着节佐治功臣、太保、开府仪同三司、上柱国,追封特进赵国公、中书左丞相,谥贞孝。"① 四库本《元史》将按摊改读为阿勒坦。按摊曾在南部边境任职,且曾任资德大夫、中书右丞、行浙东道宣慰使司都元帅,无疑就是《李爱鲁神道碑》中提到的浙东右丞宣慰都元帅阿尔丹。将"阿尔丹"勘同为"按摊"无疑比将"阿尔丹"勘同为"阿刺脱因"更合适。只不过按摊并非如《李爱鲁墓志》中提到的是也先不花平章次子,而是也先不花平章第四子。

关于李爱鲁之妻王氏,程钜夫《雪楼集》卷二《教化故母王氏追封魏国夫人制》说其"通籍禁中"。② 通籍禁中指名字载在宫中,可以出入宫禁。《元史》记安童"母弘吉剌氏,昭睿皇后之姊,通籍禁中"③。王氏因教化显贵,得到通籍禁中的荣誉。墓志记王氏为"金紫光禄大夫、提点太医院王公之女"。元世祖时期见于记载的太医院提点共有两人,一位是许国祯,一位是王子俊。许国祯《元史》有传,王子俊则只在《元典章》中一条相关史料:"中统三年皇帝圣旨:今差光禄大夫、太医提点王子俊、提点许国祯各悬带金牌,太医大使王猷、副使王安仁管领诸路医人惠民药局勾当。"④ 墓志中的提点太医院王公可能就是中统三年(1262)时任太医提点的王子俊。

《元史·爱鲁传》记其卒于至元二十五年(1288),《李爱鲁神道碑》记其卒于至元二十五年(1288),年六十三。《李爱鲁墓志》记其生于壬辰年(1232)三月五日,至元二十四年(1287)"随从云南王深入交趾,冒炎瘴遘疾,以其年六月十有八日薨,享年五十有八"。似乎李爱鲁卒于至元二十四年。据《元史·外夷传》记至元二十五年三月,镇南王"命爱鲁引兵还

---

① 《元史》卷134《也先不花传》,第3268页。
② 《程雪楼文集》卷2《故母王氏追封魏国夫人制》,第161页。
③ 《元史》卷126《安童传》,第3081页。
④ 《元典章》卷32《礼部五》,中国广播电视出版社,1998,第1198页。

云南"①,《元史·世组本纪》记至元二十五年四月"癸未,云南省右丞爱鲁上言：'自发中庆,经罗罗、白衣入交趾,往返三十八战,斩首不可胜计,将士自都元帅以下获功者四百七十四人'"②。爱鲁在至元二十五年还有活动,则其卒年应该为至元二十五年,墓志中的"以其年"应为"以明年"。关于爱鲁卒年年龄,墓志记卒年五十八岁,神道碑记卒年六十三岁,张沛之据神道碑推断其生年为1226年③,据墓志李爱鲁生于壬辰年即1332年。以生于壬辰年（1232）,到至元二十五年（1288）去世计算,爱鲁卒年应为五十七岁。其实在《魏国公先世述》中就记载其卒年为五十七岁,爱鲁卒年为五十七岁的说法较为可信。

  西夏在亡国后,一部分遗民则迁居内地。这部分迁入内地的西夏遗民,据学者们研究主要分布于现在的河北、内蒙古、山西、河南、山东、安徽、江浙、四川等地区,另外"湖广、云贵、福建等地区也都留下了西夏遗民唐兀人为官与活动的记载"④。河北是西夏人迁入比较集中之地,至今尚留有一些遗迹。今河北保定莲花池公园内保存有《大元敕赐故顺天路达鲁花赤河西老索神道碑铭》记述了老索家族四代人一百多年的经历。⑤ 而市北郊韩庄西寺遗址上出土的明朝弘治十五年（1502）所建西夏文经幢,说明至迟到明代中叶河北保定地区仍有西夏遗民活动。⑥ 郑绍宗、王静如先生在《保定出土明代西夏文石幢》中曾提到,罗福成藏有定州佛像腹内所出的西夏文雕版佛经残片,认为是明清时期复印的。⑦ 1990年北京市朝阳区王四营乡南豆各庄村发现元代西夏人后裔耿完者秃墓,出土耿完者秃墓志。⑧ 河北

---

① 《元史》卷209《外夷传二·安南》,第4649页。
② 《元史》卷15《世祖本纪十二》,第312页。
③ 张沛之：《元代色目人家族及其文化倾向研究》,第129页。
④ 白滨：《元代唐兀氏与西夏遗民》,收于何广博主编《述善集研究论集》,第157~179页。
⑤ 梁松涛：《〈河西老索神道碑铭〉考释》,《民族研究》2007年第2期。
⑥ 史金波、白滨：《明代西夏文经卷和石幢初探》,《考古学报》1977年第1期。
⑦ 郑绍宗、王静如：《保定出土明代西夏文石幢》,《考古学报》1977年第1期。
⑧ 墓志云："大元故亚中大夫宣政院判官耿完者秃,五十八岁,唐兀氏,天历二年四月十九日卒,葬大都通路县青安乡窦家庄祖茔。"发掘简报判断耿完者秃为蒙古人,唐兀氏为其妻或妾。实际耿完者秃,唐兀氏,应为西夏人。见《北京地区发现两座元代墓葬》,《北京文物与考古》第三辑,北京市文物研究所,1992,第222页。

大名唐兀昔里氏家族作为西夏后裔在元代影响很大，元代史籍中保存碑传资料较多，但独不见文物遗迹的发现。大名县旧治乡陈庄村发现唐兀人李爱鲁墓志，弥补了大名唐兀昔里氏家族未曾发现实物证据的缺憾，弥足珍贵。他一生转战西南，为元初西南地区的军事征服和边疆治理做出了较大的贡献，其墓志为昔里氏家族其他碑传资料校勘及人物关系研究提供了新史料。

（本文原刊于《民族研究》2012年第3期）

黑水城出土西夏文《仁王经》残片考释

刘广瑞

《俄藏黑水城文献》第4册第191页收录一件编号为TK189V西夏文《佛经》，这件西夏文文书的背面是汉文文书，即俄藏TK189《佛说般若波罗蜜多心经》。据《俄藏黑水城文献》第6册后附《叙录》称此件①：

西夏写本。经折装。白楮纸，共1折，2面。高18，面宽8。每面8行，行11字。楷书，墨色浓匀。首题："佛说般若波罗蜜多心经。"尾缺。参见《大正藏》第8卷第848页下栏首行—第7行。背为西夏文楷书佛经。

显然，《俄藏黑水城文献》将西夏文TK189V文书拟题为《佛经》，仅说明了文书的性质，而没有将文书的内容反映出来，不足以反映文书的本身价值，有待进一步考证和研究。为了便于说明，今将文献内容誊录如下：

---

① 《俄藏黑水城文献》第6册，上海古籍出版社，2000，第24页。

从图版和以上录文可知，西夏文 TK189V 文书，共 10 行，行 15 字。根据残存经文内容，我们可以确认 TK189V 文书实为《仁王护国般若波罗蜜多经》。

《仁王护国般若波罗蜜多经》，又称《仁王护国经》《新译仁王经》《仁王经》，共二卷。本经传入中国，先后共有四译，即晋竺法护、姚秦鸠摩罗什、梁真谛、唐不空等译。此四种译本，晋、梁二译已经失传，仅存秦译和唐译。秦译和唐译内容相同，仅文字略异。本经今收录于《高丽藏》第三十七册、《碛砂藏》第三十四册、《龙藏》第五十九册、《卍正藏》第二十八册、《大正藏》第八册。通过对照，西夏文译本当即据《大正藏》第八册 NO.0246 不空汉文本所译。现将汉文译文和《大正藏》有关内容整理如下。

汉文译文：

1. 我着因缘有富明无业报富不无不一相

2. 相无二筋富也。九阿僧祇劫，间百万空，
3. 相愿无无三昧，行般若波罗蜜多一切
4. 边无光照得也。
5. 又连接迦万地菩萨摩诃萨，生无忍修，法
6. 差无证，诸业果后细惧□现相断灭定
7. 诸住胜殊□起常寂灭已住又□□广
8. 教也。唱音听作常佛也凶行□路后魔
9. 王，身现世间奢凶已作常世间出，十阿
10. 僧祇劫，间百万三昧行，善造便众布法。

而《大正藏》第8册NO.0246《仁王护国般若波罗蜜多经》卷下记载：

皆由着我无明业果，非有非无，一相无相而不二故。于九阿僧祇劫，行百万空、无相、无愿三昧，得一切般若波罗蜜多无边光照。

复次，远行地菩萨摩诃萨，修无生忍，证法无别，断诸业果细现行相，住于灭定，起殊胜行，虽常寂灭，广化众生——示入声闻，常随佛智；示同外道，示作魔王，随顺世间而常出世。于十阿僧祇劫，行百万三昧，善巧方便广宣法藏，一切庄严皆得圆满。

通过对比，我们发现，西夏文TK189V文书汉文译文和NO.0246《仁王护国般若波罗蜜多经》内容上大体一致，只是字词翻译顺序不一致。如西夏文书汉文译文再经汉文习惯语法整理，那么就和NO.0246《仁王护国般若波罗蜜多经》一致了。因此，西夏文TK189V文书实为《大正藏》NO.0246《仁王护国般若波罗蜜多经》残片。

我们知道了文书内容是什么了，那么文书所撰拟的时间又是什么时候呢？

实际上黑水城文献里西夏文《仁王护国般若波罗蜜多经》不只是TK189V文书一件。其一，日本学者西田龙雄《西夏文佛经目录》第289号

曾著录西夏文本《仁王经》上下二卷①，其后有克恰诺夫给出的版本和内容描述。据克恰诺夫介绍，俄罗斯科学院东方文献研究所保存的《仁王经》凡三件，都是经折装刻本，编号分别为 ИНВ. No. 592、683 和 7787。三个刻本形制各异，并非出自同一雕版，其中只有 ИНВ. No. 683 号首尾完整，但仅为下卷，另外两本均有不同程度的残缺。后聂鸿音先生通过核查上海古籍出版社蒋维崧、严克勤二位先生 20 世纪末在圣彼得堡拍摄的照片，发现 ИНВ. No. 592 号现存 9 个经折页，内容相当于不空译本卷下《不思议品第六》的"愿过去现在未来诸佛常说般若波罗蜜多"到《奉持品第七》的"住无分别化利众生"；ИНВ. No. 7787 号现存 10 个经折页，内容相当于不空译本卷上《菩萨行品第三》的"住百万亿阿僧祇微尘数佛刹作三禅梵王"到"永无分段超诸有"。②

其二，中国社会科学院考古研究所收藏的 1927 年斯文赫定率领的西北科学考察团中方成员黄文弼在黑水城所获的佛经残片里编号为 B41.003 文书残片出自《仁王护国般若波罗蜜多经》卷二《不思议品第六》。③ 这件残片 2006 年首次公布于《中国藏西夏文献》第十二册，并附有简要的叙录。④

其三，俄罗斯科学院东方学研究所圣彼得堡分所手稿部收藏的西夏特藏第 104 号由汉文译成西夏文的佛经《仁王护国般若波罗蜜多经》也应是黑水城出土文献。

聂鸿音先生通过研究 ИНВ. No. 683 号上的两行译者题名和内容，认为西夏文《仁王经》是 11 世纪 70 年代前后由夏惠宗具名从唐不空的汉译本转译来的。俄罗斯科学院东方文献研究所收藏的西夏文《仁王护国般若波罗蜜多经》实际上分属两个不同的译本，即 11 世纪的初译本和 12 世纪的校译本。后者在 1194 年山智能法师奉罗太后敕命校订并在纪念仁宗的法会上

---

① 西田龙雄：《西夏文华严经》，京都大学文学部，1977，第 3 册第 56 页。
② 聂鸿音：《〈仁王经〉的西夏译本》，《民族研究》2010 年第 3 期。
③ 杨志高：《考古研究所藏西夏文佛经残片考补》，《民族语文》2007 年第 6 期。
④ 《中国藏西夏文献》第 12 册，甘肃人民出版社、敦煌文艺出版社，2006，第 364~366 页。

散施。① 由此我们可以推出西夏文 TK189V 文书应撰拟于 1070 年以后。

通过以上研究，我们可知，西夏文 TK189V 文书是撰拟于 1070 年以后的《仁王护国般若波罗蜜多经》残片。那么《仁王护国般若波罗蜜多经》残片究竟具有怎样的史料价值？它对西夏佛教的传播究竟具有怎样的意义？这可以从文书的背面谈起。

此文书的背面为 TK189 号文书《佛说般若波罗蜜多心经》，为了便于说明，今将文献内容誊录如下：

1. 佛说般若波罗蜜多心经
2. 观自在菩萨，行深般若波罗
3. 蜜多时，照见五蕴皆空，度一
4. 切苦厄。舍利子，色不异空，
5. 空不异色，色即是空，空即是
6. 色。受想行识，亦复如是。舍利
7. 子，是诸法空相，不生不灭，不
8. 垢不净，不增不减，是故空中

（后缺）

《佛说般若波罗蜜多心经》，即《摩诃般若波罗蜜多心经》，简称《般若心经》，是最负盛名的大乘佛教经典之一。据说古来的《般若心经》汉译本不下二十种，此外还有藏文、蒙古文、满文译本存世，足见其在历史上流传之广。

西夏文《般若心经》于 1909 年在内蒙古的黑水城遗址出土，今藏俄罗斯科学院东方研究所圣彼得堡分所，最初著录于戈尔巴乔娃和克恰诺夫的《西夏文写本和刊本》。从克恰诺夫 1999 年刊布的《西夏文佛教文献目录》可知，东方研究所收藏的《般若心经》共有十一个编号，可惜我们今天只

---

① 聂鸿音：《〈仁王经〉的西夏译本》，《民族研究》2010 年第 3 期。

能看到其中一种，是上海古籍出版社的严克勤先生于1993年拍摄回国的，即俄国目录中的 ИНВ.No.768，胶片现在保存在上海古籍出版社敦煌西域编辑室。据克恰诺夫介绍，第768号《般若心经》为蝴蝶装抄本，共七叶，纸幅20.5×16.5厘米，七行十六字，内容首尾俱全。佛经原文用很小的行书体字抄写在西夏刻本《六韬》的纸背，墨色浓淡不匀，且间有校改，字迹辨认起来相当困难。①

西夏汉文《佛说圣母般若波罗蜜多心经》是1909年和大批西夏文献一起出土于内蒙古占额济纳旗的黑水城遗址，随即被科兹洛夫率领的俄国皇家蒙占四川地理考察队携往圣彼得堡，今藏俄罗斯科学院东方研究所圣彼得堡分所，编号TK128。《俄藏黑水城文献》第3册第73~77页，将其收录。卷中共包括四部分内容：一、卷首版画"一切如来般若佛母众会"；二、德慧译本《圣母般若波罗蜜多心经》；三、德慧译本《持诵圣母般若多心经要门》；四、西夏仁宗皇帝御制后序。四个部分以《持诵爷佛母般若多心经要门》篇幅最大。关于此件佛教文献，聂鸿音先生曾对此作了考述②，今不再赘述。将俄藏TK189号文书正面与俄TK128号文书对比可知，俄藏TK189号文书正面是《佛说圣母般若波罗蜜多心经》内容无疑。

《仁王护国般若波罗蜜多经》和《佛说圣母般若波罗蜜多心经》都属于汉文《大正藏》。西夏为了系统引进汉文《大藏经》，西夏统治者数次派人去宋朝求取佛经，并贡献一定数量的马匹作为印经费用，名义上有以物赎经的意义，故称其为赎经。西夏的赎经主要集中在其建国前后的四十余年中，目前载于文献的共有六次：李德明时期（1031）、元昊时期（1035）、谅祚时期（1055）、谅祚时期（1058）、谅祚时期（1062）、秉常时期（1073）。很显然《仁王护国般若波罗蜜多经》就是第6次秉常时期引进的。引进大量佛教经典后，用本民族的文字加以翻译，这是外来文化与本民族文化相结合的最初步骤。据有关统计从景宗元昊的天授礼法延祚元年（1038）到崇

---

① 聂鸿音：《西夏文藏传〈般若心经〉研究》，《民族语文》2005年第2期。
② 聂鸿音：《西夏译本〈持诵圣佛母般若多心经要门〉述略》，《宁夏社会科学》2005年第2期。

宗的天祐民安元年（1090）为止，西夏在短短 53 年中，译出西夏文《大正藏》3579 卷，这个速度在国内各民族译经史上当名列前茅。众所周知，6000 余卷的汉文《大藏经》大约用了 1000 年时间才陆续译出。相比之下，西夏文《大正藏》所用时间之短，效率之高确实令人赞叹。取得如此成果，固然与西夏引入的汉文大藏本身系统已很完备有关，与西夏王朝对译经事业的大力支持也是分不开的。从内容上看，西夏文佛经大多数译自汉文。上件文书的两面西夏文佛经残页译自汉文《大正藏》。汉文《大正藏》中宝积部、般若部、华严部、涅盘部、阿含部等主要经典已经译完，律藏中的《根本说一切有部尼陀那目得迦》《根本说一切有部百一揭摩》《月光菩萨经》《佛本行集经》等都有西夏文译本，论藏中的《大智度论》《金刚般若论》《瑜伽师地论》《阿毗昙达磨顺正理论》等重要著作亦皆有译本发现。可以说西夏僧人对汉文《大正藏》的翻译是相当完整的。

佛经译出后，又用西夏文刻印流行。现在出土的西夏文佛经刻印本多数是王公贵族为积功德、还愿，经常刻印数万册经文分施送人，推动了佛教向民间普及。由于西夏国内除党项人外，还有其他民族居民生活，故社会上也有汉文佛经和藏文佛经流行。西夏佛教除与中原佛教交往甚密外，又上承敦煌、吐蕃，下启元代。西夏皇室曾致力于把大量的佛经翻译成西夏文，因此西夏文佛经中不仅保存了很多中原大藏经中没有的经典，而且保存了藏传佛教萨迦派等早期作品，对它们的刊布和研究必将为中国佛教史、藏学、蒙古学等领域的研究提供至为宝贵的材料。

总括而言，西夏文 TK189V 号残片实为撰拟于 1070 年以后《大正藏》NO.0246《仁王护国般若波罗蜜多经》残片；西夏文 TK189V《仁王护国般若波罗蜜多经》和汉文 TK189《佛说般若波罗蜜多心经》为西夏佛教史补充了一份新材料。

（本文原刊于《宁夏师范学院学报》2012 年第 1 期）

后　记

　　本书是我承担 2011 年国家社会科学基金特别委托项目"西夏文献文物研究"的子课题之一"考古发现西夏汉文非佛教文献整理与研究"的结项成果。本来这一年我正在积极申报 2011 年度国家社科基金重大招标项目"黑水城汉文文献整理与研究",因此当史金波先生盛情邀请参加"西夏文献文物研究"时,我曾因"西夏文献文物研究"与"黑水城汉文文献整理与研究"有部分内容交叉重合,一度陷入是否参加、如何参加以及如何避免重复的犹豫和纠结之中,后来考虑到"黑水城汉文文献整理与研究"的整理研究对象主要是黑水城出土的文献,"西夏文献文物研究"的整理研究对象除了文献还有文物,而有关西夏的汉文文献除了黑水城出土的之外,非黑水城地区出土的西夏汉文文献(例如拜寺沟方塔出土的西夏文献)和非纸质载体文物所附着的西夏汉文文献(例如贺兰宏佛塔所出绢质幡带汉文题记、陕北出土的金夏界壕碑)也有一定的数量,这些西夏的汉文文献却又非"黑水城汉文文献"所能涵盖,将这些不同地区出土的不同质地的西夏汉文文献整合在一起便于研究者利用看来似有必要。这就是我参与课题和定名为"考古发现西夏汉文非佛教文献整理与研究"的背景和动因。

　　本书的结构、体例由我确定,整理编主要由宋坤承担,其中文字迻录、标点断句、参考资料搜集、题解初拟等工作一般先由宋坤提出初稿,最后图版录文对照校订和题名确定、题解推敲主要由宋坤、陈瑞青、杜立晖和我承担，郭兆斌参与了其中部分工作。研究编汇集的论文主要是我和学生陈瑞青、杜立晖、赵生泉、刘广瑞、朱建路、宋坤等近年的研究成果。

在本书即将出版之际，我特别要感谢全国社科规划办和国家社科基金重大委托项目"西夏文献文物研究"专家委员会在课题立项方面给予的大力支持，感谢史金波先生的指导和支持，感谢结项评审专家的批评指正，感谢宋坤同学在本书编纂中付出的辛勤劳动和不惮繁难，感谢陈瑞青、杜立晖、郭兆斌和张重艳的积极参与；向所有在本课题申请、立项、结项和出版过程中给以支持的各位先生表达最诚挚的谢意！

孙继民

2014 年 5 月 1 日于石家庄

图书在版编目(CIP)数据

考古发现西夏汉文非佛教文献整理与研究/孙继民等著.
—北京：社会科学文献出版社，2014.10
（西夏文献文物研究丛书）
ISBN 978-7-5097-6474-9

Ⅰ.①考… Ⅱ.①孙… Ⅲ.①西夏-汉语-文献-研究
Ⅳ.①K246.306

中国版本图书馆 CIP 数据核字（2014）第 207376 号

·西夏文献文物研究丛书·
考古发现西夏汉文非佛教文献整理与研究

著　　者 / 孙继民　宋　坤　陈瑞青　杜立晖　等

出　版　人 / 谢寿光
项目统筹 / 宋月华　袁清湘
责任编辑 / 袁清湘　袁卫华

出　　版 / 社会科学文献出版社·人文分社（010）59367215
　　　　　　地址：北京市北三环中路甲29号院华龙大厦　邮编：100029
　　　　　　网址：www.ssap.com.cn
发　　行 / 市场营销中心（010）59367081　59367090
　　　　　　读者服务中心（010）59367028
印　　装 / 北京季蜂印刷有限公司

规　　格 / 开　本：787mm×1092mm　1/16
　　　　　　印　张：36.25　字　数：545千字
版　　次 / 2014年10月第1版　2014年10月第1次印刷
书　　号 / ISBN 978-7-5097-6474-9
定　　价 / 168.00元

本书如有破损、缺页、装订错误，请与本社读者服务中心联系更换
▲ 版权所有 翻印必究